성운학적 관점에서의

훈민정음 연구사

성운학적 관점에서의

훈민정음 연구사

이상규 지음

경진출판

'훈민정음' 연구를 되돌아보며

한글 창제와 관련된 그동안 한 세기 동안의 연구 성과는 그 질량적인 면에서도 엄청나다. 그러나 사료의 해석 문제나 민족 이념과 관련된 편향적 시각은 아직 가닥을 잡지 못한 채 그대로 도드라져 있는 형국이다. 한글이 한민족의 고유문자라는 패쇄된 입장에서만 연구되어 왔기 때문에 개방적인 관점에서 바라보면 많은 문제가 남아 있다는 말이다. 세계 속의 한글, 열린 문자로서 한글의 과거와 현재 그리고 미래가 어떻게 발전되어야 할지 그 전망을 전제로 한 연구로 새롭게 점화되어야 할 필요가 있다.

문자 체계로서의 언어학적 관점에서의 연구에만 국한될 일이 아닌 문자 외적인 문화사적인 측면에서의 조망할 수 있도록 연구 영역을 좀 더 확대해나갈 책임과 의무가 있다. 그런 측면에서 현재 당면해 있는 문제점은 과연 무엇인가? 훈민정음의 내용적인 면에서도 훈민정음 창제 목적, 창제자와 반포 문제, 한글 자형 기원 등의 논란뿐만 아니라 일부 왜곡되거나 과장된 논의도 없지 않았다. 학문적 논쟁은 학문 발전을 위해 필요한 것이지만 근본적으로 한글 창제 정신을 훼손시킬 정도의 시각 차이가 있다는 것은 문제가 되지 않을 수 없다. 특히 훈민정음 연구 결과는 많은 학습자들에게 미치는 영향이 워낙 크기 때문에 정밀한 분석을 통해 한글 창제 과정과 관련된 몇 가지 학계의 이론들에 대한 새로운 검증이 필요하다고 판단된다.

이미 알려진 바와 같이 한글 창제와 관련된 직접적인 당대의 사료로는 조선왕조실록 외에는 거의 남아 있지 않은 관계로 후대의 개인 문집 등의 2차 사료의 내용을 진위 여부를 검증하지 않고 채택함으로써 다양한 추론과 억측들이 제기되기도 하였다. 예를 들면 '세종 28(1446)년에 훈민정음을 반포하였다', '훈민정음 창제의 목적이 한자음 표기를 위한 것이었다', '창제 과정은 왕실을 둘러싸고 비밀리에 진행되었다', '당시 세종의 건강 상태가 나빠 훈민정음 창제에 관여하지 못했다', '훈민정음의 글꼴이 고전체나 파스파 문자를 모방하였다' 등 실증주의적 방법의 한계와 함께 사료 부족에 의한 추론과 억측이 지속적으로 확대 재생산된 면이 없지 않다. 이와 같은 문제 제기가 될 수 있는 주제는 이미 상식적인 수준의 문제인 것 같지만 실제로 개별 연구자들의 성과들을 면밀하게 검토해 보면 훈민정음 창제 정신을 심하게 훼손시킨 소중화주의의 입장에서 한 발자국도 탈피하지 못한 수준에 있는 논의들이 매우 많이 있음을 알 수 있다.

훈민정음 연구는 국어학자들의 전유물이 아니다. 최근 들어서서 역사, 서체, 철학, 의학 등 다양한 학문 영역에서 통합적 조명을 받고 있다. 여간 반가운 일이 아니다. 이 책은 그동안 필자가 여러 학회지에 발표했던 구고를 손질하고 일부 원고를 보완하기도 하고, 나름대로 성운학적 관점에서 훈민정음 연구 성과를 분석하고 재해석한 시각을 담은 것이다. 훈민정음 창제의 철학적, 성운학적 토대가 되었던 중국의 성운학과 이에 영향을 받은 조선의 성운학적 연구와는 뗄 수 없는 밀접한 관계를 맺고 있다. 그동안 꼭 쓰고 싶은 저서 가운데 하나로 미루어 오다가 제자 조정아 교수의 교열을 도움 받아 이제야 세상에 내놓게 되었다. 전문서적의 고객이 한정되어 있어서 선뜻 출판을 맡아줄 출판사가 없는 현실이나 저자와 오랜 인연을 맺어온 경진출판 양정섭 대표가 이 책의 출판을 맡아주어 여간 고맙지 않지만, 한편으로는 마음이 무겁다.

이 책이 성운학적 관점에서 훈민정음을 연구하고자 하는 후학에게 길잡이가 될 수 있다면 더할 나위 없이 보람 있는 일이 될 것이다.

2022년 5월

이상규

차례

제1장 성운학과 훈민정음

1. 조선과 중국의 성운학 연구

조선은 그 출발부터 고려 유신들과의 갈등, 태조와 왕자들 간의 권력 다툼으로 인한 내부적 갈등과 그리고 명나라와의 실타래처럼 꼬였던 외교적 문제, 여진의 내침 등의 외부적인 이유로 정치적으로는 복잡한 소용돌이 속에 있었지만 조선 제4대 세종대에 들어서서는 치세가 안정되었고 또 학문과 문예도 크게 부흥하였다. 고려말부터 유입된 성리학의 기풍이 조선 건국의 기반을 닦는 토대가 되었다. 조선은 유가지국으로서 학문과 문예를 지속적으로 번창시키면서 숱한 학자들을 배출하였다. 15세기 조선에서는 중국 송나라의 『성리대전』을 기초로 한 치국의 이론적 기반을 다진 시기였다. 16세기에는 사림과 훈구세력의 등장과 함께 성리학의 연구, 특히 경학 중심의 탐구와 도학의 실천과 수련에 매몰된 시기였다. 성종 이후 『성리대전』을 기초로 실천한 광범위한 학문적 영역이 점점 축소되어 산술, 지리, 천문, 성운학 등은 잡학으로 취급되며 오로지 경학과 도학적 수신 실천이 강조된 기간이었다. 임진왜란과 병자호란의 양 난을 거치면서 급격한 사회 변동과 대외 인식의 변화를 경험하게 된다. 이러한 사회적 변화와 함께 17세기는 이수광(李睟光), 윤선도(尹善道), 최명길(崔鳴吉), 정제두(鄭齊斗) 등을 중심으로 경학 중심의 성리학에서 탈피하려는 혁신적이고 창의적인 기운이 나타났다. 이러한 변화는 18세기로 이어지면서 경학 중심의 성리학 연구에서 운학, 악학, 산학, 역학, 지리, 천문, 의학, 과학, 기술 등 자연 만물과 우주를 이해하려는 새로운 움직임과 박세당 등의 노장학에 대한 관심을 표명하는 분위기가 일어났다. 특히 세종 시대로의 복고적으로 회귀하려는 바람이 일어남으로써 이전의 경학 중심의 유학자들에게서 결코 찾아 볼 수 없는 '조선인문학의 르네상스'의 시대를 맞게 된 것이다. 18세기는 이러한 사상적 기류의 변화뿐만 아니라 외국 문물의 도입과 문체 변화와 더불어 패관소설, 중국 번안소설 등의 영향을 받아 새로운 문체 반정이 이루어진 시기이기도 하다.

이러한 조선조의 학문과 문예의 변화 가운데 18세기의 상황보다 3세기 앞당겨 미리 실천했던 세종대왕은 『성리대전』의 학문적 바탕을 곧 경전과 경사뿐만 아니라 역학, 음악, 산술, 천문, 성운학 등 소위 말하는 잡학을 포괄한 내용을 조선의 현실에 적용시키려고 노력하였다. 세종이 세운 전통이 성종조 이후 중단이 되었다가 18세기에 들어서서 양명학과 실학파 학자들이 다시 부흥시킨 것이다. 실학파가 실용을 중시한 새로운 경향을 가졌지만 성리학의 원리주의에 매우 충실한 모습을 보여주었다. 이러한 시대의 흐름에 따라 성운학의 연구가 다시 부흥하게 되는데 그 연원은 바로 숙종에서 찾을 수 있으며, 그 바탕은 바로 『성리대전』에

맥이 닿아 있다. 그 단절되었던 고리를 이은 일군의 학자들이 바로 후대에 강화학파로 알려진 양명학파 계열의 인사들과 함께 일찍부터 해외견문을 익혀 실학적 기풍을 일으킨 근기 기호학파들이다.

성운학을 중심으로 이러한 전통의 흐름을 이해하기 위해 먼저 국어연구사의 시대구분에 대해 먼저 살펴볼 필요가 있다. 조선시대의 국어학연구, 이른바 '훈민정음' 창제를 주요한 기점으로 삼아 유창균(1984: 13~14)은 세 시기로 구분하고 있다.

1. 전사 시기: 언어 의식의 전개
2. 근세: 운학적 국어학(훈민정음 창제~갑오경장)
   ① 초기: 훈민정음 창제(조선조 건국~세조)
   ② 중기: 연구의 부진과 쇠세진(성종~경종)
   ③ 후기: 실학적 연구(숙종~갑오경장)
3. 최근세: 언어학적 국어학(갑오경장~현대)
   ① 초기: 국어운동과 국어학(갑오경장~조선어학회)
   ② 중기: 규범문법의 성립과 국어의 수호(조선어학회~8.15광복)
   ③ 후기: 새 국어학의 건설(8.15광복~6.25)

첫째, 전사 시기는 한자를 활용한 한자 차용표기인 이두, 구결, 향찰을 사용하던 시기이다. 둘째, 근세는 송대 성리학과 성운학에 바탕을 둔 훈민정음 창제 시기와 성종에서 경종까지 침체기 다시 숙종 이후 양명학과 실학의 바탕 위에서 전개된 운도 중심의 연구 시기로 나누어진다. 셋째, 최근세는 갑오개혁 이후 한글 중심 표기법의 시대로 구분하고 있다.

이 글에서는 훈민정음 창제 이후 세조대까지 홍기했던 훈민정음의 연구의 결실은 『훈민정음 해례』, 『동국정운』, 『홍무정운역훈』, 『사성통고』 등을 중심으로 한 시기를 거쳐 성종에서 경종에 이르는 시기에 최세진을 중심으로 한 『사성통해』와 『훈몽자회』를 제외하면 성운 연구는 상당한 침체의 국면이었다. 단절될 듯한 성운학 연구의 맥을 이은 중종 때 서경덕(徐敬德, 1489~1546)은 조선 후기의 성운학 연구의 맥을 잇는 결정적인 고리 역할을 한 것이다.[1] 숙종조에 이르면 이러한 상황에서 벗어나 성운학 연구가 운도 중심 연구로 기반을 잡게 되는 데 매우 중요한 역할을 한 분이 바로 명곡 최석정(崔錫鼎, 1646~1715)이라고 할 수 있다. 바로 숙종조를 중심으로 그 전과 후의 성운학 연구의 흐름과 특징을 살펴봄으로써 침체 국면에 있던 성운학이 어떻게 새롭게 연구되기 시작했는지, 조선시대의 운학 연구의 흐름을 되짚어 볼 필요가 있다.

대체로 세종 이후 운학 연구가 상당한 기간 동안 중단되었다가 새롭게 발흥한 계기는 화담(花潭) 서경덕에서 비롯된다. 서경덕의 유저인 『화담집(花潭集)』에 「성음해(聲音解)」, 「발전성음해미진처(跋前聲音解未盡處)」가 수록되어 있는데, 화담이 소옹(邵雍) 학설의 계승자로서 세종 이후 처음으로 성음을 이해하려고 시도했던 사실을 알 수 있다. 이로써 운학 연구는 중종 이후 서경덕으로부터 다시 홍기한 것이라고 볼 수 있다. 『성리대전』 가운데 경학 외에 악학, 성운학, 자학, 천문, 지리, 과학 등 소위 잡학으로 치부되던 학문 영역으로의 확대된 시각 변화의 결과이다. 유학이 경학을 중심으로 하는 관념적 연구와 도학을 실천하는 수신의 학문 영역에서 차츰 실용적인 영역으로 그 외연을 확대시키려는 시

1) 이숭녕, 『세종대왕의 학문과 사상』, 아세아문화사, 1981, 283쪽. 운서 연구의 시기를 전기와 후기로 양분하고 있다. 전기는 세종 27년 2월 16일 의사청에서 운회언해 작업이 시작된 시점에서 『동국정운』, 『홍무정운역훈』, 『사성통고』, 『사성통해』에 이르는 70여 년이고 후기는 화담 서경덕의 「성음해」에서부터 실학시대의 이르는 시기로 잡고 있다.

대적 요청의 소산이다.

화담 서경덕에 이어서 양명학파인 고산 윤선도, 계곡 장유, 지천 최명길과 해외 문명이나 문물과 청나라 문물의 세례를 직접 체험한 실학파 지봉 이수광을 이어 숙종대 명곡 최석정과 병와 이형상(李衡祥, 1653~1733)이 운학과 자학 연구의 새로운 기풍을 일으킨 중심적인 인물이다. 18세기 이후 성호학파와 백탑파로 분류되는 일군의 학자들인 홍양호, 이긍익, 이광사, 정동유, 신경준, 배상열, 유희로 이어질 수 있었다. 그에 비해 조선 후기의 성운학 연구는 『태극도설』과 '훈민정음'을 활용하여 운도를 기술하고 『광운』, 『홍무정운역훈』, 『사성통해』 등 한자음을 표기하는 데 그 목적을 두고 있었다고 할 것이다. 이러한 연구 경향은 결국 역학에 근거한 『황극경세서』[2)]와 같은 성운학과 성운도 작성을 통한 운도의 해석과 훈민정음을 이용한 한자음 표기에 초점을 맞추고 있다.

성리학적 규범과 윤리관의 외연을 확장시키려고 노력했던 최명길은 "외주내양(外朱內陽), 곧 겉으로는 주자학을 추종하면서도 속으로는 양명학을 긍정하는 양지(良知)의 탈주자 학풍"을 일으켰다. 일찍이 계곡(谿谷) 장유(張維)의 『계곡만필(谿谷漫筆)』에 자극받아 왕수인(王守仁)의 『전습록(傳習錄)』에 관심을 가지게 되면서 양명학을 공부하였다. 최명길은 양명학자가 아니라고 역설하면서도 왕수인을 '양명자(陽明子)'로 부르는 등 외주내양의 학문 태도를 지니고 있었다. 따라서 최명길과 이수광은 조선 중후기의 사상적 학문적 변화의 불을 당긴 매우 중요한 인물로

---

2) 『황극경세서』 역학의 원리를 성운학과 결합시킨 이는 송나라 소옹인데 그는 『황극경세서』에서 천지 사이에 생성되는 만물을 수리와 역의 괘와 효로 생성과 소멸의 구성을 체계적으로 설명하였다. 체와 용의 개념으로 설정하여 성음의 원리를 설명해 내고 수리로서 만물의 원리를 찾고자 하였다. 정성 10성과 정음 12음으로 된 「성음창화도」를 만들었다. 성은 다시 청탁으로 구분하고 운은 흡벽으로 구분하였다. 소강절은 이를 일월성신으로 구분하기도 하였다.

평가된다. 이들은 이 시기 유학자들의 경직되고 관념화된 경학과 예학 중심의 학문 풍토에서 벗어나는 곧 주자의 설에 구애받지 않는 자유로운 사고를 전개한 것이다. 이는 명·청 교체기의 혼란을 경험하면서 얻어진 세계관의 확장과 조선의 자주적 의식이 확대된 결과이다.

조선이 건국되기 이전 부패한 고려 불교를 비판하면서 송나라로부터 들여온 성리학을 적극적으로 조선의 건국이념으로 받아들였다. 삼봉 정도전(鄭道傳, 1348~1398), 양촌 권근(權近, 1352~1409)은 성리학을 주도로 건국이념을 수립하는 동시에 신흥 조선국에 경학 중심의 학문적 풍토로 자리를 잡게 하였다. 송나라에서는 『성리대전』을 바탕으로 하여 소통 방식의 표준화, 곧 원나라 시대의 『고금운회거요』에서 벗어나 명나라 흠정운서 『홍무정운』을 제정하여 정음(正音)과 정성(正聲)의 통일을 기획하였다. 정음과 정성은 치국의 중요한 주체적 요체가 된다고 인식한 결과 세종대에 와서 '훈민정음'이 탄생할 수 있게 되었다. 이러한 배경에는 세종 8(1426)년 중국으로부터 『성리대전』과 함께 유학의 기본 바탕이 되는 『사서오경』과 세종 15(1433)년에 『오경사서대전』을 받아들여 조선 치국의 사상적 토양의 밑거름으로 삼았다.

세종대에 들어서서 조선의 말과 글이 중국과 서로 달라 백성들이 느끼고 있는 많은 불편을 해소해야 하는 한편 조선 한자음의 표준화와 더불어 중국 표준음을 표기할 문자 제정의 필요성을 세종과 집현전 학사들은 깊이 인식한 것이다. '훈민정음'의 창제와 『훈민정음 해례』의 완성은 당시의 시대적 가치였던 정음과 정성의 이념 구현의 결과였다. 예(禮)와 악(樂)의 균형적 발전이 치국의 본질이며, 악은 곧 정음과 정성의 전통을 계승하는 일이 치국의 기본이라고 인식한 결과였다. 정인지(鄭麟趾, 1396~1478)는 『훈민정음 해례』 서문에서 "소리만 있고 문자가 없는 조선은 이두의 차자 방식을 빌려 소리를 표현하려고 하지만 한계가 많다."고 하며, 이두를 뛰어넘어 조선의 소리를 표현할 문자를 창제하게 된다. 조선이 중화와 동문동궤(同文同軌) 곧 중화의 예악과 문물을 동등하게 따르는 나라이지만 중화와는 풍토가 달랐기 때문에 언어와 문자 또한 다를 수밖에 없다는 정인지의 풍토부동론(風土不同論)에 기반을 둔 세종의 훈민정음 창제의 논리적 당위성과 타당성을 확보한 셈이 되었다. 그러나 조선의 사류들은 훈민정음 창제에 대한 반발이 만만찮았다. 세종은 조선의 풍토에 맞는 새로운 표음문자를 만들었지만 결코 한자를 폐기하자는 주장을 한 적은 없었다.[3] '훈민정음'을 이용하여 경서를 언해하여 보급함으로써 보다 널리 백성을 유교적으로 교화하는 한편 한자의 표준음을 유지함으로써 중화의 보편문화를 훈민정음을 통해 보급하여 구현하고자 한 것이다. 이처럼 훈민정음이 창제될 수 있었던 배경에는 중국으로부터의 송나라 『성리대전』의 유입과 『고금운회거요』를 비롯한 각종 운서의 유입으로부터 자극을 받은 결과였다.

조선의 16세기를 '목릉성세(穆陵盛世)'라 일컫는다. 15세기에 세종대국가 치국의 논리적 기반을 『성리대전』에 두고 펼쳐진 훈민정음의 창제라는 문자의 변혁은 세종 이후 차츰 그 세력이 위축되고 또 추진 동력을 상실하게 된다. 사림과 훈구파의 등장과 더불어 경학 중심의 학문과 문예가 번창한 '목릉성세'의 시대로 접어든 것이다. 이와 함께 세종대에 흥성했던 운학, 악학, 산학, 천문학 등의 연구도 침체기에 들어섰다. 특히 운학 연구는 기껏 최세진의 연구가 그 맥을 이은 정도였다. 최세진은 역학자로서 일종의 잡학자인 중인으로 취급당한 것도 당대의 현실적 가치관을 반영해 주는 결과이다.

3) 이상규, 「『세종실록』 분석을 통한 한글 창제 과정의 재검토」, 『한민족어문학』 65, 2013 참고.

임·병 양 난을 거친 17세기 조선은 동아시아의 주체적 세계관이 확대된 한편 우주 자연관을 이해하려는 시각이 뚜렷하게 확대되어 나타나게 된다. 곧 경학 중심에서 일탈하여 소위 잡학이라고 밀쳐내었던 일상적 학문에 대한 관심으로 그 외연이 확대되기 시작하였다. 이수광, 윤선도, 최명길, 정제두 등의 양명학과 실학의 싹이 트기 시작한 것이다. 특히 운학에 대한 연구로 서경덕은 최세진에 이어 성리학 연구의 외연을 확대시켰다. 17세기와 18세기의 교두보 역할을 한 운학, 산술, 천문 연구의 최석정, 자학, 악학, 지리 연구의 이형상을 포함한 실학적 연구 외연을 확대시킨 이익 등의 역할이 매우 중요했다.

이러한 학문 풍토의 전환적 분위 속에서 새로운 진경시대의 문을 연 18세기 조선에서는 창의적이고 혁신적인 학자들이 대거로 나타났다. 성호학파에 속하는 홍대용과 실학파 이광정, 안정복, 이덕무, 이규경 등은 조선 후기의 새로운 학문 연구의 영역을 확대시킨 동시에 글쓰기 방식의 변화를 이끌어낸 사람들이다.

중국의 운학의 영향

중국의 운학은 일찍이 인도의 범어(梵語) 연구의 전통을 이어 받았다. 특히 운도의 개념은 『실담장(悉曇章)』이 범어의 음절표를 만들면서 그 전통을 불경 도입과 함께 계승하였다. 송나라는 오랜 기간 동안 오대십국의 분열을 마감하고 강력한 봉건전제주의의 중앙집권통치를 위해 그 이전의 전통인 사상, 주로 주자학을 비롯한 역학, 천문, 지리, 악학 등 다양한 지식체계를 통합하여 『성리대전』으로 집성하고 치세·교학의 모델로 삼았다. 송나라의 사대부 지도층들은 특히 주자학 곧 유학을 중심으로 새로운 신유학이라는 사상계를 구축하려고 하였다. 일찍 성운학 분야에서는 불경 수입과 함께 인도로부터 유입되어온 범어의 음운학은 현대 언어과학에 버금가는 높은 수준을 유지하고 있었다. 범어의 자음과 모음의 조합 방법을 유기적으로 배합한 『실담장(悉曇章)』이 범어의 음절표일 뿐만 아니라 세상의 모든 가능한 어음을 표기할 수 있는 총목이라고 할 수 있다.[4] 공해(空海, 774~835)는 『범자실담자모병석의(梵字悉曇字母幷釋義)』에서 자음 34개와 모음 12개를 결합시켜 음절 408개를 만들어내고, 다시 겹자음 음절을 만들게 되면 13,872개의 음절을 표기할 수 있도록 고안하였는데 이것이 바로 운도이다.

운도의 횡도와 종도 곧 아, 설, 순, 치, 후, 반설, 반치의 7음의 조음 위치를 나타내는 횡도와 전탁, 전청, 차청, 불청불탁의 조음 방법을 나타내는 종도를 배합하는 체계적인 모형을 중국으로 전파시킨 것이다.

병와 이형상이 숙종 42(1716)년에 쓴 필사본인 『갱영록』 9권 가운데 권2인 『자학제강(字學提綱)』의 「천축문자설(天竺文字說)」에는 「범자 오음가령(梵字五音假令)」 항에서 범자를 "아음, 치음, 설음, 후음, 순음, 초음(화회성), 조음"으로 구분하여 범자의 성모분류를 하고 있다. 흔히 우리가 알고 있는 범자는 오른쪽으로 쓰고 범천(梵天) 혹은 범서(梵書) 문자와

---

4) 한글의 문자 기원에 관한 학설을 요약하면 아래와 같다.

① 고전상형설(古篆象形說): 정인지의 『훈민정음』 서, 이덕무의 『앙엽기』, 최만리의 「반대상소문」, J. S. Gale(1912), 김완진(1966: 384~385), 홍윤표(2005).

② 몽고 범자기원설(梵字起源說): 성현의 『용재총화』, 이수광의 『지봉유설』, 황윤석의 『이삭신편』, 이형상의 『자학』, 1784년 간 『진언집』, 황윤석의 『이재유고』, 김윤경(1932: 202), 이상백(1957: 3~4), 유창균(1970: 70), M. Kia proth(1832), P. Andreas Eckardt (1928).

③ 몽고 파스파문자기원설(八思巴文字起源說): 이익 『성호사설』, 유희 『언문지』, 이능화 『조선불교통전』(614~616), 유창균(1970), Ledyard (1998), 주나쓰투(照那斯圖, 2008).

④ 서장문자기원설(西藏文字起源說): L. Rosny(1864), I. Taylor(1883), H. B. Hulbert(1892).

⑤ 오행상형설(象形說): 정인지 『훈민정음』 서문, 최석정의 『경세정음도설』, 신경준의 『저정서(훈민정음운해)』, 홍양호의 『이계집』, 강위의 『의정국문자모분해』.

⑥ 오행설(五行說): 신경준의 『훈민정음운해』, 방종현(1946).

왼쪽으로 쓰는 가로자(伽盧字) 곧 카로슈티자가 그 기원을 같이한다는 사실을 알 수 있다. 『몽고자운』의 발문에 "몽고는 처음 위굴 문자를 빌려서 썼는데 국사(라마승 파스파)가 새 문자를 만들어 국자라고 불렀다. 문자 모양은 범서(梵書, 산스크리트 문자)와 같으며 범천의 '카로슈티' 문자의 변체이다. 『자학(제강)』에는 「범자오음가령(梵字五音假令)」항에서 범자를 "아음, 치음, 설음, 후음, 순음, 초음(화회성), 조음"으로 구분하여 자모를 소개하고 있다. 이러한 내용이 와전되어 병와 이형상의 『자학제강』「언문반절설」에서도 "세종조에 「언문청」을 설치하시고 정인지와 신숙주, 성삼문 등에 명하시어 언문을 지었으니, 초·종·성 8자와 초성 8자와 중성 11자이었으며, 그 글자는 범자에 의하여 만들었다."라고 하여 범자 기원설을 주장하게 되는데 이는 병와와 반계와 학문적 연원을 같이 하기 때문에 오류를 범한 결과로 보인다. 훈민정음의 자형이 범어로부터 영향을 받은 결과가 아니라 위와 같은 범어의 운도가 중국을 경유하여 훈민정음 창제에 영향을 준 것으로 이해해야 할 것이다.

중국에서 성운학의 역사를 개괄적으로 살펴보면 다음과 같다. "운서는 양나라 심약(沈約, 411~513)이 지은 『사성보(四聲譜)』에서 시작되었다. 당나라에서는 시부(詩賦)로 관리를 뽑았는데 이때에 예부에서 편찬한 『광운(廣韻)』이 주로 이용되었다. 송나라 시대에는 경우(景佑)[5] 연간에 학사 정도(丁度, 990~1053)[6]는 시부에서 자주 쓰이는 것을 수합하여 『운략(韻略)』을 지었다. 원나라 때에는 창려인(昌黎人)인 한효언(韓孝彦), 한도소(韓道昭)[7] 부자가 『오운편운(五音篇韻)』과 『오음집략(五音集略)』을 복

5) 경우(景祐): 북송 인종(1002~1063)의 연호.

6) 정도(丁度, 990~1053)는 송인 이숙(李淑) 등과 함께 『운략(韻略)』을 간수하여 『예부운략(禮部韻略)』이라 개칭하였고, 또한 『광운(廣韻)』을 간수하여 『집운(集韻)』(1039)을 완성하였다.

7) 한도소(韓道昭)는 금나라 사람. 『오음집략(五音集略)』을 지었다.

양인인 왕여비(王與祕)가 『옥편(玉篇)』을 확장하여 『편해(篇海)』를 지었고, 금나라 사람으로 효천인인 형박(荊璞)이 오음을 분별하여 『오운집운(五韻集韻)』을 편찬하였다. 한씨 부자는 글씨체를 전문적으로 연구하였다. 이에 번잡한 것을 삭제하고 소략한 부분을 보충하고 같은 것은 아우르고 다른 것은 나누어서 합하여 한 책으로 만들었다. 뒤에 글자는 있는데 그 음을 잃은 것은 먼저 자획을 헤아려 그 음절을 알고 그 다음에 『집운(集韻)』을 가지고 그 운모를 찾아 그 훈의를 변별하면 체용을 다 알 수 있고 내외가 서로 통하게 만들었다. 한효언, 한도소 부자 지은 『오음편운』은 성화(成化, 1464~1487) 연간에 유행했으며 출판할 때에는 승려 계선(戒旋)이 실제로 그 일을 담당하였는데 고증과 윤색에 있어서 모두 『홍무정운』의 예를 따랐다. 홍치(弘治, 1487~1505) 연간에 승려 진공(真空)이 거듭 교정하여 가결(歌訣)을 짓고는 『관주집(貫珠集)』이라고 이름을 붙였다. 또한 유감(劉鑑)이 지은 『절운지남(切韻指南)』(원명 『經史正音切韻指南』)을 아울러 부록으로 실었다. 편운이 편찬된 것은 홍무 연간 이전이었고 헌종과 혜종 연간에 간행되었다. 예전에 낙양의 승려 감율(鑑聿)이 『운총』을 지었는데 구양수(歐陽修)가 서문을 써서 말하기를 유자(儒者)의 학문은 힘쓸 곳이 많아(운학 반면에) 힘쓸 겨를이 없으니, 반드시 전문가에 힘입어서 이해해야 한다고 하였다. 우리나라 세종대왕이 지으신 훈민정음은 바로 언문을 말한다.

소옹(邵雍, 1011~1077)의 『경세성음(經世聲音)』 또한 훈민정음과 서로 표리가 되는 것이다. 『절운』의 학문은 바로 이것의 원본이 되니 천명하여 밝히지 않을 수 없다. 이는 실로 문자학과 함께 그 쓰임을 같이 하는 것이다. 그런데 운도상에 오운과 번절(翻切) 방식은 인도로부터 나왔는데 서역의 승리인 요의(了義)가 처음으로 자모(성모와 운모)를 만들었지만 갖추어지지 않았고, 그 후에 신공(神珙)과 진공(真空) 등이 그것을 계승하여 비로소 36자모를 갖추게 되었다. 한나라 때에는 번절이 없었으므로, 『사기』, 『한서』의 주에 기록된 번절은 안사고(顔師古)와 사마정(司馬貞) 등이 추가한 것이다."[8]라고 하여 중국 운학의 전통을 요약해서 잘 설명해 주고 있다. 소옹이 『황극경세서』 「성음창화도」를 제작한 직접적인 동기가 되었다. "소옹은 송대 사대부 출신의 문인으로서 시대적 사명감을 가지고 스승 이지재(李之才)로부터 전수받은 상수역학(象數易學)과 부친 소고(昭古)로부터 물려받은 불교의 성음 지식을 바탕으로 불교의 정음 사상을 뛰어넘는 새로운 성리학적 언어관을 제시하였다."[9]

특히 훈민정음 창제와 조선 후기 성운학 연구에 특히 많은 영향을 준 송나라 시대의 『절운지장도』와 『황극경세서』 「성음창화도」에 대해 간략하게 살펴보자.

---

8) "韻書昉於梁沈約以四聲爲譜至唐, 以聲律取士, 有禮部韻. 宋景祐中, 學士丁度剟取賦所常用爲『韻略』. 元時, 韓孝彦字允中, 道昭字伯琿父子並昌黎人, 作五音篇韻. 先是王與祕復陽人也廣玉篇而爲篇海, 荊璞字彦實, 洨川人也. 亦金人, 辨五音而編集韻. 韓氏專門字書, 實有天縱之識, 而濟以家傳之妙, 遂取二書, 究觀要旨, 惜其各自爲書而不相統, 且其中多疏繆處, 於是刪繁補略, 併同析異, 合爲一書. 俾後之得其字而失其音者, 先數字劃, 求之於篇, 識其音切, 然後就集韻, 求其韻母, 而辨其訓義, 體用相涵, 內外共貫. 其於小學, 可謂該矣. 是書行於, 成化而剞劂時, 山人戒璇, 實相其役, 考證潤色, 悉遵洪武韻例, 弘治間, 有眞空者, 重加讐校, 既作爲歌訣, 名曰『貫珠集』, 又取劉鑑(字士明 關中人 亦元儒也.) 所著切韻指南併附焉. 篇韻纂修, 始於洪武之前, 刊行於憲宗之際, 昔洛僧鑑聿爲韻摠. 歐陽子敍之曰, 儒之學用功多, 故有所不暇, 必待用心之專者爲之. 我朝世宗大王御製訓民正音, 即所謂諺文也. 邵氏經世聲音, 亦與訓民相表裡, 切韻之學斯爲原本, 不可不闡而明之, 實與卦劃書契同其功用"(병와 이형상의 『자학』 「韻學始終」).

9) 심소희·구현아, 「조선시기 최석정과 황윤석의 성음인식 비교」, 2013, 5쪽 참조.

『절운지장도(切韻指掌圖)』

훈민정음 창제를 전후하여 새로운 문자 창제와 정음과 정성의 사상을 기반으로 한 『동국정운』과 『홍무정운역훈』의 간행에 이르기까지 『성리대전』의 영향은 결정적이었다고 할 수 있다. 주돈이의 『태극도설』, 소옹의 『황극경세서』, 주자의 『역학계몽』, 『율려신서』, 채침의 『홍범황극내편』 등의 이론적 영향을 결코 부정할 수 없다.

『훈민정음 해례』에는 '訓民正音'이라는 제목 아래[10] 예의의 전문(세종의 서문과 예의)을 얹고 그 다음 '訓民正音解例'라는 제목 아래 제자해, 초성해, 중성해, 종성해, 합자해, 용자례 등 각각 소제목을 세워서 오해(五解)와 일례(一例)를 싣고 맨 끝 해례와 접속해서 제목 없이 정인지의 서문을 붙였다. 오해에는 반드시 본문의 끝부분에 '결왈(訣曰)'을 받아서 칠언고시체의 결(訣)이 있고 오직 일례에만 그 결이 없다. '결(訣)'은 신민작으로 추정(박해진: 2015)하거나 후대에 추가된 것으로 추정(권재선: 1998)하기도 한다. 그러나 이 내용은 『절운지장도』「변모청탁가」에서도 자모의 청탁 관계를 7언시 형식으로 설명한 내용과 흡사하다.

『동국정운』 서문에 "溫公著之於圖 康節明之於數 探賾鈎深 以一諸說"이라 하였다. 곧 이것은 심약(沈約)이나 육법언(陸法言)에서 일어난 성운학이 사마광(司馬光)이 운도를 짓고 중국 성운학의 발달 과정에 있어서 온공과 강절의 이론이 가장 훌륭한 지침으로서 받아들였으며, 조선에서도 그러한 바탕 위에서 훈민정음이 창제된 것으로 판단할 근거가 된다. 세종조 성운학은 표음문자인 훈민정음의 창제와 더불어, 조선의 운서

10) 권두 제명에 대해서는 두 가지 이론이 있다. 곧 '訓民正音'이라는 견해(홍기문, 1946; 정우영, 2001)와 '御製訓民正音'이라는(안병희, 1986) 양론이 있다. 곧 '御製'라는 관칭이 붙었는지 혹은 붙지 않았는지에 대한 동일 이본이 발견되면 이는 쉽게 판정이 날 문제이다.

곧 『동국정운』의 편찬, 『홍무정운역훈』과 같은 중국 운서의 역훈 등으로 실현되었다. 이 모두 『성리대전』에 실려 있었던 소옹의 상수론이나, 사마광의 등운학과 매우 밀접한 관계를 가지고 있었다. 소옹의 역학 이론과 상수론의 이론과 매우 밀접한 관계를 맺고 발전된 등운학이 세종조 운학체계의 형성에 끼친 영향에 대한 논의를 찾기 어렵다. 이에 대해 유창균(1984: 519)은 "그것은 후인들이 온공의 등운도를 목견할 수 없었기 때문이 아니었을까"라고 설명하고 있고 심소희(2013: 26)는 "훈민정음의 창제에 『황극경세서』의 영향이 그다지 크지 않았을 것으로 생각한다."고 판단하고 있다.

세종의 훈민정음 창제에 당시 중국 성운학의 기본서인 『절운지장도』와 『황극경세서』「성음창화도」는 상당한 영향을 끼쳤던 것으로 보아야 할 것이다. 물론 내용의 깊이나 정밀한 연구는 서 화담이나 최 명곡에 와서 꽃을 피웠다고 하더라도 훈민정음 창제에 『칠음략』, 『고금운회거요』, 『광운』, 『운경』 등과 함께 『황극경세서』와 『절운지장도』, 『역학』, 『태극도설』 등은 조선 전기의 성운학 연구의 기본적 이론의 바탕이 되었다고 볼 수 있다.

『절운지장도』가 『훈민정음 해례』의 제작에 끼친 영향에 대해 먼저 살펴보자. 『훈민정음 해례』「제자해」 첫머리에 "부인지유성본어오행(夫人之有聲本於五行), 사람의 성음은 본래 오행에 바탕을 둔 것"이라고 하였다. 『고금운회거요』나 『절운지장도』의 「변자모차제례」 등을 참고하여 오행, 오시, 오방 등과 결부하여 설명한 것이다. 다만 본문에서는 '합제사시(合諸四時)'라고 하였으나 실지로는 오시로 설명되어 있다. 오행(五行)을 기준으로 하여 오방위(五方位), 오상(五常)이나 오장(五臟) 등을 연계시킨 것은 대단히 관념적인 기술인 것처럼 보이지만 성리학에서는 이들 모두를 우주 생성과 소멸의 인자로 보고 순환하는 일련의 상관관계로 파악하고 있다. 『절운지장도』의 「변자모차제가(辨字母次第歌)」에는 "하나의 기가 나오면 청탁이 그 다음에 있고 경중이 다음 순서이고 이를 합하면 오음이 된다. 사시가 운전하는 데 있어서 아음은 봄(春)이고 그 음은 각(角)이다. 그 다음은 설음으로 여름(夏)이고 그 음은 치(徵)이며 오행으로는 불(火)이 된다. 다음은 순음은 늦여름(季夏)이고 그 음은 궁(宮)이며 오행으로는 흙(土)이다. 그 다음 치음은 가을(秋)이고 그 음은 상(商)이며 오행으로는 쇠(金)이다. 그 다음은 후음 겨울(冬)이고 오행으로는 물(水)이다. 소위 오음이 나타남은 오로지 사시의 운행 이와 같다."[11]라고 하였으니 계하의 흙(土)은 회남자의 설명을 따라 기술한 것이다. 『운회』(권1)의 동운 공(公)자 아래의 설명에는 "근래 사마온공이 『절운지장도』를 만들어 처음으로 7음운에 따라 아, 설, 순, 치, 후, 반설, 반치음을 근거로 하여 7음의 소리를 정했으며, 『예기』에서는 궁, 상, 각, 치, 우, 반상치, 반치상에 따라 사시를 정했다."[12]라고 하였으나 『절운지장도』는 『예기』「월령」 그 자체보다도 회남자 시즉훈(時則訓)의 그 해석에 의거한 것이다.

『동국정운』과 비교해 보더라도 『동국정운』은 23모이고 『절운도』는 36모이지만 23행 속에 분배하고 있다. 그 차이는 "설두/설상, 순중/순경, 치두/정치"를 등운에서 구별하지 않았기 때문이다. 곧 『동국정운』의 23모의 분배는 『운경(韻鏡)』이나 『칠음략(七音略)』에서도 볼 수 있다. 따라서 『절운도』에 한정된 문제는 아니지마는 36행에 분배해 놓은 『지장도

---

11) "一氣之出, 淸濁有次, 輕重有倫, 合之以五音, 運若四時, 牙音春之象也. 其音角, 其行木, 次曰舌音, 夏之象也, 其音徵, 其行火, 次曰脣音, 季夏之象也. 其音宮, 其行土, 次曰齒音, 秋之象也. 其音商, 其行金, 次曰喉音, 冬之象也. 其音羽, 其行水, 所謂五音之出猶四時之運者此也."(『절운지장도』「辨字母次第歌」).

12) "近司馬文正公作切韻, 始依七音韻, 以牙舌脣齒喉半舌半齒定四聲之音, 以禮記月令四時定角徵宮商羽半商徵半徵商之次"(『운회』 권1).

(指掌圖)』에 따르기보다는 이것에 따르는 것이 훨씬 유리한 사정에 있었다고 할 것이다. 그러나 『동국정운』의 23모는 그 수에 있어서 『절운도』와 유사하지만 자모의 자류(字類)는 동일하지 않다. 이러한 사례는 훈민정음 자모의 자류도 동일하다. 우리나라의 한자음의 특성 때문에 중국 운서의 자류를 그대로 따를 수 없었기 때문에 불가피한 조치였다고 볼 수 있다.

송대 이후에 발달한 등운의 기술에 두 가지가 방향이 있었다. 그 하나는 『절운도』라는 등운도요, 또 하나는 『지장도』이다. 전자로는 『절운』 이외에 『사성등자』가 있고, 후자로는 『지장도』 이외에 『운경』과 『칠음략』 등이 있다. 『절운도』 식은 등운을 위주로 하고 사성은 등운 내에서 분류하는 방식인데 그 도식의 형식은 다음과 같다.

字母	一等	二等	三等	四等
	平 上 去 入	平 上 去 入	平 上 去 入	平 上 去 入
見	○○○○	○○○○	○○○○	○○○○
溪	○○○○	○○○○	○○○○	○○○○

『지장도』 식은 사성을 위주로 하고 등운은 사성 내에서 분류하는 방식인데, 그 도식의 구조는 다음과 같다.

字母	平聲	上聲	去聲	入聲
	1等 2等 3等 4等	1等 2等 3等 4等	1等 2等 3等 4等	1等 2等 3等 4等
見	○ ○ ○ ○	○ ○ ○ ○	○ ○ ○ ○	○ ○ ○ ○
溪	○ ○ ○ ○	○ ○ ○ ○	○ ○ ○ ○	○ ○ ○ ○

이와 같은 표현상 형식은 등운을 더 중시하느냐 사성을 더 중시하느냐라는 차이가 있으나 다만 용처에 따라 표현 형식을 달리한 결과이다.

『동국정운』에서 취한 운의 분류 방식은 등운 중심으로 이루어졌다는 점에서 생각하면 『절운도』 식이 훨씬 편리한 위치에 있다고 하겠다.[13]

『황극경세서』 「성음창화도」

송나라 시대의 성운학이 발전된 것은 인도의 범어 운도로부터 직접적인 영향을 받았다. 그와 함께 소옹(邵雍)의 당시 자연 우주만물의 생멸의 이치를 역학(易學)과 상수학(象數學)으로 가능세계를 나타내고자 한 자연철학의 학문적 영향을 받은 결과이다. 특히 조선의 반주자학의 경향을 띠는 근기학파와 강화학파 중심으로 제기된 소강절의 영향은 서경덕으로부터 면면히 그 계보가 이어져 왔다.

이지재(李之才)와 소옹의 친부인 소고로부터 물려받은 역학은 물상이치(物象理致)의 학문으로 수리, 과학, 천문, 성운 등의 이치는 역학의 괘효의 배합으로 산수학적으로 그 가능성의 세계를 수립한 상도자연(常道自然) 철학의 학문을 수립하였다. 역학의 원리를 성운학과 결합시킨 이는 송나라 소옹인데 그는 『황극경세서』에서 천지 사이에 생성되는 만물을 수리와 역의 괘와 효로 생성과 소멸의 구성을 체계적으로 기술하였다. 그는 체와 용의 개념을 설정하여 성음의 생성원리를 설명하고 수리로서 만물의 원리를 찾고자 하였다. 한편 정성 10성과 정음 12음으로 된 「성음창화도」를 만들었다. 『황극경세서』 「성음창화도」에서 성은 청(淸), 탁(濁)으로 구분하고 운은 흡(翕), 벽(闢)으로 구분하였다. 흡(翕), 벽(闢)은 곧 개구(開口)와 합구(合口)의 개념으로 개모 w의 유무에 따라 1등, 2등,

13) 심소희, 「최석정의 『경세훈민정음도설』 연구」, 『중국어문학논집』 73, 중국어문학연구회, 2012.

3등, 4등으로 구분하는데 소강절은 이를 일(日), 월(月), 성(星), 신(辰)으로 구분하였다. 훈민정음 제자해의 창제 원리에 이론적 근거를 만드는데 가장 큰 영향을 끼쳤다는 견해가 있으나 이는 재고될 소지가 있으나 후대 화담이나 명곡 등의 운도 연구에 많은 영향을 끼쳤다.

북송 오자 가운데 한 사람인 소옹의 『황극경세서』는 『성리대전』에 실려 있다. 여기에 실려 있는 「성음창화도」는 일명 「경세사상체용지수도」라 하기도 한다. 소옹의 『황극경세서』는 여러 가지 이본이 있으나 『사고전서』본을 기준으로 그 구성을 살펴보면 1~6권은 「원화운세」, 7~10권은 「율려성음」, 11~14권은 「관물편」으로 구성되어 있다. 특히 「율려성음」은 상하 16편이고 각 편마다 성도와 음도를 배열하여 전체 32장의 도식으로 이루어져 있다.

7권 상의 천성도와 지음도의 예를 보면 천성도(天聲圖)는 '일일성평벽(日日聲平闢)'에 "다(多), 량(良), 간(干), 도(刀), 처(妻), 궁(宮), 심(心), ●, ●, ●" 7개의 글자가 지음의 152개와 조합하여 총 1,064개의 예가 배열되어 있다. 지음도(地音圖)에는 '수수음개청(水水音開淸)'의 "고(古), 흑(黑), 안(安), 부(夫), 복(卜), 동(東), 내(乃), 주(走), 사(思), ■, ■, ■" 9개의 글자가 천성 112개와 조합하여 1,008개의 예가 배열되어 있다. 즉 상수역학으로 운모[十聲] 160×성모[十二音] 192=30,720개의 성음체계를 계산해 내었는데 그 안에는 소리도 없고 글자도 없는 ●■와 소리는 있지만 글자가 없는 ○□를 포함시킨, 연역적인 방법으로 추산한 인위적이고 이상적인 음운체계였다. 30,720의 수치는 소옹이 세상의 모든 자연음을 계산해서 도출해낸 가상적인 음소의 숫자인 것이다. 이것에 비해 한글의 자모도 유니코드 자판기로 조합할 수 있는 글자의 소리는 11,0072자이니 무려 3배나 더 많은 소리를 표기할 수 있는 우수한 문자임을 알 수 있다.

이는 우주의 모든 소리의 이상적인 총합을 나타내는 「정성정음총합도」는 「율려성음」을 단 한 장으로 요약한 도식이다. 이것은 소옹의 이론을 후대에 채원정(蔡元定, 1135~1198)이 일목요연하게 정리한 것인 바 이것을 「성음창화도」 혹은 「경세사상체용지수도」라고 부른다. 이 도식은 역학의 기반 위에 우주 만물의 정음과 정성을 모두 나타낸 것으로 풍토설에 따라 각 지역마다 성음의 차이가 있을 수 있음을 예측한 동아시아의 성운학의 바탕이 된다고 할 수 있다.

소옹의 상도자연 철학의 이치는 하늘로부터 인간에게 귀속되는데 먼저 복희씨가 8괘를 그리고 문왕이 다시 역을 부연하여 8괘를 64괘로 발전시킨 기반 위에 공자가 『역전』을 찬술하였다. 이에 소옹은 『황극경세서』 「관물내편」과 「관물외편」을 지어 역학을 다시 상수학으로 천(天)·지(地)·인(人)의 자연 순환적 이치를 수리로 풀이하였다. 이에 사람의 소리 역시 자연의 일부로 우주 만물의 성음을 나타내려는 이론을 제시하였고, 또 이를 구체적으로 수치로 제시함으로써 역수학 방면에 새로운 국면을 열었다. 『성리대전』에 채원정이 「찬도지요(纂圖指要)」 상·하편이 함께 실려 있다. 「팔괘차서도」를 비롯하여 「팔괘방위도」, 「육십사괘차서도」 등에서 64괘에 방위, 날씨 등의 괘와 기를 대응하여 배속시키고 있다. 소옹의 「경세연역도」, 「경세성음도」, 「경세사상체용지수도」는 소옹의 선천 역수를 정음과 정성에 대응시켜 설명한 내용들이다.

"하늘은 동(動, 움직임)에서 생겨났고 땅은 정(靜, 고요함)에서 생겨났다. 한번 동하고 한번 정함이 교차하여 하늘과 땅의 도리를 다 드러낸다. 동이 시작되면 양이 생겨나고 동이 다하면 음이 생겨난다. 한 번 음이 되고 한 번 양이 됨이 교감하면 하늘의 작용이 다 드러난다. 정이 시작되면 유(柔, 부드러움)이 생겨나고 정(靜)이 다하면 강(剛, 굳셈)이 생겨난다. 한 번 강건하고 한 번 유약함이 교차하면 땅의 작용이 다 드러난다. 동의 큰 것을 태양이라 하고 동의 작은 것을 소양이라 하며 정의 큰 것을 태음이라 하고 정의 작은 것을 소음이라 한다. 태일은 일이 되고 태음은 월이 되며, 소양은 성이 되고 소음은 신이 된다. 일·월·성·신이 교감하여 하늘의 형체가 다 드러난다. 정의 큰 것을 태유라 하고 정의 작은 것을 소유라 하며 동의 큰 것을 태강이라 하고 동의 작은 것을 소강이라 한다. 태유는 수(水)가 되고 태강은 화(火)가 되며 소유는 토(土)가 되고 소강은 석(石)이 된다. 수·화·토·석이 교감하여 땅의 형체가 드러난다."[14]

라고 하여 태극에서 「경세사상치용수도」가 모두 드러난다고 설명하고 있다.

소옹은 성음으로 만물의 변화를 비유하였는데 이는 곧 성운학의 기초를 이루게 된다. 특히 소옹의 부친이었던 소고의 성운학의 학설을 가학으로 승계한 소옹이 제작한 「성음도」는 본래 성운학을 위해 제작한 것이 아니라 선천역을 경세 방면으로 확대 적용시켜 설명하기 위해 만든 것이다. 소옹의 「경세성음도」에 대해 채원정은

"무릇 태양, 태강, 소양, 소강의 체수는 모두 10이고 일·월·성·신 4상은 서로에 말미암아 16이 되니, 10으로써 16에 말미암아 160이 된다. 태음, 태유, 소음, 소유의 체수는 모두 12이고 수·화·토·석 4상은 서로에 말미암아 16이 되니, 12로써 16에 말미암아 192가 된다. 이것이 일·월·성·신과 수·화·토·석

14) "天生又動者也, 地生又靜者也. 一動一靜交而天地之道盡之矣, 動之始則陽生焉, 動之極則陰生焉, 一陰一陽交而天之用盡之矣. 靜之始則柔生焉, 靜之極則剛生焉, 一柔一剛交而地之用盡之矣. 動之大者謂之太陽, 動之小者謂之少陽, 靜之大者謂之太陰, 靜之小者謂之少陰, 太陽爲日, 太陰爲月, 少陽爲星, 少陰爲辰, 日月星辰交而天之體盡之矣. 靜之大者謂之太柔, 靜之小者謂之少柔, 動之大者謂之太剛, 動之小者謂之少剛, 太柔爲水, 太剛爲火, 少柔爲土, 少剛爲石, 水火土石交而地之體盡之矣"(『황극경세서』 「관물내편」).

의 체수이다. 160으로써 192에 말미암아 3,0720이 되니 동물이 되고, 192로써 160에 말미암아 3,070이 되니 식물이 된다. 이것이 동, 식물의 전체수이다. 160에서 태음·태유·소음·소유의 체수 48을 제거하면 112가 되니, 일·월·성·신의 용수이다. 192에서 태양·소양·태강·소강의 체수 40을 제거하면 152가 되니, 수·화·토·석의 용수이다. 112로써 152에 말미암아 1,7024가 되니 동물의 용수이고, 152로써 112에 말미암아 1,7024가 되니 식물의 용수이다. 다시 1,7024로써 1,7024를 곱하여 2,8981,6576을 얻으니 동·식물의 통수(通數)이다. 일·월·성·신, 한(寒)·서(署)·주(晝)·야(夜)·성(性)·정(情)·형(刑)·체(體)·이(耳)·목(目)·구(口)·비(鼻), 원·회·운·세, 황·제·왕·패의 수는 모두 160수이고, 수·화·토·석, 우(雨)·풍(風)·로(露)·뢰(雷), 주(走)·비(飛)·초(草)·목(木), 색(色)·성(聲)·기(氣)·미(味), 세(歲)·월(月)·일(日)·진(辰), 『역』, 『서』, 『시』, 『춘추』의 수는 모두 192인데, 그 본체(의 하나)를 제거하여 작용을 얻는 것이 완연히 바뀌어 서로에게 말미암으니 곧 동일한 법이다. 사물에는 색·성·기·미가 있는데, 그 중에서 오직 성, 곧 소리가 왕성하며 또한 글로써 구별이 가능하다. 그러므로 정성(正聲)의 평(平)·상(上)·거(去)·입(入)과 정음(正音)의 개(開)·발(發)·수(收)·폐(閉)를 배열하여 그림을 그리고, 이로써 성음의 전체수를 나타내었다. 그림의 ○은 성(聲)은 있으나 글자가 없는 것이요, □은 음(音)은 있으나 글자가 없는 것인데, 다만 좌우의 성과 음을 조절하면 스스로 통할 수 있다. ●은 제거된 48개의 성이요, ■은 제거된 40개의 음이다. 양수는 10을 쓰고 음수는 12를 쓰는 것은 곧 『역』에서 양수는 9를 쓰고 음수는 6을 쓰는 것과 같다."[15]

---

15) "西山蔡氏口, 凡太陽太剛太陽太剛之體數皆十, 又日月星辰四象相因而爲十六. 以十因十六, 爲一百六十, 凡太陰太柔少陰少柔之體數皆十二, 又水火土石四象相因亦爲十六, 以十二因十六, 爲一百九十二, 爲日月星辰水火土石之體, 以一百六十因一百九十二, 得三萬七百爲動, 以一百九十二一百六十, 亦得三萬七百二十爲植, 是謂動植之全數, 於一百六十中, 去太陰太陽太鋼少剛之體數四十, 得一百五十二, 爲水火土石之用數, 以一百一十二因一百五十二, 得一萬七千四十, 爲動

성음의 자모 264개를 통섭해서 성은 평·상·거·입으로 나누고 음은 개·발·수·폐로 나누어, 모두 갖추어 조합하면 3840개인데, 각 도식에는 16성과 16음이 있으며 모두 합쳐서 34,072의 음성이 된다. 무릇 하늘의 성을 취함에 글자가 있는 것과 글자가 없는 것을 아울러 성이 없는 글자 160자리가 되고, 지음은 글자가 있는 것과 글자가 없는 것을 아울러 음이 없는 글자 192자가 된다. 어긋난 것을 늘려서 성을 이룬 자리는 쓰이지 않는 48을 제거하고 나면 1,112에 그친다. 이른바 당운(唐韻)의 내외 8전을 포괄하여 그것을 평·상·거·입으로 나눈 것이다. 음의 자리는 쓰이지 않는 40을 제거하고 나면 152에 그치는데, 절음인 순, 설, 아, 치, 후의 자모를 포괄하여 그것을 개·발·수·폐로 나눈 것이다. 성이 없는 160자리와 음이 없는 192자리는 음 중에서 그 자리는 있으나 음으로 나타나지 것들이다.

성음의 자모는 264인데, 이것이 서로 교류하고 변해서 1,7024에서 시작하여 2,8981,6576에서 다한다. 이로써 하나의 256괘를 취해 걸어서 천지만물의 변화를 살필 수 있게 된다.

物之用數, 一百五十二因一百十二, 亦得一萬七千二十四, 爲植物之用數, 又以一萬七千二十世成一萬七千二十四, 得二萬八千九百八十一萬六千五百七十六, 爲動植通數, 凡日月星辰暑寒晝夜性情形體耳目口鼻元會運世皇帝王伯之書, 皆百六十, 水火土石雨風露雷走飛草木色聲氣味歲月日辰易書詩春秋之數, 皆一百九十二其去體得用, 宛轉相因, 同一法也物有色聲氣味, 唯聲爲盛, 且可以書別, 故以正聲之平上去入, 正音之開發收閉, 列而爲圖, 以見聲音之全數, 其○有其聲而無其字者也, 其□有其音而無其字者也, 但以上下聲音調之則自可通其●即所去之四十八, 其■即所去之四十也。陽數用十, 陰數用十二者, 即易之陽數用九陰數用六也"(『皇極經世書』「篆圖指要」).

2. 조선시대 운학 연구와 훈민정음

조선 전기 『성리대전』의 유입

불교를 존숭했던 고려가 망하자 유교를 치국 방략으로 삼은 조선은 정치권력의 불완전성으로 매우 흔들리고 있었다. 그러나 조선 건국 초에는 이념적으로 주자학을 기반으로 하고 『성리대전』16)에 역학, 지리, 수리, 악학, 천문학 등에 기초한 폭넓은 지식 기반을 활용한 치국 경세의 실천적 바탕을 마련하였다.17)

세종 시대에 들어서서 문화 역량의 핵심인 훈민정음 창제의 사상적 기반이 된 책이 바로 『성리대전』이다. 『성리대전』은 영락 13(1415)년

16) 『성리대전(性理大全)』은 성조(成祖) 영락제의 명에 의해 호광(胡廣) 등 42명의 학자들이 송·원의 성리학설을 집대성하여 편찬한 『이학문집(理學文集)』, 『오경대전(五經大全)』, 『사서대전(四書大全)』과 같이 1415(영락 13)년에 완성되었으므로 이를 통틀어 「영락삼대전(永樂三大典)」이라고도 한다. 70권으로 되어 있으며 책머리에 성조의 어제서문(御製序文)과 호광이 지은 진서표(進書表), 선유성씨(先儒性氏), 목록(目錄)이 있다. 1~25권까지는 태극도(太極圖), 주돈이(周敦頤)의 『태극도설(太極圖說)』, 장재(張載)의 『통서(通書)』·『서명(西銘)』·『정몽(正蒙)』, 소옹(邵雍)의 『황극경세서(皇極經世書)』, 주자(朱子)의 『역학계몽(易學啓蒙)』·『가례(家禮)』·『율려신서(律呂新書)』, 채침(蔡沈)의 『홍범황극내편(洪範皇極內篇)』 등 단행본을 수록하고 주석을 달았다. 26~70권까지는 이기(理氣)·귀신(鬼神)·성리(性理)·도통(道統)·성현(聖賢)·여러학사(諸儒)·학(學)·제자(諸子)·역대(歷代)·군도(君道)·치도(治道)·시문부(詩文賦) 등의 주제로 나누어 제가의 어록·문장을 분류·수록했으며 이 책에 실린 학자는 118명에 이른다. 내용은 송원학으로 도학과 성리학의 근본 문제를 다루면서 이기·성리를 중심으로 송원학의 정통성과 다른 학파에 대한 견해, 중국의 역사에 대한 인식과 정치의식 등을 체계적으로 이해할 수 있도록 편집했다. 특히 첫머리의 '태극도'와 '태극도설'은 천도론과 인성론을 종적으로 연결시켜 우주론의 이론 체계를 갖추게 한 점에서 송대 성리학의 선하(先河)로 일컬어진다. 편집체계의 짜임새가 부족한 점이 많다는 비판도 일어났지만 방대한 분양으로 성리학의 권위적 체계를 확보하여 사상과 교육에서 통제력을 발휘할 수 있게 했다. 각 교육기관을 통해 널리 보급되었다. 청대에 강희제가 이광지(李光地) 등에게 명하여 『성리대전』의 정수를 발췌하여 『성리정의(性理精義)』를 편찬하게 했다. 우리나라에는 세종1(1419)년에 들어왔으며 국내에서 다시 간행되어 널리 보급되면서 성리학의 수준을 높였다.

17) 정도전, 한영우 역, 『조선경국대전』, 올제클레식, 2015.

즉 태종 15년 을미에 완성된 책으로 세종 즉위 3년 전이다. 『세종실록』(6권 10장) 세종 원(1418)년 12월에 경녕군 비(裶)가 명나라에 사신으로 갔다가 『성리대전』을 얻어 가지고 온 기록이 있고, 동 7년 10월에 각도에서 『성리대전』를 인간하려 했던 기록이 있다. 명나라에서 『성리대전』을 인간한 지 불과 5~6년 만에 조선으로 들여왔고 또 불과 10여 년 만에 복간된 것 같다.[18)]

『세종실록』 세종 15(1433)년 계축에는 명나라로 조선의 유학생 파견을 요청한 결과 명나라의 회답을 아래와 같이 하였으니 세종 15(1433)년 그 이전인 세종 8(1426)년에 그 책이 이미 조선에 들어온 것이 확실하다.

> "다만 산천이 멀리 막히고 기후가 같지 아니하여, 자제들이 와도 혹은 오래도록 객지에 편안히 있기 어려울 것이며, 혹은 아버지와 아들이 서로 생각하고 그리워하는 정을 양쪽이 다 이기지 못하게 될 것이 염려된다. 본국 내에서 취학하여 편의하게 하는 것만 같지 못할 것이니, 지금 왕에게 『오경사서대전』 1책, 『성리대전』 1책, 『통감강목』 2벌을 보내니, 자제 교육에 쓰게 하여 왕은 나의 지성스러운 마음을 본받으라."[19)]

『국조보감』에는 세종 10(1428)년에 "상이 『성리대전』을 예람하고 집현전 응교 김돈(金墩)에게 이르기를, 내가 시험 삼아 읽어보니 의리가 정미(精微)하여 쉽사리 탐구하여 볼 수가 없다. 너는 유념하여 보아서 고문에 대비하도록 하라고 하였다."[20)]라고 하였으니 실상 명나라에서

18) 심소희, 『한자 정음관의 통시적 연구』, 이화여자대학교 출판부, 2013 참조.

19) "但念山川脩遠, 氣候不同, 子弟之來, 或不能久安客外, 或父子思憶之情兩不能已, 不若就本國中務學之便也, 今賜王五經四書大全一部, 性理大全一部, 通鑑綱目二部, 以爲敎子弟之用, 王其體朕至懷"(『세종실록』 세종 15(1433)년).

20) "上覽性理大全, 謂集賢殿應敎金鉤曰, 予試讀之, 義理甚精, 未易究觀, 爾可刻意觀之, 以備顧

보내주기 6~7년 전에 이미 『성리대전』을 구해 왔고 또 호학의 군주 세종은 그 책을 가장 흥미 있게 연구한 것이 분명하다.

조선의 건국 이념의 기초를 마련해 준 주자학적 경세학의 원리뿐만 아니라 천지 우주를 바탕으로 한 자연우주관에 입각한 경학, 역학, 악학, 천문 등 폭넓은 지식을 담고 있는 『성리대전』은 치국 경세를 위해 군왕이 익혀야 할 필수적인 책이었다. 조선의 성군 세종은 『성리대전』과 주자의 경학서의 내용을 익히고 또 이를 실천하는 일이야말로 군왕이 해야 할 주요한 책무로 인식한 것이다.

당대의 최고 신지식 서적의 하나였던 『성리대전』은 명나라 영락제의 칙명으로 1415년 호광(胡廣, 1369~1418) 등 42명의 학자들이 송·원나라에 걸친 성리학을 집대성한 동아시아 유학의 연원이 되는 이학문집이다. 『성리대전』의 어제 서문에서 다음과 같이 밝히고 있다.

> "또한 선대 유학자들의 완성한 책과 그들이 의논한 격언을 모아서 오경과 사서를 보익해서 유교의 도에 도움이 되니 종류대로 편집하여 질을 이루어서 『성리대전』이라 이름하였다. 서적의 편집이 완성되자 와서 진상하니 총 229권이다. 짐이 간간이 살펴보니 광대하게 모두 갖추어진 것이 강하의 근원이 있는 것과 같고 산천에 조리가 있는 것과 같으니, 이에 성현의 도가 찬연히 다시 밝아졌다."[21]

이 책의 구성은 「어제서문」, 호광의 「진서표(進書表)」, 「선유성씨」, 「목

問"(『국조보감』에는 세종 10(1428)년).

21) "又輯先儒成書, 及其論議格言 輔翼五經四書, 有裨於斯道者 類篇爲帙, 名曰性理大全, 書編成, 來進, 總二百二十九卷, 朕間閱之, 廣大悉備, 如江河之有源委, 山川之有條理, 於是聖賢之道燦然復明"(『성리대전』 서문).

록』이 있고 1~25권은 『태극도』, 주돈이(周敦頤, 1017~1073)의 『태극도설』, 장재(張載, 1020~1070)의 『통서』, 『서명』, 『정몽』과 소옹(邵雍)의 『황극경세서』, 주자(朱子)의 『역학계몽』, 『가례』, 『율려신서』와 채심(蔡沈)의 『홍범내극편』 등의 저서를 모아 주석을 달았다. 26~70권은 「이기」, 「귀신」, 「성리」, 「도통」, 「성현」, 「제유」, 「학」, 「제자」, 「역대」, 「군도」, 「치도」, 「시문부」 등 다양한 주제로 제가의 어록이나 문장을 분류별 수록하였다. 이 『성리대전』이 조선에 공식적으로 유입된 것은 세종 8(1426)년인 것으로 알려져 있다. 현재 『성리대전』은 다양한 판본이 있다. 그 가운데 『사고전서』 판본이 널리 읽히고 있다. 중국 인터넷사이트에 각종 이본을 이미지 파일로 열람할 수 있다.

세종 당시로서는 이 책은 확실히 당대 최신의 양서였다. 세종이 자기 스스로 탐독하였으나 그 내용이 너무나 난해하였기 때문에 김구에게 연구를 명한 것도 무리가 아니었다. 지금 세종 문화를 『성리대전』과 대비한다면 역학은 이기현의 『역법』과 관련이 있고, 아악은 『율려신서』와 관련이 있고, 『오례의』는 「가례」와 관련이 있고, 『치평요람』은 「군도」, 「치도」 등의 편과 관련이 있다.[22] 이처럼 『훈민정음 해례』의 성음 이론의 음운체계는 어느 부분에 있어서는 『성리대전』에 있는 소옹의 『황극경세서』와 공통되는 사실은 양자가 뗄 수 없이 밀접한 관계가 있다는 증거다.

『연려실기술』 권3에서 『국조보감』 인용문 중에

> "임금이 경연에서 채씨의 『율려신서』를 강하다가 그 법도가 매우 정연하고 존비의 순서가 있음에 감탄하여 황종을 갑자기 얻기 어려워 곧 예문관

22) 심소희, 『한자 정음관의 통시적 연구』, 이화여자대학교 출판부, 2013 참조.

대제학 유사눌(柳思訥, 1375~1440), 집현전 대제학 정인지, 봉상판관 박연(朴堧), 경사주부 정양 등에게 명하여 구악을 정비하게 하고 또 의례상정소를 두어 영의정 황희(黃喜, 1363~1452), 우의정 맹사성(孟思誠, 1360~1438), 찬성 허조(許稠, 1369~1437), 총제 정초(鄭招, ?~1434), 신상(申商, 1372~1435), 권진(權軫, 1357~1435) 등으로써 제도를 삼아 악률을 의논하게 하였다."[23]

라고 하였다. 아악 창제에 있어서도 『성리대전』에 있는 채원정의 『율려신서(律呂新書)』가 얼마나 밀접한 관련이 있는지 이 기록을 통해 알 수가 있다. 그러나 『성리대전』이 어렵게 여겨진 것은 특히 『황극경세서』와 『율려신서』의 난해함 때문이었다. 그리하여 성종 11(1480)년에는 홍문관에 영민한 자들에게 예습하여 진강하도록 하였다. 세종은 『성리대전』을 기반으로 예학의 정비, 천체 천문과 지리서 찬술 등 과학을 포함한 일상 실용 학문의 영역에까지 폭넓은 치국의 치세를 『성리대전』을 기초로 하여 실천함으로써 조선 초기의 흔들림 없는 성세를 구가할 수 있었다.

세종의 치도의 근간은 바로 『성리대전』이었다. 이 『성리대전』의 내용을 일상의 실용주의적 관점에서 능동적으로 전환할 수 있었던 힘이 바로 뛰어난 세종대왕의 치도의 능력이었다. 또 신숙주(申叔舟, 1417~1475)의 『동국정운』 서문에는

"심약과 육법언 등에 이르러 한자음을 휘(彙)로 나누고 유(類)로 보아 성을 고르게 하고 운을 맞추어 성운학에 관한 이론이 처음으로 일어났다. 운서를

---

23) "上御經筵, 講蔡氏律呂新書, 歎其法度甚精, 而以黃鍾未易遽得, 乃命藝文館大提學柳思訥, 集賢殿大提學鄭麟趾, 奉常判官朴堧, 京市主簿鄭穰等, 釐正舊樂, 又置儀禮詳定所, 以領議政黃喜, 右議政孟思誠, 贊成許稠, 摠制鄭招, 申商, 權軫等爲提調, 講義樂律"(『연려실기술』 권3).

> 편찬한 이들이 줄을 이었으나 각각 제 주장을 하였으므로 논의는 많아졌으나 잘못도 또한 많아졌다. 이에 송나라 때에 와서 사마온공이 운도를 짓고 소강절이 성음도 수리론으로 밝혀서 깊은 이치를 캐고 심오한 이치까지 연구함으로써 여러 가지 학설을 하나로 통일하였다."[24]

라고 하였다. 훈민정음의 제작에 있어서 소씨의 성음수가 참고된 것은 신숙주의 이 말로 증언을 삼을 수 있을 것 같다.[25]

15세기 세종조 시대에 간행된 『훈민정음 해례』, 『동국정운』, 『홍무정운역훈』의 청탁 배열도는 『절운지장도』와 가장 닮아 있으며, 성모의 자모 배열은 『고금운회거요』와 가장 가깝다. 그럼에도 불구하고 홍기문(1946), 이숭녕(1972), 유창균(1989)은 소옹의 『황극경세서』의 어음관이 훈민정음 창제에 가장 큰 영향을 미쳤다고 주장한 것은 과연 신뢰할 수 있는 것일까? 곧 15세기 세종을 비롯하여 집현전 학사들조차도 『황극경세서』「성음창화도」에 보이는 상수학과 운도에 대한 내용을 충분히 숙지하지 못한 상황이었을 것이다.

문제는 세종조 당시에는 아직 『성리대전』에 대한 내용을 충분히 숙지하여 이를 이해하고 있는 학자가 아마도 없었거나 드물었다고 할 수 있으니 자연 세종인들 '훈민정음' 창제에 『황극경세서』가 그 기반이 되었을 것이라는 설명은 합당한지 충분히 검토되어야 할 필요가 있다. 이에 대해 심소희(2013)는 당시 훈민정음 창제에 『황극경세서』가 직접

24) "及至沈陸諸子, 彙分類集, 諧聲協韻, 而聲韻之說始興, 作者相繼, 各出機杼, 論議旣衆, 舛誤亦多, 於是溫公著之於圖, 康節明之於數, 探賾鉤深, 以一諸說"(『동국정운』 서문).

25) 이상규, 「보한재 신숙주 선생의 생애와 삶」, 『보한재 신숙주 선생 나신 600돌 기념 학술논문집』, 2017. 현재 전하지 않는 『동국운략(東國韻略)』을 지은 좌의정 하륜(河崙)의 학통을 이어받은 신숙주는 한자음과 중국음의 표준화 정책을 수립하고 운서를 편찬하는 일의 중추적 역할을 한 인물이다.

적인 영향이 있었다는 견해에 대해 다소 부정적인 입장을 취하고 있다. 단지 조선 후기 화담 서경덕을 거쳐 숙종조 시대 명곡 최석정과 그 후대 황윤석의 시대에 비로소 『황극경세서』를 바탕으로 한 운도 연구가 다시 본격적으로 활기를 띠게 된 것으로 파악하고 있다.[26] 과연 그러했을까? 좀 더 깊이 살펴볼 필요가 있을 것이다.

세종 10(1428)년 3월 2일의 기사를 보자.

> "주상께서 집현전응교 김돈(金墩)에게 이르기를, '『성리대전』이 지금 인쇄되었으나 내가 이를 읽어보니 의리가 정미하여 궁구하기에 쉽지 않다. 그대는 정상한 사람이니 마음을 써서 한번 읽어 보라'고 하니, 김돈이 아뢰기를, '스승에게 배우지 않으면 쉽사리 궁구해볼 수 없지마는, 신이 마땅히 마음을 다하겠습니다'라 하였다. 주상이 말씀하시기를, '비록 스승을 얻고자 하나 진실로 얻기가 어렵다'고 하였다."[27]

『세종실록』 11(1480)년 10월 20일에

> "경연에 나아갔다. 강하기를 마치자, 영사 이극배(李克培)와 지사 강희맹(姜希孟)이 아뢰기를, '『자치통감』은 사가의 근본이고, 『성리대전』에는 『황극경세서』와 『율려신서』가 있어서, 그 깊은 뜻과 미묘한 취지를 사람마다 이해할 수 없으니, 청컨대 홍문관의 관원으로서 영민한 자를 택하여 예습하여 진강하게 하소서'."[28]

---

26) 심소희, 『한자 정음관의 통시적 연구』, 이화여자대학교 출판부, 2013 참조.

27) "上謂集賢殿應教金墩曰, 性理大全書, 今已印之, 予試讀之, 義理精微, 未易究觀, 爾精詳人也, 可用心觀之. 墩曰, 非因師授, 未易究觀, 然臣當盡心. 上曰, 雖欲得師, 固難得也"(『세종실록』 10(1428)년 3월 2일).

28) "御經筵, 講訖, 領事李克培, 知事姜希孟啓曰, 『資治通鑒』, 史家之根本, 『性理大全』, 理學之淵

라 하였다. 이처럼 세종이 얼마만큼 『성리대전』에 관심이 많았는지 알 수 있다. 이러한 조선 초기 성리학 연구의 흐름은 성종대까지 이어졌다. 곧 성종 20(1489)년에는 홍문관에 명하여 『성리대전』에 주석을 달도록 하는 특별한 전교를 내리기도 하였다.

"홍문관에 전교하기를, 『성리대전』은 반드시 여러 글을 상고한 뒤에야 그 뜻을 통할 수 있는데, 여러 글이 넓고 많아서 열람하기가 어려우니, 책 끝에 여러 글을 상고하여 기록하게 하라."[29]

즉 조선의 유학자들은 『성리대전』에 수록되어 있는 『황극경세서』를 15세기부터 수집하여 수용하기 시작하였지만, 서적이 널리 보급되지 못했던 상황을 고려해 본다면 『성리대전』에 대한 본격적인 연구가 시작되지는 못하였던 것 같다. 중종대 『성리대전』이 다시 간행되었는데,[30] 중종 25년 최세진(崔世珍, 1468~1542)이 의해 『황극경세서집람(皇極經世書集覽)』과 『황극경세서설(皇極經世書說)』 12권[31]을 수입하였으며, 또 『황극경세서설』이 인간되었다.[32] 중종 25(1530)년 12월 20일 기사에

源, 此二書, 不可不講也. 然『性理大全』, 有『皇極經世書』, 『律呂新書』, 其奧義微皆, 非人人所能解也, 請擇弘文館員之英敏者, 預習進講"(『세종실록』 11(1480)년 10월 20일).

29) "傳于弘文館曰, 『性理大全』必參考豬書然後, 乃通其意, 諸書浩繁, 披閱爲難, 可於卷端, 考諸書書之"(『성종실록』 20(1489)년 3월 9일).

30) 김항수, 『16세기 사람의 성리학 이해』, 『한국사론』 7, 1981, 152쪽과 박권수, 「조선 후기 상수학의 발전과 변동」, 서울대학교 박사논문, 2006, 29쪽.

31) "부호군 최세진이 『대유대주의』 2권과 『황극경세서설』 12권을 올리고 아뢰기를, 『대유대주의』는 모두 고문이지만 새로 뽑아 모은 것으로서 임금이 보시기에 알맞은 것이고, 『황극경세서설』 역시 우리나라에 없는 것이어서 감히 올리니, 간행하여 누구나 다 볼 수 있게 하소서(副護軍崔世珍以 『大儒大奏議』二卷, 『皇極經世書說』十二卷進獻曰, 『大儒大奏議』, 雖皆古文, 然新撰裒集, 宜人君所當觀鑑, 『皇極經世書說』, 亦我國所無敢獻, 請印行, 使人人皆得見之)"(『중종실록』 34(1539)년 5월 17일).

32) "『황극경세서설』은 명나라의 주은로(朱隱老)가 지은 것인데, 소옹의 글을 드러내어 밝히되

는 최세진이 『황극경세서집람』을 진상한 내용이 소상히 밝혀져 있는데 이를 통해 당시 유학자들의 『황극경세서』에 대한 이해 수준을 가늠할 수 있다.[33]

『황극경세서』는 『성리대전』에 부록된 것인데 학자들이 그 뜻을 깊이 해석하지 못한 것을 결점으로 여기고 있었으니, 반드시 『집람(集覽)』을 참고한 다음에 모두 해석할 수 있었다. 따라서 최세진이 중국에 가서 인본을 찾았으나 얻지 못했는데 다행히 서본(書本)을 얻어 이순(李純)에게 보였더니 이순이 중종 25(1530)년 『중종실록』에서 말하기를 "환히 알 만한 곳도 있고 알기 어려운 곳도 있다", "홍문관 관원에게 교정하여 인간(印刊)해서 본관에 소장토록 하는 것이 어떻겠습니까?"[34]라고 하였다. 이처럼 『성리대전』의 유입 시기는 세종 8(1426)년으로 상당히 빨랐으나 그 내용의 어려움으로 인하여 중국과 지식의 변폭이 있었던 조선 지식인들에게는 하루아침에 받아들이거나 수용하기가 매우 어려웠던 것으로 짐작된다. 특히 당대 지식인들의 관심사가 주자학의 원류인 경학 중심으로 차츰 고정됨으로써 『성리대전』에서 제시한 다양한 지식을 응용할 수 있는 범위가 상대적으로 협소해질 수밖에 없었다. 더군다나 당시까지도 『황극경세서』는 당시 조선의 학자들에 의해 정확하게 해석되지 못할 만큼 난해한 책으로 여겨지고 있었지만, 몇 차례 경연에서의

고구에 전거가 있고 의논도 유창하여 참으로 소옹의 글을 보는 데 도움이 되며, 『역경』을 집설한 데에 실은 제공의 논의가 명창하고 의지를 드러내어 밝힌 것이 많으므로, 『역경』을 집설한 데에 실은 제공의 논의가 명창하고 도움이 있을 것입니다(『皇極經世書說』, 乃皇朝朱隱老所著, 發明邵書, 考究有據, 議論亦暢, 實邵書之羽翼, 『易經集說』, 所載諸公, 議論明暢, 多所發明義旨, 請講『易經』之際, 參考乎此, 則不無資益)"(『중종실록』 37(1542)년 5월 7일).

33) 심소희, 『한자 정음관의 통시적 연구』, 이화여자대학교 출판부, 2013 참조.

34) "僉知中樞府事崔世珍, 以『皇極經世書集覽』, 進上曰, 『皇極經世書』, 附『性理大全』, 而學者病不能盡解其意, 因必集覽後, 可得盡解矣, 臣赴京求印本, 而未得之, 幸得書本而獻焉, 臣以此書示之於李純, 純曰, 有通曉處, 又有難曉處, 云, 請以弘文館官員, 校正開刊, 藏之本館如何?"(『중종실록』 25(1530)년 12월 20일).

강의[35]와 『황극경세서집람』과 『황극경세서설』이 수입되고, 『황극경세서설』이 간행되는 등 참고 서적들이 갖추어지면서 『황극경세서』에 대한 연구도 조금씩 진전되었던 것으로 보인다. 이러한 상황을 고려해 본다면 세종께서 훈민정음을 창제하는데 『황극경세서』가 훈민정음 창제에 다소간 참고는 되었을지라도 직접적인 영향을 끼쳤다고 보기는 어려울 것 같다.

조선 유학자들이 소옹의 문집인 『소자전서(邵子全書)』를 수집하여 『황극경세서』의 전체 내용을 접할 수 있었던 것도 실제로는 17세기 이후였다. 1613년 신흠(申欽, 1566~1628)이 최초로 북경의 인편으로 『소자전서』 전질을 구했다고 하지만,[36] 18세기 후반까지도 『소자전서』는 일반 유학자들이 쉽게 구해볼 수 있는 그러한 서적이 아니었다.

좀 더 구체적으로 말하자면 송나라의 성리학을 집대성한 『성리대전』 안에 실린 소옹이 쓴 『황극경세서』의 「성음창화도(聲音唱和圖)」였다. 이 『황극경세서』의 「성음창화도」를 수용하는 과정에 한자음의 표준화를 위해 나라 안으로는 『동국정운』을 나라 밖으로는 『홍무정운역훈』 편찬을 통해 '정음'과 '정성'에 대한 주체적 의식을 확보했음을 알 수 있다.[37]

성음은 시간과 지리적 환경에 따라 달라질 수 있다는 언어풍토설(言語風土說)을 토대로 하여 중국은 중국 나름대로 왕조가 바뀔 때마다 운

---

35) 『중종실록』 8(1513)년 9월 24일 참조.

36) "余少時喜觀邵易, 而未領其要, 思索而復置之, 如是者蓋數十年, 世無名儒碩師究窮乎此者, 亦無緣就質而擊蒙矣, 曁萬歷癸丑, 得罪于朝, 竄跡田間, 無他隨身物. 秖有皇朝諸學士所纂性理大全在床上, 捐佩之餘, 取經世約法觀之, 則忽若有所通曉, 因以推研則信其爲加倍之法, 而又非渺茫難知者也. 於世乎閉乎考證, 漸得蹊逕. 而心不敢自信. 旋捐金於燕市, 購邵子全書以來, 以所領會者校之, 則頗似符契. 余卽自幸其粗有所得, 而顧海隅偏壤, 文献不備. 如先儒箋釋, 莫有見者, 此數之源委, 但憑註解參互爾, 然經世內外篇, 若方圓兩圖, 天地始終, 元會諸圖, 已具其槩.推之自當悟人, 至於聲音之數, 自是一理, 卽知四象之數則卽迎刃而解矣"(『象村稿』 60卷).

37) 심소희, 『한자 정음관의 통시적 연구』, 이화여자대학교 출판부, 2013 참조.

서를 간행하였듯이 동아시아의 여러 주변 나라에서도 나름대로 견실한 자국의 운서를 만든 나라는 그리 흔하지 않았다. 그러나 조선에서는 『동국정운』, 『홍무정운역훈』, 『사성통고』, 『사성통해』, 『화동정음통석운고』, 『정음통석』, 『삼운성휘』, 『규장전운』 등의 독자적인 운서를 지속적으로 만들어 화음과 동음의 한자음의 교정과 표준화를 위해 부단한 노력을 해 왔다. 그 이외 『오례의』, 『역상』 등도 그 내용으로 미루어 보면 『성리대전』과 매우 긴밀한 관련성을 가지고 있다.

이상에서 세종대에 제기되었던 운학의 연구와 관심은 숙종대에 이르기까지 차츰 식어갈 수밖에 없었던 상황을 이해할 수 있다.

방언이어만불동(方言俚語萬不同)

중국 운서를 수입하여 훈민정음으로 표음한 각종 운서에서 운도 배열의 방식이 차이를 보이는 것은 학술적 근거에 기인한 것이 아니라 매우 우연한 차이에 지나지 않는다.[38] 다만 이를 근거로 하여 운서 간의 상호 영향 관계를 밝히는 중요한 잣대가 될 수 있다는 점은 분명하다. 그런데 『훈민정음 해례』 서를 쓴 정인지를 비롯한 성운학자들이 운도의 배열이나 배치의 차이를 스스로 몰랐던 것이 결코 아니다.

『훈민정음 해례』 합자해 결에 "방언과 이어가 모두 다르고, 소리는 있으나 문자가 없어(方言俚語萬不同 有聲無字書難通)"라고 하여 중국에 대

38) 심소희, 위의 책. "이것에는 정반합(正反合)변증의 논리가 들어 있다. 중국의 많은 운도 작자들은 세상 모든 음을 운도의 틀에 구현하고자 하였지만, 그 속에 암암리에 포함되어 있던 '모순'의 정체를 알아채지 못하였던 듯하다. 그것은 음을 표현하고자 운도의 칸에 기입되는 글자가 '표음 기능이 전무한 한자'인 까닭이었다. 결국 운도의 작자들은 자신만의 기준으로 운도를 편찬하였더라도 어떠한 운도도 준거가 될 수 없었다. 결국 현재까지 남아 있는 120여 편의 운도들은 태생적인 모순에 의해 남겨진 잔해물인 것이다."라고 설명하고 있다.

한 우리 음으로서 방언이든지 우리나라 안에서의 방언이든지 모두 소리는 있으나 문자가 없어 서로 뜻을 통하기 어렵다는 말이다. 곧 두 가지 측면에서 국내외에서의 방언과 이어에 대해 어떻게 받아들이고 있었는지 검토해 보자. 먼저 『훈민정음 해례』 정인지 서문에

> "우리나라의 예악과 문물은 가히 중화에 모의(侔擬, 비교하여 견줄 만함)되나 그러나 방언과 이어(俚語, 우리말)가 이와 더불어 서로 같지 아니하니 여기서 글 배우는 이의 그 지취(旨趣, 글의 뜻을)가 깨닫기 어려움을 근심하고 옥을 다스리는 이가 그 곡절에 통하기 어려움을 병인 것처럼 여기는 배라."[39]

라고 하였으나 중국 방음을 표기할 수 있는 모든 문자 곧 정음을 기록할 수 있는 문자가 바로 훈민정음이다. 정인지는 『훈민정음 해례』 서문에 기본 28자를 합자하면 "비록 바람소리 학이 울음 개의 짖음과 같은 것일지라도 다 가히 쓸 수가 있는지라(雖風聲鶴唳, 鷄鳴狗吠, 皆可得而書矣)."라고 말하고 있다.

'훈민정음'을 창제한 후 세종과 집현전 학자들이 가장 먼저 착수한 것은 이미 전승된 조선 한자음을 바로 잡는 일이었다. 특히 원나라 운서인 『고금운회거요』에서 명나라 운서인 『홍무정운』으로 표준 운서를 바꾸는 일은 매우 시급한 과제였을 것이다. 유교 국가로서 이상적인 정치를 실현하기 위해서는 우선 정음과 정성을 바탕으로 한 어문정책이 실시되어야 한다고 생각하였기 때문이다. 이는 앞에서도 언급하였듯이 예(禮), 악(樂), 성음(聲音), 정교(政教)가 밀접한 관계가 있다고 여기는 동

---

39) "吾東方禮樂文章, 侔擬華夏, 但方言俚語, 不與之同, 學書者患其旨趣之難曉, 治獄者病其曲折之難通, 昔新羅薛聰, 始作吏讀, 官府民間, 至今行之, 然皆假字而用, 或澁或窒, 非但鄙陋無稽而已, 至於言語之間, 則不能達其萬一焉"(『훈민정음 해례』 정인지 서).

아시아의 전통 예악 사상의 영향이라고 보이며,[40] 이에 중국 운서 번역에 착수하였다. 원나라 운서였던 『고금운회거요』의 번역 사업은 연유는 알 수 없으나 『동국정운』 간행사업으로 이어졌다.

『동국정운』의 신숙주 서문에 따르면

> "대저 음이 다르고 같음이 있는 것이 아니라 사람이 다르고 같음이 있고, 사람이 다르고 같음이 있는 것이 아니라 지방이 다르고 같음이 있나니, 대개 지세가 다름으로써 풍습과 기질이 다르며, 풍습과 기질이 다름으로써 호흡하는 것이 다르니, 동남 지방의 이와 입술의 움직임과 서북 지방의 볼과 목구멍의 움직임이 이런 것이어서, 드디어 문서로써는 비록 통할지라도 성음으로는 같지 않게 된다. 우리나라는 안팎 강산이 자작으로 한 구역이 되어 풍습과 기질이 이미 중국과 다르니, 호흡이 어찌 중국음과 서로 합치될 것이랴!"[41]

신숙주의 『동국정운』 서문에는 풍토에 따라 소리가 달라져 ① 자모의 변,[42] ② 칠음의 변,[43] ③ 청탁의 변, ④ 사성의 변[44]이 생겨남에 따라

---

40) 『예기(禮記)』「악기(樂及)」 권37 참조.

41) "夫音非有異同 人有異同人非有異同 方有異同 蓋以地勢別而風氣殊 風氣殊而呼吸異 東南之齒脣 西北之頰喉是已 遂使文軌雖通 聲音不同焉 吾東方表裏山河 自爲一區 風氣已殊於中國 呼吸豈與華音相合歟"(『동국정운』 신숙주(申叔舟) 서문).

42) 최세진이 『언문지』에서 다음과 같이 말하였다. "『홍무정운』 이후의 한자음을 보면 '知'는 '照[ㅈ]'에 합병되고, '徹'은 '穿[ㅊ]'에 합병되고, '徵'은 '牀[ㅉ]'에 합병되고, '敷는 '非[ㅸ]'에 합병되었다." 그러므로, 『사성통해』에서도 또한 이에 따라 다섯 자모(知, 徵, 孃, 敷)를 제거하였는데 이는 일반인의 발음에서는 설상음을 말할 수 없으므로 마침내 병합하여 폐지한 것이다.

43) 유희의 『언문지』에서 최세진은 다음과 같이 말하였다. "'魚[ㆁ]'음은 곧 '疑[ㅇ]'음과 같고, '孃[ㄴ]음은 곧 '泥[ㄴ]'음과 같고, '么[ㆆ]'음은 곧 '影[ㆆ]'음과 같고, '敷[ㆄ]'음은 '非[ㅸ]'음과 같으니, 둘로 나누면 안 되는데 『운회』에서는 이것을 나누어 놓았다. 몽고운에서는 '魚[ㆁ]'자와 '疑[ㅇ]'자는 음이 비록 같지만 그 몽고 글자는 다르기 때문이다. '泥[ㄴ]'와 '孃[ㄴ]', '么[ㆆ]'와 '影[ㆆ]', '非[ㅸ]와 '敷[ㅸ]' 또한 같다. 그러나 다만 '泥[ㄴ]와 '孃[ㄴ]에 대해서는 달리 논해야 한다. 결코 같이 논해서는 안 된다고 한 것은 알 수 없다.

조선의 한자음을 훈민정음으로 표음하게 된 것이다.

이러한 논의는 ②의 『황극경세서』(『성리대전』 권8)에서

> "음이 같고 다름이 있는 것이 아니고 사람이 같고 다름이 있으며, 사람이 같고 다름이 있는 것이 아니고 지역이 같고 다름이 있다. 그래서 지리적 환경이 다르면 사람의 발음도 달라지는 것이다(音非有異同, 人有異同, 人非有異同, 方有異同, 謂風土殊而呼吸異故也)."

라고 하였다. 세종과 집현전 학자들도 『홍무정운』을 필독하여 중국과 동일하게 성음 풍토론을 이해하고 있었을 것이다. 이와 같은 내용이 『홍무정훈역훈』 서문에도

> "대개 사방의 풍토가 같지 못 하고 기도 또한 그기에 따르는 바, 소리는 기에서 생기는 것인지라, 이른바 사성과 칠음이 지방에 따라서 편의함을 달리하거늘"[45]

---

44) 최세진의 『사성통해』「번역노걸대박통사범례」에 "국음은 무릇 평음과 측음이 있나니, 평음은 슬프면서도 편안하고, 측음은 둘이 있나니 '齒'자의 발음처럼 거세고 들이는 것이 '位'자의 발음처럼 곧고 높은 것이 있다. 슬프면서도 편안한 것은 평성이저, 거세고 들리는 것은 (상성이며), 곧고 높은 것은 거성과 입성이다. 그러므로 우리나라 시속의 말에 평성은 점이 없으며 상성은 점이 둘이고 거성과 입성은 점이 하나이다. 이제 반역(=音注)에서 한자 아래 오른쪽의 언음은 아울러 우리 고유어의 고저에 의거하여 점을 가하였다. 단지 『통고(通攷)』 안의 한음은 글자 옆의 점이 비록 이와 같다 하더라도 그 소리의 고저는 조선어와 중국어가 같지 않음이 있다. 자세한 것은 방점조를 보라(國音, 凡本國語音, 有平有仄, 平音哀而安, 仄音有二焉. 有厲有擧, 如齒字之呼者, 有直而高, 如位字之呼者, 哀而安者, 爲平聲. 厲而擧者(爲上聲), 直而高者. 爲去聲, 爲入聲. 故國俗言語, 平聲無點, 上聲二點, 去國('聲'의 오자—인용자)入聲一點, 今之反譯漢字下在左諺音, 並依國語高低, 而加點焉. 但通攷內漢音字旁之點, 雖與此同 而其聲之高低, 則鄕漢有不同焉. 詳見旁點條)."라고 하여 사성의 변을 설명하고 있다.

45) "盖四方風土不同, 而氣亦從之, 聲生於氣者也, 故所謂四聲七音隨方而異宜"(『홍무정훈역훈』 서문).

이라 하고 있다. 『훈민정음 해례』를 마련한 집현전의 실무를 총괄하였던 정인지의 『훈민정음 해례』 정인지 서문을 살펴보자.

> "천지자연의 소리가 있으면 반드시 천지자연의 글자도 있는 법이다. 그러한 까닭에 옛사람들은 소리에 따라 글자(체계)를 만들고 이로써 만물의 뜻을 능히 꿰뚫고 삼재의 도를 실었으니, 후세의 사람들이 바꿀 수 없다. 그러나 사방의 풍토는 서로 다르고, 소리의 기운 또한 그에 따라 달라진다."46)

정인지의 견해는 소옹의 『황극경세서』에서 다시 확인할 수 있다. 곧 『훈민정음 해례』 정인지 서문에 나타나는 풍토설에 따른 소리가 다르면 문자도 달라져야 하기 때문에 새로운 문자의 필요성에 대한 설명은 『황극경세서』의 내용과 비슷하다. 곧 풍토설에 따라 방언의 차이는 물론 새로운 문자의 제정의 당위성을 역설하고 있다. 『훈민정음 해례』의 정인지 서문의 내용이 『황극경세서』의 내용을 그대로 빌려온 것으로 생각하기도 한다. 소위 말하는 성음의 풍토설이 단순히 소옹의 『황극경세서』의 한 구절의 되울림으로 『훈민정음 해례』에 반영한 것이 아니라 ① 자국 문자의 창제의 당위성, ② 예의에서 해례로 옮아가는 과정에서 운도가 변화된 사실에 대한 당위성을 확보, ③ 방음과 이어에 대한 관찰과 동시에 27자의 제한적 음소를 주장하는 당위성을 입증하는 수단으로서 정인지의 서문에 밝혀놓은 것이다. 다시 말하자면 중화 주변의 제국에서 제나라의 글자 제정의 당위성과 중국의 여러 성운학설을 우리 풍토에 맞게 운용하여 재창조할 수 있는 이론적 근거를 천명한 것이다.

---

46) "天地自然之聲, 則必有天地自然之文, 所以古人因聲制字, 以通萬物之情, 以載三才之道, 而後世不能易也. 然四方風土區別(入)聲, 氣亦隨而異焉"(『훈민정음 해례』 서문).

이와 같이 세종의 훈민정음 창제의 기본 정신은 중화에 대한 조선의 문화적 자주성과 문화적 주체성에 있다고 할 수 있다. 세종과 집현전 학자들은

> "천지자연의 어떤 말소리는 반드시 그 말소리에 합당한 천지자연의 글자가 있는 법이다. 만약 풍토에 따라 말소리가 각각 다르면 그 말소리에 합당한 글자도 각각 다를 것이다. 그러나 말소리가 다름에도 불구하고 그 말소리에 합당한 글자가 없어서 다른 말소리를 적는 글자를 빌려 사용하는 것은 마치 둥근 구멍에 모난 자루를 끼우는 일과 같은 것이다. 그러나 우리나라는 말소리가 중국과 다름에도 불구하고 중국의 글자(한자)를 쓰고 있으므로 일상 쓰는 말소리의 만분의 일도 적어내지 못하고 있다."[47]

고 개탄하였다.

우리는 너무 쉽게 훈민정음의 창제 배경에는 송나라의 성리학이 기반이 되었다고 말하지만 실제 세종 당시에는 소옹(邵雍, 1011~1077)의 『황극경세서』, 채원정의 『율려신서』는 너무나 난해하여 제대로 완전한 해석을 할 수 있었던 학자들이 그렇게 많지 않을 것으로 보이기 때문에 훈민정음 창제에 직접적인 기반이 되었다고 보기는 어렵다. 『성리대전』은 당시의 최고의 학술 기관이었던 집현전 학자들도 쉽게 이해하기 힘든 서적이었고, 『성리대전』을 가르칠 수 있는 유학자도 거의 없었던 실정

---

47) "有天地自然之聲, 則必有天地自然之文. 所以古人因聲制字, 以通萬物之情, 以載三才之道, 而後世不能易也. 然四方風土區別, 聲氣亦隨而異焉. 蓋外國之語, 有其聲而無其字. 假中國文字以通其用, 是猶枘鑿之鉏鋙也, 豈能達而無礙乎. 要皆各隨所處而安, 不可强之使同也. 吾東方禮樂文章, 侔擬華夏. 但方言之語, 不與之同. 學書者患其旨趣之難曉, 治獄者病其曲折之難通. 昔新羅薛聰, 始作吏讀, 官府民間, 至今行之. 然皆假字而用, 或澁或窒. 非但鄙陋無稽而已, 至於言語之間, 則不能達其萬一焉"(『훈민정음 해례』 정인지 서).

이었다. 그럼에도 불구하고 '훈민정음' 창제에 이론적으로 영향을 끼친 운학 이론으로 송나라 『성리대전』에 실린 소옹의 『황극경세서』의 어음 관이라고 판단하고 있다. 그러나 세종조 당시에도 집현전 학자들조차 『황극경세서』의 운도 이론에 대해 해박하게 이해하지 못하였고 단지 『성리대전』에 실린 주역 원리에 바탕을 둔 역학 이론을 전적으로 활용할 것은 분명하다.

『훈민정음 해례』「제자해」의 내용뿐 아니라 그 속에 사용된 성운학적 용어는 주로 『절운지장도』(1176~1203)의 「변자모차제예」와 흡사하다. 또한 정초(鄭樵, 1104~1162)의 『칠음략(七音略)』에 따른 발음 위치와 발음 방법에 대응한 칠음(아, 설, 순, 치 후, 반치, 반설)의 오성(궁, 상, 각, 치, 우)의 배열 방식에서만 차이를 보여줄 뿐이다. 특히 「제자해」의 결(訣)은 『절운지장도』「변자모청탁가」의 자모와 청탁의 관련을 7언시로 설명한 부분이 거의 일치하고 있다.

특히 『동국정운』의 신숙주 서문을 통해

"대저 음이 다르고 같음이 있는 것이 아니라 사람이 다르고 같음이 있고, 사람이 다르고 같음이 있는 것이 아니라 지방이 다르고 같음이 있나니, 대개 지세가 다름으로써 풍습과 기질이 다르며, 풍습과 기질이 다름으로써 호흡하는 것이 다르니, 동남 지방의 이와 입술의 움직임과 서북 지방의 볼과 목구멍의 움직임이 이런 것이어서, 드디어 문서로써는 비록 통할지라도 성음으로는 같지 않게 된다. 우리나라는 안팎 강산이 자작으로 한 구역이 되어 풍습과 기질이 이미 중국과 다르니, 호흡이 어찌 중국음과 서로 합치될 것이랴!"48)

---

48) "夫音非有異同, 人有異同人非有異同, 方有異同, 蓋以地勢別而風氣殊, 風氣殊而呼吸異, 東南之齒唇, 西北之頰喉是已, 遂使文軌雖通, 聲音不同焉. 吾東方表裏山河, 自爲一區, 風氣已殊於中國, 呼吸豈與華音相合歟"(『동국정운』 신숙주 서문).

살펴보면 세종께서는 한자음의 정음과 정성을 결정하는 과정에서도 중국과의 문화 수용과 변용이라는 측면에서 매우 주체적인 입장을 취하고 있음을 확인할 수 있다.

이와 같이 『황극경세서』의 「성음창화도」도 현실 음계가 아닌 인위적인 성음 조직 체계였다. 단지 성음만이 아니라 동아시아의 자연우주론을 역학과 수리학으로 응축한 일종의 동아시아적 자연우주철학의 결정체라고 할 수 있다.

위에서 살펴본 바와 같이 『훈민정음 해례』 정인지 서문의 풍토설 관련 내용이 단순히 『황극경세서』에서 보이는 중국의 성음 풍토설을 단순히 베껴 쓴 것은 결코 아니다. 소위 말하는 풍토설이 단순히 소옹의 『황극경세서』의 한 구절을 강조하여 자국 문자 창제의 당위성뿐만 아니라 예의에서 해례로 옮아가는 과정에서 정서 규정의 변개된 사실에 대한 당위성을 확보하기 위한 고도의 전략이었을 것이다. 그리고 동문동궤라는 중화와의 사대적 교린에 혹시 생겨날지 모르는 외교적 마찰이나 반대의 예봉을 꺾기 위한 치밀한 조치였다. 27자의 제한적 음소 문자로서의 훈민정음 창제의 당위성을 입증하고 또 자국의 주체적 성음체계를 수립하려는 잣대였음을 알 수 있다.

조선 전기 『훈민정음 해례』와 『성리대전』

세종이 '훈민정음'을 창제할 때 집현전 학사들과 함께 중국의 성운학의 전통은 물론 송나라의 『성리대전』의 영향을 많이 받았던 것으로 알고 있다. 그런데 구체적으로 어떤 부분에 어떤 운서나 『성리대전』 내에 실린 어떤 책에서 영향을 받았는지에 대해서는 좀 정밀하게 논의한 논저를 별로 찾아볼 수가 없다. 대략 운서로는 『고금운회거요』나 『홍무정운』, 『칠음략』, 『절운지장도』 등이 손꼽히고 있으며, 『성리대전』 가운데서 주돈이의 『태극도설』이나 소옹의 『황극경세서』, 『율려신서』, 채침의 『홍범황극내편』 등의 영향을 받은 것으로 두루뭉술하게 설명해 왔다. 이러한 기술방법에 대해 최근 심소희(2013: 260)가 문제를 제기하고 있다.

> "이와 같이 주역의 원리를 빌려 성음의 연원을 설명하는 훈민정음을 오늘날 대부분의 학자들은 『황극경세서』와 지대한 연관이 있다고 보고 있다. 당시 성리학은 지식과 생활, 행위와 이념을 선도하였으므로 『성리대전』의 7~13권에 부록되어 있는 소옹의 『황극경세서』의 영향은 그다지 크지 않았을 것으로 생각한다."

라고 하여 정도 차이는 있지만, 홍기문(1946), 이숭녕(1972), 유창균(1989), 박동규(2001)에서 주장하듯 『황극경세서』가 『훈민정음 해례』에 많은 영향을 끼쳤다는 주장에 대한 수정이 필요하다는 말이다. 곧 '훈민정음' 창제 당시에 『황극경세서』의 영향의 크게 받지 않았다는 관점이다. 심소희(2016)의 주장에는 17세기 경에 가서 『황극경세서』가 본격적으로 연구되었는데 그 주인공이 바로 최세진, 서경덕, 최석정이라는 논의이다.

그에 비해 지금까지 학계에서는 『황극경세서』가 '훈민정음' 창제에 많은 영향을 끼쳤다는 입장에 선 대표적인 학자인 홍기문(1946)은

> "지금 세종 문화를 『성리대전』과 대비한다면 역상은 이기현의 『역법』과 관련이 있고, 아악은 『율려신서』와 관련이 있고, 『오례의』는 가례와 관련이 있고, 『치평요람』은 군도, 치도 등의 편과 관련이 있다. 훈민정음도 결코 그 예외가 되는 것은 아니니 해례의 성음 이론이 어느 부분에 있어서는 『황극

경세서』와 공통되는 사실은 양자의 관련이 없지 않은 증거다."

라고 하여 '훈민정음'과 『황극경세서』와의 관계를 포괄적으로 긴밀한 관계를 맺고 있다고 기술하고 있다. 그러나 이숭녕(1972: 178~179)은 『동국정운』의 정인지 서문과 『황극경세서』의 소위 풍토설에 대한 내용이 상당히 유사하다는 사실을 지적하였다. 이것을 근거로 하여 상당한 영향을 받았을 것이라는 관점이다. 다만 이숭녕(1976: 52)은

"훈민정음의 자모 체계는 우리 현실 국어의 표기를 위한 것이 아니고 『동국정운』을 이해시키기 위한 연습장 구실을 하게 한 것이라 볼 수 있다. 오늘날 한글을 제정한다고 가정할 때, 그 체계가 현실 국어음을 기준으로 한 것이 아니고, 장차 개혁할 한자음의 체계를 실었다고 하면, 큰 시비를 받을 것이다. 그와 같이 한 것이 바로 이 훈민정음의 체계다. 그러므로 훈민정음은 『동국정운』의 이해를 위한 연습장의 구실을 한 것이다. 그러고 보면 하자음의 개신을 둘러싸고 문제점이 많으며, 세종의 언어정책의 진의가 어디에 숨겨져 있는가가 의심될 것이다."라고 하여 한글 창제의 목적을 심하게 왜곡시키고 있다. 역시 이러한 논점은 강규선·황경수(2006: 74)에 "동국정운을 만드는 것도 한자음 개신책으로 한글을 만든 것으로 예단할 수 있다."[49]

라는 논의로 번져갔다. '훈민정음' 창제와 관련하여 중국 『성리대전』과의 관계를 현대 언어과학적 측면에서 매우 부정적으로 평가하는 동시에 훈민정음 창제 자체를 한자음 표기 수단으로 만든 것으로 평가 절하하고 있다.

49) 홍기문 원저, 이상규 외 주해, 『증보훈민정음발달사』, 역락, 2016 재인용.

15세기 『훈민정음 해례』와 『동국정운』, 16세기 최세진의 『황극경세서집람』, 서경덕의 「성음해」, 17세기 신익성(申翊聖, 1588~1644)의 『황극경세서』 진상, 17~18세기 최석정의 『경세훈민정음』, 이형상의 『자학』, 신경준(申景濬, 1712~1781)의 『저정서(운해훈민정음)』, 황윤석의 『이수신편』에 이르기까지 『황극경세서』의 영향과 자극을 받았다고 한다. 이에 대해 심소희(2013: 255~256)는 『중종실록』 25(1530)년 12월 2일 기사를 들어 "『황극경세서』는 『성리대전』에 부록된 것인데 학자들이 그 뜻을 다 해석하지 못하는 것을 결점으로 여기고 있으니, 반드시 『집람』을 참고한 다음에는 모두 해석할 수 있습니다. 신(최세진, 1468~1542)이 중국에 가서 인본을 찾았으나 얻지 못했는데 다행히 선본(善本)을 얻었기에 올립니다. 신이 이 책을 이순에게 보였더니 순이 훤히 알 만한 곳도 있고 알기 어려운 곳도 있다고 하였습니다."라고 한 최세진의 말을 인용하여 당시까지도 『황극경세서』는 상당히 난해한 책이어서 훈민정음 창제 당시에는 이 책의 영향을 크게 받지 못했다는 말이다. 실재 세종 당시 집현전 학사들조차도 소옹의 문집인 『소자전서』를 구해서 『황극경세서』의 전체 내용을 열람하기가 어려웠을 것이다. 『황극경세서』의 「성음창화도」에 대한 본격적인 연구는 서경덕 이후 최석정과 이형상, 신경준, 황윤석으로 이어지게 된 것이다.

세종이 '훈민정음'을 창제하는데 여러 가지 운서와 더불어 철학적 근거를 『성리대전』에 두고 있음을 결코 부인할 수 없다. 그러면 구체적으로 어떤 부분이 어떤 운서나 『성리대전』에 영향을 받았는지 그 세부적인 내용에 대한 검토가 필요하다.

세종의 『운서』 번역의 행방

세종이 한글을 창제한 불과 몇 달 뒤인 세종 26(1444)년 2월에 신숙주, 성삼문 등에게 『고금운회거요』의 번역을 명하였는데, 이 사업은 완성되지 못했다. 다만 이를 토대로 하여 세종 29(1447)년에 『동국정운』을 편찬하였다. 곧 『동국정운』의 운목 배열은 『고금운회거요』의 영향을 받은 것이지만 운도의 배열 방식은 차이를 보여주고 있다. 세종 26(1444)년 2월 병신조 실록에 보면 세종이 새로 창제한 정음을 가지고 『운회』를 번역시키도록 명을 내린 사실이 보인다.

> "집현전 교리 최항, 부교리 박팽년, 부수찬 신숙주, 이선로, 이개, 돈녕부 주부 강희안 등에게 명하여 의사청에 나아가 언문으로 『운회』를 번역하게 하고, 동궁과 진양 대군 이유, 안평 대군 이용으로 하여금 그 일을 관장하게 하였는데, 모두가 성품이 예단하므로 상을 거듭 내려 주고 공억하는 것을 넉넉하고 후하게 하였다."[50]

이와 같이 세종께서 『고금운회』를 번역하도록 하명한 것으로 보아서 훈민정음 28자의 창제는 계해 겨울에 완료되었음은 의심할 수 없는 사실이며, 이와 동시에 훈민정음으로 한자음을 표기하는 일도 당시 핵심적인 당면 과제였을 것이다. 이 『운회』의 번역 과정은 최만리(崔萬理, ?~1445) 등의 반대 상소문 중에도 들어 있다.

---

50) "命集賢殿校理崔恒, 副校理朴彭年, 副修撰申叔舟, 李善老, 李塏, 敦寧府主簿姜希顔等, 詣議事廳, 以諺文譯韻會, 東宮與晋陽大君瑈, 安平大君瑢, 掌其事, 皆稟審斷"(『세종실록』 세종 26(1444)년 2월 16일).

"이제 넓게 여러 사람의 의논을 채택하지도 않고 갑자기 이배(吏輩) 10여 인으로 하여금 가르쳐 익히게 하며, 또 가볍게 옛사람이 이미 이룩한 운서를 고치고 근거 없는 언문을 부회(附會)하여 공장(판각 장인) 수십 인을 모아 각본하여서 급하게 널리 반포하려 하시니, 천하 후세의 공의에 어떠하겠습니까?"[51]

세종이 『운회』 번역을 명한 직후 최만리가 반대 상소를 올린 직접적인 계기는 이 운서 번역 사업에 대한 반대 때문이었다. 그런데 실록에 보이는 『운회』란 어떤 운서를 말하는 것인가? 단순히 중국 운서를 총칭하는 곧 '운서'라는 보통명사였을까? 아니면 구체적인 어떤 운서의 책이름이었을까? 『태종실록』 16년 5월조에는 고려 시대에 이미 『예부운략』이 과시용으로 널리 이용되고 있었을 뿐만 아니라 조선 초 좌의정 하륜(河崙, 1348~1416)에게 『동국운략(東國韻略)』을 편찬하여 널리 간포하라는 명을 내렸다고 한다. 그러나 지금 그 책이 전하지 않아서 상세한 전후 내막을 파악하기는 힘이 들지만 이 『동국운략』이 신숙주로 하여금 『동국정운』을 편찬하는 사업과 아마도 긴밀한 관련성이 있을 것으로 미루어 짐작할 수 있다. 하륜의 문하였던 보한재 신숙주가 훈민정음 창제 이후 훈민정음을 활용한 운서 편찬의 주역을 담당하게 된 것이 결코 우연한 일이 아니다. 『동국운략』이라는 책 이름을 보면 우리나라 운서로 추정된다. 하지만 이 책과 『운회』가 어떤 연관성이 있었을까? 『동국정운』 편찬자 가운데 『훈민정음 해례』에 참여한 정인지와 성삼문이 제외되고 자연스레 신숙주가 실무 핵심을 맡게 된다. 이것은 다시 『홍무정운역훈』에 이르기까지 이어지게 된다. 특히 하륜의 문하였던

---

51) "今不傳採群議, 驟令吏輩十餘人, 講習, 又輕改古人已成之韻書, 附會無稽之言諺文, 聚工匠數十八刻之, 劇欲廣布其於天下, 後世公議如何"(『세종실록』 세종 26(1444)년 2월 20일).

신숙주 선생이야말로 『동국운략』의 내용을 훤히 알고 있었을 것이다. 그뿐 아니라 세종이 깊이 이해하고 있었던 『고금운회거요』가 중국 북부 방언 특히 몽골 사람들의 음운이 많이 반영됨으로써 중국 중고음과 상당히 일탈되었다는 사실도 충분히 인지하고 있었을 것이다.

그렇다면 세종이 명령한 『운회』란 무엇이며 또 그것이 어떤 연유로 인해 『동국정운』과 『홍무정운역훈』의 동국과 중국 한자음 표준화 사업으로 선회했을까? 학계에서는 여러 가지 논의들이 제기되어 왔다.

먼저 박병채(1983: 12) 교수는 세종이 명한 『운회』가 『고금운회거요』가 아닌 이유를 그 결과물이 나오지 않았다는 점을 들어서 세종이 번역하도록 명한 운서는 『홍무정운』이라고 주장한다.[52] 그러나 훈민정음 해례의 운도 7성과 악률 오성과의 대응(순음(脣音)－궁(宮), 후음(喉音)－우(羽))이 『홍무정운』과는 다르지만 『고금운회거요』와 일치한다는 점에서 당시 세종이 번역하도록 명한 『운회』는 『고금운회거요』임이 분명하다. 그러면 왜 이 사업이 중단된 것일까? 유창균(1969: 162) 교수는 『고금운회거요』 사업이 중단되고 이어서 『동국정운』의 사업으로 이어졌다는 주장이다. 그 근거로는 『고금운회거요』의 음역본이 훈민정음의 음운체계로 발전적으로 개편한 결과가 『동국정운』이라는 논의이다.

문제는 왜 『운회』 곧 『고금운회거요』의 음역 사업이 중단된 것인가에 대한 단 한마디의 기록도 남아 있지 않는가? 여기서 『운회』가 박병채(1983: 12) 교수의 논의처럼 『홍무정운역훈』이었다면 그 사업에 관여했던 사람들이 왜 차이가 있는지 설명할 길이 없다. 『운회』 사업에 가담한 사람과 『홍무정운역훈』 사업에 가담한 사람은 신숙주와 성삼문을 제외하면 모두 다르다.

52) 박병채, 『홍무정운역훈의 신연구』, 고려대학교 민족문화연구소, 1983.

이 글에서는 이러한 이유를 다음과 같은 근거 속에서 찾으려고 한다. 곧 훈민정음 예의는 세종이 『고금운회거요』의 운서를 참조하여 만들었다가 집현전 학사와 더불어 해례본으로 이론화시키는 과정에서 신진학사들에 의해 명나라 흠정운서 『홍무정운』의 체제로 바뀌어야 한다는 주장이 대두됨으로써 『운회』 사업이 자연 중단되는 동시에 『동국정운』과 『홍무정운역훈』의 간행사업으로 전환되었을 것이다.

이러한 가정을 논증하기 위한 첫째 근거가 소위 말하는 풍토설이다. 지역마다 7음의 대응이나 청탁의 대응, 사성의 대응이 달라질 수 있다는 논설을 『훈민정음 해례』의 정인지 서문, 『동국정운』의 서문, 『홍무정운』 서문 등에 그 근거를 밝히고 있다. '훈민정음' 창제 당시에 정인지의 서문에 나타나는 풍토설에 대한 내용은 그보다 먼저 최만리의 상소문에서 나타난다. 곧 최만리 등의 반대상소에도 "구주로 나뉜 중국 내에 기후나 지리가 비록 다르더라도 아직 방언에 다른 글자를 만든 일이 없고, 오직 몽골, 서하, 일본, 서번과 같은 무리들만이 각각 제 글자를 가지고 있지만 이는 모두 오랑캐들의 일이라 이치를 갖추지 못한 것뿐이다."53)라고 하였다.

둘째, 『운회』 사업을 선포한 지 불과 두 달 이후 최세진 등의 강력한 반대 상소가 조정에 제기되었다. 이것은 직접적으로 『운회』 사업을 포기하는 명분은 되지 않았으나 상당한 영향을 받았을 것으로 추정된다.

셋째, 『훈민정음 해례』와 『홍무정운』의 오음계의 배치는 차이가 있다. 곧 『고금운회거요』 계열의 운도를 기준으로 만든 『훈민정음 해례』에는 '입술소리(脣)－궁(宮)', '목구멍소리(喉)－우(羽)'의 오음계 배치로

53) "自古九州之內, 風土雖殊, 未有因方言而別爲文字者, 惟蒙古, 西夏, 女眞, 日本, 西蕃之類, 各基有字, 是皆夷狄事耳, 無足道者"(최만리의 반대 상소문).

되었지만 『홍무정운』 계열의 운서에는 '입술소리(脣)－우(羽)', '목구멍소리(喉)－궁(宮)'으로 되어 있다.[54] 이러한 사실은 이미 '훈민정음' 창제 당시에도 운도의 통일 문제가 쟁점이 되었다는 것을 암시해 준다. 따라서 정인지의 서문에서도 이러한 논란과 논쟁을 막기 위해 "그러나 풍토가 구별되고 성기 또한 따라서 다른즉"이라 하였으며, 『동국정운』 서문에서도 "대저 음에 같고 다름이 있는 것 아니요, 사람이 같고 다름이 있는 것이며, 사람에 따라 다름이 있는 것 아니요, 지방이 같고 다름이 있는 것이니, 대개 지세가 다르면 풍기가 틀리고 풍기가 다르면 호흡이 다르니"라고 대응했던 것이다. 물론 중국의 운서 간에도 오음계의 배치는 차이가 있다는 점을 내포하고 있다.

『훈민정음 해례』의 오음계 배치가 『홍무정운역훈』, 『사성통해』와 차이가 난다는 점을 구체적으로 지적하게 된다. 곧 음양오행의 동아시아의 사상체계로 만든 『훈민정음 해례』의 제자 원리를 밝힌 「제자해」에서 제시한 '순(脣)－궁(宮)'의 배합과 '후(喉)－우(羽)'의 배합이 문제가 있음을 유희(柳僖, 1733~1837)도 『언문지(諺文志)』에서 이 문제를 지적한 바가 있다.[55] 상주본 『훈민정음 해례』 행간 필사 기록에도 『훈민정음 해례』의 오음계 배치의 차이가 난다는 사실은 지적하였다.

'훈민정음' 창제 당시 세종께서는 원나라 북방음이 반영된 『고금운회거요』를 기준으로 오음과 오성의 배치를 결정했던 결과이다. 실록 기록에 따르면 태종에서 세종에 이르기까지 궁중에서 『고금운회거요』를 많이 활용하였음을 알 수 있는 바 세종에게는 매우 친숙한 운서였음에

54) 이상규, 「잔엽 상주본 『훈민정음』 해례본」, 『한글』 298, 한글학회, 2012.

55) 유희의 『언문지』(1824)에서도 "또한 후(喉)음을 우(羽)라 하고, 순(脣)음을 궁(宮)이라 하였으니, 모두 이치에 맞지 않는다(又以喉爲羽, 以脣爲宮, 皆不通於理)."라고 하여 『고금운회』의 오음계 배치를 비판하고 있다.

틀림이 없다.

그 이후 명나라에서는 심약의 『원화운보』를 기준으로 한 『홍무정운』의 운도에서 이들 배치가 달라졌기 때문에 집현전 소장 학사들 사이에 이 운도의 차이에 대한 문제 제기가 있었을 것으로 보인다.[56] 따라서 이러한 문제 때문에 『운회』 번역 사업이 중단되고 이를 토대로 하여 『동국정운』 사업과 함께 명나라 흠정운서인 『홍무정운』 번역 사업으로 한자음 표준화 방향이 두 갈래로 발전된 것으로 이해할 수 있다.

『훈민정음 해례』에는 예의편의 기술과 몇 가지 달라진 점이 있다. 먼저 청탁의 기준에 따른 초성 17자의 배열 방식이 차이가 난다. 먼저 청탁에 따라 예의편에서는 '전청－불탁－차청－불청불탁'의 순서가 해례본에서는 중국의 『광운』 계열의 운서와 동일하게 '전청－차청－불청불탁－전탁' 순서로 바뀐 것이다. 그리고 예의편에서는 악학 이론에 근거하여 '아－설－순－치－후'의 배열 방식이었는데 해례편의 제자해에서는 '후－아－설－치－순'의 배열로 변개가 되었다. 그 이유는 집현전 학사들의 의견이 일부 반영된 결과일 것이다. 곧 오음, 오계, 오방이라는 성리학의 이론을 통합하여 기술하는 과정에서 생겨난 변개이다.

세종이 훈민정음 28자를 창제할 당시에는 『성리대전』에 실린 『율려신서』를 바탕으로 한 악학 논리가 매우 중요한 준거가 되었음을 알 수 있는 대목이다. 장악원으로부터 『율려신서』를 꿰뚫고 있었던 세종의 의지를 바꾸지 않을 수 없었다. 또 매우 중요한 오음계의 배치가 『운회』 계열과는 동일하지만 곧 제자해에서 오음과 오성의 배치는 '후－우', '순음－궁'인데 『운회』에서는 '후－궁', '순음－우'이어서 차이가 나는

56) 심약의 『원화운보』 「오음지도(五音之圖)」의 "宮 舌居中(喉音), 角 舌縮却(牙音), 徵 舌拄齒(舌頭, 舌上), 商 口開張(齒頭, 正齒), 羽 口撮聚(脣重, 脣輕)"로 기술한 내용과 다른 점을 집현전의 신진학자들도 알고 있었을 것이다.

것처럼 『홍무정운』 계열과 차이가 있다. 중국 운서의 계열적 차이 때문이기도 하고 악학 이론자와 성운 이론자 간의 이견 차이로도 해석할 수 있다. 이러한 사실은 세종이 새로 28자를 제창한 예의가 세종 칠제임을 입증하는 근거가 될 수 있다.

최석정과 함께 숙종조에 활약한 병와 이형상의 『악학편고』 권1 「성기원류」에서 오성을 기준으로 한 전탁의 성음의 배치에 대해

> "악학자는 본래 음을 정하지 않고 통상적으로 탁이 궁이 되고 차탁이 상이 되고 청탁 무거운 소리가 각이 되고 청이 우가 되고 차청이 치가 되며 또 궁이 본래 후음이고 상이 본래 치음이고 각이 본래 아음이고 치가 본래 설음이고 우가 본래 순음이다. 성운학자는 순음이 궁이고 치음이 상이고 아음이 각이고, 설음이 치이고, 후음이 우이며, 그 사이에 또 반치 반상이 있는데 모두 청탁으로서만 논할 수 없다. 오행학자는 운류에는 청탁의 구별이 없기 때문에 오성으로 배치하여 오음을 유씨를 궁으로, 조씨를 각으로 장씨와 왕씨를 상으로, 무시와 경시를 우라고 한다.[57]"

라고 하여 악학의 입장에서와 성운학의 입장에서 청탁에 따른 오성의 배치가 차이가 있음을 고증하고 있다. 악학 이론자는 궁, 상, 각, 치, 우 오성을 청, 탁으로 대비시키지만, 운학자는 오음 아, 설, 순, 치, 후와 오성 궁, 상, 각, 치, 우를 배치함으로써 차이가 난다는 설명이다. 여기에서도 '후음–우', '순음–궁'의 관계임을 밝히고 있다.

---

57) "樂家本無定音, 常以濁者爲宮, 次濁爲商, 淸濁重爲角, 淸爲羽, 次淸爲徵, 又曰宮本喉, 商本齒, 角本牙, 徵本舌, 羽本脣, 韻家脣爲宮, 齒爲商, 牙爲角, 舌爲徵, 喉爲羽, 其間又有半徵半商(未日之類), 皆不論淸濁以然也, 五行家以韻類於淸濁不以, 五姓參配, 五音與柳宮, 趙角, 張王爲商, 武庚爲羽是也"(병와 이형상의 『악학편고』 권1 「성기원류」).

예의편에 제시된 초성의 배열과 해례에서의 배열 순서가 변개된다. 예의와 해례가 나온 사이는 불과 3년에 지나지 않지만 그 기간 동안 많은 변개가 이루어졌으며, 『운회』 번역의 중단에 이어 『동국정운』과 제작과 『홍무정운역훈』 언역의 착수, 『용비어천가』의 언해와 외래어 표기법의 실험(몽고·여진 인명과 지명) 등을 통해 우리말뿐만 아니라 중국어나 여진어 등 외래어를 표기할 수 있는 문자로 그 기능이 대폭 확대되었다. 이와 함께 우리 고유문자 훈민정음을 활용하여 『석보상절』, 『월인천강지곡』, 『월인석보』 등의 불경서를 언해하여 한글 사용의 가능성을 충분히 입증하는 동시에 보급의 방편으로 활용하였다. 그러는 과정에서 한자음의 표기 방식이나 기준도 약간의 변화를 겪게 되었다. 또한 한글 창제 후 불과 두 달 뒤에 최만리를 비롯한 집현전 학사 다수[58]가 세종의 『운서』 번역 사업에 대한 정면적인 반발을 보여준 시기이기도 하다.

운도의 배열과 배합

훈민정음의 창제는 중국 성운학의 운도를 중심으로 하여 횡으로 오음(오성)을 종으로 청탁을 근거로 하여 초성 17자와 삼재를 바탕으로 하늘(天圓, •), 땅(地平, ㅡ), 사람(人立, ㅣ)을 기본자로 한 11자의 중성을 창제하였다. 우리말 표기뿐만 아니라 조선 한자음과 중국 한자음의 표기를 위해 제자해에서 초성 제자와 소리체계, 전탁과 병서 규정과 합자해를 설치함으로써 우리말 표기뿐만 아니라 조선 한자음 및 한어음 표기에 맞도록 각종 규정이 확장 변개되었다. 예의에서 『훈민정음 해례』로 제

58) 부제학 최만리(정3), 직제학 신석조(종3), 직전 김문(정4), 응교 정창손(종4), 부교리 하위지(종5), 부순찬 송처검(종6), 저작랑 조근(정8) 7명이다.

반 규정과 해설이 확장되는 과정에서 다음과 같은 몇 가지 중요한 운도 배열의 변개가 있었다.

첫째, 운도의 종도에서 청탁의 배열이 예의에서와 해례본에서 다음과 같은 배열상의 차이를 보여주고 있다.[59] 예의에 청탁(淸濁) 구분에 따른 글자의 배열이 '전청(ㄱ)－전탁(ㄲ)－차청(ㅋ)－불청불탁(ㆁ)'의 순서인데 해례본 제자해에서는 '전청(ㄱ)－차청(ㅋ)－전탁(ㄲ)－불청불탁(ㆁ)'의 순서로 바뀌게 된다.[60] 변개된 부분의 일부인데 이 문제는 단순한 변개가 아니라 예의에서 한자음 표기 부분을 보완하는 과정을 반영한 결과라고 할 수 있다.[61]

중국의 운도나 운서마다 아, 설, 순, 치, 후 오성이나 궁, 상, 각, 치, 우 오음, 청탁 또는 사시나 오방 등의 용어와 배합할 때 배합방식이 차이를 보인다. 이러한 배합은 인위적인 결과이지만 운서 간의 상호 영향 관계를 파악하는데 이용될 수 있다. 오음이나 청탁 배치를 고려해 보면 훈민정음 예의의 제작에는 『칠음략』의 36자모도와 『고금운회거요』의 영향을 받은 것으로 보인다.

둘째, 『훈민정음 해례』의 초성 제자원리를 요약해 보면 초성의 배열 순서가 예의와 달라졌다. 예의에서는 '아→설→순→치→후'의 순서였는데, 해례본 제자해에서는 '후→아→설→치→순'으로 배열한 것은 성문(出聲之門)인 목구멍에서 입(聲之出口)까지 조음 위치(point of articulation)에 따라 순차적으로 배열하였다. 이 점은 당시 집현전 학사들이 현대

59) "又以聲音淸濁而言之, ㄱㄷㅂㅈㅅㆆ, 爲全淸, ㅋㅌㅍㅊㅎ, 爲次淸, ㄲㄸㅃㅉㅆㆅ, 爲全濁, ㆁㄴㅁㅇㄹㅿ, 爲不淸不濁, ㄴㅁㅇ, 其聲最不厲"(『훈민정음 해례』 제자해).

60) 임홍빈, 「한글은 누가 만들었나」, 『국어학논총』(이병근선생퇴임기념논문집), 태학사, 2006, 1378쪽.

61) '전청－차청－전탁－불청불탁'으로 배열하던 순서를 버리고, 소강절의 「초성경세수도」에서 배열한 순서인 '전청(ㄱ)－차청(ㅋ)－전탁(ㄲ)－불청불탁(ㆁ)'의 순서로 바뀌었다.

음성학적 조음의 원리를 충분하게 인식하고 있었음을 말한다.

이처럼 세종이 창제한 초성 17자의 배열 구도가 해례에 와서 약간의 변개가 이루어졌음을 알 수 있다. 『동국정운』의 신숙주의 서문에 "한자음을 나타내는 운도에서도 횡란에 사성을 제대로 나열하지 못하고 종란에도 7음을 옳게 표시하지 못하여, 이들 둘의 결합으로 나타내는 한자음이 제대로 표시되지 못하게 되었으므로 순경음과 순중음의 차례가 바뀌는 등 성음의 변함이 극에 달하게 되었다."고 설명하고 있다. 이처럼 예의와 해례에서 초성의 오성과 오음계의 대응이 다르다는 사실을 밝히고 있다. 곧 '순음－우', '후－궁'으로 『훈민정음 해례』의 오음계가 중국의 운서와 다르다는 문제를 제기하였다. 또한 성모자와 중성의 배열 순서도 『훈민정음 해례』와 차이를 보여주고 있다.

『절운지장도(切韻指掌圖)』나 『고금운회거요(古今韻會擧要)』 등 여러 운도와 운서에서도 성운을 음계와 결부하여 설명하는 방식은 널리 사용되었다. 『홍무정운』 서에서도 "사람이 생겨나면 소리가 있고 소리가 나면 7음이 갖추어지니 소위 7음이란 아, 설, 순, 치, 후, 반설, 반치가 이것이요, 전문가가 이를 살펴서 청, 탁 계열로 나누어, 음악의 각, 치, 궁, 상, 우음으로 결부하고 반상음과 반설음을 반치음과 반치음으로 결부하기에 이르러 천하의 음이 모두 이에 포함되게 되었으니"62)라고 하여 오음을 음악의 음계에 결부하여 설명한다. 그런데 상주본 『훈민정음 해례』 14엽 뒷면 3항과 7항 하단에는 '훈민정음' 창제 당시 '脣'음과 '喉'음의 음계는 『홍무정운』, 『고금운회거요』 등 중국 운서와 서로 차이를 보인다. 『훈민정음 해례』에서 순음의 음계는 '宮'이고 후음의 음계는 '羽'인

62) "人之生也 則有聲 聲出而七音具焉 所謂七音字 牙舌脣齒喉及半齒各半是也, 智者察知之 分其淸濁之倫 定爲角徵宮商羽, 以至於半商半齒, 而天下之音 盡在是矣"(『洪武正韻』 서문).

데 중국 운서와 음계의 차이가 있기 때문에 서사자는 『훈민정음 해례』의 음계 배치에 대해 비판적인 견해를 남긴 것이다. 대계 송대의 남방음 계열의 운서와 북방음 계열의 운서에서 음계의 배치가 완전히 통일되지 않았기 때문에 이 차이나는 점을 기록으로 남긴 것이다. 당시 필사자는 성운학과 악학의 원리에 기반을 두고 『훈민정음 해례』의 자모의 원리를 온전하게 이해하고 있는 학자로 보인다.

	아음	설음	순음	치음	후음	반설음	반치음
『훈민정음 해례』	각	치	궁	상	우	치	상
『홍무정운』	각	치	우	상	궁	치	상
『홍무정운역훈』	각	치	우	상	궁	치	상
『동국정운』	각	치	우	상	궁	치	상
『절운지장도』	각	치	궁	상	우	치	상

『절운지장도』의 영향을 많이 받은 『훈민정음 해례』의 오음계의 배치와 한자음의 표준음 이해를 위해 만든 『홍무정운역훈』의 오음계는 차이가 있다. 곧 『고금운회거요』 계열의 운도를 기준으로 만든 『훈민정음 해례』에는 '입술소리(脣)－궁(宮)', '목구멍소리(喉)－우(羽)'의 오음계 배치로 되었지만 『홍무정운』 계열의 중국의 운서에는 '입술소리(脣)－우(羽)', '목구멍소리(喉)－궁(宮)'으로 되어 있다. 이러한 사실은 이미 '훈민정음' 창제 당시에도 운학자들 간에 논란이 없지 않았을 것이다. 신경준이 지은 『저정서』[63]에서 보이는 전통적인 자모 체계인 『광운』의 자모도

63) 이상규, 「여암 신경준의 『저정서(邸井書)』 분석」, 『어문론총』, 2014. "지금까지 학계에서는 『훈민정음도해』, 『훈민정음운해』, 『운해훈민정음』 혹은 『운해』 등의 다양한 이름으로 알려졌던 이 책은 바로 '운서(韻書)'와 '개합사장(開合四章)'이라는 두 필사본을 합본한 『저정서(邸井書)』라는 책이라는 사실을 확임함으로써 앞으로 이 책의 명칭은 수정이 불가피하게 되었다."

와 다른 점은 다음과 같다. 첫째, 오음의 배치 순서가 다르다. 『훈민정음 해례』의 오음 순서는 '아음(角)－설음(徵)－순음(宮)－치음(商)－후음(羽)'의 순서이다. 그런데 신경준은 이를 '후음(宮)－아음(角)－설음(徵)－치음(商)－순음(羽)'의 순서, 곧, '후음－아음－설음－치음－순음'의 순서로 배열하였다. 그런데 오음의 순서는 중국 운서에서도 항상 일정한 것이 아니었다.64)

셋째, 청탁의 배합 관계와 기술 근거에 대해 살펴보자. 『절운지장도』「변자모청탁가(辯字母淸濁歌)」는 자모와 청탁의 관계를 7언의 형식으로 설명하였는데, 이것도 역시 『훈민정음 해례』「제자해가결(制字解歌訣)」의 내용과 흡사하다.

『절운지장도』「변자모청탁가(辯字母淸濁歌)」에

"가로 줄 첫 번째는 전청(全淸)이고, 두 번째는 차청(次淸)으로 모두 쉽게 알 수 있다. 전탁(全濁) 세 번째로 소리가 숨어 있으며, 불청불탁(不淸不濁) 네 번째에서 이루어진다. 치음 가운데 네 번째를 전청(全淸)이 취하고 있으며, 다섯 번째는 본래부터 탁성(濁聲)에 속하는데, 오직 래(來)와 일(日)모 두 자모는 반상반치(半生半徵)로서 탁(濁)과 청(淸)이 고르다."65)

라는 내용은 『훈민정음 해례』「제자해」결(訣)에서는

---

64) 수온(守溫)의 30자모에서 오음 배열 순서는 "순음 → 설음 → 아음 → 치음 → 후음", 『광운(廣韻)』의 「변자오음법」에서는 "순음 → 설음 → 치음 → 아음 → 후음", 『운경(韻鏡)』에서는 "순음 → 설음 → 아음 → 치음 → 후음", 『옥편(玉篇)』에서는 "후성 → 설성 → 치성 → 순성 → 아성", 『절운지장도(切韻指掌圖)』에서는 "아음 → 설음 → 순음 → 치음 → 후음"의 순서로 배열되어 있다.

65) "橫篇第一是全淸, 第二次淸總易明, 全濁第三聲自穩, 不淸不濁四中成, 齒中第四全淸取, 第五從來類濁聲, 唯有來日兩箇母, 半商半徵濁淸平"(『切韻指掌圖』「辯字母淸濁歌」).

"성음(聲音)에는 본디부터 청탁(淸濁)이 있으니, 전청(全淸)은 君[ㄱ], 斗[ㄷ], 彆[ㅂ]이요, 卽[ㅈ]·戌[ㅅ], 挹[ㆆ]도 또한 전청(全淸)이다. 快[ㅋ], 呑[ㅌ], 漂[ㅍ], 侵[ㅊ], 虛[ㅎ]와 같은 것은, 다섯 소리가 각각 차청이다. 전탁(全濁)에는 虯[ㄲ], 覃[ㄸ], 步[ㅃ], 慈[ㅉ], 邪[ㅆ]와 洪[ㆅ]이 더 있다. 전청(全淸)을 나란히 쓰면 전탁(全濁)이 된다."[66]

라고 하여 두 내용이 흡사하게 닮았다.

각 운서와 운도에서 사용된 청탁(淸濁)의 용어가 매우 다양하게 사용되고 있는데 아래 도표에서 서로 비교해보면 세종대에 편찬된 『훈민정음 해례』, 『동국정운』, 『홍무정운역훈』은 운도 중에서도 『절운지장도』[67]와 가장 유사한 것을 볼 수 있다.

『훈민정음 해례』	全淸	次淸	全濁	不淸不濁
『동국정운』	全淸	次淸	全濁	不淸不濁
『홍무정운역훈』	全淸	次淸	全濁	不淸不濁
『운경』	淸	次淸	濁	不淸不濁
『고금운회거요』	淸	次淸	濁	次濁
『절운지남』	純淸	次淸	全濁	半淸半濁
『절운지장도』	全淸	次淸	全濁	不淸不濁
『황극경세서』	淸	淸	濁	濁

66) "聲音又自有淸濁, 全淸聲是君斗彆, 卽戌挹亦全淸聲, 若迺快呑漂侵虛, 五音各一爲次淸, 全濁之聲虯覃步, 又有慈邪亦有洪, 全淸并書爲全濁"(『훈민정음 해례』 「제자해」 訣).

67) 최병권, 「절운지장도 연구」, 연세대학교 석사논문, 1994, 14쪽. 남송 말기인 1176년에서 1203년 사이에 『절운지장도』가 만들어진 것으로 추정하고 있다. 근래 몇몇 학자들이 『절운지장도』가 사마광(司馬光, 1019~1086)의 명의로 위작된 것이라는 근거를 제시하였지만, 『절운지장도』의 서문에 "涑水司馬光書"로 끝맺고 있기 때문에 청대 이전에는 모두들 송대의 대학자 사마광이 저술한 것이라고 믿어왔다. 우리나라 학자들도 별 의심없이 『절운지장도』를 사마광(司馬光)의 저술로 소개하고 있는 경우가 많다.

『훈민정음 해례』이 운도의 구성이나 사성의 배치나 용어를 대비해 본 결과 다른 운도보다 『절운지장도』와 가장 비슷한 부분이 많다는 사실을 확인하였다. 『동국정운』의 서에도 "이에 온공(溫公, 사마온공)이 운도를 짓고 강절(康絶, 소옹)이 수리를 밝혀 깊은 이치를 찾아 울려서 여러 설이 하나로 모아졌다."[68]이라 하여 운도의 오음(칠음)과 청탁의 배열방식은 『절운지장』을 지었다고 알려진 사마온공의 영향을 많이 받았고 다시 『주역』에 근거한 오음(칠음)을 오방, 오절, 오색 등으로 확장한 것은 『성리대전』의 영향이었으며 그 가운데 소옹의 영향으로 상수론으로 그 이론의 확대가 이루어졌음을 분명히 말해주고 있다. 따라서 정인지의 서문에서도 이러한 논란을 막기 위해 "그러나 풍토가 구별되고 성기 또한 따라서 다른 즉"이라 하였으며, 『동국정운』 서문에서도 "대저 음에 같고 다름이 있는 것 아니요, 사람이 같고 다름이 있는 것이며, 사람에 따라 다름이 있는 것 아니요, 지방이 같고 다름이 있는 것이니, 대개 지세가 다르면 풍기가 틀리고 풍기가 다르면 호흡이 다르니"라고 대응했던 것이다. 그러나 조선 후기에 들어서면서 『훈민정음 해례』 상주본의 행간 필사 내용과 같은 반론이 나타나기 시작하였다. 박성원의 『화음정음통석고』의 서에는

> "우리나라에 이르러서는 처음부터 아, 설, 순, 치, 후 등 성모의 음계와 합벽 등의 운모의 발음의 묘에 밝지 못해서 오음의 음계가 뒤섞였다. 그래서 궁음이 혹 우음이 되고 상음이 혹 치음이 되어 아직도 일정한 음운이 없으니 이것은 실로 우리나라에서 언문이 둘로 갈라지고(일치하지 않음) 또 뜻에만 중점을 두고 음을 소홀히 한 결과이다."[69]

68) "於時溫公著之於圖, 康絶明之於數, 探賾鈞深 以一諸說"(『동국정운』 서문).

라고 하여 『훈민정음 해례』의 오음계 배치가 『훈민정음 해례』과 『홍무정운역훈』, 『사성통해』와 차이가 난다는 점을 구체적으로 지적하게 되었다. 곧 음양오행의 동아시아의 사상체계로 만든 훈민정음 제자의 원리를 밝힌 제자해에서 제시한 '순(脣)－궁(宮)'의 배합과 '후(喉)－우(羽)'의 배합이 문제가 있음을 지적하였다. 곧 "元和韻譜及神珙[70] 喉音爲宮土"라고 하여 '후(喉)－궁(宮)'의 배합이 옳으며, 이어서 "韻譜及沈約神珙皆以脣爲羽音"이라고 하여 '순(脣)－우(羽)'의 배합이 옳다고 규정한 내용이다.

오성과 오음(또는 칠성과 칠음)의 배합 원리가 심약의 『원화운보』[71] 「오음지도(五音之圖)」의 "宮 舌居中(喉音), 角 舌縮却(牙音), 徵 舌拄齒(舌頭, 舌上), 商 口開張(齒頭, 正齒), 羽口撮聚(脣重, 脣輕)"로 기술한 내용과 다른 점을 지적한 것인데 이것은 훈민정음 창제 당시 세종께서 원나라 북방음이 반영된 『고금운회거요』를 기준으로 오음과 오성을 결정했던 결과이다.

이상의 내용을 요약하면 다음 도표와 같다.

---

69) "至於我東, 則初不明其牙舌脣齒脣喉閣闢出聲之妙, 故五音相混, 宮或爲羽, 商或爲齒, 尙無一定之音韻, 此實我東諺文爲二, 務於義而忽於音之致也"(『화음정음통석고』 서문).

70) 신공(神珙)은 당나라의 승려인데 심약과 『원화운보(元和韻譜)』(처충(處忠) 찬)에 대해서 언급하고, 거기에 나오는 사성의 특징을 언급하고 있다. 뒤이어 신공이 만들었다는 사성오음구롱반유도(四聲五音九弄反紐圖)의 도판이 두 장 들어 있는데 그 중 오음지도에는 주목할 만한 내용이 있다.

71) 원화(元和)는 당(唐) 헌종(憲宗, 806~820)의 연호이다. 『원화운보(元和韻譜)』라는 책은 전하지 않으며 책명만 다른 책에 인용되어 전한다. 그 책이 다름 아닌 『대광익회옥편(大廣益會玉篇)』(1013)이다. 이 책은 양(梁)나라의 고야왕(顧野王)이 지은 『옥편』(543)을, 당(唐)의 손강(孫强)이 보충한 것(674년)을, 북송의 진종(眞宗) 때에 진팽년(陳彭年)·오예(吳銳)·구옹(邱雍) 등이 어휘를 대거 추가하여 증보한 책이다. 우리가 흔히 '옥편'으로 줄여 부르는 책이다. 이 책은 조선에서도 1414년에 복각본이 간행되는 등 여러 차례 간행되었다. 옥편은 이후에 획순 한자음 사전의 대명사가 되어 『전운옥편(全韻玉篇)』(1819) 등의 여러 가지 옥편 류가 저술되기도 하였다.

五音-五聲	출전	참고
宮-脣, 羽-喉	切韻指掌圖 중 五音五聲 辨字母次第例 四聲等子, 夢溪筆談, 古今韻會擧要	훈민정음 제자해
宮-喉, 羽-脣	切韻指掌圖 중 辨五音例, 玉篇의 廣韻指南, 洪武正韻	

상주본 『훈민정음 해례』의 14엽 뒷면 상단과 하단에는 『훈민정음 해례』의 오음의 음계가 중국의 운서와 차이가 난다는 사실을 밝히고 있다. '훈민정음' 창제 당시 오음을 오행, 사시, 음계, 방위에 배속시켜 "初聲之中 自有陰陽五行方位之數也"라고 하였는데 이를 요약한 오음도는 다음의 도표와 같다.

오음	오행	사시	음계	방위
목구멍소리(喉)	水	冬	羽	北
어금니소리(牙)	木	春	角	東
혓소리(舌)	火	夏	徵	南
잇소리(齒)	金	秋	商	西
입술소리(脣)	土	季夏	宮	中

'훈민정음' 창제 당시에 오음의 음계와 같다. 곧 '아, 설, 순, 치, 후'음은 '각, 치, 궁, 상, 우'로 각각 대응된다. 『훈민정음 해례』 제자해에서 음계 '우(羽)'에 대해 "목구멍은 입안 깊은 곳에 있고 젖어 있으니 (오행으로 보면) 수(水)이다. (목구멍에서 나는 소리는) 공허하게 통하여 물의 허명(虛明)하고 두루 흐름과 같으니, 철로는 겨울(冬)이요 음으로는 우(羽)이다." 또 '궁(宮)'에 대해서는 "입술은 모나고 다물어지니 (오행으로 보면) 토(土)에 해당한다. (입술에서 나는) 소리가 머금고 넓은 것은, 땅이 만물을 함축하여 넓고 큼과 같고 철로는 늦여름(季夏)이고 음으로는 궁(宮)이다"라고 하여 '순(脣)'음과 대응되는 음계 '궁(宮)'이고 '후(喉)'음과 대응되는 음계

가 '우(羽)'이다. 이 두 가지의 대응 관계는 중원한음을 정리한 『홍무정운』과는 서로 차이가 난다. 『홍무정운』에서는 '순(脣)'음과 대응되는 음계가 '우(羽)'이고 '후(喉)'음과 대응되는 음계가 '궁(宮)'이다. 『훈민정음 해례』의 음계 배치에 대한 비판적인 견해로 중국의 『원화운보』와 신공(神珙)의 견해인 "喉音脣宮土"와 심약(沈約)의 『사성운보』와 신공의 견해인 "皆以脣爲羽音"에 근거하여 신경준은 후음은 '궁(宮)'으로 순음은 '우(羽)'로 음계를 재조정해야 한다는 생각을 밝히고 있다. 아마 세종이 '훈민정음' 창제 당시 『원화운보』 계열인 『홍무정운』의 음계를 채택하지 않고 『고금운회거요』의 음계를 좇은 결과이다. 신경준의 오음 배열 순서는 역대 어느 것과도 동일하지 않은 독창적인 것이다. 이 순서는 조음기관의 순서로 기류의 흐름에 따라 배열된 것으로 그가 조음 음성학적으로 매우 우수한 관찰한 결과였다.72)

다음으로 운도는 가로로 「초성배경세수도」의 36자모를 조음점의 순서에 따라 '후음-아음-설음-치음-순음-반설음-반치음'의 순서로 배열하고 같은 음계 내부에는 '전청-전탁-차청-반청반탁'으로 배열하였다. 세로로는 18성을 4개의 도에 나누어 배열하고, 하나의 운도 안에서 각각의 중성을 이를 핵모음으로 가지는 운들을 가로로 평·상·거·입으로 나누어 배열하였다. 그리고 동일 핵모음을 가지는 음들의 종성에 따라 나누어 종으로 배열하였다. 이 또한 『훈민정음 해례』에서 '전청-차청-전탁-불청불탁'의 배열 방식과 차이를 보여주고 있다.

72) 이에 대해 신경준은 『저정서』에서 다음과 같이 말하고 있다. "음이 발음되는 곳을 순서대로 말한다면 목구멍이 맨 처음에 있고 어금니가 목구멍의 밖에 있으며 혀는 어금니의 밖에 있고 이는 혀의 밖에 있으며 입술은 이의 밖에 있으므로 궁(宮)을 먼저 하고 다음에 각(角)을, 그 다음에 치(徵), 그 다음에 상(商), 그 다음에 우(羽)를 놓게 되는 것이다."

『주역』과 성음

지금까지 『훈민정음 해례』와 여타 운서나 운도의 영향 관계를 살펴보면 『성리대전』을 비롯한 소옹의 『황극경세서』나 『고금운회거요』, 『절운지장도』(1176~1203), 『홍무정운』(1375) 등 중국에서 편찬된 운서와 운도는 모두 『훈민정음 해례』보다 먼저 편찬되었으므로 성리학적 이데올로기에 충실하였던 세종과 집현전 학자들은 필시 이들을 적극적으로 참고하였을 것은 분명한 사실이다. 다시 말하면 성리학적 정음관을 가지고 있었던 세종과 집현전 학사들의 논설에 특히 『성리대전』에 나오는 비슷한 문구나 내용으로 표현된 것은 어쩌면 당연할 수밖에 없었다.

세종이 새로운 문자 '훈민정음'을 창제한 것이 중국의 각종 운서나 운도를 동시에 일괄해서 수용한 결과가 아니다. 다시 말하면 『성리대전』에서 『황극경세서』에 대한 이해는 조선 후기로 가면서 그 이론 연구가 더욱 심화되었을 것이며, 『주역』에 대해서도 이해의 정도와 방법이 조금씩 변화되었듯이 『율려신서』에 대한 이해도 조선 후기로 가면서 조금씩 달라졌다는 점이 전제될 필요가 있다. 그러나 한마디로 세종의 훈민정음 창제의 철학적 기조는 성리학적 언어관이라는 점은 분명한 사실이다. 훈민정음은 '일즉다(一卽多)'의 성리학적 원리 곧 하나의 원리로 관통하여 전체를 일관하는 동아시아의 철학으로 이루어진 성과이다. 만상을 포괄하는 성리학의 기조 위에서 사람의 소리 또한 음양오행의 사상체계를 근거로 한 역철학의 원리로 자연의 생성과 소멸의 원리로 설명하고자 한 것이다.

첫째, 『훈민정음 해례』 「제자해」와 『성리대전』의 「찬도지요」(상)을 비교해 보자.

"하늘과 땅의 도는 오로지 음양오행일 뿐이다. 곤괘와 복괘 사이가 태극인데 이 태극이 움직이고 멎고 한 다음에 음과 양이 생겨나는 것이다. 무릇 천지간에 생명이 있는 것들이 음양을 버리면 어찌한 것인가? 그러므로 사람의 말소리에도 모두 음양의 이치가 있으나 사람들이 이를 살피지 못할 뿐이다. 지금 훈민정음을 만듦에 처음부터 지혜를 부려 찾은 것이 아니라 그 말소리에 따라 그 이치를 다했을 뿐이다."[73]

"『주역대전』에 이르기를 역(易)에 태극이 있어 이것이 양의(兩儀)를 낳는데, 이 양의가 사상을 낳고 사상이 팔괘를 낳는데 (…중략…) 실로 태극이 갈라져 음양이 되고 음양 속에 또 음양이 있어 자연이 나오게 되는 것이며, 지혜로써 알게 되고 힘으로 찾아지는 것을 기다려서 되는 것이 아니다."[74]

"한 번 동하고 한 번 정하는 사이를 역에서 이른바 태극이라 하고 동정은 양의이고 음양강유는 역에서 말하는 사상이다."[75]

『훈민정음 해례』 제자해의 기본 원리를 설명한 내용이 『황극경세서』 「찬도지요」(상·하)에 기술한 채원정의 『주역대전』의 내용과 거의 일치한다. 훈민정음의 제자 원리, 곧 글자를 만든 원리를 성운학과 성리학적 관점에서 해설한 부분이다. 당시 동아시아의 통합적 우주관이 담긴, 곧

---

73) "天地之道, 一陰陽五行而已. 坤復之間爲太極, 而動靜之後爲陰陽. 凡有生類在天地之間者, 捨陰陽而何之. 故人之聲音, 皆有陰陽之理, 顧人不察耳. 今正音之作, 初非智營而力索, 但因其聲音而極其理而已"(『훈민정음 해례』 「제자해」).

74) "大傳曰易有太極是生兩儀, 兩儀生四象, 四象生八卦 「中略」 實則太極判而爲音陽, 陰陽之中又有陰陽出於自然, 不待智營而力索也"(『황극경세서』 「찬도지요」 상).

75) "一動一靜之間者 易之所謂太極也, 動靜者, 易所謂兩儀也, 陰陽剛柔者易所謂四象也"(『황극경세서』 「찬도지요」 하).

송대 성리학의 자연철학적 순환 이론을 훈민정음 창제의 기본 원리로 활용하고 있다. 그런데, 이숭녕(1976: 50~51)은 "세종 때에 명나라의 대표적인 사상전집이라 할 『성리대전』, 또는 그 속에 있는 『황극경세서』란 책의 사상이 그대로 옮겨졌다. (…중략…) 이것은 중국의 언어철학적인 설명으로 권위를 장식한 셈이다."라고 한 뒤 "오늘날 일면에서 언어 연구를 과학 운운 말하고 있는데, 성리학적 언어 연구란 도저히 성립될 수 없겠다고 하겠다."(이숭녕, 1976: 112)라고 하여 당대의 한글 창제의 성리학적 기반을 비과학적인 것으로 비판적으로 평가하고 있다. 그러나 냉정하게 훈민정음 창제는 당대의 동아시아의 사상적 분위기를 도외시하고는 도저히 설명이 불가능한 것이다.

『훈민정음 해례』「제자해」에 "천지지도(天地之道)" 곧 "하늘과 땅의 도리는 오직 하나 곧 태극의 도이며, 이는 우주의 섭리를 말한다."는 설명은 곧 하늘과 땅의 도가 태극인데 태극은 음과 양의 조화에 의해 상생 발전한다. 『태극도』에 의하면 오행은 "양이 변해 음에 합한다(陽變陰合)."에서 생긴 것으로 "오행이 하나의 음양이다(五行一陰陽)."와 동일한 설명인 것이다. 이를 도식화한 것이다.

무극(無極)	태극(太極)	하늘(天)	음(陰)	오행(五行)	곤(坤)	동(動)	청(淸)	율(律)
		사람(人)						
		땅(地)	양(陽)		복(復)	정(靜)	탁(濁)	려(呂)

무극은 우주의 생성 이전이라면 하늘과 땅으로 그리고 음과 양으로 역학의 곤복으로 나뉜 시초를 태극이라 하며 태극의 상태에서 동정이 이루어지면서 우주의 만물이 생성 소멸하는 순환이 진행된다는 순환적 자연철학이 훈민정음 제자의 기본 철학이다. 『역경계사』 상 제2장에

"육효의 변동이 천, 지, 인 삼재의 도리다(六爻之動 三極之道也)"라고 설명하였다. 천지는 하늘과 땅만이 아니고 우주 자연을 뜻하기도 한다. 정인지의 '훈민정음 서문'에서도 "천지자연의 소리(天地自然之聲)"라고 한 바 있다. 음양(陰陽)은 태극의 상태에서 하늘과 땅으로 나뉘면 동시에 음양과 오행이 갖추어진다. 주염계(周濂溪)의 『태극도설』에서는 태극(太極)이 '동(動, 움직임)'해서 '양(陽)'을 만들고 '동(動)'이 극에 달하면 '정(靜, 멈춤)'이 되고, '정(靜)'에서 '음(陰)'을 만들고 '정(靜)'이 극에 달하면 다시 '동(動)'한다는 순환 이론이 기본이다. 『태극도설』에는 "양이 변해 음에 합쳐 수, 화, 목, 금, 토가 생성되며 오기가 두루 퍼져 사시로 나가니 오행이 하나의 음양이다"[76]라고 하였다. 곧 한 번 동하고 한 번 정하는 것이 서로 뿌리가 되어 음으로 갈리고 양으로 갈리어 양의가 맞서게 된다고 하고, 이것이 우주만물의 대립되는 원리가 되는데, 다시 '양이 변하여 음에 합한다(陽變陰合)'여 오행이 생긴다고 했고, 우주만물은 오행인 물(水), 불(火), 나무(木), 쇠(金), 흙(土)이 결부되어 있다.

둘째, 음양오행의 원리에서 우주 자연의 지배 법칙을 구하고, 더 나아가 인간의 성음도 동일한 원리의 자연법칙이 적용될 수 있다고 본 것이다. 훈민정음의 중성의 창제 원리에 대해서도 다음과 같이 설명하였다. 『훈민정음 해례』의 중성의 제자 원리도 천지인 삼재에서 찾고 있는데 그 이론적 근거는 역시 『황극경세서』「관물내편」5에서 찾을 수 있다.

"천지인(天地人)에서 모양을 취하니 삼재(三才)의 도가 갖추어졌다. 그리하여 삼재는 만물의 우선이 되지만 하늘은 다시 삼재의 시작이 된다. 이는 마치 • ㅡ ㅣ 세 글자가 팔성(八聲)의 머리가 되면서도 •자가 다시 세 글자의

76) "陽變陰合, 而生水火木金土, 五氣順布, 四時行焉, 五行一陰陽也"(周濂溪의 『태극도설』).

최고가 되는 것과 같다."[77]

"무릇 일동 일정은 천지의 지극히 오묘함이고 일도 일정 사이는 천지인의 지극히 오묘하고 오묘함이로다. 그러므로 공자가 삼재의 도에 대하여 놓았는데 그 행적에 자취가 없음이라."[78]

세종과 집현전 학자들은 『훈민정음 해례』의 중성 11자 기본자 '• ㅡ ㅣ'의 자형의 기원을 "• ㅡ ㅣ" 세 글자를 삼재에 연역하여 만들었다. 그 중 '•'는 하늘이 자(子)에서 열리므로 하늘의 둥근 모양을 본뜬 것이고, 'ㅡ'는 땅이 축(丑)에서 열리므로 지평의 모양을 본뜬 것이며, 'ㅣ'는 사람이 인(寅)에서 생겨나니 사람이 서 있는 모양을 본뜬 것이라고 하였다.[79] 『훈민정음 해례』에서의 이러한 설명 또한 『황극경세서』「찬도지요」(하)에 채원정의 설명과 흡사하다.

"원(圓)은 하늘이 되고 방(方)은 땅이 되며 1, 2, 3, 4는 양이 되고 5, 6, 7, 8은 음이 되는데 이것이 바로 「선천도」이다."[80]라는 설명을 응용하여 그 중간에 사람이 있음을 삼재설에 맞추어 천원(天圓), 지방(地方), 인립(人立)으로 '•, ㅡ, ㅣ'를 설명하고 있다.

"초성과 중성, 종성 글자가 어울려 이루어진 음절에 대해 말하자면, 여기

---

77) "取象於天地人, 而三才之道備矣, 然三才爲萬物之先, 而天又爲三才之始, 猶, • ㅡ ㅣ 三字爲八聲之音, 而又, •爲三字之冠也"(『훈민정음 해례』 제자해).

78) "夫一動一靜者, 天地之妙者歟, 夫一動一靜之間者, 天地人之至妙者歟, 是故之中泥之所以能盡三才之道者"(『황극경세서』「관물내편」 5).

79) "天開於子, 形之圓, 象乎天, 地闢於丑, 形之平, 象乎地, 人生於寅, 形之立, 象乎人"(『훈민정음 해례』「중성해」).

80) "圓者爲天, 方者爲地, 一二三四爲陽, 五六七八爲陰卽先天道也"(『황극경세서』「찬도지요」 하).

에는 마치 동(動)과 정(靜)이 서로 뿌리가 되고 음과 양이 엇바뀌어서 변화하는 뜻이 있다. 동(動)이란 하늘이요, 정(靜)이란 땅이며, 동정(動靜)을 겸한 것은 사람이다. (…중략…) 일원(一元)의 기운이 두루 흘러 끝나지 않고, 사시(四時)의 운행이 돌고 돌아 끝이 없는 까닭에 정(貞)에서 다시 원(元)이 되고 겨울에서 다시 봄이 되는 것이니, 초성이 다시 종성이 되고 종성이 다시 초성이 되는 것은 역시 이와 같은 것이다."[81]

『훈민정음 해례』「제자해」와 「중성해」에서 중성의 창제 원리에 대한 내용을 다음의 도표로 나타낼 수 있다.

		자형	상형 내용
기본자	•	圓	象乎天
	ㅡ	平	象乎地
	ㅣ	立	象乎人
		제자 기준	자형 설명
초출자	ㅗ	•與一合而成	取天地初交之義也
	ㅏ	ㅣ與•合而成	取天地之用發於事物待人而成也
	ㅜ	一與•合而成	亦取天地初交之義也
	ㅓ	•與ㅣ合而成	亦取天地之用發於事物待人而成也
재출자	ㅛ	與ㅗ同而起於ㅣ	起於ㅣ而兼乎人, 二其圓者 取其再生之義也
	ㅑ	與ㅏ同而起於ㅣ	起於ㅣ而兼乎人, 二其圓者 取其再生之義也
	ㅠ	與ㅜ同而起於ㅣ	起於ㅣ而兼乎人, 二其圓者 取其再生之義也
	ㅕ	與ㅓ同而起於ㅣ	起於ㅣ而兼乎人, 二其圓者 取其再生之義也

이와 같이 주역의 원리를 빌려 성음(聲音)의 연원을 설명한 『훈민정음

81) "以初中終合成之字言之, 亦有動靜互根陰陽交變之義焉, 動者天也, 靜者 地也, 兼互動靜者 人也 一元之氣,周流不窮, 四时之運, 循環無端, 故貞而復元, 冬而復春, 初聲之復爲終, 終聲爲復爲初, 亦此義也"(『훈민정음 해례』).

해례』를 오늘날 대부분의 학자들은 『황극경세서』와 지대한 연관이 있다고 보고 있다.[82)]

당시 성리학은 지식과 생활, 행위와 이념을 선도하였으므로 『성리대전』의 7~13권에 부록되어 있는 소옹의 『황극경세서』는 보편적인 어음관으로 인식되어 훈민정음의 창제의 영향을 끼쳤다고 보는 것이다.

오음의 순환과 청탁의 변화

『성리대전』의 핵심적 원리가 순환론이다. 음에서 양으로 건괘에서 곤괘로 소멸하고 생성하는 우주의 생성소멸의 원리를 상수의 원리로 설명하고자 한 것이 소옹의 『황극경세서』의 핵심이다. 음양은 사상으로 사상은 팔괘로 다시 육십사괘로 순환하는 자연만물의 순환원리를 하나의 원리로 관통하는 기술체계가 바로 성리학의 핵심인 것이다. "하나는 만으로 나누어지고 만은 다시 하나로 되돌아온다(一爲萬分, 萬復歸一)"의 순환반복의 원리는 무극과 태극으로 설명하고 있다. 『훈민정음 해례』 「제자해」의 설명과 『황극경세서』 「관물내편」 3의 내용을 먼저 비교해 보자.

"무릇 사람의 소리를 오행에 근본을 두는 까닭은 계절에 어그러짐이 없고 음악의 오음에 맞추어도 틀리지 않기 때문이다. 목구멍(喉)은 깊고 젖어 수(水)라고 할 것이니 소리가 비고 통하여 물의 허명하고 두루 흐름과 같은

82) 이에 관하여 홍기문, 『정음 발달사』, 서울신문사 출판국, 1946; 이숭녕, 「황극경세서의 이조 후기 언어 연구에의 영향」, 『국어학연구』, 형설출판사, 1972; 유창균, 「황극경세서가 국어학에 끼친 영향」, 『석당논총』 15, 1989; 박동규, 「샤오 용의 사상이 한글 제정에 끼친 영향」, 『한글』 253, 2001 등의 연구를 참고할 수 있다.

것이다. 계절로는 겨울(冬)이고 음으로는 우(羽)이다. 어금니(牙)는 서로 어긋나고 길어서 목(木)이라고 할 것이니 소리가 목구멍소리와 비슷해도 여무져서 나무가 물에서 나되 그 모양이 있는 것과 같은 것이다. 계절로는 봄(春)이요 음으로는 각(角)이다. 혀(舌)는 날카롭고 움직이므로 화(火)라고 할 것이니 소리가 구리고 날리어 불의 이글거리며 활활 타오름과 같다. 계절로는 여름(夏)이요 음으로는 치(徵)이다. 이(齒)는 단단하고 끊어서 금(金)이라고 할 것이니 소리가 부스러지고 걸리어 쇠의 잔 부스러기가 단련되어 무엇이 이루어짐과 같다. 계절로는 가을(秋)이요 음으로는 상(商)이다. 입술(脣)은 모나고 합하여 토(土)라고 할 것이니, 소리가 머금고 넓어 땅이 만물을 함축하여 넓고 큼과 같은 것이다. 계절로는 늦여름(季夏)이요, 음으로는 궁(宮)이다.[83]

성운의 오음(칠음)을 악학의 오음, 계하를 덧붙인 춘하추동 5계절에 맞추어 이를 순화의 원리로 '후-아-설-치-순'의 순서로 설명하고 있다.[84] 예의에서는 '아-설-순-치-후'였는데 그 배열이 바뀐 것이다. 이 점을 고려하여 세종이 훈민정음 창제할 당시에는 『성리대전』이 충분히 반영되지 못했다는 방증이 될 수 있으며 '아-설-순-치-후'의

83) "夫人之有聲本於五行. 故合諸四時而不悖, 叶之五音而不戾. 喉邃而潤, 水也. 聲虛而通, 如水之虛明而流通也. 於時爲冬, 於音爲羽. 牙錯而長 木也. 聲似喉而實 如木之生於水而有形也. 於時爲春, 於音爲角. 舌銳而動, 火也, 聲轉而颺, 如火之轉展而揚揚也. 於時爲夏, 於音爲徵, 齒剛而斷金也, 聲屑而滯, 如金之屑瑣而鍛成也, 於時爲秋, 於音爲商, 脣方爲合, 土也, 於時爲季夏, 於音爲宮"(『훈민정음 해례』「제자해」).

84) 초성의 제자 원리를 요약하면 사람의 오성(五聲)을 오행(五行), 오시(五時), 오방(五方) 등과 결부시켜 설명하고 있는데 주자학의 통합적 설명 방식이다. 본문에서는 '사시(四時)'라고 하였으니 '계하(季夏)'를 넣어 실제로는 오시(五時)로 설명하고 있다. 위의 본문에서 오음과 오행을 결부하여 설명하고 이를 다시 조음 작용면에서 음상과 관련하여 설명한 것을 정리하면 다음과 같다. 『훈민정음 해례』에서는 '기왕사계지의(寄旺四季之義)'라 하여 흙(土)은 중앙에 있으므로 사방에 배치되어 있는 4계절에 기댈 수 있다는 뜻으로 설명하고 있다(『성리대전』 권27). 이기 2의 오행조에는 "오직 토는 정한 방위가 없으며 사계에 기댈 수 있다(惟土無定位, 寄旺於四季)."라고 하였다.

배열 방식은 『고금운회거요』의 운도에 근거한 것으로 추정된다. 그 이후 세종이 『운회』 번역을 지시했으나 집현전 학사들에 의해 『동국정운』과 『홍무정훈역훈』 사업으로 전환된 이유가 될 것이다. 이러한 순환의 원리 또한 『성리대전』 「관물내편 3」에서는

> "봄은 만물이 생기게 하는 부이고, 여름은 만물을 자라게 하는 부이며, 가을은 만물을 거두는 부이고, 겨울은 만물을 갈무리하는 부이다."[85]

라고 하여 이러한 오음의 생멸 순환원리를 성음과 계절에 적용하여 설명하는 근거를 이미 제시해 놓고 있다. 이 부분에 대한 『훈민정음 해례』 「제자해」 결(訣)』에서도 이와 내용이 비슷하다.

> "계절과 충기가 배합되어 오행과 오음에 어울리지 않는 것이 없도다. 목구멍(喉)은 수(水)이면서, 겨울(冬)이며, 음은 우(羽)이다. 어금니(牙)는 봄(春)이면서 목(木)이며 음은 각(角)이다. 음이 치(徵)면서 여름(夏)이며 화(火)인 것은 혀(舌)이며, 이(齒)는 음은 상(商)이면서 가을(秋)이고 또한 금(金)이다. 입술(唇)은 위치나 숫자가 정해지지 않아도 토(土)로서 늦여름(季夏)이며 음은 궁(宫)이다."[86]

그런데 예의에서의 '아-설-순-치-후'가 해례에서 '후-아-설-치-순'의 순서로 바뀌었듯이 계절의 배열 순서가 『훈민정음 해례』에서는 '겨울(冬)-봄(春)-여름(夏)-가을(秋)-늦여름(季夏)'으로 바뀌었다.

---

85) "春爲生物之府, 夏爲長物之府, 秋爲收物之府, 冬爲藏物之府"(『황극경세서』 「관물내편」 3).

86) "配諸四時與沖氣, 五行五音無不協, 維喉爲水冬與羽, 牙迺春木其音角, 徵音夏火是舌聲, 齒則商秋又是金, 脣於位數本無定, 土而季夏爲宮音"(『훈민정음 해례』 「제자해」 訣).

다시 말하자면 『황극경세서』에서 그대로 대입한 결과가 아니라는 말이다. 그러면 그 대상은 무엇일까? 앞에서도 이미 언급했지만 이 내용은 『절운지장도』와 매우 흡사하지만 그 배열 순서는 다르다.

> "자모를 분별한다는 것은 그 소리의 발음을 취하여 그것을 근본으로 삼는 것이다. 근본이 세워지면 소리가 이로부터 생겨나므로 이것을 모(母)라고 부른다. 36자모로 384성이 만들어진다는 것은 자모가 상생된다는 의미인데, 한 기운이 발설되면 청탁의 순서와 경중의 규율이 정해지게 되는 까닭에 이것이 오음(五音)에 합치되고 사시(四時)와 운용되는 것이다. 그러므로 아음(牙音)부터 시작되는 봄(春)의 모습이고 음으로는 각(角)이고 오행으로는 목(木)이다. 그 다음은 설음인데 여름의 모습으로서 음은 치(徵)이고 오행으로는 화(火)이다. 그 다음은 순음(唇音)인데 초여름(季夏)의 모습으로서 음은 궁(宫)이고 오행으로는 토(土)이다. 그 다음은 치음(齒音)인데 가을(秋)의 모습으로서 음은 상(商)이고 오행으로는 금(金)이다. 다음은 후음(喉音)인데 겨울(冬)의 모습으로서 음은 우(羽)이고 오행으로는 수(水)이다. 이른바 오음(五音)이 나오는 것이 사시(四時)의 운용과 같은 것이다."[87]

『절운지장도』와 『훈민정음 해례』의 내용을 비교하여 정리해보면 다음의 표와 같다.

87) "辨字母者, 取其声音之正, 立以爲本, 本立則声音由此而生, 故曰母, 以三十六字母演三百八十四声, 取子母相生之义, 是故一气之出, 清浊有次, 轻重有論, 合之以五音, 运之若四時, 故始牙音, 春之象也, 其音角, 其行木, 次曰舌音, 夏之象也, 其音徵, 其行火, 次曰唇音, 季夏之象也, 其音宫, 其行土, 次曰齿音, 秋之象也, 其音商, 其行金, 次曰喉音, 冬之象也, 其音羽, 其行水, 所谓五音之出, 犹四時之运者此也"(『절운지장도』「辯字母次第例」).

『절운지장도』「변자모차제례」

	사시	오음	오행
牙音	春	角	木
舌音	夏	徵	火
唇音	季夏	宮	土
齒音	秋	商	金
喉音	冬	羽	水

『훈민정음 해례』「제자해」

	오행	사시	오음
喉音	水	冬	羽
牙音	木	春	角
舌音	火	夏	徵
齒音	金	秋	商
唇音	土	季夏	宮

『절운자장도』「변자모차제예(辯字母次第例)」에서는 아(牙)－설(舌)－순(唇)－치(齒)－후(喉)음을 사시(四時)－오음(五音)－오행(五行)의 순서로 서술하였고, 『훈민정음 해례』 제자해와 「제자해 결(訣)」에서는 후(喉)－아(牙)－설(舌)－치(齒)－순(唇)음을 오행(五行)－사시(四时)－오음(五音)의 순서로 배열하였다.

『훈민정음 해례』의 「초성해 결(訣)」에서 칠음 배열은 「예의」와 같은데 이 배열 방식은 『절운지장도』「변자모차제예」의 36자모의 칠음(七音) 배열 방식인 '아(牙)－설(舌)－순(唇)－치(齒)－후(喉)－반설(半舌)－반치(半齒)'의 순서로 서로 같다.

"君[ㄱ], 快[ㅋ], 虯[ㄲ], 業[ㆁ]의 소리는 어금니 소리(牙)이고, 혓소리(舌)는 斗[ㄷ], 呑[ㅌ], 覃[ㄸ], 那[ㄴ]이며, 彆[ㅂ], 漂[ㅍ], 步[ㅃ], 彌[ㅁ]는 입술소리(唇)

이고, 잇소리(齒)에는 卽[ㅈ], 慈[ㅉ], 侵[ㅊ], 戌[ㅅ], 邪[ㅆ]가 있고, 挹[ㆆ], 虛[ㅎ], 洪[ㆅ], 欲[ㅇ]은 목구멍소리(喉)이며, 閭[ㄹ]는 반혓소리(半舌)이고, 穰[ㅿ]은 반잇소리(半齒)이다."[88]

'청탁(淸濁)'은 자음의 자질 중 하나인데, 성운학에서는 오음(五音)과 함께 성(聲)을 분류하는 기준으로 삼아 왔다. 곧 오음의 각각을 다시 청탁에 따라 '전청, 차청, 전탁, 불청불탁'으로 분류한 것이다. 그런데 『훈민정음 해례』에서는 '청탁'을 다시 소리의 세기인 '려(厲)'의 정도에 따라 '최불려(崔不厲)'한 소리, '불려(不厲)'한 소리, '려(厲)'한 소리로 나누어 이를 『훈민정음 해례』의 제자 과정에 반영하고 있다.

『황극경세서』「성음창화도」에 성(聲)은 청(淸), 탁(濁)으로 구분하고 운(韻)은 흡(翕), 벽(闢)으로 구분하였다. 흡(翕), 벽(闢)은 곧 개구(開口)와 합구(合口)의 개념으로 개모 w의 유무에 따라 1등, 2등, 3등, 4등으로 구분하는데 소강절은 이를 일(日)·월(月)·성(星)·신(辰)으로 구분하였다. 훈민정음 제자해의 창제 원리에 이론적 근거를 만드는 데 큰 영향을 끼쳤다고 할 수 있다.

『황극경세서』「성음창화도」가 본격적으로 연구된 것은 17세기 이후 서경덕(徐敬德, 1489~1546) 이후였기 때문에 15세기 훈민정음 창제 당시에는 직접적인 영향을 미치지는 못했을 것이라는 추정은 틀리지 않는다. 그러나 15세기 '훈민정음' 창제 당시에 표면적으로 역학, 상수론, 악학 등의 전반에 걸쳐 영향을 끼친 문헌은 『성리대전』이라고 할 수 있다.

88) "君快虯業其聲牙, 舌聲斗呑及覃那, 彆漂步彌則是脣, 齒有卽侵慈戌邪, 挹虛洪欲迺喉聲, 閭爲半舌穰半齒"(『훈민정음 해례』「초성해」訣).

『훈민정음 해례』「제자해」는 남송의 『절운지장도』(1176~1203)의 「변자모차제예」와 너무나 흡사하다. 다만 『절운지장도』에서는 오음의 배열이 "아－설－순－치－후"이지만 『훈민정음 해례』「제자해」에서는 "후－아－설－치－순"이라는 차이가 있지만 세종이 예의를 지을 때 결정적인 영향을 받았던 것으로 보인다. 또 『절운지장도』「변자모청탁가」는 자모와 청탁의 관계를 7언 형식으로 설명하였는데 이것도 『훈민정음 해례』 제자해 결과 거의 일치한다. 15세기 세종조 시대에 간행된 『훈민정음 해례』, 『동국정운』, 『홍무정운역훈』의 청탁 배열도 『절운지장도』와 흡사하다. 따라서 세종이 훈민정음을 창제할 당시 영향을 많이 받은 책 가운데 하나가 『절운지장도』였음을 알 수 있다.

'훈민정음'이라는 새로운 문자를 창제한 배경 철학이 송나라 성리학이라고 할 수 있지만 구체적으로는 『절운지장도』나 정초(鄭樵)의 『칠음략(七音略)』과 같은 책은 훈민정음이 초성 체계를 만드는 데 결정적인 영향을 미쳤던 것이다.

3. 조선 후기 운학 연구의 흐름

'훈민정음' 창제 이후 세조조에 이르기까지 불꽃처럼 타오르던 정음 연구의 열기는 차츰 식어갔다. 병자호란과 임란의 양란을 겪으면서 송대로부터 전습된 성리학에 대한 학풍이 양대 전란의 수습 대안으로써 예악과 수신 교학 위주로 흘러가면서 훈민정음에 대한 연구와 한자 정음에 대한 연구는 전통의 단절 기간으로 접어들게 된 것이다.

명청 교체가 불러온 사상과 지식의 수용 방식의 변화는 엄청난 것이었다. 곧 중화 문화의 주체였던 명나라가 오랑캐로부터 망하게 되자 조선의 지식인들은 혼란 속으로 빠져들 수밖에 없었지만 조선이 중화문화의 수호자로서 혹은 계승자로서 자처함으로써 느슨해졌던 성리학에 대한 보다 폭넓은 탐구로 이어지게 되었다. 그러한 발로로 서경덕(徐敬德), 최석정(崔錫鼎), 이형상(李衡祥)으로 이어지는 운학과 자학의 연구가 다시 발흥하는 계기가 마련된 것이다. 양대 전란을 거친 조선은 여러 가지 사회의 구조적 모순들이 서서히 드러나게 되었지만 다른 한편으로는 사대하는 조선의 대상인 명나라의 멸망으로 도리어 긍정적이고 자주적인 조선 유학의 흐름이 형성된 것이다.

조선 후기 성운학을 연구한 학자들에 대해 살펴볼 필요가 있다. 강신항(2009: 63~64)과 박종국(2012: 207~271)이 조선 후기 성운학자들을 년대기 순으로 나열하여 개인별 연구사의 특징을 개관하면서 연구 경향의 특징을 밝히고 있는데 여기에다가 필자의 견해를 가감하여 요약 정리하면 다음과 같다.

이름	생애	주요저술	연구 특징
서경덕	1489~1546	화담집 「성음해」	성운학
이수광	1563~1628	지봉유설	언문기원, 어원
신익성	1588~1644	낙전당집	황극경세서 진상
최후상	1631~1680	동강집	자학
홍만종	1643~1725	순오지	이언
최석정	1646~1715	경세훈민정음	운도, 훈민정음
정제두	1649~1736	하곡집	운학
이형상	1653~1733	병와집, 자학, 악학편고	악학, 자학, 한글기원
이 익	1682~1764	성호세설	언문기원
박성원	1687~1767	화동정음통석운	자학, 음운
홍계희	1703~1771	삼운어휘	문자
이광사	1705~1777	원교집 「오음정서」	운학, 훈민정음
이사질	1705~1776	훈음종편	자학, 운학
구윤명	1711~1797	전율통보, 증수무원록, 종어제속편	이두

이름	생애	주요저술	연구 특징
신경준	1712~1781	저정서	자학, 운학, 훈민정음
홍양호	1724~1802	북색기략, 경세정음도설서	방언, 자학, 운학
황윤석	1729~1791	이제유고, 화음방언자의해, 자모변	자학, 어원
이의봉	1733~1801	증주어록해, 나은예어, 고금석림	어휘집, 어원, 이두
금영택	1739~1790	만우제집, 언문자음기례, 오음초성	자학, 음운
이영익	1740~1780	신제집	자학, 정음학
이덕무	1741~1793	청장관전서	언문기원, 방언
정동유	1754~1808	주영집	자학, 어휘
정약용	1762~1836	아언각비, 이담속편	어원, 이어
유 희	1773~1837	언문지, 물명고	문자, 음운, 어휘
이성지	정조대	재물보	어휘
배상열	1759~1789	서계쇄록	운학
정운용	1792~1865	자류주석, 훈민정음자모도	음운
이규경	1788~185]	오주연문장전산고,언문변증설	자학, 운학, 이두
윤정기	1814~1879	동환록, 물명고, 방산유고	어휘, 방언
석범	?~?	언음첩고	
강위	1820~1884	고환당집, 동문자모분해	훈민정음, 음운
권정선	1848~?	음경	음운
노정섭	1849~1902	연곡집, 광견잡록	운운, 운학

아직 개별적인 연구의 성과가 축적되지 않은 상황이기 때문에 이들의 학통과 학맥 관계에 대한 더 정밀한 연구는 다음으로 미루고자 한다. 다만 이 시기의 전반적인 연구 흐름의 특징을 간추려 보면 아래와 같다.

첫째, 조선 지식인들은 중화 문화의 계승자임을 자처하면서 성리학에 대한 이해의 폭이 조선 후기로 오면서 차츰 확대되었다. 이러한 경향은 『성리대전』을 치국의 전범으로 삼았던 세종 시대로의 학문적 풍토의 귀환이라고 할 수 있을 것이다. 이 시기의 가장 큰 특징은 『성리대전』에 실린 『황극경세서』에 대한 이해의 폭이 훨씬 더 넓어졌다는 점이다. 서경덕(徐敬德)과 최석정(崔錫鼎), 정제두(鄭齊斗), 이형상(李衡祥), 박성원(朴性源), 홍계희(洪啓禧), 신경준(申景濬), 황윤석(黃胤錫) 등의 역학과 상수학을 기반으로 한 운학과 자학 연구가 활발하게 전개되었다. 한편 『성리대전』의 『율려신서』를 기반으로 한 성현(成俔, 1439~ 1504)의 『악학궤범』에 이어 이형상의 『악학편고』로 이어진 악학 연구를 통해 성리학 연구의 폭을 더욱 넓혀준 것이다. 그러나 이들의 성리학적 바탕에는 『역학』이 매우 주요한 기반이 되었던 것이다.

둘째, 주자학 중심에서 한편으로는 양명학과 또 다른 한편으로는 실학이라는 현실주의적 대안들이 논의되기 시작한 것이다. 중국의 육구연(陸九淵, 1139~1102)의 『상산집』과 왕수인(王守仁, 1472~1528)의 『전습록』의 학문을 합쳐 육왕학이라고도 하는 심성의 학(心性之學)인 양명학의 도입되었지만 주자학의 그늘에 가리어져 크게 빛을 보지는 못했으나 시대의 사조를 바꾸는 역할을 해 주었다.

임란과 호란의 양란을 거치면서 체제교학이었던 주자학에 대한 공리공논에 비판적 의식이 잉태되면서 양지(良知)의 학인 양명학이 일부 수용될 수 있었다. 우선 양명학파로서 조익(趙翼, 1579~1655), 최명길(崔鳴吉, 1583~1647), 장유(張維, 1587~1638), 윤증(尹拯, 1629~1714), 정제두(鄭齊斗, 1649~1736), 이광신(李匡臣, 1700~1744)을 비롯한 일군과 양명학파이다. 이들은 주로 강화도를 중심으로 하는 강화학파라는 일군의 학맥을 형성하기도 하였다. 그리고 중국을 통한 서양 물물을 접한 이수광(李睟光)을 비롯한 이형상(李衡祥), 이익(李瀷), 황윤석(黃胤錫), 홍양호(洪良浩) 등 일군의 실학파들이 대두되는데 이들은 강화학파와도 매우 밀접한 인적 네트워크를 형성하고 있었던 것으로 보인다. 특히 조선 후기 이덕무(李德懋)는 박제가(朴齊家), 이서구(李書九), 유득공(柳得恭)과 더불어 서울 출신의 실학자 그룹인 이용후생파의 한 가지를 형성하였다. 이들은 경서와 사서에서부터 기문이서에 이르기까지 박학다식하고 변체문장으로 이름을 날렸다. 훗날 정약용(丁若鏞, 1762~1836), 김정희(金正喜, 1786~1856) 등에 학문적 영향을 준 인물이라 할 수 있다.

셋째, 이들 가운데 최석정을 중심으로 긴밀한 학문적 관계를 유지하고 있었던 이들의 학맥 관계에 대해 살펴보자. 지금까지 최석정을 양명학파로 지목하기도 했다. 최석정의 아들인 최창대(崔昌大, 1669~1720)가 "지천이 계곡과 함께 젊은 시절에 육왕서를 함께 공부하고 그 학문 내용이 간이 직절한 것을 좋아하여 두 사람이 함께 양명학에 심취하였다."[89] 라는 기록에 근거하여 가학으로서의 전통을 이어받았을 것으로 추정하고 있지만 실제 최석정이 두 살 때 조부인 지천 최명길이 죽었다. 그리고 실제 오랜 시간 고관으로 있었던 최석정이 주자학의 이단으로 치부되던 양명학에 심취하지는 않은 것 같지만 그의 경세관을 살펴보면 당시로는 매우 진취적이고 진보적인 인사였음에는 틀림이 없다.

최석정은 하곡 정제두(鄭齊斗)와 여러 차례에 걸친 학문 교류를 통해 당대 정통 양명학파였던 하곡의 영향을 받았을 가능성을 부정할 수는 없다. 또한 남계 박세채(朴世采, 1631~1695)의 문인이자 소론의 영수였던 윤증(尹拯)과의 관계를 통해 최석정도 양명학의 영향을 전혀 배제할 수는 없을 것이지만 실재 그의 저술이나 시문을 통해 그의 사상적 경향은 주자학을 기반으로 한 실학적 실천적 경향이 농후하다.[90]

넷째, 주자학의 비실천적 공리주의에서 벗어나려는 실마리는 『성리대전』과 『주역』에서 발전된 상수학의 영향으로 성운학, 지리, 천문, 악론 등 실사구시 학문으로 영역이 확대된 시기이다. 일찍 외국문물을 직접 체험하고 수용한 지봉(芝峰) 이수광(李睟光, 1563~1628), 반계(磻溪)

89) "公與谿谷, 少時講學也, 見陸王之書, 悅其直指本體, 刊落枝葉, 兩公 皆深取之"(『崑崙集』「遲川公遺事」).

90) 최명길의 형인 최래길의 외손주의 사위가 하곡 정제두이다. 따라서 하곡 정제두는 최명길의 손자인 최석정과는 매우 밀접한 친구 사이가 될 수 있었고 소론의 영수인 윤증은 하곡 정제두와 처재 종남매 간이다.

유형원(柳馨遠, 1622~1673), 병와(甁窩) 이형상(李衡祥, 1653~1733), 성호(星湖) 이익(李瀷, 1681~1763) 등 실학파의 연구 성과들이 있다. 이들은 양명학과 엄밀하게 분리된 것이 아니라 서로 연관성을 지니며 강화도를 중심으로 한 일군의 당대의 진보적 선진 학파라고 할 수 있다.

다섯째, 주자학의 핵심이 예학으로 발전되면서 도리어 예악의 논쟁이 붕당의 단초를 마련하게 된다. 남인, 소론, 낙론계와 북학파 등 송시열계와 비송시열계의 갈등은 주자학에 대한 공리론에 대한 회의를 불러오기도 했지만 18세기는 조선의 진경시대를 이끌어낸 것이다. 조선의 성리학과 주자학의 이해의 폭이 확대되고 새로운 실천적 이론으로 발전되는 단계에 도달했음을 의미한다. 붕단의 갈등이 부정적인 측면만이 있었던 것이 아니라 긍정적이고 자주성과 독자성을 중시하는 시대의 변화기였던 것이다. 이러한 조선 후기의 학문적 변화기를 이끌어낸 사상적 흐름의 한 가운데 명곡이 위치하고 있었다. 1697년에는 우의정에 올라 왕세자 책봉 주청사로 청나라를 다녀오기도 하였으며, 1699년 좌의정, 1701년 영의정에서 1710년까지 모두 여덟 차례에 걸쳐 영상에 올랐던 명곡은 새로운 사상적 흐름에 매우 큰 영향을 미칠 수밖에 없었다.

숙종대에 이르러 훈민정음에 대한 새로운 평가와 함께 『황극경세서』 연구가 보다 심화되었다. 이러한 학문적 분위기를 중흥시켰으며 일으킨 장본이 바로 최석정이다.

실학이 대두된 영정조의 학문적 분위기를 마련한 숙종조의 최석정과 정제두의 양명학적 연구 풍토의 진작과 더불어 강화학파 계열의 이형상과 이광신, 이광사, 이광여 및 이긍익, 이영익, 이충익 등의 실학적 학문 풍토의 토양 위에서 성운학과 운학이 및 자학의 연구가 활발하게 연구될 수 있게 되었다.

조선 후기, 숙종은 창덕궁 후원에 대보단을 건립하였다. 『조선왕조실록』 숙종 30(1704)년조에 "대보단(大報壇)이 준공되었는데, 단은 창덕궁 금원의 서쪽 요금문(曜金門) 밖 옛날 별대영(別隊營)의 터에 있었다."고 한다. 이 대보단은 명나라 황제를 제사지내는 제단이었다. 이 대보단은 조선의 지식인들은 멸망한 명나라를 존숭하며 명나라의 문화를 주체적으로 계승한 유일의 전통적 계승자임을 자부한 징표라고 할 수 있다. 이러한 시대적인 분위기는 회귀적으로 세종대에 전개되었던 성리학에 대한 연구로 이루어질 수 있는 여건이 된 것이다.

또한 숙종은 「훈민정음 후서(訓民正音後序)」를 발표할 만큼 훈민정음에 대한 가치를 주체적인 입장에서 인식하는 분위기를 가진 것으로 『임하필기』 제18권 「문헌지장편(文獻指掌編)」에

"세종은, 각 나라가 각기 문자를 만들어 그 나라의 방언을 기록하는데 우리나라에만 없다고 여기고, 마침내 자음과 모음 28자를 만들어 '언문(諺文)'이라 이름하고 금중(禁中)에 국(局)을 열어 정인지, 신숙주, 성삼문, 최항 등에게 명하여 찬정(撰定)하도록 하였다. 대개 고전(古篆)을 본떠서 초성, 중성, 종성으로 나누었다. 글자가 간단하고 쉬운데도 이리저리 쓰는 것이 무궁하여 모든 말과 소리 가운데 문자로 기록하지 못하던 것이 모두 통하여 막힘이 없었다. 중국의 한림학사 황찬(黃瓚)이 이때 요동에 유배되어 있었는데, 성삼문 등에게 명하여 황찬을 만나 음운을 질문하도록 하였다. 그리하여 요동에 13회나 왕래하고서 완성되었다."[91]

91) 안병희(2007: 107) 교수는 숙종의 「훈민정음후서」가 숙종 46(경종 즉위년, 1720)년에 간행된 『열성어제』 41권 24장과 정조 즉위년(영조 52, 1776)에 간행된 『열성어제』와 1924년 경성신문사에서 발행한 활판본에도 실려 있다고 보고하였으나 필자는 이 자료를 확인하지 못했다.

라고 하였다.

숙종이 지은 「훈민정음 후서」에,

> "삼가 우리 세종대왕께서는 타고난 성스러운 자질이 요순보다도 높아 예악과 문물이 찬란히 구비되었는데도 우리나라의 말과 소리가 중국과 달라 어리석은 백성이 뜻을 펴지 못함을 우려하셨다. 그리하여 정사를 돌보시는 여가에 새로 28자를 만들어 밝게 후세 사람들에게 보여주셨으니, 대개 쉽게 배워 날로 쓰는 데 편리하게 해 주시려는 것이었다. 형상을 본떠 만들었는데도 고저(高低)가 음(音)에 맞으며, 글자가 간략한데도 이리저리 쓸 수 있는 범위가 광대하다. 그리하여 어리석은 사람이나 지혜로운 사람 할 것 없이 큰일이나 작은 일 할 것 없이 문자로 형용할 수 없었던 것이 모두 이를 통하여 바른 소리로 풀리게 되었다. 조화(造化)의 묘리를 극진히 하고 만물(萬物)의 정을 통할 수 있게 되었으니, 이는 진실로 대성인(大聖人)이 하시는 바는 그렇게 만들려고 기필하지 않아도 지극한 도리에 합치되는 것이다. 아, 아름답도다. 아, 훌륭하시도다."92)

하였다.

『열성어제본』 훈민정음 예의를 홍기문(1946)이 제일 먼저 학계에 예의의 이본임을 밝힌 바가 있는데 안병희(2007: 107)는 역시 『열성어제』에 실린 숙종의 「훈민정음 후서」에 대해 위에서처럼 구체적인 해설을 하여 학계에 소개하였다. 안병희(2007)는 숙종 46(경종 즉위년, 1720)년 『열성어제』에 실린 숙종의 「훈민정음 후서」를 검토하는 과정에서 훈민정음이 중간되었을 것으로 추정하고 그 중간이 된 대상이 무엇인지 두 가지

92) 안병희, 『훈민정음연구』, 서울대학교 출판부, 2007.

가능성을 제시하였다. 최석정의 『경세훈민정음』에 대한 후서이든지 혹은 언해본일 경우 박승빈본 『훈민정음 언해』가 그 중간본일 가능성이 있다고 예시만 했을 따름이다. 숙종의 「훈민정음 후서」의 대상이 무엇인지를 밝혀내는 일은 매우 중요한 과제이다. 이 글에서는 이 「훈민정음 후서」를 『열성어제』에 싣기 이전에 숙종이 제위에 오르면서 「세종대왕시문」편에 예의를 실은 『열성어제』를 숙종 6(1680)년경 이전에 추록한 것으로 판단하고 있다. 이 문제에 대해서는 결코 단순한 추정이 아니라 숙종 6(1680)년경에 이광(李垙)과 이정(李楨)이 보유하여 봉교한 『열성어제』(고려대학교 소장본)에 훈민정음 예의가 실려 있다. 그 후 경종 년간(1720)에 편찬한 『열성어제』에 숙종 「훈민정음 후서」가 추록되었기 때문에 상호 관계를 파악하기 어려웠던 것이다. 이 『열성어제』의 예의는 17세기 이후 실학계열의 학자들이 성운학에 관심을 갖게 되는 촉매 역할을 한 것으로 판단된다.

숙종의 「훈민정음 후서」는 숙종이 세상을 떠난 경종 즉위(1720)년에 실록 편찬과 함께 선왕(숙종)께서 남긴 시문을 모아 엮은 『열성어제』 41권 24장에도 실려 있다. 그 후 영조 52년에 편찬한 『열성어제』에도 실려 있으며, 1924년에는 경성신문사에서 현토를 달아 활판본으로도 다시 인간하였다.[93] 최근 필자의 조사 결과 『임하필기』 권18 「문헌지장편(文獻指掌編)」에 '훈민정음'이라는 제하에 훈민정음 창제 경위에 대해 설명한 다음에 숙종의 「훈민정음 후서」 전문이 실려 있음을 확인하였다.

숙종이 「훈민정음 후서」를 지었다면 훈민정음이 중간되었다는 말인데 중간된 훈민정음이란 무엇일까?[94] 숙종의 「훈민정음 후서」를 지을

93) 안병희, 「숙종의 『훈민정음후서』」, 『훈민정음연구』, 서울대학교 출판부, 2007에서 이 자료를 학계에 처음으로 소개하였다.

94) 1924년 『경성신문』에 실린 숙종대왕의 『훈민정음 후서』는 다음과 같다. "訓民正音後序/昔

때 해례본이 포함되지 않았다는 안병희(2007: 111) 교수의 판단은 틀리지 않았다. 숙종조 당시에 해례본은 거의 유통되지 않았다. 숙종 6(1680)년 이전에 『열성어제』 「세종대왕시문」 편에 예시록에 실렸던 예의를 재수록한 것을 중간으로 간주하고 그 뒤에 「훈민정음 후서」를 「숙종대왕시문」 편 『열성어제』에 싣게 된 것이 분명하다. 훈민정음 예의가 실려 있는 『배자예부운략』은 숙종 4(1678)년 3월에 간행되었기 때문에 숙종대 실록본 예의가 실린 『열성어제』와의 시차 문제가 제기될 수 있다. 『열성어제』(고려대학교소장본)가 숙종 6(1680)년에 예의는 이광(李珖)과 이정(李楨)이 보유했기 때문에 『배자예부운략』에 실린 것이 몇 년 앞선다. 숙종이 『열성어제』의 「세종대왕시문」 편에 예의를 중간으로 싣게 된 시기는 더 이전으로 거슬러 올라갈 수 있다. 경종이 숙종 사후에 『열성어제』에 「숙종대왕시문」 편을 첨가했듯이 숙종이 제위에 오르면서 「세종대왕시문」 편에 예의를 실은 것이다. 따라서 예의가 실린 『배자예부운략』이 나온 숙종 4(1678)년 3월 이전에 이미 숙종이 「세종시문」 편에 예의를 삽입한 것으로 추정된다. 이 문제는 앞으로 좀 더 정밀한 연구가 필요하다.

안병희(2007: 111)는 숙종의 「훈민정음 후서」를 최석정의 『경세훈민정음』의 영향으로 추론하고 있지만[95] 그것을 입증할 만한 뚜렷한 근거를

惟我世宗大王이 聖資ㅣ 天縱ᄒᆞ야 高出唐虞ᄒᆞ시니 禮樂文物이 燦然備具而猶慮夫東方語音之异乎中國ᄒᆞ야 愚民之不得伸請ᄒᆞ사 乃語聽政之暇에 新制二十八字ᄒᆞ야 卲示後人ᄒᆞ시니 蓋欲其易學習而便日用也라 象形而高低ㅣ 叶音ᄒᆞ고 字約而轉用이 廣大ᄒᆞ야 人無愚智ᄒᆞ고 事無巨細而不能形容於文字를 皆得以正音으로 解之ᄒᆞ야 極造化之妙ᄒᆞ고 通萬物之情ᄒᆞ니 是誠大聖人之所作爲ㅣ 自有不期然而合至理者니 於乎其美矣며 於乎其盛矣ᆫ뎌 歲在重光協洽黃鍾念一日에 序ᄒᆞ노라"이다.

95) 안병희(2007: 111) 교수는 최석정의 『경세훈민정음도설』의 "『도설』 첫머리에 전재한 세종의 『훈민정음 해례』을 숙종에게 알리 기회가 있었을 것이다. 그러한 기회에 숙종이 후서를 짓게 된 것이라 추축되는 것이다."라고 하고 있으나 실제 『경세훈민정음도설』에는 숙종의 중간 후서가 실려 있지 않다. 또 하신에게 왕이 직접 서문을 썼다고 판단하기에는 무리가

찾기 힘이 든다. 앞에서 논의한 바와 같이 숙종대 『열성어제본』 예의가 숙종의 중간이라고 판단하지 않을 수 없다. 이 『열성어제본』 예의가 『배자운부운략』 등 조선 후기 실학파에 새로운 연구의 열기를 불어넣었던 것이다. 그 결과로 최석정의 『경세훈민정음』과 『배자예부운략』 등에도 실록본 예의가 실리게 된 것이다.

『열성어제』에 실린 예의와 동시에 당시 활용도가 매우 높았던 『배자예부운략본』 예의나 『경세훈민정음』에도 예의가 실린 것으로 보아 이 3자의 관계는 매우 밀접한 관계가 있었을 것이다. 그리고 박승빈본의 예의의 낙장본을 보사하는 데까지 영향을 미친 것이다. 그 근거로는 "异乎中國"에서 실록본 예의의 '異' 자를 '异'로 표기한 공통점을 찾을 수 있다. 『열성어제』에 실린 예의가 상당한 영향력을 미친 것으로 보인다.

필자의 조사에 의하면 『임하필기』 「문헌지장편」에 '훈민정음'이라는 제하에 훈민정음 창제 경위와 함께 숙종이 지은 「훈민정음 후서」 전문을 싣고 있다는 점에서 숙종의 훈민정음 중간설을 믿게 해 주는 단서가 된다.

이처럼 숙종이 훈민정음을 높이 평가하고 후서를 남기게 한 것은 최석정의 역할이 매우 크게 작용한 결과임은 분명하다. 특히 그가 쓴 『경세훈민정음』과 『예부운략』 「후서」 등을 통해 훈민정음을 매우 높이 평가하면서 주체적인 문자로서 이를 활용하여 천지만물의 생성원리를 상수를 통하여 음양과 사상, 팔괘에 따라 사람이 낼 수 있는 성음을 훈민정음으로 나타낸 것이다. 조선 전기에 미처 살피지 못했던 『황극경세서』의 미세한 부분까지 천착하여 연구함으로써 성리학의 근본 이념을 구현하는 동시에 그 영역을 확대시킨 역할을 한 것이다.

따른다.

화담 서경덕의 성운 연구

'훈민정음' 창제 이후 약 250여 년 동안 성운학 연구는 거의 진척이 없었다. 그러나 임병 양난을 거치면서 조선 사회는 엄청난 변화를 경험하게 되었다. 특히 사상적인 측면에서는 송대 성리학을 주조로 하고 양명학과 청나라 고증학의 유입과 더불어 실학이 기존의 유학 사류와 혼류되는 과정을 겪게 되었다.

세종 이후 상당한 기간 동안 소강상태에 있던 성운학 연구의 불을 다시 지핀 이는 화담(花潭) 서경덕(徐敬德)이다. 서경덕은 『성리대전』의 소옹(邵雍)의 『황극경세서』를 정밀하게 연구함으로써 다시 운학 연구를 부흥시킨 것이다.[96] 그러나 도학이나 예론에 심취해 있던 정통 주자학자들은 서경덕을 반주자학 곧 이단자로 비판하기도 하였다. 서경덕은 『성리대전』에 실린 주돈이(周敦頤)의 『태극도설』과 소옹의 『황극경세서』 및 장재(張載)의 자연주의 생성의 철학사상을 조화시켜 독자적인 기일원론(氣一元論)의 학설을 제창하였다.[97] 서경덕의 학문적 영향은 비판적 주자학의 입장에서 후대 양명학을 이식시킨 출발점인 동시에 특히 운도에 대한 연구를 촉진시킨 역할을 한 것이다.

훈민정음 창제 이후 내외적인 변란과 예학의 시각 차이에 의한 분당의 결과 약 250여 년간의 정음 연구는 공백기를 가져왔다. 그 공백기에 최세진(崔世珍)과 성현(成俔)을 이어 서경덕이 성리학적 관점에서의 성음 연구가 다시 부흥하는 출발점이 되었다. 『성리대전』에 실린 『율려신서

---

96) 강석천, 『서경덕의 '성음해' 연구』, 『논문논총』 8~9합본집, 1993.

97) 율곡 이이는 『율곡집』에서 "화담의 사상은 대체로 장재에게 나왔다."라고 하였으며 김경탁(1959: 316)은 "신유학파로서는 송대 이학의 개조요 태극도설의 저자인 주염계를 비롯하여 관물철학자인 소강절과 이기이원론자인 정주와 심즉리를 주장한 육왕(왕명학)과 기일원론인 장횡거였다."라고 밝히고 있다.

(律呂新書)』를 토대로 한 『악학궤범(樂學軌範)』(1493) 편찬의 주역인 성현은 세종 당시와는 좀 더 심도 깊은 성음 연구가 진행되었던 것으로 보인다. 성현이 이르기를,

> "언문은 5음(音)으로 나누어 구별되니, 아(牙), 설(舌), 순(脣), 치(齒), 후(喉)이다. 순성(脣聲)은 경중(輕重)의 차이가 있고 설성(舌聲)은 정반(正反)의 구별이 있다. 글자에도 전청(全淸), 차청(次淸), 전탁(全濁), 불탁(不濁), 불청(不淸)의 차이가 있다. 비록 무지한 부인이라도 분명하게 알지 못할 것이 없다."[98]

고 하였다.

『해동잡록』 권4에 따르면 서경덕의 본관은 '당진(唐津)'으로 자는 '가구(可久)'며 스스로 호를 '복재(復齋)' 또는 '화담(花潭)'이라 하였다. 성종 20(1489)년 2월 17일 개성(松都) 화정리(禾井里)에서 태어났다가 명종 원(1546)년 7월에 58세를 일기로 세상을 떠났다. 환로에 나서지 않고 초야에 묻혀 학문에 매진하였기 때문에 화담 선생이라 불렀다. 역리(易理)에 밝았으며 특히 수학에 정밀하였다. 중종 때에 여러 번 조정에서 불렀으나 출사하지 않았다가 사후에 특별히 영의정의 벼슬을 증직하고 시호를 문강(文康)이라 하였다고 한다.

서경덕은 "천지는 오로지 음양의 동정 순환하는 것일 뿐이라(天地陰陽動靜循環而已)"라는 음양오행의 원리를 「화담설(花潭說)」이라 하여 『대동야승』에서 "양은 음을 겸하여 얻을 수 있으나, 음은 양을 겸하여 가질 수 없다. 그러므로 양은 온전하고 음은 반이며, 양은 넉넉하고 음은 모자

98) "世宗設諺文廳. 命申高靈成三問等. 製諺文. 「中略」雖無學婦人. 無不曉然易知. 聖人創物之智. 有非人力之所及也"(성현의 『용재총화』).

라게 되며, 양은 높고 음은 낮은 것이다."라고 음양의 대립이 상호 순환됨을 「래래귀귀(來來歸歸)」라고 읊고 있다.

사물은 오고 또 와도 다 온 것이 아니니	有物來來不盡來
다 왔다 싶지만 또 다시 온다	來纔盡處又從來
오고 오는 것은 본시 처음이 없는 데서 오는 것이니	來來本自來無始
묻노라 그대 어디서부터 왔는가	爲問君從何所來

하고 또,

만물이 돌아가고 돌아가도 다 돌아가는 것이 아니니	有物歸歸不盡歸
돌아갔다 싶지만 다 돌아간 것 아니다	歸纔盡處未曾歸
돌아가도 돌아가도 다 돌아가지 못하니	歸歸到底歸無了
묻노라 그대 어디로 그리 돌아가는고	爲問君從何所歸

또한 「성음해(聲音解)」를 짓기를, "소리는 높고 낮은 것이 있기 때문에 상성·평성·거성·입성으로 나누니, 열리고 닫는 것이 이에 따르고, 음은 굴신(屈伸)이 있기 때문에 개·발·수·폐의 구별이 있으니 청탁이 이에 따른다."고 하였다.

화담 서경덕의 문집 『화담집(花潭集)』은 다섯 차례에 걸쳐 인간이 되었다. 『화담집』의 초간본은 서경덕 사후 박민헌(朴民獻, 1516~1586)과 허엽(許曄, 1578~1580)이 시와 글을 수집, 편차하여 상·하권으로 묶은 2권 1책으로 명종, 선조 연간에 10행 20자의 목판으로 간행하였다. 이 본은 서와 발이 없고 문과 시를 엮은 책이 현재 규장각, 고려대학교 만송문고에 소장되어 있다. 「중간본」은 선조 33(1605)년에는 평안도 은산 현감인 홍방(洪雱)이 유고를 얻어 문집을 간행하였다. 초간본의 편차를 그대로 하되, 10행 22자로 판각하고 권의 구분 없이 1책으로 엮었다. 「삼간본」은 중간본을 저본으로 간행한 것으로 중간 발 뒤에 여러 문헌에서 제가 기술을 뽑아 부록을 엮고 윤효선(尹孝先)의 선사발문(繕寫跋文)을 부록 끝에 붙였다. 현재 국립중앙도서관, 고려대학교 중앙도서관, 서울대학교 규장각에 소장되어 있다. 「사간본」은 영조 46(1770)년에는 김용겸(金用謙)이 유고의 편차를 개정하여 한 부를 수초하여 보관하고 있던 것을 3권 2책으로 간행하였다. 「사간본」은 권1은 시, 권2는 문, 권3은 부록으로 편차되어 있으며, 부록에는 후인들의 상론과 사제문과 서원상량문 등을 첨부하고 또한 연보와 문인록을 작성, 합편하였다. 한명상(韓命相) 등 송경 사인들이 주관한 이 목판본은 원인손(元仁孫)의 서와 윤득관(尹得觀)과 채위하(蔡緯夏)의 발문이 수미에 첨부되어 있으며, 현재 연세대학교 도서관 등에 소장되어 있다. 「오간본」은 정조 10(1786)년에는 조유선(趙有善)과 마지광(馬之光)이 개성에서 4권 2책의 목활자로 간행하였다. 「오간본」의 본집은 전간본과 같으나, 부록을 2권으로 나누어 새로 편차하고 유사와 서원 관계문, 제현의 시장 등을 증보하였으며 아울러 목록을 권수에 첨부하였다. 현재 성균관대학교 중앙도서관, 한국정신문화연구원 장서각 등에 소장되어 있다.

「오간본」은 『화담집』 2권과 부록 2권을 합쳐 2책으로 되어 있다. 권수에는 1770년에 지은 원인손(元仁孫)의 서와 1786년에 지은 윤숙(尹塾)의 서가 실려 있다. 이어 목록이 있다. 본집 권1에는 부 1편과 시 100여 수가 실려 있는다. 권2는 문으로 소, 서, 잡저, 서, 명이 실려 있다. 이 가운데 「잡저」에는 저자의 이기철학과 역사상 그리고 상수학 등 사상과 학문이론이 담긴 일련의 논술이 실려 있다. 부록 1인 권3에는 연보와 신도비명, 『해동명신록』, 『기묘명현록』 등의 문헌과 문인와 후배들의 문집에서 채록한 유사가 실려 있다. 부록 2인 권4에는 화곡(花谷)과 숭양(崧陽) 두 서원에 내린 사제문 및 상량문, 후인들의 상론, 저자 생전의 차운시로부터 후학들의 시장이 수록되어 있다. 이어 문인록이 실려 있는데, 민순(閔純), 박순(朴淳), 허엽(許曄) 등 24인의 문인들이 약술되어 있다. 권미에는 윤효선(尹孝先), 김용겸(金用謙)의 선사발문과 홍방(洪雱), 윤득관(尹得觀), 채위하(蔡緯夏)의 중간발문이 연대별로 수록되어 있다.

장서각소장본인 「오간본」『화담선생문집』 권2에는 소(疏), 서(書), 잡저(雜著)에는 「원기류(原理氣)」, 「이기설(理氣說)」, 「태허설(太虛說)」, 「구신사생론(鬼神死生論)」, 「부견천지지심설(復其見天地之心說)」, 「온천변(溫泉辨)」, 「성음해(聲音解)」, 「발전성음해미진처(跋前聲音解未盡處)」, 「황극경세수해(皇極經世數解)」, 「육십사괘방원지도해(六十四卦方圓之圖解)」, 「괘변해(卦變解)」, 「박이정자사(朴頤正字詞)」, 「김사신자사(金士伸字詞)」의 내용이 실려 있다. 이 가운데 특히 『화담선생문집』 권2 「잡저」에 실린 「성음해」의 내용은 『황극경세서』에 「사상체용지수도(四象體容指數圖)」를 요약한 「정성정음도(正聲正音圖)」를 서경덕이 나름대로 기술한 내용이다. 소옹의 『황극경세서』에 「사상체용지수도」의 내용을 대비해 보면 매우 유사한 것같다.[99]

> "하늘에는 음양이 있고 크고 작은 다른 기(氣)가 있으며 땅에는 강유가 있고 크고 작은 질(質)이 있다. 기는 위로 변화하여 상생하고 질은 아래로 변화하여 형을 갖춘다. 일(日)·월(月)·성(星)·신(辰)은 하늘에서 형상을 이루고 소·목·토·석은 땅에서 형상을 이룬다."[100]

99) 이숭녕, 「『황극경세서』의 이조후기 언어연구의 영향」, 『국어연구』, 형설출판사, 1982, 185쪽. 이숭녕은 "화담의 독창설은 전혀 발견할 수 없다."라고 평가하고 있다.

100) "天有陰陽, 大小異氣, 地有剛柔, 大小異質. 氣變於上而象生焉, 質化於下而形具焉, 日月星辰,

"음양이 위로 변화하여 일월생신이 생겨나고 강유가 아래요 변화하여 수화토석을 이룬다. 일(日)·월(月)·성(星)·신(辰)은 하늘에서 형성되고 수화토석은 땅에서 몸을 이룬다."[101]

"상(象)이 하늘에서 동하여 만시(萬時)가 생겨나고 형(形)이 땅에서 바뀌어 만물을 생성하니 시간과 만물이 더불어 수를 갖추게 된다."[102]

"상(象)이 위에서 동하여 만시(萬時)가 생겼고 몸(體)이 아래에서 바뀌어 만물을 생성하니 (…중략…) 시간과 물상이 수를 갖추게 되었다."[103]

이렇게 대비해 보면 서경덕의 「성음해」가 『황극경세서』와 흡사하게 닮았다. 이처럼 『성리대전』에 실린 『황극경세서』 가운데 상수론과 관련 있는 내용을 제외하고는 세종 시대의 집현전 학사들도 몰랐을 리가 없다. 그러나 조선 전기의 대부분의 유학자들이 경서 해석과 예학 중심으로 치우쳐짐으로 상수론이나 성운학, 천문학, 『율려신서』를 바탕으로 한 악학 연구는 다소 느슨해졌던 것으로 판단된다.

서경덕의 철학적 사상은 『성리대전』의 핵심을 이루고 있는 세상 만물의 생성과 소멸의 이치 곧 자연 순환을 상수로 풀이하기 위한 역학과 상수학 조선에 본격적으로 처음으로 소개하였다. 신흠(申欽, 1566~1628)의 『상촌고』 권52 「청청연담」에서 서경덕을 다음과 같이 평가하고 있다.

成象於天, 水木土石, 成形於地"(『화담선생문집』 권2 「잡저」 「성음해」).

101) "陰陽變於上而日月星辰生焉, 剛柔化於下而水火土石成焉. 日月星辰成上象於天, 水火土石成體於地"(『황극경세서』).

102) "象動於天而萬時生, 形交於地而萬物成, 時之與物, 有數存焉"(『화담선생문집』 권2 「잡저」 「성음해」).

103) "象動於上而萬時生焉, 體交於下而萬物成焉, (…中略…) 時之與物有數存焉"(『황극경세서』).

> "서화담의 이름은 경덕이요 자는 가구로서 타고난 자질이 상지에 가까운데 학문이 황폐한 곳에서 일어나 스스로 학문의 일가를 이루었다. 그 중에서도 특히 소강절의 주역에 대해 깊이가 있었는데 그의 『황극경세성음해』를 보면 하나도 잘못된 곳이 없으니 참으로 뛰어나다고 하겠다. (…중략…) 하여튼 선천역의 지름길을 제대로 찾아낸 자는 아조에서 서화담 한 사람뿐이었다."104)

신흠이 서경덕은 조선에서 주역과 상수론에 당대 일인자임을 밝혀주고 있다. 그뿐 아니라 예학과 경서 해석에 몰입되어 있던 조선 전기의 학문적 풍토를 상수, 성음 연구로 확대시켰던 역할뿐만 아니라 조선 후기 최석정(1646~1671)의 『경세훈민정음』, 이형상(1653~1733)의 『악학편고』, 『자학제강』, 신경준(1712~1781)의 『저정서』, 황윤석(1719~1579)의 『이수신편』, 『운학본원』 등으로 이어지는 성음과 자학 연구의 전통을 부흥시키는 촉매 역할을 한 것이다. 그와 함께 경서 해석과 예학 중심의 주자학의 영역이 악학, 천문학, 수리학, 지리학 등으로 폭넓게 확대되면서 자연스럽게 양명학과 실학파라고 할 수 있는 실증적 과학주의로 발전하는 역할을 해 준 것이다. 조선 후기 실학의 대두는 세종대의 『성리대전』을 기반으로 한 성리학의 원리주의로의 회귀한 결과라고 말 할 수 있다.

『화담집』 권2 「잡저」에는 「원리기」, 「이기설」, 「태허설」, 「귀신사생론」, 「부기견천지지심설」, 「온천변」, 「성음해」, 「발전성음해미진처」, 「 황극경세수해」, 「육십사괘방원지도해」, 「괘변해」, 「박이정자사」 등의 글이

---

104) "徐花潭名敬德, 字可久, 生質近於上知, 起自草來, 自知爲學, 於昭易尤邃, 其推出經世之數. 無一謬誤, 奇哉. (…中略…) 知義易蹊逕者, 我朝一人"(『상촌고』 권52 「청청연담」).

실렸는데 그 가운데 소옹의 『황극경세서』 「성음창화도」의 이론을 압축한 것이 바로 위에서 살펴본 「성음해」이다. 서경덕 역시 조선 전반의 주자학자들과 마찬가지로 주자의 『역학계몽』과 『가례』를 비롯한 경서의 연구 영역에서 더 확장된 성음에 대한 연구가 깊었다는 점에서 차이를 보여주고 있다.

서경덕은 「태허설(太虛說)」에서 우주공간에 충만하여 있는 원기(原氣)를 형이상학적인 대상으로 삼고, 그 기(氣)의 본질을 태허라 하였다. 그에 따르면 기의 본질인 태허는 맑고 형체가 없는 것으로 선천(先天)이라 한다. 그 크기는 한정이 없고 그에 앞서서 아무런 시초도 없으며, 그 유래는 추궁할 수도 없다. 맑게 비어 있고 고요하여 움직임이 없는 것이 기의 근원이라고 하였다.

또한 널리 가득 차 한계의 멀고 가까움이 없으며, 꽉 차 있어 비거나 빠진 데가 없으니 한 털끝만큼의 용납될 틈이 없다. 그렇지만 오히려 실재(實在)하니, 이것을 '무(無)'라 할 수는 없는 것이다. 생성과 소멸하는 모든 것은 무한히 변화하는 기의 율동(律動)이다. 그리고 바람처럼 파도처럼 또 소나기처럼 밀리고 맥박 치는 생(生)과 구름처럼 물방울처럼 사라지는 멸(滅)의 본체는 부침하고 율동(律動)하는 태허기(太虛氣)의 고탕(鼓盪)이라고 하였다.

따라서 서경덕의 기는 우주를 포함하고도 남는 무한량(無限量)한 것이며, 가득 차 있어 빈틈이 없으며 시작도 없고 끝도 없는 영원한 존재이다. 또한 스스로의 힘에 의해서 만물을 생성할 수 있으므로, 그것 이외에 어떤 원인(原因)이나 그 무엇에 의존하지 않는 것이다. 이러한 기(氣)는 모였다가 흩어지는 운동은 하지만 기 그 자체는 소멸하지 않는다. 기가 한데로 모이면 하나의 물건이 이루어지고, 흩어지면 물건이 소멸한다. 이는 물이 얼면 얼음이 되고, 얼음이 녹으면 다시 물로 환원되는 것과 같은 것이다.

서경덕은 "일편향촉(一片香燭)의 기라도 그것이 눈앞에 흩어지는 것을 보지만, 그 남은 기운은 마침내 흩어지지 않는다."라고 하여 일기장존설(一氣長存說)을 주장하였다. 이는 물리학에서 밝히고 있는 에너지 항존율(恒存律)과 같은 것이다.

이기설의 입장을 밝힘에 있어서 그는 "기 밖에 이가 없다. 이란 기의 주재(主宰)이다. 주재란 것은 밖에서 기를 주재하는 것이 아니요, 기의 움직임이 그러한 까닭에 정당성을 가리켜 이것을 주재라 한다. 이는 기보다 선행할 수 없다. 기는 본래 시작이 없는 것이니, 이도 본래 시작이 없는 것이다. 만일, 이가 기보다 선행한다고 하면 이것은 기에 시작이 있는 것이다."라고 하여 이를 기 속에 포함시켜 둘로 보지 않는 기일원론을 주장하였다.

한편 그는 인간의 죽음도 우주의 기에 환원된다는 사생일여(死生一如)를 주장함으로써 "만물은 모두가 잠시 기탁한 것 같으니, 떴다 가라앉았다 함도 일기(一氣) 가운데요, 구름 생길 때 그 자취를 보거니, 얼음 풀린 뒤 그 자취 찾아도 없더라. 낮과 밤은 밝았다 어두웠다 하지만, 원(元)과 정(貞)도 시작했다 또 끝났다 한다. 진실로 이러한 이를 밝게 안다면 장구 치면서 우리 님을 보내오리다."라고 하여 불교의 인간생명이 적멸(寂滅)한다는 주장을 배격하였다.

서경덕의 학문과 사상은 이황(李滉)과 이이 같은 학자들에 의해서 그 독창성이 높이 평가되었으며, 한국 기철학(氣哲學)의 학맥을 형성하게 되었다. 저서로는 『화담집』이 있으며, 그의 사상적인 면모를 밝혀주는 『원이기(原理氣)』, 『이기설(理氣說)』, 『태허설』, 『귀신사생론(鬼神死生論)』 등의 대표적인 글을 수록하고 있다.

"기(氣) 바깥에 이(理)가 따로 있는 것이 아니며 이는 기를 주재한다. 여기에서 주재한다는 것은 밖으로부터 와서 주재한다는 것이 아니라, 기의 작용을 지시하여 그 작용이 바르게 저절로 그렇게 되도록 하기 때문에 주재한다고 하는 것이다. 이는 기보다 앞서는 것이 아니며, 기가 시작이 없기에 이도 본래 시작이 없다."

—「이기설」 중에서

서경덕은 위와 같이 이가 기와 별도로 존재하면서 기를 주재하는 것이 아니라, 기 스스로가 기의 작용을 바르게 이끄는 내재적이고 자율적인 작용 원리이자 이치라고 보았다. 굳이 서양철학식 표현을 빌리면 이는 기가 본래부터 갖추고 있는 '기(氣) 내재적인 속성' 또는 '내재적 원리'에 가깝다. 서경덕의 이러한 입장에 대해 '기(氣)일원론', '유기론(唯氣論)', '주기론(主氣論)' 등으로 일컫기도 하지만, 이른바 주리(主理)와 주기(主氣)의 이분법이 유학의 이기론을 설명하는 틀로 타당한 것인지에 대해서는 많은 학자들이 의문과 이의를 제기하는 것도 사실이다.

『화담집』「잡저」 '성음해(聲音解)'의 해석

雜著

聲音解
天有陰陽, 大小異氣, 地有剛柔, 大小異質. 氣變於上而象生焉. 質化於下而形具焉. 日月星辰, 成象於天, 水木土石, 成形於地. 象動於天而萬時生, 形交於地而萬物成, 時之與物, 有數存焉. 物有聲色氣味, 聲之數爲盛. 故邵子窮陰陽剛柔大小之數. 原本以推體, 推體以致用, 致用則體數退而本數藏矣. 天之用數, 百有十二, 地之用數, 百有五十二, 於是, 推正聲正音之字母, 列之爲圖, 聽有高下, 故分以平上去入, 闢翕隨焉. 音有屈伸, 故別以開發收閉, 淸濁隨焉.

잡저

성음해
하늘은 음과 양의 크고 작은 기(氣)가 있으며 땅에는 강과 유의 크고 작은 질(質)이 있다. 기가 위에서 변하여 상(象)이 생겨나고 질은 하래에서 변화하여 형(形)이 갖추어진다. 일(日)·월(月)·성(星)·신(辰)이 하늘에서 상(象)을 이루고 수(水)·목(木)·토(土)·석(石)은 땅에서 형(形)이 갖추어진다. 하늘에 있는 상(象)이 변화하여 만시(萬時)가 생겨나고 땅의 형(形)이 교차되면서 만물이 생겨나는데 그 시간과 만물에는 수가 존재한다. 만물에는 성(聲)·색(色)·기(氣)·미(味)가 있는데 성음의 수가 가장 많다. 고로 소옹이 음양과 강유의 크고 작은 수를 밝혀 놓은 것이다. 근본을 밝히려면 체(體)를 헤아려야 하고 체를 헤아리려면 용(用)이 미치는 바를 살펴야 하니 즉 용을 드러내기만 하면 체가 물러나고 본수가 숨게 되는 것이다. 하늘의 용수는 112이고 땅의 용수는 152이니 이에 정성과 정음의 글자를 밝혀서 이를 도표로 나타내었다. 성(聲)에는 높낮이가 있어 평(平)·상(上)·거(去)·입(入)으로 나누고 벽(闢, 열음), 흡(翕, 닫음)을 다르게 하였다. 또한 음(音)에는 [혀의] 굴(屈, 굽힘)과 신(伸, 폄)이 있으므로 개발수폐로 나누고 소리의 청탁(淸濁)을 따르게 하였다.

> 日日聲, 陽之陽也. 其聲宜平以闢, 多良以下七聲. 皆爲平闢之字則, 知其爲日日聲陽則主闢也.
> 日月聲, 陽與陰也. 其聲宜平以翕, 禾光以下六聲, 皆爲平翕之字則知其爲日月聲, 陰則主翕也.
> 日爲暑, 月爲寒. 寒者, 暑之餘也, 陰從陽者也, 故月之聲從日之星, 而禾之聲多聲之變也. 光之聲, 良聲之變也. 日月同聲而特闢翕異, 而讀官與龍之聲, 則知龍聲乃官聲之變也. 而變闢爲翕者爾. 獨心聲變之爲翕, 則推不得, 是爲龍字下白圈, 乃有聲而無字者也. 若使心聲變以爲翕聲, 則似可作琴字, 然非翕聲之正也. 白圈之不成字, 調之則琴聲之似也. 三箇黑圈. 列於每聲之下者. 卽所去陰體數四十八也. 是不唯無字, 乃無聲者也.

일일성(日日聲)은 양(陽) 중에 양이다. 그 성(聲)은 마땅히 평성이고 벽(闢, 비원순 개구)음이다. 다(多)·량(良) 이하의 일곱 음[다(多)·량(良)·간(干)·도(刀)·처(妻)·궁(宮)·심(心)]이 모두 평성이면서 벽(闢)음의 글자이므로 그것이 일일성이 되어 양(陽)이 곧 벽(闢)음의 글자를 주관하게 된다.
일월성(日月聲)은 양과 더불어 음(陰)이다. 그 성은 마땅히 평성이고 흡(翕, 원순 합구)음이다. 화(禾)·광(光) 이하의 여섯 음[화(禾)·광(光)·원(元)·모(毛)·과(褁)·룡(龍)]이 모두 평성이면서 흡(翕)음의 글자이므로 그것이 일월성이 되어 곧 흡(翕)음의 글자를 주관한다.
일(日, 해)은 더위가 되고 월(月, 달)은 추위가 된다. 추위란 더위의 끝에서 오는 것이니 곧 음(陰)은 양(陽)에서 나오는 것이고 월(月)은 일(日)의 소리를 따르는 것이다. 고로 화(禾)는 다(多)의 소리가 변한 것이고, 광(光)은 량(良)의 소리가 변한 것이다. 일(日)과 월(月)에 배열되어 있는 음들은 모두 평성이지만 벽(闢)·흡(翕)의 차이가 있다. 그리하여 [일일성의] 궁(宮)과 [일월성의] 용(龍)의 소리를 읽어보면 용(龍) 운모가 궁(宮) 운모에서 변한 것을 알 수 있다. 곧 벽(闢)이 흡(翕)으로 바뀐 것이다. 유독 심(心)성이 변하여 흡(翕)으로 된 것은 알 수가 없다. 이는 용(龍)자 아래에 ○인 것은 소리는 있으나 글자가 없다. 만약 심(心)성을 변화시켜 흡(翕)음이 되게 하면 금(琴)자를 쓸 수 있을 듯하지만 흡(翕)성의 올바름은 아닐 것이다. ○는 글자를 이루어낼 수 없는 것이니 그것을 조정하여 보면 금(琴)성과 비슷할 뿐인 것이다. 세 개의 ●가 각각의 성 아래에 배열되어 있는데 음(陰)의 체수(體數)인 48을 없앤 것이다. 이는 글자만 없는 것이 아니라 성도 없는 것이다.

> 日星聲, 太陽中之少陽也. 其聲亦宜平闢, 比日日聲則爲不甚闢, 開丁以下六聲, 皆爲平闢之轉, 則知其爲日星聲, 但不若太陽之太闢爾.
> 日辰聲, 太陽中之少陰也, 其聲宜平翕, 回兄以下六聲, 皆爲平翕之字, 而甚於太陰之翕也. 則知其爲日辰之聲. 星爲晝, 辰爲夜, 夜者晝之餘, 而陰從陽者也. 故辰之聲, 從星之聲, 而回之聲, 開聲之變也. 兄之聲, 丁聲之變也. 星辰同聲而唯闢翕異爾. 君烏二字下白圈, 乃牛男二聲之, 推不得者也. 推其例, 變闢爲翕則牛字似可作鉤聲, 男字似可作堪聲, 然闢翕不楷正, 故不爲字而徒有其聲也. 龜字, 乃牛字下白圈之成字者也. 推聲之變字, 固不成於闢而成於翕者, 亦有成於闢而不成於翕者也. 牛下之圈, 從日日聲, 妻字之變而不成字者也. 上去入三聲, 皆平聲之推也.

일성성(日星聲)은 태양 중에 소양이다. 그 성은 마땅히 평성이고 벽(闢)음이다. 일일성(日日聲)에 비하면 벽음이 심하지는 않지만 개(開)·정(丁)

이하의 여섯 가지[개(開)·정(丁)·신(臣)·우(牛)·어(魚)·남(男)] 성이 모두 평성 벽음으로 전환되어 일성성(日星聲)이 되었음을 알 수 있다. 다만 태양처럼 지나치게 벽음은 아니다.

일진성(日辰聲)은 태양 중에 소음(少陰)이다. 그 소리는 평성이면서 흡(翕)음이다. 회(回)·형(兄) 이하의 다섯[회(回)·형(兄)·군(君)·구(龜)·오(烏)] 소리가 모두 평성이면서 흡(翕)음의 글자가 된다. 태음(太陰)보다 오므리는 정도보다 심하니 그것이 일진(日辰)의 성이 된다는 것을 알 수 있다.

성(星)은 낮이 되고 진(辰)은 밤이 된다. 밤은 낮의 끝이니 음이 양을 따르는 것이다. 그러므로 진(辰)의 소리는 성(星)의 소리를 따르니 회(回)의 운모는 개(開)의 운모에서 변화한 것이고 형(兄)의 운모는 정(丁)의 운모에서 변화한 것이다. 즉 성(星)과 진(辰)이 평성인 점은 같지만 벽(闢)과 흡(翕)이 다를 뿐이다.

귀(龜)는 우(牛) 아래 ○가 [벽(闢)으로 변하여] 이루어진 글자이다. 성을 변화시켜 이룬 글자들을 미루어 보면 [구(龜)처럼] 진실로 벽(闢)음을 이루지 못하고 흡(翕)음을 이룬 것이 있고, [우(牛)·남(男)처럼] 벽(闢)음을 이루었으나 흡(翕)음을 이루지 못한 것이 있다. 우(牛) 아래 ○는 일일성(日日聲)을 좇아 처(妻)에서 변했으나 글자를 이루지 못한 것이다. 상거입(上去入) 세 성조는 모두 평서에서 확대된 것이다.

> 月日星日辰日之聲, 皆多聲等字之變也. 日月星月辰月之聲, 皆禾字等聲之變也. 月辰星辰辰辰之聲, 回字等聲之變也. 其中白圈, 皆從其變位第幾字而推也. 字聲之無窮於八十三聲之調, 是自然之理. 更推不去, 又約以求其本, 則不出於多禾開回四聲七調之外矣. 至於水火土石之音, 則與日月星辰之聲, 其變同一規也. 其開發收閉之四調, 切以清濁, 猶平上去入之四變, 分以闢翕也.

월일성신일(月日辰日)의 성은 모두 [일일성평벽(日日聲平闢)]인 다(多) 소리의 글자가 변한 것이고 월월성월진월(月月星月辰月)의 성은 [일월성평흡(日月聲平翕)]인 화(禾) 등의 글자가 변한 것이다. 월진성신신신(月辰星辰辰辰)의 성은 [일신성평흡(日辰聲平翕)]인 회(回) 등의 글자가 변한 것이다. 그 중 ○의 음은 모두 변화된 성조 자리의 몇 번째 글자인가 따져서 추측해 볼 수 있다.

글자의 성이 83성의 가락보다 무궁한 것이 바로 자연의 이치이다. 그러나 더 확대시키지 않고 그 근본을 요약해 보면 [평성인] 다(多)·화(禾)·개(開)·회(回)의 사성과 칠조 밖에서 벗어나지 않는다.

수(水)·화(火)·토(土)·석(石)의 음은 일(日)·월(月)·성(星)·신(辰)의 성과 함께 그 변화규칙이 동일하다.

개(開)·발(發)·수(收)·폐(閉)의 4개조(調)는 청탁으로 갈라지는데 마치 평·상·거·입의 네 가지 변화가 벽(闢)과 흡(翕)으로 나누어지는 것과 같다.

> 惟在聲則陽爲闢而陰爲翕, 在音則柔爲淸而剛爲濁, 其故何也. 以水則明而火則暗, 土則踈而石則確爾, 水者, 火之質, 火生於水, 故火之音從水之音, 土者, 石之質而石生於土, 故石之音從土之音也. 是則淸濁有異, 而音則相從而近也. 發收閉三音之調, 皆開音四調之之變也. 黑圈之方, 卽所去陽體數四十, 是爲無音者也. 其白圈之方, 皆前音之推不得, 而有音無字者也.

생각하건대 성(聲)에서는 양(陽)이 벽(闢)이 되고 음(陰)이 흡(翕)이 되는데 음(音)에서는 유(柔)가 청음(淸音)이 되고 강(剛)이 탁음(濁音)이 되는 이유는 무엇인가?

물(水)은 밝고(明) 불(火)은 어둡고(暗) 흙(土)은 성글고(踈) 돌(石)은 딱딱하다(確). 물은 불의 바탕이 되고 불은 물에서 생겨나므로 불의 음이 물의 음을 따르는 것이다. 또한 흙은 돌의 바탕이 되고 돌은 흙에서 생겨나므로 돌의 음이 흙의 음을 따르는 것이다. 이러한즉 청탁의 차이가 있더라도 음은 서로 따르고 가까운 것이다.

발수폐(發收閉) 세 음의 조(調)는 모두 개음(開音) 네 조의 변화이다. ■는 양(陽)의 체수(體數)인 40을 뺀 것이니 이는 음이 없는 것이다. □는 모두 앞의 음을 확대시켜도 얻을 수는 없으며 음은 있지만 글자가 없는 것이다.

> 火土之音, 多於他音, 何也.
> 四行之中, 土居其多, 其生成之數亦多火, 潛而不常現, 其用則至大也. 辰之入聲, 石之閉音, 獨少於他, 何也.
> 天有四辰, 日月星則顯而辰不顯, 且辰屬夜, 自戌至寅爲夜, 夏至, 萬物用事之夜, 極短則戌與寅猶在用數, 而亥子丑全不用也.
> 地有四行, 水火土居多, 石次焉. 石之爲物, 全於質而氣不饒, 故不能生物化物, 然則辰石之字, 不亦少乎.

화(火)·토(土)의 음이 다른 음보다 많은 것은 무슨 까닭인가?

사행(四行) 가운데 토(土)가 많은 자리를 차지하고 있어, 거기에서 생성되는 수 또한 많기 때문이며, 화(火)는 숨어 있어서 항시 드러나는 것은 아니지만 그 쓰임은 지극히 크기 때문이다.

진(辰)의 입성(入聲)과 석(石)의 폐음(閉音)이 홀로 다른 것에 배해 적은 것은 무슨 까닭인가?

하늘에는 네 성좌(辰)[일(日)·월(月)·성(星)·신(辰)]가 있는데 일월성(日月星)은 밝지만 진(辰)은 밝지 않다. 또 진(辰)은 밤에 속하니 술시(戌時)부터 인시(寅時)까지가 밤이 된다. 여름에는 만물이 사용하는 밤이 극히 짧아져서 술(戌)과 인(寅)은 용수(用數)에 들어가더라도 해자축(亥子丑)

은 용수가 전혀 쓰이지 않는다.

땅에는 사행이 있는데 물(水)·불(火)·흙(土)은 많지만 돌(石)은 적다. 돌이라는 물건의 성질은 질(質)은 온전하지만 기(氣)는 풍요롭지 않아 물건을 낳거나 물건을 변화시키지 못한다. 그러므로 진(辰)과 돌(石)의 글자의 수가 유독 적은 것이다.

> 聲之數止七, 音之數止九, 何也. 天之用數, 常盈於六而極於七, 故天星之明, 可見者北斗而數止七, 晝夜之數, 過七則變矣.
> 地之用數, 常止於九, 故開物於月之寅, 閉物於月之戌, 亥子丑三月, 不爲用數, 究於九而變化極矣. 是則聲不得不七箇調列, 音不得不九樣調列, 音不得不九樣調切, 聲衍以至於八十三字, 音衍以至於百有三十二字, 摠聲音字母之數, 二百有一十五, 括盡變化之要, 雖二萬八千九百八十一萬六千五百七十六字之變, 皆不能出此區域, 以其撮其本而紀其會爾.
> 有如諺書之十六字母, 約而盡矣. 天地之數, 窮於十六, 日月星辰之聲, 水火土石之音相乘. 而皆至於十六矣.

성(聲)의 수는 7에 그치고 음(音)의 수는 9에 그치는 것은 무엇 때문인가? 하늘의 용수는 항상 6에서 가득차고 7에서는 극점에 이른다. 그르므로 하늘의 별 중에서 가장 밝아서 볼 수 있는 것은 북두(北斗)인데 그 수가 7에 머무른다. 낮과 밤의 수는 7을 넘으면 변한다.

땅의 용수는 항상 9에 머문다. 따라서 인월(寅月)에 만물이 열리고 술월(戌月)에 만물이 닫힌다. 해자축(亥子丑) 세 달은 용수가 되지 못하고 9에 도달하면 변화가 극심하게 된다. 그러므로 성(聲)은 7개 소리로 벌릿 않을 수 없고 음(音)은 9가지 가락으로 나눠지 않을 수 없는 것은 성(聲)의 흐름이 83자에 이르고 음의 흐름은 132자에 이르니 성음의 자모의 총수는 215가 된다. 이는 변화의 요점을 골고루 묶어낸 것이니 비록 289,816,576자가 변하더라도 이 구역에서 벗어날 수 없다. 그 근본을 간추려서 그 셈에 따라 적었을 뿐이다.
언문 16자모도 요약하여 다 나타낼 수 있다. 천지의 수는 16에서 다하는 것이니 일·월·성·신의 성과 수·화·토·석의 음을 서로 곱하면 모두 16에 이른다.

> 聲主淸濁而音主闢翕, 乃反以闢翕隨聲而淸濁隨音, 何也.
> 其平上去入, 卽聲之淸濁, 而開發收閉, 卽音之闢翕, 故淸濁隨音而闢翕隨聲, 互相備而以見聲字之不能無音, 音字之不能無聲也. 故平上去入每聲之中, 開發收閉字具焉. 開發收閉每音之中, 平上去入之字具焉.

성(聲)은 청탁(淸濁)을 주관하고 음은 벽(闢)과 흡(翕)을 주관하는데 거꾸로 벽(闢)과 흡(翕)이 성을 따르고 청탁이 음을 따른 것은 무슨 까닭인가? 그 평·상·거·입이 성의 청탁이고 개·발·수·폐가 음의 벽(闢)과 흡(翕)이기 때문에 청탁이 음을 따르고 벽(闢)과 흡(翕)이 성을 따르는 것이다. 서로 잘 갖추어져 있어서 성에 음이 없을 수 없고 음에 성이 없을 수 없는 것을 볼 수 있다. 그러므로 평·상·거·입의 각 성 가운데 개·발·수·폐의 글자가 갖추어져 있고 개·발·수·폐의 각 음 가운데 평·상·거·입의 글자가 갖추어져 있는 것이다.

> 日月聲, 必以多良以下七字當之, 何也.
> 是則於字林中求其平闢之聲, 如多良等字, 聲異而平闢同則引以當之, 不必多良獨可爲平闢之聲, 推多良之聲類, 則凡可爲平闢者, 皆爲日日聲, 此特括其字母爾.

古黑等字亦然, 音主調切, 故不拘於平上去入, 而惟開淸同調, 則當水水之音, 不必古黑獨爲開淸也.
音之調, 不出於喉齶舌齒唇, 而喉齶舌齒唇之交則變化不窮, 開發收閉, 括盡喉齶舌齒唇之變.

일월성에는 반드시 다(多)·량(良) 아래에 7개 글자[다(多)·량(良)·간(干)·도(刀)·처(妻)·궁(宮)·심(心)]를 그곳에 두어야 하는 것은 무엇 때문인가? 이는 『자림(字林)』에서 평성이면서 벽(闢)음인 운모를 찾아서 다(多)·량(良) 등의 글자처럼 성이 다르더라도 평성이면서 벽(闢)음이면 끌어와 이곳에 둔 것이다. 다(多)·량(良)만 평성이면서 벽(闢)음의 성이 될 수 있는 것은 아니다. 다(多)·량(良)의 성과 같은 종류를 헤아려보면 무릇 평성이면서 벽(闢)음인 것은 모두 일일성이므로 이것은 특히 그 자모를 모은 것이다.

고(古)·흑(黑) 등의 글자 또한 그러하다. 음은 조(調)를 위주로 나누어진다. 따라서 평·상·거·입에 구애되지 않고 오직 개음이면서 청음인 조이면 마땅히 수수음(水水音)이다. 고(古)·흑(黑)만 오지 개음이면서 청음이 되는 것은 아니다.

음의 조(調)는 후악설치순(喉齶舌齒唇)에서 벗어나지 않으면 후악설치순이 교차하면서 변화가 무궁하다. 개·발·수·폐는 후악설치순의 변화를 요약해낸 것이다.

聲不出平上去入, 音不出開發收閉, 何哉.
豈溫涼寒燠, 氣節於四時, 雪月風花, 景分於四致歟.
聲音妙處在數, 原其本而致其體, 退其體而達其用, 至於窮萬物之數, 非天下之至變, 其孰能與於此哉.

성이 평·상·거·입에서 벗어나지 않고 음이 개·발·수·폐에서 벗어나지 않는 것은 무슨 까닭인가?

어찌하여 따듯함과 서늘함, 추위와 더위가 사계절의 기후를 조절하고, 눈(雪)·달(月)·바람(風)·꽃(花)은 사계절에 따라 풍경이 구분되는가.

성음의 묘한 것은 수에 있으니 그 근본에 근거하여 체(體)를 드러내며 그 체가 물러나면 그 작용을 다 하게 하는 것이다. 만물의 수를 추구하는 데 있어 천하의 지극한 변화가 아니라면 그 누가 여기에 참여하겠는가?

雜著
跋前聲音解未盡處

圓圈而白者, 象陽之虛明, 方圈而白者, 象陰之虛明, 虛明之地, 聲音必通.
今謂之有聲音而不成字者, 轉闢爲翕, 變淸爲濁則有半聲半音之不成字者, 理之必然, 無足疑矣. 圓圈而黑者, 象陽之窒塞, 方圈而黑者, 象音之窒塞, 窒塞之地, 聲音必不通則非獨無字, 而聲音亦無也. 字雖不成, 而半聲音者, 宜著其變, 其無聲無字者, 宜去之, 亦著於圖者, 示數之體用迭爲進退爾.
但吾方之音多訛, 故難於上去開發之辨, 然比之華語, 不失本字之調而差訛爾. 如宮音, 白舌居中, 吾亦讀來便如此, 故知差訛而不失本字之調. 且訛成一規, 從訛而要通, 亦有此理. 看聲音圖理透則便見破了, 初不係邦言之差訛爾. 象音之音, 疑陰.

『화담집』 권2 「잡저」에 실린 「앞의 성음해에서 미진한 부분(跋前聲音解未盡處)」 ○는 양(陽)의 빈 것을 나타내고 □는 음(陰)의 빈 것을 형상한 것이다. 허명한 곳에서도 소리는 반드시 통한다.

지금 말하는 소리는 있으나 글자를 이루지 못한다는 것은, 벽(闢)이 흡(翕)으로 바뀌고 청이 변해서 탁으로 되는 곧 반성(半聲)·반음(半音)이 되어 글자를 이루지 못한 것이다. 세상의 이치가 반드시 그러한 것이니 의심할 바가 없다.

●는 양이 꽉 막힌 것을, ■는 음이 꽉 막힌 것을 나타낸다. 꽉 막힌 곳에서는 성음이 반드시 소통되지 않으니 곧 유독 글자가 없는 것이 아니라 성음 또한 없는 것을 나타낸다. 글자는 비록 이루지 못했으나 반성(半聲)과 반음(半音)인 것은 마땅히 그 변화를 드러낸다. 그러나 성도 없고 글자도 없는 것은 마땅히 버려야 하지만 또한 도표에 숫자로 나타낸 것은 체와 용이 번갈아 나가고 물러남을 보여주려는 것이다.

우리나라 음이 너무 많이 변해서 상서오가 거성, 개(開)와 발(發)의 분별이 어렵다. 그러나 중국어와 비해 보면 본 글자의 조를 잃지 않고 변화되었을 뿐이다. 예를 들어 궁(宮)음은 완전히 혀가 가운데 있어야 한다고 했는데 우리가 또한 읽어보면 곧 그와 같다. 따라서 변화하였으나 본 글자의 조를 잃지 않았음을 알 수 있다. 또 변화도 하나의 규칙이 되어 변화를 좇아서 요점과 통하면 이치가 있는 것이다. 성음도를 보면 이치를 꿰뚫어 깨우칠 수 있으니 애초부터 우리나라 말의 변화에 사로잡혀 관련지을 것은 아니다.

서경덕의 「성음도」와 『황극경세서』와의 비교

『황극경세서』의 내용은 한마디로 요약하면 「황극경서사상체용지수도」에 집약되어 있고 이를 한 장으로 요약한 채원정의 정성·정음도로 우주생성의 원리를 나타내고 있다.

소옹은 『확극경세서』 「내물편」에서 하늘의 음과 양, 땅의 강과 유가 동정에 따라 천지의 도가 이루어지는데 움직임이 큰 태양과 움직임이 적은 소양, 멈춤이 큰 태음과 작은 소음이 되고 태양은 일(日)이 되고 태음은 월(月)이 되며 소양은 성(星)이 되고 소음은 신(辰)이 되어 서로 교차되면서 하늘의 체(體)와 땅의 도가 된다고 하였다.

이를 요약하면

무극	태극	하늘	음·양	동	태양·소양·태음·소음	일·월·성·진
		땅	강·유	정	태강·소강·태유·소유	수·화·토·석

소옹(邵雍)의 우주생성의 기본 원리를 도식화한 것이다. 이 원리를 토대로 하여 상수로 다음과 같이 설명하고 있다.

"태양의 수 10, 소양의 수도 10, 태강의 수도 10, 소강의 수도 10이다 이를 합하면 40이 된다. 태음의 수는 12, 소음의 수도 12, 태유의 수도 12, 소유의 수도 12이다. 이를 합치면 48이다. 4에 40을 곱하면 160이 되고 4에 48을 곱하면 192가 된다. 160에 192를 곱하면 30,720이 되는 바 이것이 동식물의 전수이다. 160에서 태음소음·태유·소유의 체수 48을 빼면 152가 된다. 이는 동식물의 용수이다. 112에 152를 곱하면 17,024가 되고 17,024에 17,024를 곱하면 28,981만 6,576이 된다. 이것이 동식물의 통수이다. 만물에는 성·색·기·미가 있는데 이를 살펴보면 오직 성이 심하다. 하나의 물이 있으면 하나의 성이 있다. 성이 있으면 음이 있고 율이 있으면 려가 있다. 그러므로 성음률려를 연구하면 만물의 수를 깊이 연구할 수 있게 된다. 이 수 역시 4가 근본이 된다. 이는 그전의 원화운세와 법이 똑같다. 즉 日日聲은 元의 원이 되어 일의 일이 되고 일월성은 원의 회가 되어 일의 월이 된다. 일성성은 원의 운이 되어 일의 성이 되고 일진성은 원의 세가 되어 일의 진이 된다. 이로써 나머지는 유추하면 될 것이다."105)

105) 『황극경세서』「관물편」.

이를 요약하면 태양·소양·태강·소강의 본수는 40이고 태양·소양·태강·소강의 체수는 160(40×4)이며 태음·소음·태유·소유의 본수는 48이며 태음·소음·태유·소유의 체수는 192(48×4)가 된다.

그런데 서경덕은 그의 「성음론」에서 하늘에는 음과 양의 크고 작은 기가 있는데 이 기(氣)가 형상을 이루어 일(日)·월(月)·성(星)·신(辰)으로 변화하고 하늘이 형상이 다시 교차하여 시간이 된다고 하였다. 역시 당에도 강유의 크고 작은 질(質)이 변화하여 형체를 이루어 수화토석으로 변화하고 이러한 땅의 형체가 다시 교차하면서 세상 만물을 형성한다고 보았다.

이를 요약하면 다음과 같다.

<table>
<tr><td rowspan="3">무극</td><td rowspan="3">태극</td><td>하늘</td><td>음·양</td><td>동</td><td>기(氣)－일·월·성·진</td><td>시간</td></tr>
<tr><td colspan="5"></td></tr>
<tr><td>땅</td><td>강·유</td><td>정</td><td>질(質)－수·화·토·석</td><td>만물</td></tr>
</table>

서경덕은 기(氣)는 추상을 질(質)은 물질로 보아 이기(理氣)론의 바탕을 마련하였다. 또 하늘과 땅의 체수(體數)와 용수(用數)도 소옹과 차이를 보여주고 있다. 서경덕은 양의 체수는 40이고 음의 체수는 48로 설정하였다. 이러한 사실은 서경덕이 단순히 소옹의 학설을 추종한 것이 아니라 나름대로 소옹의 학설을 재해석한 결과이다. 이와 같은 태도는 바로 중화를 대신한다는 시대적 자신감에서 나온 것이라 하지 않을 수 없다.

『황극경세서』「경세사상체용지수도」를 채원정이 한 장으로 요약한 성음의 구조는 정성과 정음으로 구분하였다.

정성=운모	평－상－거－입	일－월－성－진	벽흡(闢翕)	10성
정음=성모	개－발－수－폐	수－화－토－목	청탁(淸濁)	12음

성음의 기본 구조는 소옹과 서경덕은 기본적으로 동일하다. 정성 10성은 운모(중성+운미)를 정음 12음은 성모(초성)를 나타내기 때문에 정성은 입의 열고 닫음의 정도를 나타내는 벽흡(闢翕)을 정음은 성모로서 유무성과 된소리를 나타내는 청탁으로 구분한다. 또 정성은 음의 높고 낮음을 나타내는 평·상·거·입으로 정음은 입을 열고 닫는 정도를 나타내는 개발수폐로 구분하고 있다.

천성(天聲) 10성은 다시 16개의 성으로 이루어진다.

		闢	翕	闢	翕
天聲 10聲	평	日日聲	日月聲	日聲聲	日辰聲
	상	月日聲	月月聲	月星聲	月辰聲
	거	星日聲	星月聲	星星聲	星辰聲
	입	辰日聲	辰月聲	辰聲聲	辰辰聲

이 16개의 성은

正聲			正音		
日月星辰			水火土石		
平上去入			開發收閉		
乾 一聲	多 可 个 ○ 禾 火 化 ○	甲	角 一音	古 甲 九 癸	寅
				○ ○ 乾 蚪	
	鱼 鼠 去 ○ 無 羽 具 ○			坤 巧 丘 弃	
				五 牙 月 尭	
兑 二聲	良 兩 向 勻 光 廣 況 霍	乙	徵 二音	東 卓 中 帝 大 宅 直 田	卯
	宮 孔 衆 六 龍 角 用 玉			土 拆 尹 天 南 妳 女 年	

正聲			正音		
離 三聲	○ ○ 泰 ○ ○ ○ 允 ○	丙	宮 三音	卜 百 丙 必 步 排 平 鼻	辰
	妻 茅 四 ○ 龜 水 貴 ○			普 朴 品 匹 母 馬 文 民	
震 四聲	千 典 面 舌 元 犬 半 末	丁	商 四音	走 莊 震 足 曹 寀 辰 匠	巳
	臣 引 艮 日 君 兌 興 律			草 叉 赤 七 ○ ○ ○ ○	
巽 五聲	宜 解 義 ○ 垂 委 卦 ○	戊	羽 五音	黑 花 香 血 黃 華 雄 賢	午
	才 宰 意 ○ 灰 軌 晦 ○			安 亞 乙 一 ○ ○ 王 寅	
坎 六聲	行 並 命 益 兄 永 覓 役	已	半 六音	三 山 手 星 ○ ○ 石 象	未
	丁 等 亘 德 弘 迥 瑩 國			老 冷 难 禮 ○ ○ 耳 ○	
艮 七聲	刀 早 孝 ○ ● ● ● ●	庚	七音	○ ○ ○ ○ ○ ○ ○ ○	申
	牛 斗 奏 ○ ● ● ● ●			○ ○ ○ ○ ○ ○ ○ ○	
坤 八聲	廉 冉 念 妾 凡 范 欠 法	辛	八音	○ ○ ○ ○ ○ ○ ○ ○	酉
	心 審 禁 十 ○ ○ ○ ○			○ ○ ○ ○ ○ ○ ○ ○	
九聲	● ● ● ● ● ● ● ●	壬	九音	○ ○ ○ ○ ○ ○ ○ ○	戌
	● ● ● ● ● ● ● ●			○ ○ ○ ○ ○ ○ ○ ○	
十聲	● ● ● ● ● ● ● ●	癸	十音	● ● ● ● ● ● ● ●	亥
	● ● ● ● ● ● ● ●			● ● ● ● ● ● ● ●	
			十一音	● ● ● ● ● ● ● ●	子
				● ● ● ● ● ● ● ●	
			十二音	● ● ● ● ● ● ● ●	丑
				● ● ● ● ● ● ● ●	

과 같다.

명곡 최석정의 『경서정운도설(經書正韻圖說)』 주해

서울대학교 규장각 한국학연구원 일사문고(一蓑古 181.1 C456g)에는 『경서정운도설(經書正韻圖說)』이라는 필사본이 소장되어 있다. 1책 3장으로 40×56cm 크기로 낱장으로 되어 있으나 책의 성질로 보아서 단행본으로 보아도 무방할 것 같다. 이 책의 표제는 '經書正韻圖說'로 되어 있으나 '경서(經書)'는 '경세(經世)'의 오류로 보인다.[106] 또 이 책의 저자는 『명곡집』에서도 보이지 않지만 "崔錫鼎 書"로 되어 있어서 최석정의 저서임이 분명하다. 그러나 이 책이 명곡 최석정이 쓴 것을 누가 옮겨서 베낀 것인지는 확실하지 않다.

이 『경서정운도설』의 내용은 최석정의 편편 2장과 운도 1장으로 되어 있으며 편지 2장 뒷면에는 "菊田 錢四十五兩", "蘆洞 錢三十兩", "菊田 租九石 增山 租七石" 등 구실(세금)의 양을 명기한 고문서인데 충청도 문의군 이도면 동면의 동리 이름과 천자문으로 된 전지 자호와 산 자호 이름과 해당 전지의 구실 금액이 기록되어 있다. 아마 이면 배접지를 활용한 것으로 보인다.

이 『경서정운도설』은 최석정이 하곡(霞谷) 정제두(鄭齊斗, 1648~1736)에게 보낸 편지를 개고하여 편집한 것으로 보인다. 『명곡집』 권13 「여정사앙서(與鄭士仰書)」 3편과 『하곡집(霞谷集)』 권2 「여최여화문목(與崔汝和

106) '경세(經世)'의 오류로 추정하는 근거는 "내가 지은 '경세정음도설'을 보내니 미비한 점이 있으면 한하나 지적하여 가르침을 주십시오(鄙所編經世正韻圖說送呈閑中一覽, 如有未當處及未解處一一批敎)."라는 글을 보면 최석정이 하곡 정제두에게 보낸 글 속에 분명히 "經世正韻圖說"이라는 명칭이 나온다.

問目)」에 최석정의 『경세훈민정음』을 서로 읽고 의문점을 문의하고 답하는 내용의 편지인데 『명곡집』 권13 「여정사앙서(與鄭士仰書)」 3편 가운데 두 번째 편지가 이 『경서정운도설』의 내용과 매우 비슷하다. 지금까지 이 두 번째 편지와 이 책이 거의 동일한 것으로 알려졌으나 심소희(2012: 563)에 의해 동일한 것이 아니라는 사실이 밝혀졌다.

> "두 원문을 일일이 대조 비교하면서 확인한 바로는 두 문건이 완전 일치한다고 볼 수 없었다. 무엇보다도 『경서정운도설』에는 『명곡집』 권13 서독(書牘) 「여정사앙서」 모두에 서두에 해당하는 문장이 없고 『명곡집』 권13 서독(書牘) 「여정사앙서」에는 『경서정운도설』의 운도는 삽입되지 않았다. 그 외 두 문건 간에 첨삭된 내용이 적지 않았다. 분명히 『명곡집』 권13 서독 「여정사앙서」는 서간문이라고 볼 수 있지만 『경서정운도설』는 서간문과는 다른 용도로 편집된 문건으로 보인다."

따라서 『경서정운도설』107)은 최석정의 운학에 관한 자신의 견해를 담은 저술로 간주해야 할 것이다.

---

107) 심소희, 「『경서정운도설』 역주」, 『중국어문논역총간』 30, 중국어문논역학회, 2012. 원문 판독과 해석 내용을 일부 수정하여 이용하였음을 밝혀 둡니다.

『경서정운도설』

> 初聲淸濁云云, 廣韻淸濁原於西僧之飜切. 韻會字母, 因廣韻三十六母而稍變, 此則黃公紹, 隨現在俗音而爲之也. 紹氏闢翕, 別無所推原之處, 只以宋時俗音呼而得之, 而兼取廣韻諸書參訂也. 東與冬, 近世混呼如一韻, 而本其初則不同, 此亦以字體字音及事證知之. 風俗通云箜篌是坎侯所作. 箜是ㅋ•ㆁ音, 坎是ᄏᆞᆷ音. 古者終聲ㆁㅁ相通, 易象及詩騷可徵也. 禮記引詩我躬不閱, 作我今不閱, 躬與今同音. 又屋韻本隸尤, 侯韻鉤是ᄀᆞᇹ音. 鳩是기ᇹ音, 而穀隸於公, 匊隸於弓. 是皆三闢之音也. 禮韻切法, 亦可考据, 而但以今俗音求之. 則有不可解選者矣. 沈韻所論開合混相, 亦指中華之訛音耳.

초성의 청탁에 대하여. 『광운』의 청탁은 서방 스님의 번절(飜切)에서 기원한 것이다. 『운회』의 자모는 『광운』의 36자모에서 약간 변화가 생겨나자 황공소(黃公紹)가 지금의 속음을 가지고 만든 것이다. 소옹(邵雍)씨의 벽흡(闢翕)은 별도로 근원을 추구해 본 바가 없이 다만 송나라 시대의 속음의 독법을 근거로 하여 얻었고 또 『광운』 등 여러 운서를 참고하였다. '東'운과 '冬'운은 근래에 하나의 운으로 뒤섞여 발음되고 있으니 이들이 이전의 고대 발음과는 같지 않다. 이 점은 글자체와 글자 음이나 실증적인 증거로 알 수가 있다. 『풍속통』에서는 공후(箜篌)는 감후(坎侯)로 만들었다고 한다. '공(箜)'의 음은 'ᄏᆞᆼ'이고, '감(坎)'의 음은 'ᄏᆞᆷ'이다. 옛날 종성의 'ㆁ'과 'ㅁ'은 서로 통했는데 역상(易象)과 『시경』, 『이소』의 "我躬不閱" 구절을 "我今不閱"이라고 인용했는데 '躬'과 '今'이 같은 음인 때문이다. 또 '屋'운은 본래 '尤'운에 속하는데 '侯'운의 '鉤'의 음은 'ᄀᆞᇹ'이고 '鳩'의 음은 '기ᇹ'이다. 그리고 '穀'은 '公'운에 속하고 '匊'은 '弓'운에 속에 속한다. 이들은 모두 삼벽(三闢)의 음이다. 『예부운략』의 반절 방법은 그 근거를 고찰할 수 있다. 그러나 단지 금속음으로 고증한다면 도리어 이해할 수 없는 선택일 것이다. 심약(沈約)이 말하는 개합(開合)이 섞인다는 것은 또한 중엽 시기에 잘못된 독음을 가리킨다.

闢翕圖烏要, 與禮韻附印不同云云. 禮韻附錄, 因邵氏二十八聲分排, 勢沒奈何, 以烏要于由分屬闢翕, 有伊而無皃音者此也. 正音元有三十二, 可知經世之疎漏矣. 今訓民則依天地本然之元聲推去. 故具三十二音, 其有皃而無伊音者, 伊在의, 伊應之中故也.

벽흡도 'ㅗ(烏)', 'ㅛ(要)'가 『예부운략』에 부록된 것과 같지 않은 것에 대하여 운운. 『예부운략』에 부록된 것은 소옹(邵雍)의 28성(聲)에 근거하여 배열한 것이다. 이러한 상황은 어찌할 방법이 없다. 'ㅗ(烏)', 'ㅛ(要)', 'ㅜ(于)', 'ㅠ(由)'는 각각 '벽(闢)'과 '흡(翕)'으로 나뉘는데 'ㅣ(伊)'는 있지만 '•(皃)'가 없는 것은 이 때문이다. 정음은 본래 32개이므로 『경세정운도설』에서는 소홀히 하여 누락된 것일 수도 있다. 현재 '훈민정음'을 근거로 삼은 것은 천지 본연의 음이므로 32개의 음을 갖추게 되었다. '•(皃)'음은 있지만 'ㅣ(伊)'음이 없는 상황은 '伊'음이 '의'에 있어서 'ㅣ(伊)'음과 'ㅡ(應)'음의 가운데에 있기 때문이다.

終聲十二云云. 喉音之益聲. 是歌麻韻之入聲歌架, 箇강各강, 脣輕音之非聲, 是蕭肴之入聲, 驕嬌驕걸脚걸, 此法詳見於本朝人崔世珍所撰四聲通解

종성 12음에 대하여. 후음의 소리를 더한 것으로 가(歌), 마(麻)운의 입성인 가(歌), 가(架)는 '箇강', '各강'이고 순경음 '非'의 소리는 '소蕭', '효肴' 운의 입성, '교驕', '교嬌'는 '驕걸', '脚걸'이다. 이러한 기준은 본조의 최세

진(崔世珍)이 편찬한 『사성통해(四聲通解)』에서 볼 수 있다.

> 韻攝云云, 攝字本出唐韻, 是孫愐所著. 性理大全輯注小違括, 唐韻之內外八轉者是也. 但唐韻亦多紕繆. 元時劉士明著切韻指南, 今見於群書折衷. 而開合旣混, 且攝目取字無意矣. 止蟹江山之屬以韻目, 猶有說也. 通曾流深之屬取別字, 不可爲準, 故鼎改定攝目. 初以卦名, 後以別字改之, 因作序韻攝一篇. 如易序卦之體, 撱輿等字, 不過取本攝之內一字以標之. 非有深意, 此輿韻目東冬紙尾何異. 此冊下方標目有履泰觀晋等字, 此則誤書當改而來及者耳.

운섭 등에 대하여. '섭(攝)'은 본래 『당운(唐韻)』에서 유래한다. 이 책은 손면(孫愐)이 지은 것이다. 『성리대전집주(性理大全輯注)』에서 말하는 『당운』 내외팔전(內外八轉)을 포괄했는 바 바로 이것이다. 그러나 『당운』에는 오류가 많이 있다. 원나라 시대에 유사명(劉士明)은 『절운지남(切韻指南)』을 지었는데 당시 각종 서적을 절충했다는 것을 볼 수 있다. 개합(開合)은 이미 뒤섞였고 운섭의 운목 글자에서 취한 의미도 사라졌다. '지(止)', '해(蟹)', '강(江)', '산(山)'에 속하는 것을 운목으로 삼은 것은 오히려 설득력이 있으니 '통(通)', '증(曾)', '류(流)', '심(深)'에 속하는데 다른 글자를 취한 것은 기준으로 삼을 수가 없다. 그래서 석정(石鼎)은 섭목을 바꾸어 정하였다. 처음에는 괘명을 사용하였으나 후에는 다른 글자로 바꾸었다. 이에 운섭에 대한 서언을 썼는데, 예를 들어 『역경』의 '序卦之體' 중에 '타(撱)', '여(輿)' 등의 글자이다. 하지만 본 섭 안에 있는 한 글자를 취하여 목표로 삼은 것은 무슨 깊은 뜻이 있어서가 아니다. 이는 운목 동(東), 동(冬), 지(紙), 미(尾)와 무슨 차이가 있겠는가? 이 책 아래 표목에는 이(履), 태(泰), 관(觀), 진(晋) 등의 글자가 있는데 이는 책을 잘못 써서 마땅히 고쳐야 하는데 그냥 따라온 것일 뿐이다.

艮宮二攝. 與諸宮不同, 강卽과, 향卽화, 긍卽구, 깅卽귀. 開口之中, 便成合口. 故二翕四翕, 空而無字, 此非牽強而然. 且雖無音聲, 猶立攝目. 如經世之方圓黑圈, 只存其位置而已.

간(艮), 궁(宮)의 두 섭이 여러 궁과 다른 것에 대해 ‘강’은 ‘과’이고 ‘향’은 ‘화’이며, ‘긍’은 ‘구’이고 ‘깅’은 ‘귀’이다. 개구 가운데 합구를 이루게 된 것이다. 그런고로 이흡(二翕), 사흡(四翕)의 자리에는 비어 있고 글자가 없게 되었다. 이는 억지로 이렇게 한 것이 아니다. 비록 소리는 없지만 도리어 단독으로 섭 이름을 만든 것이다. 마치 『경세』의 검정색 네모와 동그라미가 단지 그 자리에 있을 뿐인 것과 같다.

八宮之外六圖. 固是八宮之內一韻. 而但江ᄀᆞᆼ變爲걍, 山ᄉᆞᆫ變爲샨, 皆ᄀᆡ變爲걔, 鷄긔變爲계. 下皆放此. 別出者, 與上八宮字有妨礙故也. 交皆等韻, 置諸第一等, 非爲開音也. 只爲冊張之太繁, 故推移排列而已. 此等處併宜活看矣.

팔궁 외에 육도에 대하여. 본래 팔궁 안에는 한 개의 운이 있다. 그러나 ‘강(江)’의 ’ᄀᆞᆼ’이 ‘걍’으로 변하였고 ‘산(山)’의 ‘ᄉᆞᆫ’은 ‘샨’으로 변했으며 ‘개(皆)’의 ‘ᄀᆡ’는 ‘걔’로 ‘계(鷄)’의 ‘긔’는 ‘계’로 변하였다. 이 아래에는 모두 이러한 방법을 따랐다. 따로 만든 글자는 상팔궁(上八宮)의 글자에는 방해가 되는 까닭이다. ‘교(交)’, ‘개(皆)’와 같은 운들은 일등자리에 두었는데 결코 그것들이 개음이기 때문이 아니다. 단지 책의 분량이 너무 많기 때문에 밀어붙여 배열하였을 따름이다. 이러한 처리는 융통성 있게 봐 주길 바란다.

禮韻所無之字, 此圖只取聲音之別異, 禮韻所收字數, 僅九千字, 反切之有音無字者甚多. 故今取五音集韻, 通修集韻, 是昌黎後韓道昭所編, 字數多至八萬有奇.

『예부운략』에 없는 글자가 본 운도에서는 성음을 취한 것과 다른 것에 대하여 『예부운략』에 수록된 글자 수는 9천 자이지만 반절에 음은 있으나 글자가 없는 것도 매우 많다. 그러므로 이제 『오운집운(五音集韻)』을 가지고 『집운』을 전체적으로 수정하였는데 이는 창려(昌黎, 韓愈)의 후손인 한도소(韓道昭)가 편찬한 것으로서 글자 수가 8만자가 넘는다.

叶韻之法. 或一宮四攝, 通以爲叶, 或以他宮相近之音通叶. 如乾宮與巽, 兌宮與坎是已. 又酋攝與輿之四翕叶, 震宮與坤亦相叶. 又義攝之開音, 空而無字, 借歌戈爲音. 永攝之開音, 空而無字, 借罔光爲音. 此其大體也, 且支與胎之三韻, 古則絕異. 故詩三百及楚辭古歌詩, 皆不通叶, 唯之韻姬期, 却與臺來叶, 支韻枝知與涯叶, 綺被與解叶, 皆同攝之內故也, 李唐時字音已訛, 故禮韻合三爲一, 已成功令, 令不可改, 而其元初界限族派, 自有不可誣者, 不得不闡明也, 此外又有別叶, 不可勝紀,

협운(叶韻)의 법칙에 대하여. 혹 한 궁에 4개의 섭이 있는데 모두 서로 압운 될 수 있지만 어떤 것은 다른 궁의 비슷한 음으로 압운하였다. 예를 들어 건궁(乾宮)과 손궁(巽宮), 태궁(兌宮)이 이와 같다. 또한 유섭(酋攝)과 여섭(輿攝)의 사흡(四翕)이 서로 압운되었고 진궁(震宮)과 곤궁(坤宮)도 서로 압운하였다. 또한 의섭(義攝)의 개음은 비어 있고 글자가 없어서 '가(歌)', '과(戈)'를 빌어서 음을 삼았다. 영섭(永攝)의 개음은 비어 있고 글자가 없어서 강(罔), 광(光)을 빌어서 음을 삼았다. 이것이 그 대강이다. 게다가 '지(支)', '태(胎)', '지(之)' 세 운의 고음(古音)과는 완전히 달랐다. 그래서 『시경』과 『초사』 등의 고대 시가에서는 모두 압운을 하지 않았다. 단지 '지(之)'운의 '희(嬉)'와 '기(期)'는 도리어 '태(台)'와 '래(來)'와 서로 압운 하였고 '지(支)'운의 '지(枝)', '지(知)'는 '애(崖)'와 서로 압운하였으며 '기(綺)', '피(被)'가 '해(解)'와 서로 압운한 것은 모두 같은 섭 안에 있기 때문이다. 당나라 시대에 글자음은 이미 변화했기 때문에 『예부운략』에서는 세 운을 하나의 운으로 합하였는데 이미 규율로 정해져서 지금은 변동되지 않는다. 그러나 애초에 족파에 따라 무해할 수 없는 것이 있기 때문에 부득이 설명하지 않을 수 없다. 이외에도 따로 압운되는 것이 있는데 수량이 매우 많아서 셀 수가 없다.

> 五贊翻切, 出自梵天云者, 西僧了義始刱字母而未備, 其後神珙, 直空等繼之, 始備三十六母, 漢時未有翻切, 史漢註中所載, 是顏師古, 顏師古等所追加,

오찬에서 번절(飜切)이 범승이 만들었다는 것에 대해 서승 요의(了義)가 비로소 자모를 발명하였지만 완성하지는 못했는데 그 후 신공(神珙), 직공(直空) 등이 그의 사업을 계승하여 비로소 36자모가 완비되었다. 한대에는 번절이 없었기 때문에 『사기』, 『한서주』 가운데 기록된 것은 후대의 안사고(顏師古), 사마정(顏師古) 등이 추가한 것이다.

> 蔡氏固深於經世, 而其於聲音數, 無甚發明, 只依倣訓解而已, 祝氏所論多舛駁, 已論於折衷矣, 鄭氏以何休爲膏盲, 范氏爲廢疾, 此猶言成癖云爾, 鼎亦只取其沈潛癖好而已,

채원정(蔡元定)은 나라를 경륜하는데 성음이 숫자에 대해서는 어떤 발명을 하지 않았고 단지 『훈해』에 의거했을 따름이다. 축씨가 논하는 것은 두서가 없지만 이미 절충에 대해 논하였다. 정씨는 하휴(何休)를 고맹(膏肓)이라고 하고 범씨를 몹쓸 병에 걸린 사람이라고 하였는데 이것은 특별한 애호가 있는 것이라고 말할 수 있다. 나도 단지 침잠의 취미를 취할 뿐이다.

> 群書折衷廣韻, 先於沈約者, 以廣韻三十六母爲主故耳. 沈約是四聲之祖, 而鼎未曾得見全書, 只以見於他書者, 略記如此矣.

여러 서적은 『당운』을 절충하였는데 심약보다 앞선 것은 『광운』의 36자모를 위주로 했기 때문이다. 심약이 사성의 시조라고 하지만 나는 전체 그 서적을 보지 못했고 단지 다른 책에서 본 내용을 근거로 하여 대략 이와 같이 기록하였다.

> 音母三十六
> 韻母四十四
> 音母三十六只是二十三母之後出, 而俗音有輕重之差而已, 非敷古音只是□□
> 韻母四十四不足以迷之, 一宮有三十二母, 以八宮論之別, 亦已多矣.

음모 36

운모 44

36개 성모는 단지 23개의 성모 뒤에 나온 것으로 속음에 경, 중의 차이가 있을 뿐이다. 비(非), 부(敷)모의 옛음은 봉방이었다.

44개의 운모에 대해서는 이를 판단하기에는 부족하지만 일궁에 32개의 운모가 있고 팔궁으로 말하기에는 너무 많다.

鄙所編經世正韻圖說送呈, 閑中一覽 如有未當處及未解處一一批敎.

제가 편찬한 『경세정음도설』을 보내드리니 시간이 있을 때 보시고 만약 마땅하지 않은 곳이 있으면 일일이 지적하여 가르쳐 주시길 바랍니다.

이재 황윤석의 운학 연구

성리학적 가치체계에서 점차로 벗어나 근대적 사회 질서를 추구하던 시대에 태어난 이재(頤齋) 황윤석(黃胤錫, 1729~1791)은 18세기 호남 유학 및 실학 연구를 대표하는 학자이다. 이형상(李衡祥, 1653~1733), 이만부(李萬敷, 1664~1731), 이익(李瀷, 1681~1763) 등 근기 실학자들과 매우 긴밀한 학문적 관련성을 맺고 있는 황윤석은 평해 황씨로 전라도 홍덕군 일동면 귀수동에서 만은(晩隱) 황전(黃㙉, 1704~1771)의 장남으로 태어났다. 31세(1759년)에 진사 시험에 합격하여 김원행(金元行, 1702~1772)의 문하에서 홍계능(洪啓能, ?~1776), 서명응(徐命膺, 1716~1787) 등과 교류하였다. 그는 박물(博物)과 상수(象數)에 대해 심오한 깊이를 가지고 성리학을 바탕으로 학문의 영역을 확장한 실학파에 속하는 인물이다. 18세기 조선 후기 청조 문물의 영향을 받은 실증적이고 실용적인 학풍의 영향으로 성리학에서 잡학쯤으로 간과하고 있었던 상수, 천문, 운학 등의 영역을 심도 깊게 확장하였고 서구적 과학주의를 과감하게 수용하기도 하였다.

이재 황윤석은 북벌과 반청 사조가 유난히 강했던 노론 계열의 낙론계로 재야에서 박학한 학문 세계를 구축한 유학자이면서 실학자의 한 사람이라고 할 수 있다. 물론 이재는 반청에 대한 감정은 찾아볼 길 없으며 오히려 청학과 북학을 긍정적으로 평가했던 학자였다.

그의 많은 저술 가운데 『이재난고(頤齋亂藁)』는 1738년부터 1791년까지 54년에 걸친 자신의 학문 생활을 일기형식으로 기록한 57권의 문집이며 이와 함께 『이재유고』 26권, 『이수신편』 23권 등 기타 10여 권 찬록 등을 남긴 대저술가 가운데 한 분이다. 『이재난고』에는 경서학에서부터 역학, 천문, 악학, 운학, 지리 등 폭넓은 내용을 기술하고 있다. 『이수신편』 23권에는 『성리대전』을 참조하여 『황극경세서』에 나오는 「성음창화도」를 변용한 자신의 성운학 이론을 밝힌 저술이다.

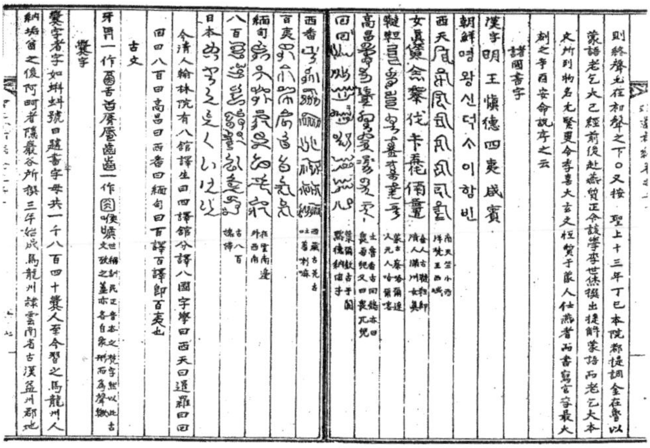

황윤석의 『이수신편』에 실린 12개국 문자

이재 황윤석은 근기 남인 계열의 병와 이형상의 후배로서 여러 가지 학문적 유사성이 발견되지만 지금까지 직접적인 학문 연계 관계를 찾아내기 어려웠다.108) 그러나 악학의 이론에 대한 남다른 관심과 '구국

108) 성영애, 『황윤석의 학문과 음악』, 학고방, 2016, 10쪽에서 황윤석은 홍대용, 서명은 등과

소서팔자(九國所書八字)'에 대한 기록의 일치 등 학문적으로 구체적인 연계성이 매우 긴밀했을 것 같아 보인다. 이 내용은 황윤석의 『이수신편』(영조 41(1765)년) 권20의 「운학본원」의 말미에도 실려 있다. 특히 『이수신편』에는 '蒙語老乞大 二十字頭文'이 실려 있고 그 다음에 '제국자서'에 '구국소서팔자'가 실려 있는데 신경준의 자료에 훈민정음로 쓴 "명왕신덕 ᄉᆞ이함빈"이 추가되어 있다. '구국소서팔자'의 기록이 중국에서는 명대 가경대에 왕세정(王世貞)의 『엄주산인사부고』에 처음 나타나고 이어 방우로가 편찬한 『방씨묵보』에는 판화에 여진문자만 새긴 자료가 있다. 한국의 자료에서는 이형상의 '구국소서팔자'는 배열 방식이나 아홉 나라의 문자가 왕세정의 『엄주산인사부고』의 자료와 일치하며 다만 신경준과 황윤석의 '제국자서'에는 아홉 나라의 문자에 부록으로 한글과 일본 문자가 덧붙어 있다. 한문과 한글 및 일본을 포함하면 9국이 아니라 12개국이 되는 셈이다. 중국의 자료와 한국에 남아 있는 3인의 기록에서 9국에 대한 국명의 표기와 순서까지도 일치한다는 사실은 우연한 일이 아닐 것이다. 이기문(1986) 교수는 신경준과 황윤석의 기록은 직접적인 관계가 있는 것으로 추정하고 있는데 당시 18세기 무렵에 위의 세 분의 학자들이 중국의 기록을 베낀 결과로 추정할 수 있는 것은 "九國所書八字"란 제목과 구국의 배열 순서가 일치하는 점을 들 수 있다.[109]

삶의 궤적이 유사한 노론의 학풍과 경향을 보이고 있다고 설명하고 있다.

109) 신경준의 『운해훈민정음』(1750)에 '구국소서팔자'라 하여 "明王愼德 四夷咸賓"이라는 제하에 9개 나라의 문자로 기록해 두었으며 끝에 일본 문자를 포함하여 모두 10개 나라의 문자가 실려 있다. 신경준의 필사본 『운해훈민정음』은 1938년 조선어학회에서 정인보 선생이 보교를 하여 활자본으로 간행하였으며, 강신항이 『운해훈민정음』 역주와 원문을 달아 출판하였다. 이 책에서는 '경세성음수도', '원성음지수', '각성 중 운서소에 종성지수', '율려창화도', '훈민정음도설서', '초성해', '중성해', '종성해', '총설'로 구성되어 있다. 그 가운데 '훈민정음도설서'의 말미에 '구국소서팔자'와 더불어 부에 '일본'을 포함하여 11개

황윤석은 당대 최고의 저술가였다. 황윤석의 저술로 『이재난고』 유고 57권을 비롯하여, 속고 『이재난고』 26권, 수필본 『이수신편(理藪新編)』 23권과 『자지록(資知錄)』, 악서인 『양금신보』 등 10여 종의 찬록(纂錄) 등 참으로 방대한 분량의 저술을 남겼다. 그는 성리학뿐만 아니라 양명학, 단학(丹學), 선학(禪學)을 비롯하여 천문(天文), 역상(曆象), 병법(兵法), 산학(算學), 복서(卜筮), 태을(太乙), 육임(六壬), 기문(奇門), 둔갑(遁甲) 등 잡술에 이르기까지 박학을 추구한 박물학자였다.

황윤석의 주요 저술로는 먼저 『이재난고』를 저본으로 유고(2종)와 속고(1종)의 형태로 새로 편집한 문집 『이재유고』가 있다. 1892년 전라도 관찰사 조인영(趙寅永, 1782~1850)의 서문이 있는 목판본이 간행되었고 다시 1943년 석판본으로 『이재유고』와 『이재속고』가 조선춘추사에서 간행되었다. 1975년 석판본 『이재유고』, 『이재속고』 그리고 수필본 『이수신편』과 『자지록(資知錄)』, 『양금신보』를 필사한 『현학금보』를 합본한 3권으로 된 『이재전서』(경인문화사)가 간행되었다. 2000년에는 한국고전번역원에서 1829년 간행한 『이재유고』 영인본을 간행하였다. 1990년부터 한국학중앙연구원과 전북향토문화연구회 공동으로 추진한 번역과 색인 사업이 2004년도에 완성하였다.[110]

황윤석의 『이수신편』

황윤석이 쓴 『이수신편』은 전 23권으로 구성되어 있다. 그 가운데 권9에 실린 『황극경세서』 「성음창화도」는 서화담[111]에 이어 황윤석의

국(한문 포함)의 문자로 기록되어 있다. 이형상이나 신경준의 구국소서팔자 가운데 여진문자는 왕세정의 기록과 일치하지만 몽고자는 조잡하게 모사한 글씨체이다.

110) 성영애, 『황윤석의 학문과 음악』, 학고방, 2016, 12쪽 참조.

독창적인 「성음창화」를 『삼운통고』의 한자를 가지고 배열하여 훈민정음으로 표음을 한 저술이다. 우선 황윤석의 『이수신편』 가운데 성운학적 소설이 담긴 내용은 권12와 권13에 『성리대전』 『황극경세서』의 내용을 전제하고 있다. 권13에는 『황극경세서』의 「관물내편」과 「관물외편」의 내용을 『이수신편』 권12에는 「전서의(篆書義)」, 「육서(六書)」, 「오음(五音)」, 「사성(四聲)」, 「분성청탁(分聲淸濁)」, 「절운자결(切韻字訣)」, 「자모절운법(字母切韻法)」, 「변성요결(辨聲要訣)」, 「조성장결(調聲掌訣)」, 「자모변(字母辨)」, 「자자변(字子辨)」, 「자의겸음(字義兼音)」, 「오방성(五方聲)」, 「청탁(淸濁)」, 「십사성(十四聲)」, 「쌍성첩운(雙聲疊韻)」, 「부홍무정운(附洪武正韻)」 등으로 구성되어 있다.

영·정조 시대적 배경과 학문적 풍토의 변화는 소옹의 『황극경세』 「성음창화도」에 대해 또 다른 해석을 가능하게 하였다. 황윤석은 성리학에 대한 심오한 이해를 바탕으로 '박물(博物)'과 '상수(象數)'를 주제로 삼아 『황극경세서』 「성음창화도」를 재해석하였다. 그의 저술인 『이수신편』 권12의 「경세사상체용지수도」에서 훈민정음으로 음을 표시하면서 소옹의 견해를 비판적 관점에서 기술하였다. 특히 명곡 최석정의 「소씨황극경세천지사상체용지수도」와 긴밀한 관련성을 가진 황윤석의 「경세사상체용지수도」는 모두 훈민정음으로 한자의 음을 표시하였다는 점에서는 유사하지만 내용에 있어서는 상당한 차이를 보여주고 있다.112)

---

111) 심소희, 『한자 정음관의 통시적 연구』, 이화여자대학교 출판부, 2013, 235~236쪽 참조. "『이수신편』에서 『황극경세서』 「성음창화도」에 관한 기사가 처음으로 나오는 곳은 『이수신편』 권9인데 여기에는 서경덕(徐慶德, 1489~1546)의 『화담집(花潭集)』에서 채록한 「성음해(聲音解)」와 「발전성음해미진처(跋前聲音解未盡處)」 두 항목을 그대로 전해하였을 뿐, 별다른 주해(註解)를 하지 않았다."

112) 심소희·구현아, 「조선시기 최석정과 황윤석의 성음인식 비교」, 『중국언어연구』 45, 한국중국언어학회, 2013.

황윤석이 북송 시기에 소옹(邵雍)의 『황극경세』 「성음창화도」를 참고하여 쓴 책이 바로 『이수신편』 권12의 「경세사상체용지수도」인데 이는 총 45쪽 분량이다. 『성리대전』에 실린 소옹의 「경세사상체용지수도」처럼 상하 2단으로 나뉘어 상단에는 천성(天聲) 16도가 실려 있고 하단에는 지음(地音) 16도가 실려 있다. 소옹은 우주만물이 생성하는 성음을 역학과 상수론의 관점에서 표상할 수 있다고 가정하고 운모(10성) 160×성모(20음) 192로 계산하여 도합 30,720개의 성음으로 나타내고자 하는 이상적 체계를 제안하였다. 일종의 성음 가능한 체계를 도식화한 것이 바로 「성음창화도」라고 할 수 있다. 마치 역학에서 64괘의 효로 설명하듯이 자연 순환적 보편적 우주관에 바탕을 둔 동아시아적 이론이다. 남송 시기에 채원정(蔡元定)이 이를 간추려 1장으로 일목요연하게 「성음창화도」로 정리하였다.

황윤석의 『이수신편』 권12 「경세사상체용지수도」는 그의 성운학 이론의 핵심을 이루고 있기 때문에 이것을 중심으로 살펴보자.

『이수신편』의 「경세사상체용지수도」는 『성리대전』과 마찬가지로 두

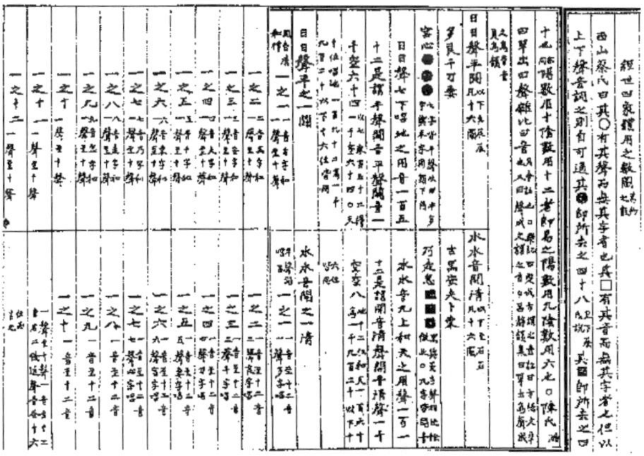

『이수신편』 「경세사상체용지수도」

단으로 나누어 천성 16도와 지음 16도가 실려 있다. 황윤석은 성모를 '음(音)', 운모를 '성(聲)', '성(聲, 운모)'은 단독으로 나는 소리이지만, '음(音, 성모)'은 섞여 발음되어 무늬를 이루는 소리로 정의하였다.

그의 「경세사상체용지수도」의 정성 곧 성모에 해당하는 소리를 종도로 1성, 2성, 3성, … 10성으로 구분하고 횡도로는 평상거입, 일월성심으로 배열하였다. 그런데 일월성신 하단에 '자전운섭(字典韻攝)'란을 두었다. 또 운모에 해당하는 정음은 종도로는 1음, 2음, 3음, … 12음으로 구분하고 횡도로는 개발수폐, 수화토석으로 배열하였다. 정음의 수화토석의 하단에 '자전자모(字典字母)'란을 두어 참고로 삼고 있는데 여기서 '자전(字典)'은 곧 『강희자전(康熙字典)』을 뜻한다. 청나라 강희제가 제작한 이 자전은 당시에 조선에서도 가장 널리 이용되었던 자전이기 때문에 고전적 한자음과 대비할 수 있도록 한 것이다. 그리고 이 『강희자전』 앞에 수록된 「등운절운지남(等韻切韻指南)」 곧 원나라 유감(劉鑒)의 『절운지남(切韻指南)』(1336)[113]과 동일한 36자모 운도체계와 청탁 및 발음 방법을 밝혀주고 있다.

황윤석은 「경세사상체용지수도」에서 정성(正聲)의 양수(陽數)는 종도로 10개로 구분하고 횡도로는 평, 상, 거, 입과 일·월·성·신에 대응시키고 정음(正音)의 음수(陰數)는 종도로 12개로 구분하고 횡도로는 개, 발, 수, 패와 수·화·토·석에 대응시켜 한자를 나열하고 이를 훈민정음으로 표음하였다.[114] 다만 한자가 없는 칸에 ○은 소리가 있으나 글자가 없는 것이고, □는 음은 있으나 글자가 없는 것이다. 또 ●는 것으로서

113) 유감(劉鑒)의 『절운지남(切韻指南)』(1336)은 한도소(韓道卲)의 『오음집운』(1212)를 근거로 하여 제경과 사류의 음을 교정하기 해위 제작한 운서이다. 명곡 최석은은 이 운서에는 속음이 많이 뒤섞여 변질된 음이 많다고 지적하였으나 화윤석은 이를 근거로 하여 정리하였다.

114) 정성은 양수 10을 쓰고 음수는 정음 12를 쓰는 것은 『역(易)』에서 양수는 9를 쓰고 음수는 6을 썼기 때문이다.

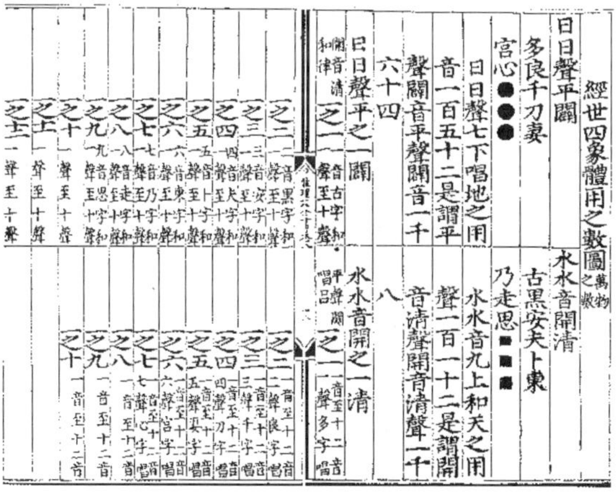

『성리대전』「경세사상체용지수도」

48개이고, ■는 버리는 것으로서 40개이다. 황윤석은 당시 조선에서 널리 읽히던 『강희자전』의 「등운절운지남」을 참조하여 정성 83자와 정음 132자를[115] 운도로 만든 「경세사상체용지수도」를 훈민정음으로 표음한 것이다.

황윤석의 「경세사상체용지수도」에는 한자음 곧 성모와 운모를 각각 정성과 정음으로 표음하였는데, 정성(正聲) 83자와 정음(正音) 132자의 음운체계를 정리하고 훈민정음으로 표음하였다. 황윤석의 「경세사상체용지수도」에 이용한 훈민정음의 체계를 성모체계, 운모체계, 운미로 구분하여 나타내면 다음과 같다.

---

115) 『황극경세서』 「성음창화도」에서는 정성은 160자리에서 ●의 48자리를 빼면 112자리가 남는다. 정성(正聲)은 하늘에 속하고 사성(四聲)에는 각각 벽흡(闢翕)이 있어 아래로 땅의 음(音)과 화합한다. ○는 천(天)에 속하므로 율(律)이고 양(陽)이며 강(剛)이고 창(唱)이며 성(聲)이다. 정음은 192자리에서 ■의 40자리를 빼면 152자리가 남는다. 정음(正音)은 땅에 속하고 사음(四音)에는 각각 청탁(淸濁)이 있어 위로 하늘의 성(聲)과 화합한다. □는 땅에 속하므로 여(呂)이고 음(陰)이며 유(柔) 이고 화(和) 이며 음(音)이다. 정성(正聲) 160자리와 정음(正音) 192자리를 합치면 352자리인데 사용하지 않는 ●■의 48과 40을 빼면 264자리가 남는다. 이것이 바로 성음(聲音)의 자모(字母)이다.

성모체계: ㄱ ㅋ ㄲ ㆁ, ㄷ ㅌ ㄸ ㄴ ㄹ, ㅂ ㅍ ㅃ ㅁ, ㅸ, ㅹ, ㅱ, ㅈ ㅊ ㅉ ㅅ ㅆ, ㆆ, ㅎ, ㆅ, ㅇ(25자)

운모체계: ㅏ, ㅑ, ㅓ, ㅕ, ㅜ, ㅠ, ㅡ, ㅣ, ㅘ, ㅝ, ㆊ, ㅐ, ㅔ, ㅟ, ㅢ, ᅶ, ᅸ, ᆕ, ᅻ (20자)

운미체계: ㆁ, ㄴ(2자)

성모체계에서는 전탁(全濁) 글자 ‘ㄲ, ㄸ, ㅃ, ㅉ, ㅆ’, 순경음 ‘ㅸ, ㅹ, ㅱ’와 의모(疑母) ‘ㆁ’, 영모(影母) ‘ㆆ’와 유모(喩母) ‘ㅇ’도 남아 있는 것으로 보아 우리말의 자음체계와는 상당히 달랐음을 알 수 있다. 언해 『훈민정음예의』와 『사성통해』에 반영된 치두음(齒頭音) ‘ᅎ, ᅔ, ᅏ, ᄼ, ᄽ’과 정치음(正齒音) ‘ᅐ, ᅕ, ᅑ, ᄾ, ᄿ’과 반치음 ‘ㅿ’는 반영되지 않았다. 황윤석의 이전 명곡 최석정의 「소씨황극경세천지사상체용지수도」에 나타나지 않았던 전탁 글자나 치두와 정치음을 구분하지 않음 점, ‘ㆆ’의 소실이 다시 나타난 결과는 음운변화의 결과가 아니라 한자음에 대한 표기상의 문제일 뿐이다.

운모체계의 경우, ‘환환운(桓歡韻)’과 ‘한산운(寒山韻)’이 합류되지 않아 ‘ᅥᆫ’과 ‘ᅡᆫ’이 모두 표기에 반영되었고 ‘ᅶ, ᅸ, ᆕ, ᅻ’에서 원순성의 ‘ㅗ, ㅜ’는 운미 ‘ㅱ, ㅸ’가 축약된 표기이다.

운미체계의 경우, 입성운 ‘-ㅂ, -ㄷ, -ㄱ’와 폐구운(閉口韻) ‘-ㅁ’도 나타나지 않고 다만 ‘-ㆁ[ng]’과 ‘-ㄴ[n]’만 나타난다. 이미 『사성통해』 「범례」에서 ‘-m」-n’의 변화가 반영된 것을 말해준다.

황윤석이 표음한 훈민정음은 무엇에 근거하였을까? 『홍무정운역훈』, 『사성통해』, 『삼운성휘』 등 조선조의 운서와는 전혀 상이한 표기법을 채택하고 있다. 다만 운미 ‘ㅱ, ㅸ’ 대신 ‘ㅗ, ㅜ’로 표기한 것은 『삼운성휘』나 『번역노걸대박통사』와 일치하는 정도이다.[116] 이재 스스로 『삼운성휘』에 의존하였다고는 했지만 치두와 정치를 구분한 것은 전혀 다른 사실이며 그 이전의 『홍무정훈역훈』이나 『사성통해』에 따르고 있다는 점에서 일관성을 잃고 있다.

황윤석은 「경세사상체용지수도」에 나타난 한자를 정성과 정음으로 나누어 정성 112자모와 정음 152자모, 전체 254자모로 구성하고 있다. 이렇게 배열한 근거를 황윤석은

> “이 책에서는 정성(正聲) 112자모와 정음(正音) 152자모, 모두 264모(母)로서 반절(反切)을 삼았다. 지금 요의(了義)의 36자모로 『홍무정운』의 31자모를 참조하고, 또 『삼운성휘(三韻聲彙)』의 훈민정음 자모를 취하여 모든 소리를 기록함으로써 한어(漢語)의 면모를 보였을 뿐이다.”117)

라고 하여 황윤석은 『홍무정운』과 『삼운성휘』를 참조하여 선정된 한자에 각각 훈민정음 자모를 취하여 기록하였다.

황윤석이 『홍무정운』을 참조한 것은 중국 고음체계로 만든 중국운학의 체계를 변용하기 위해서는 불가피한 조치였을 것이다. 그리고 당대 한어에 밝았던 홍계희가 편찬했던 『삼운성휘』에 중국 화음과 조선의 한자음인 동운이 병기 표기된 규범성을 존중했던 결과이다.

18세기 조선 한자음 규정에 대한 분명한 입장을 밝히고 있는 홍계희의 『삼운성휘』 「서문」을 살펴보자.

---

116) 심소희·구현아, 「조선시기 최석정과 황윤석의 성음인식 비교」, 『중국언어연구』 45, 한국중국언어학회, 2013, 11쪽 참조.

117) 심소희, 『한자 정음관의 통시적 연구』, 이화여자대학교 출판부, 2013, 367쪽 재인용. “按本書正聲字母一百一十二, 正音字母一百五十二, 凡二百六十四母, 所以爲反切也. 今以了義字母三十六, 參之洪武字母三十一, 又取三韻聲彙訓民正音字母, 諸聲錄之以見漢語大略耳”(『경세사상체용지수도』).

"천하의 글자음은 만 가지가 다르지만 마땅히 중화 음으로 바로잡아야 한다. 우리나라의 글자음은 중화와 가장 가까워서 비록 혹시 서로 같지 않은 것이 있더라도 다른 예로 미루어 보면 모두 범주 안에서 벗어나지 않는다. 그러나 우리나라 사람들이 자학(字學)에 매우 어두워서 자획의 편방에 사로잡히거나, 혹은 구습에 얽매여 잘못 읽는 까닭으로 마침내 화음(華音)과 판이하게 달라진 것이 많으니 한탄스럽다. (…중략…) 화음은 『홍무정운』 자모를 주로 하되 오로지 『사성통해』에서 언문으로 바꾼 음을 따르고, 우리의 음은 널리 쓰이고 있는 속음으로 자모를 정하되 칠음과 어긋나는 것은 바로잡고, 비록 자모가 다르더라도 칠음에 어긋나지 않는 것은 이를 그대로 두었다."118)

규범적 한자음은 중화음에 맞추어야 하고 중화음은 『홍무정운』 자모에 따라야 하되 『사성통해』에서 언문으로 바꾼 음을 따라야 한다고 밝히고 있다. 간혹 판이하게 달라진 것은 속음으로 정하되 칠음에 어긋나지 않도록 해야 한다고 밝히고 있다. 이로 본다면 황윤석은 당대 홍계희의 견해를 매우 존중했던 것으로 판단된다. 그렇다면 구체적으로 황윤석의 「경세사상체용지수도」의 정성(正聲) 83자와 정음(正音) 132자를 표음한 체계와 『홍무정운역훈』, 『사성통해』, 『삼운성휘』 등과 어떤 상관관계를 가지고 있는지에 대해서는 심소희(2013: 369~374)에서 소상하게 밝혀두고 있다.

황윤석은 『홍무정운역훈』과 홍계희의 『삼운성휘』에 나타나는 치두

118) 심소희, 『한자 정음관의 통시적 연구』, 이화여자대학교 출판부, 2013, 369~369쪽 재인용. "天下之字音, 有萬不同, 而當以中華爲正, 我國字音, 最近中華, 雖或有不相同者, 以例推之, 皆不出於範疇之內, 而第緣我國人於字學, 甚鹵莽或泥於偏傍, 或因於習俗而謬讀, 遂與華音判異者, 多可勝歎哉. (…中略…) 華音則以洪武正韻字母爲主, 而一從四聲通解諺飜之音, 我音則就行用俗音而律之以字母, 其有違於七音者, 正之雖異母而不悖於七音字, 存之"(『삼운성휘』 「서문」).

음(ㅈ, ㅊ, ㅉ, ㅅ, ㅆ)과 정치음(ㅈ, ㅊ, ㅉ, ㅅ, ㅆ)의을 인정하지 않고 모두 현실음인 "ㅈ, ㅊ, ㅉ, ㅅ, ㅆ"로 표음하였다. 그리고 『홍무정운역훈』과 『삼운성휘』에 반영된 일(日, ㅿ)모를 모두 'ㅇ'으로 표음하였다. '日'을 홍무(싈), 삼운(ᅀᅵ), 황윤석은 (이)로 대응시켰으며 '二'를 홍무(ᅀᅵ), 삼운(ᅀᅵ), 황윤석은 (이)로 각각 대응 표기하였다. 입성 p, t, k표기는 『홍무정운역훈』, 『사성통해』, 『삼운성휘』에 이르기까지 상당한 변화가 반영되어 있으며 때로는 의고적인 표기로 복귀하는 모습도 보여주고 있다. 『동국정운』의 한자음으로는 '•쾡(快)'이다. 『동국정운』에서는 역시 종성에서 지(止)섭, 우(遇)섭, 과(果)섭, 가(假)섭, 해(蟹)섭에 속하는 한자음에는 종성에 'ㅇ'자를 표기하였다. 『동국정운』의 한자음 표기 규정에 그대로 적용되었으나 얼마 가지 않아서 폐기 처분될 수밖에 없게 되었다. 중국의 입성 표기가 우리나라에서 어떻게 받아드릴 것인지 변개의 과정을 거친 예이다. 또 다른 한편으로는 한자음 입성 글자 가운데 음성입성자 '-p, -t, -k'가 당시 중국의 북방음에서는 이미 소실되었는데도 남방 고음을 그대로 반영시키게 되는 결과를 가져 왔다. 입성자 '-t'의 표기는 『동국정운』에서는 '-ㅭ'으로 표기하다가 『홍무정운역훈』이나 『사성통해』 계열에서는 다시 'ㄷ'으로 표기되는 등의 혼란을 야기시킨 주요한 원인이 되었다. 중국에서 들어온 한자음 가운데, '-t' 입성이었던 것이 우리나라에서는 모두 '-ㄹ(l)'로 발음되어 여기에서는 원래의 음대로 '-ㄷ(-t)'음으로 발음하라고 규정한 것인데, 1447(세종 29)년에 편찬 완료된 『동국정운』에서는 소위 '以影補來'식 표기법을 택하여 한자음의 '-ㄷ'입성 표기에 'ㅭ'을 사용했다.

또 『동국정운』식 한자음 표기에서 종성이 없는 'ㅱ'는 운미음 [w]을 표기한 것이다. 훈민정음 창제 이후 한자음의 표기는 『동국정운』이 제정되기 이전과 그 이후 기간 동안 차이를 보인다. 특히 -p, -t, -k 입성운미의 표기가 『훈민정음 해례』에서는 '-t' 운미인 '彆'을 '볃'으로 표기하였고 '-w' 운미 글자인 '虯'도 '뀨'로 '-j' 운미인 '快'도 '쾌'로 표기하여 'ㅇ'을 표기하지 않았다. 그러나 『훈민정음 해례』 언해본에서는 해례본과 달리 지섭(止攝), 우섭(遇攝), 과섭(果攝), 가섭(假攝)과 해섭(蟹攝)의 '-j' 운미에 'ㅇ'을 표기하고 효섭(效攝), 유섭(流攝)의 'ㅱ'표기로 진섭(臻攝)과 산섭(山攝)의 '-t'운미인 경우 '-ㄹㆆ'을 표기하여 입성 운미를 3성 체계에 따라 표기를 달리하였다. 중국 북방음에서는 이미 당나라와 오대시기에 입성운미가 약화되기 시작하여 14세기에는 성문패쇄음으로 바뀌었으며 송나라 시대에는 약화과정에 놓였던 것이다. 현대 중국어에서는 북방어에서는 완전 탈락하였고 남방 오방언권에서는 성문패쇄음으로 일부 잔존하고 있었다. 따라서 조선에서는 이를 어떻게 받아드려야 할지 문제가 될 수밖에 없었다. 'ㅂ'자는 순음으로 전청의 글자로 '彆'자의 첫소리 곧 [p, b]와 같다. 『동국정운』의 한자음으로는 '볋/입성'이다. 『훈민정음 해례』에서는 '볃'으로 표기하였고 언해본에서는 『동국정운』의 한자음 표기와 동일한 '볋'로 표기하였다. 훈민정음 창제 이후 해례본과 『동국정운』의 운서를 제작하는 과정에서 종성 입성자의 표기 방식이 변개되었음을 확인할 수 있다. 한자음 표기에서 입성자의 처리 방식이 『월인천강지곡』에서는 음성 운미의 한자음은 곧 '-ㅇ' 步뽕, 慈쫑, '-j' 快, 쾡, '-w' 後:흫처럼 표기하여 언해본의 표기와 차이를 보여준다. 다만 입성자 '-p, -t, -k' 가운데 '-t'는 해례본에서는 'ㄷ'으로 『동국정운』에서는 '-ㄹㆆ'로 표기하다가 『육조법보단경언해』에서부터 'ㄹ'로 바뀌었다. '快(쾌)', '虯(뀨)'(해례 15ㄱ)과 '業(업)'(해례 15ㄱ), '卽(즉)'(해례 16ㄱ), '彆(볃)'(해례 17ㄴ)에서와 같이 해례본의 한자음 표기에는 일체의 방점에 생략되어 있다. 곧 해례본의 한자음 표기는 『동국정운』 한자음 표기 규정이 마련되기 이전의 모습이라고 할 수 있다. 결국 이 규정은 한자음 표기를 고려한 것으로 『동국정운』의 한자음 표기 규정에 그대로 적용되었으나 얼마 가지 않아서 폐기 처분될 수밖에 없게 되었다. 또 다른 한편으로는 한자음 입성 글자 가운데 음성 입성자 '-p, -t, -k'가 북방음에서는 이미 소실되었는데도 남방 고음을 그대로 반영시키게 되는 결과를 가져 왔다.

셋째, 또한 『삼운성휘』의 「범례」에는 "한어(漢語)의 입성에 종성이 없는 것과 금(禁), 심(審), 남(男) 등의 종성이 ㅁ이 아니라 ㄴ으로 표기하고 있어 조선의 현실음과도 유리되어 있다. 『사성통해』나 『홍무정운역훈』의 정음(正音)에 따른 의고적 한음(漢音)에 따라 'ㅁ'운미를 모두 'ㄴ'운미로 표음하였다.

황윤석은 17~18세기 주자학이 통치 원리로 응용되던 『성리대전』의 『황극경세서』「성음창화도」의 발음은 당연히 정음에 가깝게 표음하지 않을 수 없었던 것이다. 황윤석의 「경세사상체용지수도」에 반영된 황윤석의 정음 인식에 대해 살펴보았다.

「화음방언자의해」와 어원 및 『이재난고』의 물명과 지명

『이제유고』 권25 「잡저」 가운데 '화음방언자의해(華音方言字義解)'에 약 150여 개의 어원을 밝히고 있다.[119] 이에 대해서는 강신항(2007: 26~62)에서 이 소상하게 소개해 두고 있다. 『이재난고』에는 물명, 지명, 시조 28수 등의 훈민정음 관련 자료가 수록되어 있다. 이것에 대해서도 이미 강신항(2007: 63~90)에서 이 소상하게 소개해 두고 있다.

119) 강신항, 「황윤석의 국어인식」, 『조선의 지식인의 생활사』, 한국학중앙연구원, 2007, 26~62쪽 참조.

이상 황윤석의 『이수신편』에는 역법, 지리, 산술, 산학본원 등 『성리대전』의 내용과 특히 소옹의 선천역학의 이론을 소개하고 또 훈민정음으로 표음을 하고 있다. 소옹의 『황극경세서』를 전재하고 있다. 『이수신편』 권12, 권56에는 『훈민정음 해례』 예의와 『훈몽자회』 범례를 싣고 있다. 『이수신편』 권20에는 『황극경세서』를 모델로 한 「운학본원」에 운법횡도와 운법직도를 싣고 정음과 정성을 『삼운성휘』를 근거로 하여 배열하고 그 표음을 훈민정음으로 하였으나 정속음의 혼란을 일부 보이고 있다. 동서 권20에는 '자모표'를 실어두고 있다. 조선 후기 성운학의 꽃을 활짝 피운 이재 황윤석의 이론은 후대의 여암 신경준과 현동 정동유 괴담 배성렬로 이어지는데 이에 대한 좀 더 미식적인 학문적 연관 관계에 대한 연구는 과제거리로 미루어두고자 한다.

여암 신경준의 『저정서』

여암 신경준(申景濬, 1712~1781)이 영조 26(1750)년에 쓴 것으로 추정되는 친필 필사본 『저정서(邸井書)』, 『개합사장(開合四章)』, 『삼운궐자휘(三韻闕字彙)』 세 책의 복사본을 입수하여 그 내용을 정밀하게 분석하였다.[120] 지금까지 학계에서는 『훈민정음도해』, 『훈민정음운해』, 『운해훈민정음』 혹은 『운해』 등의 다양한 이름으로 알려졌던 이 책은 바로 『운서(韻書)』와 『개합사장』이라는 두 필사본을 합본한 『저정서』라는 사실을 확인함으로써 앞으로 이 책 명칭은 수정이 불가피하게 되었다.

또한 훈민정음 문자를 이용하여 18세기 당대의 조선의 한자음 통일을

120) 이 책은 대구에 거주하는 조 모씨의 소장본으로 연구 자료로 활용할 수 있도록 소장자자로부터 허락을 받았다.

위한 운도를 제작한 여암 신경준의 운학 이론은 세종의 훈민정음의 창제 이후 숙종조 명곡 최석정의 뒤를 이은 매우 뛰어난 운학의 이론으로 평가될 수 있다. 특히 18세기 양명학의 영향을 받은 일군의 실학적 성운학자의 한 사람인 여암 신경준의 학문적 사승 관계에 대해서도 새롭게 이해할 수 있을 것이다.

지금까지 여암 신경준의 『저정서』가 훈민정음의 운도를 밝힌 데 치중한 것으로 간주하고 대부분의 학자들이 『훈민정음운해』 혹은 『운해훈민정음』 등의 이름으로 불렀으나 이는 전혀 잘못이다. 신경준의 『저정서』는 모든 언어의 바른 소리를 적을 수 있는 문자인 훈민정음을 활용하여 한자의 음 분류 체계화한 한자 운도(韻圖)로 저술된 책이다. 다시 말하자면 한자의 이상적인 음을 표기하기 위해 작성한 운도라고 할 수 있다. 또한 이 운도를 활용하여 『삼운성휘』에 누락된 글자를 『사성통해』를 통해 보완하는 일련의 자전을 완성하는 데 있었다.

곧 이 책은 지금까지 알려진 바와 같이 훈민정음의 운도를 밝힌 것이 아니라 18세기 바른 한자음을 훈민정음으로 그 음을 표기한 한자의 운도를 기술한 책이다.

『저정서』의 구성은 「경세성음수도」에서 「종성도」까지는 '운해(韻解)'라는 편명으로 구성되어 있고 그 이후 한자음운도는 '개합사장(開合四章)'이라는 편명121)으로 구성되어 있으며, 이를 합하여 『저정서』라고 한다. 『개합사장』은 저정서의 후반부인 동시에 별도의 책으로도 남아 있다. 곧 『저정서』는 편명이 '운해(韻解)'인 전편은 「경세성음수도」와 「훈민정음도해」이며, 편명이 '개합사장'인 후편은 한자 음운도로 구성되어 있다.

---

121) 편명인 동시에 이번에 새로운 단권 형식의 책이 발견되었으니 "운해(韻解)"와 이 "개합사장(開合四章)"을 합본하여 『저정서』라는 단권의 책으로 만들어진 것이다.

결국 '운해(韻解)'는 뒤편에 나오는 '개합사장'을 위한 기본 이론이며 한자 음운도인 '개합사장'은 『사성통해』에 실린 한자들로 구성되어 있다.

18세기 운학의 흥기와 신경준

신경준(申景濬, 1712~1781)의 자는 순민이며 호는 여암이고 본관은 고령이다. 신경준은 신숙주(申叔舟, 1417~1475)의 아우이며 세조의 왕위찬탈에 협조하지 않고 전라도 순창에 은거하였던 귀래정 신말주(申末舟, 1439~1503)의 10세손이다. 신경준은 세거지인 순창에서 아버지 진사 래(淶)와 한산이씨 사이에서 장남으로 태어났다. 그의 집안은 대대로 소북계(小北系)인데, 증조부 운(澐, 1617~1645)의 형제들 모두 소북계의 뛰어난 학자였다. 「행장」에 의하면 신경준은 어려서부터 학문에 뛰어난 재능을 지니고 있었다. 4세 때 『천자문』을 읽었으며, 5세 때에는 이미 『시경』을 수학하였다고 한다. 8세 때에 유학차 상경하여 9세 때에 강화도로 가서 수학하다가 12세 때에 순창으로 돌아왔다. 1721년 병와의 나이 69세 때 부인 송씨의 묘소를 양주 선산 아래로 이장을 한 뒤 부인의 위패를 사당에 봉안하기 위해 고향인 강화도 머문 기간 동안 여암은 당시 8세의 어린 나이로 이형상의 문하에서 사숙한 것이 인연이 되어 지리학, 운학, 자학 등 실학적 학문에 심취하게 된 것으로 보인다.[122]

고향에 돌아온 뒤 23세 때에는 온양에 우거하면서 『시칙(詩則)』을 27세 때에 소사로 옮겨 『소사문답(素沙問答)』을 저술하였으며, 33세 때에 순창으로 되돌아왔다. 43세 때이던 영조 30(1775)년에 이계 홍양호(洪良浩, 1724~1802)가 시관(試官)으로 파견된 증광향시(增廣鄕試)와 그해 시행

122) 신경준, 김남형 역주, 『여암 신경준의 장자』, 예문서원, 2014 참조.

된 갑술증광시(甲戌增廣試)에 급제한 뒤에 관계에 진출하였다. 과거급제 후 신경준은 승문원 기주관을 시작으로 성균관전적, 사간원정언, 사헌부지형 등 청요직을 두루 역임하였다. 51세 때에 서산 군수에 임명되었는데, 바닷물을 끓여 소금을 만들어 팔아서 기민을 구제하는 등 선정을 베풀었다. 56세 때에 사간원정언으로 승진했으나, 간관들 가운데 자리를 지키지 않은 자가 많았는데 신경준도 연좌되어 충청도 면천으로 유배되었다가 해배 후 순창으로 돌아갔다. 얼마 후 영의정 홍봉산(洪鳳漢, 1713~1778) 추천으로 비변사의 낭관에 임명되어 『문헌비고』 편찬에 참여하였는데, 『여지고(與地考)』 부분의 편찬을 담당하였다. 이후 승지, 북청부사, 동부승지, 순천부사 등을 역임하였고, 63세의 나이로 제주목사에 임명되어 재임하다가 영조가 승하하자 삼년상을 마치고 고향으로 돌아갔다. 1781년 70세를 일기로 세상을 떠났다.

여암은 사람됨이 침착하고 생각이 깊었다. 일찍이 말하기를, 대장부가 이 세상에 태어남에 천하의 일이 대장부가 이 세상에 태어남에 천하의 일이 모두 나의 직부이다. 하나의 사물이라고 궁구하지 못하면 부끄러운 일이며, 하나의 기예라도 능통하지 못하면 병통이라고 하였다. 드디어 성인이 남긴 책으로부터 마음을 가라앉히고 깊이 탐구하여 그 큰 뜻을 알았고, 제가백가와 도교, 불교에 두루 통하였으며, 천관(天官), 직방(職方), 성률(聲律), 의복(醫卜)에 관한 학문과 역대의 헌장(憲章), 해외(海外)의 기이하고 특수한 책에 이르기까지 그 깊은 이치를 밝히고 그 요점을 밝히지 않은 것이 없었다. 무릇 우리나라의 산천과 도리에 대해서는 더욱 눈 안에 있는 듯이 분명하게 하고 말하기를 무릇 장수된 자는 모름지기 먼저 지리를 알아야 한다고 하였으니, 그 자임함이 이와 같았다.[123] 여기서 홍양호가 파악하고 있는 신경준의 학문세계는 한마디로 박학(博學) 그 자체라고 일컬을 만하다.

신헌구(申獻求, 1823~1902)가 「행장」에 열거하고 있는 신경준의 저서로는 천문 분야의 『의표도(儀表圖)』, 『부앙도(頫仰圖)』, 지리 분야의 『강계지(疆界志)』, 『산수경(山水經)』, 『도로고(道路考)』, 언어문자 분야의 『일본증운(日本證韻)』, 『언서음해(諺書音解)』, 『오성운해(五聲韻解)』, 철학 분야의 『소사문답(素沙問答)』 등이 있다. 이 밖에 『여암유고(旅菴遺稿)』와 『여암전서(旅菴全書)』에 제목만 수록된 「동운해(東韻解)」, 「사연고(四沿考)」, 「병선제(兵船製)」, 「태정금인(泰定琴引)」, 「해주시해(解珠詩解)」, 「순원화훼잡설(淳園花卉雜說)」, 「가람고(伽藍考)」 등을 통해서도 신경준의 학문적 관심의 폭을 짐작할 수 있다.[124]

「묘갈명」이나 「행장」의 기술 내용 가운데 특별히 주목되는 것은 신경준이 '구류이교(九流二敎)', 즉 제자백가와 도교·불교에 널리 통했다는 부분이다. 홍양호나 신헌구가 신경준의 학문세계를 기술하면서 다양성과 개방성을 신경준의 학문 및 사상이 지닌 특성으로 파악하였기 때문일 것이다. 실재 신경준은 도(道)·불(佛)에 대해 학문적 식견이 깊었을 뿐만 아니라 긍정적·관용적인 태도를 지니고 있었던 것으로 판단된다.[125]

이들 가운데 여암 신경준은 문자학뿐만 아니라 영조 46(1779)년에 지은 『도로고』와 영조 32(1756)년에 지은 『강계고』 등 지리 및 강역의 연혁에 대한 탁월한 저술을 남긴 바가 있다. 『여암전서』에 남아 있는 여암의 저술들은 전통 유학자의 시선이 아닌 실용주의적 실학자의 학풍을 반영하고 있다. 특히 성운학적 연구 결과인 대표적인 업적이 바로 『저정서』이다. 15세기 세종이 '훈민정음'을 창제하던 당시의 송대의 성리학과

---

123) 위의 인용문은 홍양호가 찬한 「묘갈명(墓碣銘)」 가운데 일부이다.

124) 배윤덕(2005: 15)은 신경준의 어문학 관련 저술 가운데 행장에서 말하는 『오성운해(五聲韻解)』를 『저정서』와 동일한 것으로 파악하고 있으나 이는 불확실하다.

125) 신경준, 김남형 역주, 『여암 신경준의 장자』, 예문서원, 2014. 여암의 생지에 대해서는 14~18쪽 참조.

성운학의 기풍이 숙종조에 명곡 최석정과 하곡 정제두, 병와 이형상 등이 다시 불을 지펴 발흥한 것이다. 소옹의 『황극경세성음도』를 모델로 일종의 운도를 창안한 노력의 결정물로 세종 이후 명곡 최석정의 『경세정운』과 함께 그 이후 여암 신경준의 『저정서』는 높이 평가할 만한 운학 이론의 정수를 담고 있다. 조선 후기 숙종 시대 이후, 세종의 운학과 자학에 관한 학문연구가 다시 고개를 들게 된 결과이다.

최석정의 『경세정운』, 정제두의 『하곡집』에 실린 운학 이론을 비롯한 이형상의 『자학』을 비롯한 『악학편고』에서 보이는 운학과 악학 이론을 비롯하여 박성원의 『화동정음통석운고』, 홍계희의 『삼운성휘』, 이광사의 『원교집』에 보이는 운학 이론, 이사질의 『훈음종편』, 신경준의 『저정서(운해훈민정음)』, 황윤석의 『이수신편』, 홍양호의 『경세정음도설서』, 금영택의 『만우제집』, 이영익의 『운학일반』, 정동유의 『화영집』을 비롯한 유희의 『언문지』에 이르는 일군의 학파가 형성되었다. 이들 대부분 청나라의 양명학의 영향을 받은 실학자들이라는 면에서 사상적 유사성이 있으며 역학, 수리학, 악학, 자학, 지리학 등과 더불어 송대의 성운학에 기반을 두고 있다. 특히 명곡 최석정과 하곡 정제두와 학문적 연계를 지닌 병와 이형상의 저술에 보이는 「구국소서팔자(九國所書八字)」가 여암 신경준이나 이재 황윤석의 저술에서 공통으로 나타나고 있다.[126] 정밀한 학맥의 사승관계를 현재로서는 규명하기는 힘이 들지만 당대의 공통된 학문적 분위기를 읽을 수 있다.

이기문(1986: 51~62)은

"이리하여 필자는 18세기에 세 분의 책에 거의 같은 문자 기록이 있음을

126) 이상규, 「명왕신덕사이함빈의 대역 여진어 분석」, 『언어과학연구』 63, 2012.

알게 되었다. 신경준의 '구국소서팔자(九國所書八字)'라 한데서도 알 수 있듯이 西天으로부터 八百에 이르는 아홉 나라 문자가 중심을 이루고 있는바, 세 분이 남겨 놓은 기록에서 이들의 순서까지 일치함은 결코 우연한 일이었다고는 생각되지 않는다. 세 분의 제세(在世) 및 저술 연대를 보아 李衡祥이 가장 앞서고 그 다음이 申景濬이요 마지막이 黃胤錫이었을 것임은 의심할 여지가 없어 보인다."[127]

라고 하면서 특히 황윤석의 기록은 신경준의 그것과 직접적인 관련이 있는 것으로 짐작하고 있다. 신경준이 추가한 것으로 믿어지는 일본 문자와 같은 것이 황윤석의 '제국서자(諸國書字)'에 있음이 그 증거가 된다. 다만 훈민정음을 넣은 점은 황윤석의 창의라고 할 수 있다. 신경준의 기록은 이형상의 그것보다 뒤이지만 서로 직접적인 관련은 없는 것으로 추측된다. 이형상의 기록과는 달리 신경준의 그것은 표로 되어 있고 또 '九國所書八字'란 제목을 붙인 점도 특이할 뿐만 아니라 (…중략…) '九象胥'니 '旅獒'니 하는 말이 보이는 점도 이러한 추측을 뒷받침해 준다."라고 하여 이형상과 신경준의 직접적인 관련이 없고 다만 두 분이 따로 중국의 왕세정(王世貞, 1526~1590)의 『엄주산인사부고(弇州山人四部稿)』를 보고 베낀 것으로 추정하고 있다. 문제는 어떻게 해서 이형상과 신경준 그리고 황윤석은 동일하게 아홉 나라의 문자 기록을 베꼈을까?

눈에 보이지 않게 이들의 학문적 성향이 운학에서 비롯하여 역학과 천문지리학에 이르는 실학적 경향을 띠고 있다는 점에서 우연의 일치로 돌릴 수 있는 문제가 아니라고 판단한다.

---

127) 이기문, 「'구국소서팔자(九國所書八字)'에 대하여」, 『진단학보』 62, 1986, 61쪽 참조.

18세기 실학적 성운학과 자학에 깊은 학문적 저술을 남긴 병와 이형상은 동강 최준상으로부터 자학을 그리고 명곡 최석정으로부터 운학 연구의 영향을 받은 것으로 보이며[128] 병와가 강화도에 머물었을 때 여암이 강화도를 찾아 학문을 사승한 것으로 보인다. 아울러 홍계희가 저술한 『삼운성휘』에 빠진 글자를 보충하기 위해 저술한 『삼운궐자휘』라는 책을 지었던 것으로 본다면 신경준과 홍계희도 동시대 인물이지만 상호 영향을 주고받았던 것으로 보인다.

괴담 배상열의 『서계쇄록』

1) 괴담 배상열의 인물과 저술

육서와 자학과 성운 체계와 상수학을 기술한 『서계쇄록(書計瑣錄)』을 병오년(1786)에 지은 괴담(槐潭) 배상열(裵相說, 1760~1789)의 본관은 흥해(興海)이며, 자는 군필(君弼), 호는 괴담(槐潭)으로 여말선초 백죽당(栢竹堂) 배상지(裵尙志)의 후손이다. 조부는 배행목(裵行睦), 아버지는 배집(裵緝), 어머니는 안동 권씨로 권경여(權慶餘)의 딸이다. 배상열은 1760년 안동부(현 경상북도 봉화군 봉화읍 석평 2리 녹동)에서 태어나 5~6세에 이미 글을 읽고 썼으며, 성질은 온순하고 용모는 단아하였다고 한다. 일찍부터 천지조화와 우주의 이치에 관심을 가졌으며, 15세에 이미 『성리대전』에 실렸던 주희(朱熹)의 역학서인 『역학계몽(易學啓蒙)』과, 채원정(蔡元定)의 악서 『율려신서』 등의 천문(天文), 역학(易學), 악학 서적을 탐독

128) 이정옥, 『병와 이형상』, 글누림, 2014, 179~183쪽 참조. 병와와 명곡이 만나 나눈 담론이 실려져 있다.

하여 상수학에 깊은 조예를 가지게 되었다고 한다.

배상열은 21세 무렵에 안동부 일직현 소호(蘇湖, 현 경상북도 안동시 일직면 망호리)에서 강학을 하던 대산 이상정(李象靖, 1710~1781)의 문하에 들어가 천문, 성력(星曆)뿐만 아니라 도학(道學)의 학문 연구의 길로 들어섰다. 이때부터 『대학(大學)』을 연구하면서 일취월장하여 일가의 경지를 이루었으며 그 결과 『사서찬요(四書纂要)』 등을 저술하였다. 그리고 이기와 의리지학(義理之學) 등에 관한 내용을 정리하여 『호상종학록(湖上從學錄)』에 남기고 있다. 대산 이상정이 죽자 그의 동생인 소산(小山) 이광정(李光靖, 1714~1789)을 찾아가 문인이 되었다. 안타깝게도 1789년 31세의 젊은 나이로 세상을 떠났다. 그의 묘소는 경상북도 봉화군 봉화읍 석평 2리 녹동에 있으며 후손들이 중심이 되고 여러 후학들과 힘을 모아 경상북도 봉화군 봉화읍 석평 2리 녹동에 녹동리사(鹿洞里社)를 지어 기리고 있다.

그의 주자학에 대한 학문적 계보는 밀암(密庵) 이재(李栽)와 대산과 소산에 이어지는 퇴계의 학통을 이어받았으나 근기남인들과 소론 계열의 학문적 영향도 매우 컸던 것으로 보인다. 특히 역학과 산학(算學), 율려(律呂)와 천문 등을 공부하여 통달하였으며, 그는 천문학에 대한 이해가 깊었다. 특히 기삼백(朞三百)을 위주로 한 천문역법에 관심이 많아, 스스로 하늘의 별자리를 살펴 해와 달의 움직임을 계산하고 정확한 역법의 산출을 위해 필요한 수학 이론을 설명하였다.

이후 직접 일영대(日影臺)와 혼천의(渾天儀), 선기옥형(璇璣玉衡)[129]과 관련된 영역에 이르기까지 경학 외에 『성리대전』의 잡학에 이르기까지

129) 청량산박물관 엮음, 『괴담 배상열의 천문과 선기옥형』(청량산박물관연구총서 9), 청량산박물관, 2007.

학문적 넓이를 보여주고 있다.

배상열은 이기론(理氣論)에 있어 "이(理)란 무엇인가? 기(氣)의 주재(主宰)요, 기(氣)란 이(理)의 재료(材料)이다."라고 하는 것에서 알 수 있듯이 주리적 성리설을 주장하였다. 또한 도(道)와 기(器)를 대비하여 "도는 그릇이 아니므로 형상이 없고, 그릇은 도가 아니므로 스스로 설 수 없다."라고 하여 이(理)와 기(氣)를 도(道)와 기(器)에 비유하기도 하였다.

소암(素巖) 김진동(金鎭東)은 "괴담은 천지조화의 묘한 이치, 인륜일용(人倫日用)과 신심성명(身心性命)의 원리, 풀 한 포기, 나무 한 그루의 이치도 직접 체험해서 마음에 터득하지 않음이 없었다." "그는 생물을 죽이지 않았고, 돋아 오르는 새순도 꺾지 않았다."라고 하여 천지자연의 조화를 실천하고 있었다고 하였다.

배상열이 남긴 저서는 먼저 문집 『괴담유고(槐潭遺稿)』가 있으며, 저술로는 『성리찬요(性理纂要)』, 『사서찬요』, 『계몽도해(啓蒙圖解)』, 『서계쇄록』, 『도학육도(道學六圖)』 등이 있다. 문집 중 시는 「관물음(觀物吟)」과 「자탄(自嘆)」 두 편만이 전한다.

문집인 『괴담유고』는 6권 3책 목판본이며, 그의 형인 상현(相賢)에 의하여 편집, 간행되었으나, 간행연도는 미상이다. 권1에는 시(詩), 서(書), 제문(祭文), 서(序), 기(記), 잠(箴), 명(銘), 잡저(雜著), 권2~5에는 「독서차록(讀書箚錄)」, 「도학육도」 등이 수록되고, 권6은 부록으로 저자의 행장, 묘표, 묘지, 제묘 등이 수록되어 있다. 권3의 「도학육도」는 이기혼융(理氣渾融), 이오분합(二五分合), 천지만물조화, 심해만화(心該萬化), 인사물리(人事物理), 위학용공(爲學用功)의 6개 도표로 천명(天命)의 근원과 인사(人事)의 도덕 및 수양 방법을 밝힌 내용이다. 이는 역을 근거로 하여 상수학(象數學)의 입장에서 규명한 저자의 대표적 글이다. 권4의 「역설제도(易說諸圖)」는 복희팔괘(伏羲八卦) 및 문왕후천도(文王後天圖) 등 16개의 도표를 그린 것이고, 「추대연수(推大衍數)」는 『주역』을 도수(度數)로 설명한 것이다. 권5의 「기삼백해(朞三百解)」는 천체주위지도(天體周圍之圖) 등 수십 개의 도표를 그려서 연월일시의 분도수(分圖數)를 설명한 것이다. 권6은 부록으로, 행장은 김진동이 쓴 것이고, 묘표는 1795년 유장원(柳長遠)이 지은 것이며, 묘지는 정종로(鄭宗魯)가 지었다.

1799(정조 23)년 조술도(趙述道)의 서문, 김한동(金翰東)이 쓴 발문인 『괴담유고』의 지(誌)와 황용한(黃龍漢)이 1808(순조 8)년에 쓴 발문이 있다.130)

『사서촬요후서(四書撮要後序)』는 사서를 숙독완미(熟讀玩味)하던 중 핵심이 되는 문장만을 추려 2권 1책으로 엮은 『사서촬요』에 붙인 서문으로, 사서를 읽고 느낀 생각을 차분히 적은 독서록의 성격을 띤 글이다. 저자의 진지한 학문 태도가 잘 드러나 있다. 잡저 『주남소남탄(周南召南嘆)』에서는 공자가 아들 백어(伯魚)를 불러 주남소남을 읽어보았느냐고 물었던 고사를 상기한 뒤, 과연 이 말을 듣고 반복하여 읽어본 뒤 참된 진리가 감추어져 있어 말로는 설명할 수 없음을 깨달았다고 하였다.

『서계쇄록』은 정조 10(1786)년에 배상열이 편저한 문자와 수리의 연구서로 필사본 2권 2책으로 현재 국학진흥원에 소장되어 있다. 이 책은 17.3×29.3cm 크기로 상권은 무선무괘로 되어 있고 하권은 유선유괘로 상하내향화문어미(上下內向花紋魚尾)로 11행 24자로 필사되어 있다. 이 책은 서(書)와 계(計), 즉 문자에서 음의 고저청탁(高低淸濁), 음절(音節), 사성법(四聲法), 절운법(切韻法) 등과 수리를 연구하는 데 필요한 것을 적은 것으로, 사대부의 자제를 위한 것이라 생각된다. 이 책의 내용을 보면, 상권인 육서총괄(六書總括)은 사성(四聲), 자모음법(字母音法), 십사성법(十四聲法), 정성방법(定聲方法), 변성요결(辨聲要訣), 절운자결(切韻字

---

130) 한국국학진흥원, 『괴담 배상열』(국학진흥원국역총서 4), 안동국학진흥원, 2014.

訣), 윤성장결(閏聲掌訣), 자모절운법(字母切韻法), 홍무자모지도(洪武字母之圖), 언자초중종성지도(諺字初中終聲之圖), 자모(字母), 자자변(字子辨), 자모류동(子母類同)으로 되어 있다. 하권인 구서총괄은 수본(數本), 수구(數具: 乘, 除, 開方, 治子母零分), 심초체가배(審超遞加倍), 측고원심도(測高遠深度), 성방원열직(星方圓劣直), 어비류호환(御比類互換), 양전(量田), 양퇴적(量堆積), 조력법(造曆法)으로 되어 있다.

당시 유가사대부는 서(書)와 수(數)를 10세 이전에 배워야 했을 정도로 서와 수는 중요한 것이었고, 이를 가르치는 책도 많았다. 따라서 선별이 곤란한 것을 염려하여 저자는 그 중 몇 책을 참고삼아 이 책을 저술하였음을 서문에서 밝히고 있다.

그 뒤 유창용(柳昌用)이 써넣은 서문을 보면 "배상열은 총명하여 삼재(三才)의 도(道)와 육예(六藝)의 학문을 두루 닦았으나, 겨우 30세에 죽었다. 그 뒤 얼마 안 되어 사림(士林)에서 사당을 세워 존향한 인물이다. 그의 자학(字學)은 운(韻)에 의거해서 빠진 것을 보충하고, 수학에 새로운 경지를 개척하였으니 모두 다 공이 영특한 때문이다. 서와 계의 원류는 비록 다하지 못했다 해도 보는 사람으로 하여금 쉽게 이해되도록 하였으니 서, 수에 관한 지표가 된다."고 칭찬하고 있다. 한마디로 말해서 이 책은 사대부가 육예에 통달하기 위해 공부하는 데 편리하도록 편집, 저술한 책이다.

『도학육도』는 조선 후기 천재 학자로 알려진 배상열이 22세인 1781년 당시의 거유 이상정(李象靖)의 문하에 들어간 배상열이 경전과 성리학의 체계를 학습하고 수년간 몰두한 끝에, 우주 만물에서 인간 심성의 구조 원리, 수양과 실천의 체계를 6개의 도면으로 정리한 것이 『도학육도』이다. 『도학육도』는 그의 요절을 안타깝게 여긴 형에 의해 수습되어 1809년 『괴담유고』 권3으로 간행되었다. 1권 1책이며, 목판본이다. 표제는 '道學

六圖'이다. 계선 형태는 이어진 계선이다. 어미는 상하내향이엽화문어미(上下內向二葉花紋魚尾), 광곽은 사주쌍변(四周雙邊)이다. 가로 22.1cm, 세로 32.8cm이다. 행수는 11행, 한 행의 자수는 23자이다.

『도학육도』는 『괴담유고』의 제3권에 편차되어 있으면서도 조금 색다른 편제를 취하고 있다. 즉 본문을 시작하기에 앞서 권두에 별면으로 서문을 달고 있는데, 이 글은 배상열이 세상을 떠나고 4년 뒤인 1793년 허만이 지은 것이다. 그 뒤에 육도의 본문이 있고, 그 뒤에는 또 1808년에 쓴 남한조의 발문과 1807년에 쓴 허원의 발문이 붙어 있다. 허원의 글은 5언과 7언을 섞은 장단구의 시편이다.

육도의 내용은, '제1이기혼융지도', '제2이오분합지도', '제3천지만물조화지도', '제4심해만물조화지도', '제5인사물리지도', '제6위학용력지도인데', 제5인사물리지도는 다시 「일신일가방국지도(一身一家邦國之圖)」, 「신심성정지덕(身心性情之德)」, 「인륜일용지상(人倫日用之常)」, 「천지귀신지변(天地鬼神之變)」, 「조수초목지의(鳥獸草木之宜)」 등 인간의 심성과 인륜 도덕, 사회 국가, 천지 만물, 조수 초목 등 물리 세계에 대한 5개의 도설로 구분되어 있다. 배상열은 이상의 내용을 수렴하는 개념이 '도(道)'라고 하여, 이상의 내용을 담은 저작을 『도학육도』라고 한 것이다.

중국과 조선시대의 성리학자들은 자신들의 관념적 학설을 도해로 활용하여 설명하기를 즐겨했는데, 『도학육도』는 조선시대 유학자들이 남긴 도해 중에 가장 심오하고 정치한 이론을 담고 있다는 점에서 주목할 만한 자료이다.[131)]

소옹 역학의 최대 특징은 상수학에 있다. 이는 진단 역학의 체계가 상수학 방면에서 발전된 것이다. 『황극경세서』는 바로 상수학의 체계로

131) 안병걸, 「괴담 배상열의 도학육도 해제」, 『안동문화』 8, 안동대학교 안동문화연구소, 1988.

써 우주의 일체를 개괄하고, 아울러 미래의 사변을 예측하고자 시도하였다. 소옹의 역 해석은 도식을 이용하는 도서학파의 특징을 이어받아 대량의 도식을 만들었다.

『서계쇄록』의 구성과 내용

『서계쇄록』은 정조 10(1786)년에 배상열이 편저한 문자와 수리의 연구서로 필사본 2권 2책으로 되어 있다. 이 책은 서(書)와 계(計), 즉 문자에서 음의 고저청탁, 음절, 사성법, 절운법 등 성운학적 연구 성과를 도식을 활용하여 요약한 내용과 상수학을 연구하는 데 필요한 내용을 모은 저술이다. 저술 목적은 사대부의 자제들을 교육시키기 위한 것이라 생각된다.

『서계쇄록』 서문에 이 책을 지은 이유와 경위를 분명히 밝히고 있다.

> "『예기』에 열 살이 되면 서(書)와 계(計)를 배운다고 하였는데 서는 바로 육서(六書)이고 계는 바로 구수(九數)이다. 서는 마음의 그림을 보기 위한 것이고 수는 사물의 변화를 다하기 위한 것이다."[132]

『예기』에서 열 살이 되면 배워야 자학과 상수에 대한 내용을 이십이 다 되어 학습을 하게 되었으며 이를 위해 다른 사람에게 많은 서책을 빌려 공부했음을 밝히고 있다. 특히 서법(書法)을 읽히기 위해 『설문』, 『광운』, 『자휘』, 『자림』, 『수감』, 『옥편』, 『예부운략』, 『운보』, 『운부군옥』, 『운고』, 『운휘』 등의 책을 참고하여 자학 공부의 지남을 삼아 이 『서계쇄

132) "記曰 十年學書計, 書卽六書也, 計卽九數也. 書以觀心畵, 數以盡物變故"(『書計鎖錄』 序文).

록』을 지었다고 밝히고 있다.

수법의 경우에는 "정수를 주장하는 경우 보승법과 상제법 두 가지 방법을 숭상하고, 변수를 주장하는 경우 인법, 가법, 승법, 귀법, 감법, 제법 여섯 가지 방법을 숭상한다. 쌍일가감손익승제의 항목과 대승삼백, 대제삼백의 제목, 또 삼인, 삼승, 가일, 가이의 종류 등 참으로 하나가 아니라 대단히 많다."133)라고 하여 수법의 다양함과 오묘한 이치를 볼 수 있다고 하고 있다. 특히 정수의 두 가지 방법과 변수 여섯 가지 방법 가운데 승법으로는 보승이 방법과 제법으로 귀제 한 가지 방법이 더욱 오묘한 이치를 담고 있음을 밝히고 있어 현대 수학 이론에 근접해 있다.

『서계쇄록』은 필사본으로 현재 안동국학진흥원에 소장되어 있다. (상)(하) 2권으로 17.3×29.3cm 크기로 상권은 79장 하권은 43장으로 한지에 정서체로 필사되어 있으며 1면 10행 1행 24자 내외로 필사되어 있고 5침안정으로 제책되어 있다. 표지의 제첨은 보이지 않고 내표지에 "書計瑣錄"으로 되어 있고 이어서 "書計瑣錄序"와 "書計瑣錄目錄"에 이어 본문이 이어진다. 본문은 크게 두 부분으로 '육서총괄'과 '구서총괄'로 구성되어 있다.

『서계쇄록』을 구성하고 있는 두 가지 곧 서법인 자학과 상수학인 구수학을 정리하게 된 학문적 배경은 역학과 『성리대전』의 소옹의 학설에 있다고 할 수 있다.

괴담 배상열은 18세기 말경에 역학과 상수학에 바탕을 둔 성운학의 연구자로서 아직 잘 알려지지 않은 분이다. 짧은 생애 동안 남겨 놓은 배상열의 학문세계는 근기남이 계열의 학풍과 너무 밀접하고 있다는

133) "正數者以, 步乘, 商除, 二法爲尙主, 變數者以, 回, 加, 乘, 歸, 減, 除 六法爲尙至여, 雙一加減損益乘除之目, 代乘三百, 代除三百之題, 又如三因, 三乘, 加一, 加二之類, 固不一而足, 蓋千蹊萬逕, 皆加以適國, 固足以觀數法之, 無往不値而, 亦可見古人制籌之妙矣"(『書計鎖錄』 序文).

점이다. 다시 말해 명곡 최석정이나 병와 이형상, 식산 이만부 등의 계열로 역학과 상수, 성운과 자학, 선기옥형 천문학의 성과들이 관념적 심학의 연구와 더불어 나타난다는 측면에서 퇴계학파로서는 다소 이단적인 모습을 띠고 있다. 특히 대산과 소산의 문하에서 학문을 닦은 분으로서는 예상 밖의 유학자라고 하지 않을 수 없다.[134)]

먼저 그가 남긴 핵심적인 저술인 『서계쇄록』의 내용 구성에 대해 살펴보고 특히 전편인 자학과 성운학에 대해서 중점적으로 살펴보도록 하자.

『서계쇄록』 상권의 목록을 요약해서 도식화하면 다음과 같다.

『서계쇄록』 상권

서계쇄록 서	丙午 冬 興海 裵相說 謹識
서계쇄록 목록	
六書總括	六書總括(象形, 會意, 轉注, 處事, 假借, 諧聲)
	四聲
	五字音法
	十四聲法
	定聲方位
	辨聲要訣
	切韻字訣
	調聲掌訣
	字母切韻法
	洪武韻字母
	諺字初中終聲
	字母
	字子
	韻彙
	玉篇

134) 청량산박물관 엮음, 『괴담 배상열의 천문과 선기옥형』, 청량산박물관, 2007. 그리고 그의 문집 번역은 배상열 지음, 박권수·서대원·남경욱 옮김, 『괴담유고』, 한국국학진흥원, 2014.

『서계쇄록』 하권

九數總括	數本	辨紀名位數: 紀名位數, 位數
		測高深廣遠: 測高, 測遠, 測廣深, 以矩度測遠度高: 量影測高, 以目測高, 地平測遠, 測深
		量方圓尖直: 量方
	數具－乘	明乘除開方: 九九口訣, 乘法辨位訣, 法數進步訣, 乘法例式
	數具－除	九歸口訣, 除法辨位訣, 歸數定位訣, 量圓, 量尖, 量直
	御比類互換	相乘, 相除, 異乘同乘, 異除同除, 異乘同除, 同乘異除, 開方, 除去例式
	開方	開方說式: 開平方, 開立方, 開帶定方
	治字母零分	余分, 約分, 通分, 課分, 盈不定述, 正負
	散錄	量田, 量堆積, 造曆法
	附錄	碁三百解

『서계쇄록』 상권에는 자학의 중심 내용인 육서에 대한 총괄분석을 싣고 있다. (1) 육서총괄 (2) 성운도해, (3) 사성, (4) 오음(청탁), (5) 14성법, (6) 정성 방위, (7) 변성요결/절운자결, (8) 성조장결, (9) 자보절운법, (10) 홍무정운 자모도, (11) 언자 초중종성도, (12) 자모, (13) 자지변, (14) 자모유동과 같은 내용이 요목별로 정리되어 있다. 이 책의 내용을 파악하기 위해 먼저 내용 가운데 핵심적인 내용만 간추려 정리해 볼 필요가 있다.

(1) 육서총괄

한자의 형성 기원을 6가지로 풀어서 설명한 내용인데 후한시대 허신(許愼)의 『설문해자』에 상형(象形), 지사(指事), 회의(會意), 형성(形成), 전주(轉注), 가차(假借)로 구분하였는데 배상열은 상형, 회의, 전주, 처사(處事), 가차, 해성(諧成) 여섯 가지로 구분하고 있다.

(2) 성운도해

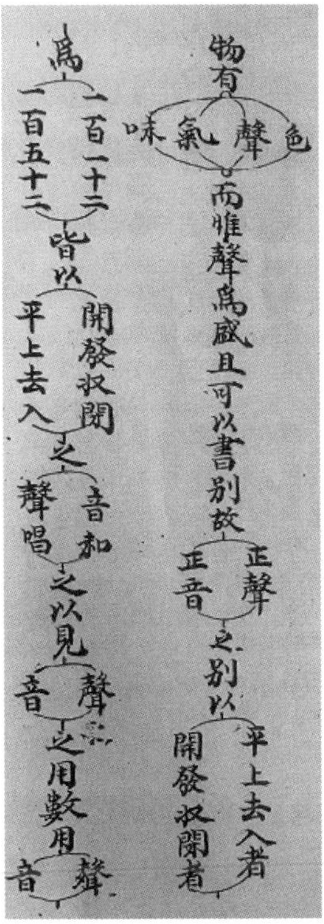

〈그림 1〉

다음은 역학에 기반을 둔 성음의 생성 기반에 대한 내용을 5종의 도해로 기술하고 있다. 이는 마치 이황의 성학십도와 같은 형식으로 자연우주 생성의 역학과 성음 및 상수 이론을 도식으로 요해한 결과이다. 소옹 역학의 최대 특징은 수학에 특징이 있다는 점이다. 이는 진단 역학의 체계가 수학의 방면에서 발전된 것이다. 『황극경세서』는 바로 상수학의 체계로써 우주의 일체를 개괄하고, 아울러 미래의 사변을 예측하고자 시도하였다. 소옹의 역 해석은 도식을 이용하는 도서학파의 특징을 이어받아 대량의 도식을 만들었던 것에 영향을 받은 결과이다.

소옹의 『황극경세성음도』에서 정음과 정성을 평, 상, 거, 입과 개, 발, 수, 폐에 따라 배열하고 그에 해당하는 성수의 총수를 도회로 요약하고 있다. 곧 12음은 청탁과 개발수폐로 구분하고 10성은 벽흡과 평사거입으로 구분하여 12음은 성모를 10성은 운모를 각각 가리킨다. 이들의 배합으로 세상 만물의 성음의 총 수를 산출해내는데 이를 도식화하여 나타낸 것이다.

세상 만물에는 색, 성, 기, 미로 이루어지고[135] 이 가운데 소리는 글로

135) 송나라 『성리대전』에 수록된 소옹의 『황극경세성음도』의 아래에 소백온(邵伯溫), 채원정(蔡元定) 등의 주에 다음과 같이 설명하고 있다. "邵伯溫曰: 物有聲色氣味, 可考而見唯聲爲甚, 有一物則有一聲, 有聲則有音, 有律則有呂, 故窮聲音律呂, 以窮萬物之數, 數亦以而爲本, 本

나타내며 이는 다시 정성과 정음으로 구성되어 있다. 정음과 정성은 다시 평, 상, 거, 입과 개, 발, 수, 폐로 구분되는데 소옹의 『황극경세서』의 「성음창화도」에 따르면 운(韻)을 천성(天聲)이라 하고 성(聲)을 지음(地音)이라고 하였다. 천성은 다시 평·상·거·입의 사성을 각각 하늘의 사상인 일·월·성·신에 대입하여 설명하였고 사성은 다시 일·월·성·신으로 나누어 16개의 소류 가운데 홀수는 벽음, 짝수는 흡음이라 구분하였다.

배상열은 이 성운양분체계를 도식으로 나타낸 결과이다. 세상의 만물을 색, 상, 기, 미로 구분하고 이들 모두에 성음이 존재하는데 그 성음을 정성과 정음으로 이를 다시 평, 상, 거, 입과 개, 발, 수, 폐로 사성으로 나누면 16개의 소류로 구분이 된다. 이 16개의 소류에는 각각 운류가 10개씩 포함된다. 이 10개의 운류는 태양, 소양, 태강, 소강의 각각의 체수인데 결국 160×10=160개의 운류 곧 체수가 된다. 그런데 소리가 없는 ●을 제외하면 7성×4×4=112개의 운류 곧 용수가 된다.

지음은 다시 평, 상, 거, 입과 개, 발, 수, 폐로 사성으로 나누면 16개의 소류로 구분이 된다. 이 16개의 소류는 태음, 소음, 태유, 소유의 각각의 체수인데 12성류와 배합하면 192개의 성류가 곧 체수가 된다. 여기에 소리가 없는 ■를 제외하면 152개가 남는데 이것이 용수이다.

이를 요약하면 다음과 같다.

乎四象故也"(以下 略). "西山蔡氏曰…物有聲色氣味, 唯聲爲盛, 且可以書別, 故以正聲之平上去入, 正音之開發收閉. 列而爲圖, 以見聲音之全數…." 이상 『성리대전』의 내용을 도회로 나타낸 것이다.

정성		
글자+○{글자없음}+●{소리없음}	10성×4×4	160체수
글자+○{글자없음}	7성×4×4	112용수
글자		112－29=83

정음		
글자+□{글자없음}+■{소리없음}	12음×4×4	192체수
글자+□{글자없음}	192－40	152용수
글자		152－29=132

전수		
160(정성체수)×192(정음체수) 192(정음체수)×160(정성체수)	30,720 30,720	동물의 전수 식물의 전수
112(정성용수)×152(정음용수) 152(정음용수)×112(정성용수)	17,024 17,024	동물의 용수 식물의 전수
17,024(동물용수)×17,024(식물용수)	289,816,576	동식물전수

> "자모 264개가 서로 교류하여 상호 변화가 시작되어 17,024개에 이르러 마침내 289,816,576개로서 한 개의 괘에서 256괘로서 천지만물의 진퇴와 차고 비거나 소멸되거나 생성되는 것을 나타낸다."136)

〈그림 2〉는 『황극경세서』에 실린 소옹의 「율려성음」을 도식화한 내용으로 성음의 총수를 나타내고 있다.

『황극경세서』 「관물내편」 2에서 말하기를 "일음과 일양이 교류하여 하늘이 작용한다. 일강과 일유가 교류하여 땅의 작용을 다 한다." 그리고 "태양의 체수는 10이고 태음의 체수는 12이며, 소양의 체수는 10이고 소음의 체수는 12이다. 소강의 체수는 10이고 소유의 체수는 12이며 태강의 체수는 10이고 태유의 체수는 12이다" 그런데 이 책에서는 태음,

136) "字母二百六十四相交, 而互變始於, 一萬七千二十四, 極於二萬八千九百八十, 一萬六千五百七十六, 以取掛一之, 二百五十六掛, 以觀天地萬物之, 進退盈虛消長也"(『書計瑣錄』 上).

소음, 태유, 소유의 체수를 292로 산출하고 있는 바 오류이다.

"태양, 소양, 태강, 소강의 체수는 160이고 태음, 소음, 태유, 소유의 체수는 192이며, 태양, 소양, 태강, 소강의 용수는 112이고 태음, 소음, 태유, 소유의 용수는 152이다." 그런데 이 책에서는 252로 산출하여 오류를 범하고 있다.

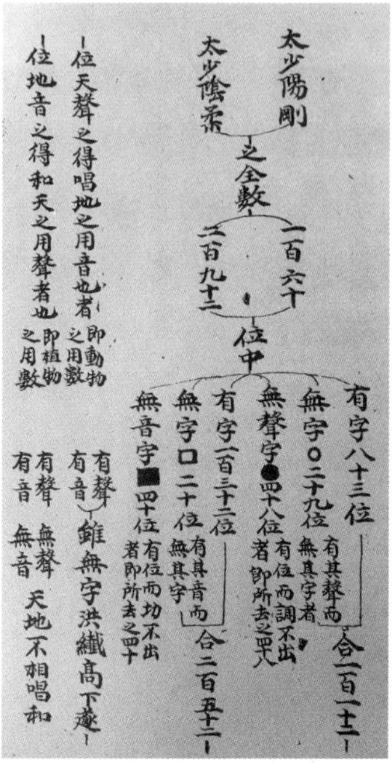

〈그림 2〉 천지 천성과 지음의 정음 총 수

하늘은 음과 양으로 갈리고 성을 지배하지만 땅은 강유로 나뉘고 음을 지배하니 천성과 지음이라고 한다. 천성은 모두 160개, 지음은 모두 192개임으로 160×192=30,720개가 천지의 정음의 총 수가 된다. 이는 우주 역학을 상수 체계로 기술하려는 성리학 특히 역학자들의 설명 방식인 것이다.

정성 총수 160개에서 소리가 없는 글자를 제외하면 총 83개의 글자가 남고 글자가 없는(○) 29개, 소리가 없는(●) 48개이다. 곧 160개에서 이 글을 제외한 용수가 83이 된다.

또 정음 192개의 체수 가운데 유자는 12개이다. 곧 글자가 없는(□) 20개와 소리가 없는(■) 40개를 제외하면 총 132개가 남게 된다. 그러나 『서계쇄록』(상)에서는 정음의 총수를 292개로 파악하고 있는 바 이는 분명한 잘못으로 판단된다.

결국 정성과 정음은 만물의 모든 음을 만들어내는 과정을 역학 상수로 풀이해낸 결과이다. 일·월·성·신의 변수는 17,024개로 이를 돌물의 수라 하고 수·화·토·석의 화수는 17,024개로 이를 식물의 수라 하여 이들을 아우르면 동식통수 289,816,567개가 곧 세상만물의 성음의 총수라는 말이다.

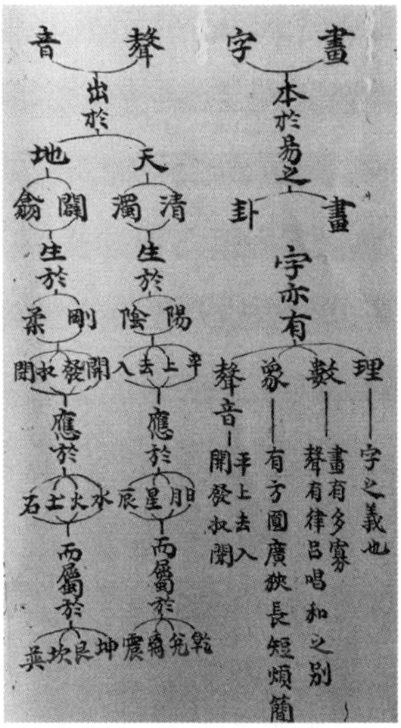

〈그림 3〉 성음과 자획의 관계도

〈그림 3〉은 성음은 천지에서 나오고 자획은 역학에서 근본한다고 정의하고 있다. 곧 하늘은 움직임에서 생기고 땅은 고요함에서 생긴다. 하늘과 땅의 움직임과 고요함의 크기에 따라 태양, 소양, 태음, 소음과 태유, 소유, 태강, 소강으로 구분된다. 또한 음양이 교합하여 하늘의 사상, 즉 일·월·성·신을 낳고 강유의 교합으로 땅의 사상 곧 수·화·토·석을 낳는다는 원리를 도식화한 결과이다. 자획은 역학의 괘와 그림에 따라 나타나며 이, 수, 상, 성음에 따라 자획과 의미, 그리고 율려창화, 글자의 크기, 평, 상, 거, 입, 개, 발, 수, 폐가 결정된다. 〈그림 3〉도 역시 〈그림 2〉와 같은 성음 생성의 역학적 원리를 도식화한 것으로 당시 배상열의 역학과 상수학의 원리에 상당한 식견을 가지고 있었던 것으로 평가할 수 있다.

사성

사성에 대한 기술은 신공(神珙)의 『원화운보(元和韻譜)』의 기술과 동일하게 평성애이안(平聲哀而安, 평성은 애처로우면서도 편안하다), 상성여이거(上聲厲而擧, 상성은 거세면서도 들린다), 거성청이원(去聲淸而遠, 거성은 맑으면서 유원하다), 입성직이촉(入聲直而促, 입성은 곧바로 촉급하다)으로 기술하고 있다.[137] 세주는 명나라 진공(眞空)의 「옥륜시가결(玉鑰匙歌訣)」

의 내용과 동일한 "평성은 평탄하므로 낮거나 숙이지 않고, 상성은 거세고 높으며 맹렬하고 세며, 거성은 분명히 애처롭고 유원하며, 입성은 짧고 촉급하여 급히 끝난다(平聲平道勿低昂, 遇上高, 呼猛厲强. 去韻哀哀音漸遠. 入宜短促急權藏)."라고 부연을 하고 있다.

이 기록은 최세진의 『훈몽자회』 끝에 나오는 기록과 비슷하다.[138] 따라서 배상열이 최세진의 『훈몽자회』 기록을 정리한 것으로 보인다.

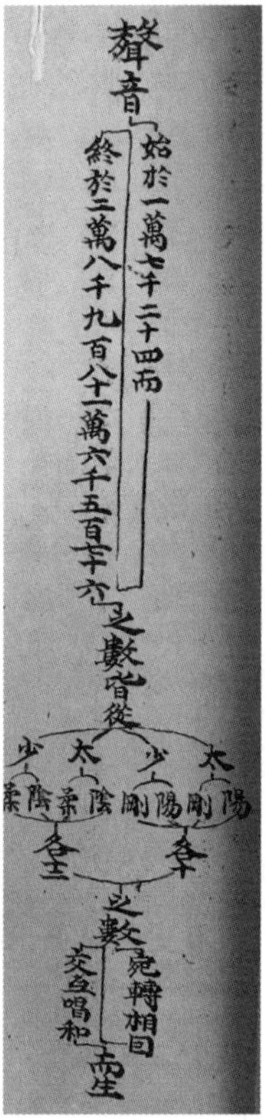

〈그림 4〉 성음 총 수

언자 초중종성도

〈그림 5〉는 ① 초성과 종성에 두루 쓰이는 여덟 글자(初聲終聲通用八字)로 'ㄱ, ㄴ, ㄷ, ㄹ, ㅁ, ㅂ, ㅅ, ㆁ' 8자의 명칭을 초성과 종성으로 구분하여 나타내고 있다. 다만 末⃝, 衣⃝ 두 글자는 다만 본자의 풀이를 취하여 우리말로 읽기 때문에 '동그라미를 친 것이다'라고

137) 신기(神琪)의 『사성오음구롱반세도(四聲五音九弄反細圖)』 서문에는 『대광익회옥편』 "보에 이르면 평성은 애이안(哀而安, 애잔하며 안정됨), 상성은 여이거(厲而擧, 갈며 들림), 거성은 청이원(淸而遠, 맑으며 멈), 입성은 직이촉(直而促, 곧으며 촉급함)(譜曰平聲者, 哀而安, 上聲者厲而擧, 去聲者淸而遠, 入聲者直而促)"라고 하였는데 『원화보(元和譜)』의 사성론을 다소 수정한 뒤에 다시 사시(四時)와 대비시켜 놓은 것이다. 정초의 『칠음략(七音略)』 서문에는 "사성은 날줄이 되고 칠음은 씨줄이 된다. 강좌의 선비들은 평, 상, 거, 입이 사성이 있음을 알고 있으니 궁, 상, 각, 치, 우, 반치, 반상이 가로로 칠음을 이루는 것을 알지 못하고 세로로 날줄이 되고 가로로 씨줄이 되니 날줄과 씨줄이 서로 엇갈리지 않는 때문에 운을 세우는 근원을 잃지 않게 된다(四聲爲經, 七音爲緯, 江左之儒, 知縱有平上去入爲四聲, 而不知衡有宮商角徵羽半徵半商爲七音, 縱成經, 衡成緯, 經緯不交, 所以失立韻之源)."이라 하였다.

138) "凡字音高低 皆以字傍點之有無多少 爲準, 平聲無點 上聲二點 去聲入聲皆一點, 平聲哀而安 上聲厲而擧 去聲淸而遠 入聲直而促 諺解亦同"(崔世珍의 『訓蒙字會』 凡例).

하여 최세진의 『훈몽자회』 「범례」를 그대로 소개하고 있다. ② 초성에 홀로 쓰는 여섯 글자(初聲獨用六字)는 'ㅈ(卽), ㅊ(浸), ㅌ(呑), ㅋ(快), ㅍ(漂), ㅎ(虛)' 6자를 들고 있는데 최세진의 『훈몽자회』 「범례」의 초성독용팔자(初聲獨用八字)와 차이를 보인다. 먼저 'ㅿ(而)', 'ㅇ(伊)' 두 글자를 생략하여 초성으로 인정하지 않고 있으며 그 용자도 모두 차이를 보인다. 'ㅿ'의 소실과 'ㅇ'자를 초성자로 인정하지 않고 있는 점이 특징이다. ③ 중성 열한 글자(中聲十一字)로 'ㅏ(覃), ㅑ(穰), ㅓ(業), ㅕ(彆), ㅗ(洪), ㅛ(欲), ㅜ(君), ㅠ(戌), ㅡ(卽), ㅣ(侵), •(呑)'인데 최세진의 『훈몽자회』 「범례」의 중성독용십일자(中聲獨用十一字)와 글자 숫자는 같지만 중성의 용자는 다르며 여기서는 『훈민정음 해례』의 용자를 사용하고 있다. ④ 중성을 합하여 쓰는 두 글자(合中聲二字)는 'ㅘ(光), ㅝ(月)'만 들고 있다. 최세진의 『훈몽자회』 「범례」 초중성합용작자례(初中聲合用作字例)와는 전혀 달리 중성의 합자 두 글자만 제시하고 있다. ⑤ 중중성(重中聲) 한 글자(重中聲一字) 'ㅣ(横)'을 들고 있다.139)

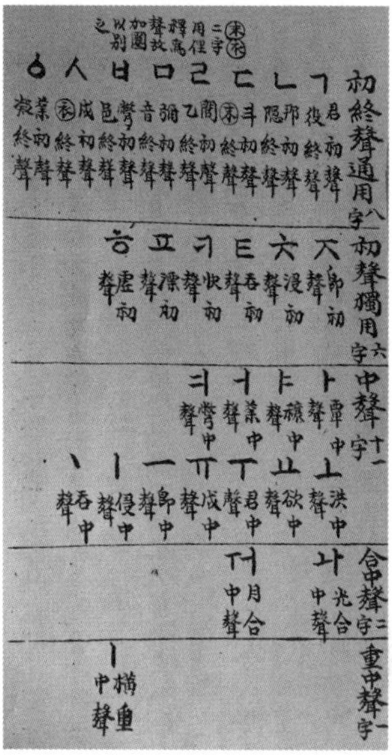
初終聲通用八字
ㄱ 君初聲 役終聲 ㄴ 那初聲 隱終聲 ㄷ 斗初聲 ㊟末終聲 ㄹ 閭初聲 乙終聲 ㅁ 彌初聲 音終聲 ㅂ 彆初聲 邑終聲 ㅅ 戍初聲 ㊟衣終聲 ㆁ 業初聲 凝終聲
初聲獨用六字
ㅈ 卽初聲 ㅊ 浸初聲 ㅌ 呑初聲 ㅋ 快初聲 ㅍ 漂初聲 ㅎ 虛初聲
中聲十一字
ㅏ 覃中聲 ㅑ 穰中聲 ㅓ 業中聲 ㅕ 彆中聲 ㅗ 洪中聲 ㅛ 欲中聲 ㅜ 君中聲 ㅠ 戌中聲 ㅡ 卽中聲 ㅣ 侵中聲 ㆍ 呑中聲
合中聲二字
ㅘ 光合中聲 ㅝ 月合中聲
重中聲一字
ㅣ 横重中聲

〈그림 5〉 초종성통용 8자 외

139) 『삼운성휘(三韻聲彙)』: 영조 27(1751)년 홍계희(洪啓禧)가 『삼운통고』, 『사성통해』, 『홍무정운』 등의 운서를 참고로 하여 지은 우리나라 운서로 상, 하 2권과 부록으로 옥편 1권으로 되어 있다. 처음 김재로(金在魯)가 계획하고 있었으나 홍계희가 편찬하고 정충언(鄭忠彦)도 그 완성에 참여하였다. 체재는 『삼운통고』와 마찬가지로 평, 상, 거성 소속 한자를 한꺼번에 배열하는 3단 체재를 취하였으나, 자순은 현실 우리나라 현실 한자음에 입각하여 한글 자모순으로 배열하였다. 한자의 주해는 대개 『증보삼운통고』와 같으나 간혹 상세하게 주해를 단 것이 있으며, 한자음표기는 한글로 하되, 우리나라 한자음을 먼저 기록하고 중국 본토 자음을 그 밑에 기록하였다. 우리나라 한자음이 혼란 상태에 빠져 있다는 생각에

"이 언자는 곧 어제훈민정음이며 무릇 모든 글자는 초중종삼성이 있으며 삼성이 합한 연후에 하나의 글자를 이루는데 초성 ㄱ 중성 ㅗ 종성 ㆁ이 합친 이후에 글자를 이루어 공 곧 公 자의 음이 된다. 나머지는 이와 같다."[140]

훈민정음의 합자 원리를 잘 인식하고 〈그림 5〉를 반절식으로 활용하여 사람마다 익히기를(欲使人易曉也) 바라고 있다. 그리고 '훈민정음'과 달리 'ㅇ(喩母), ㆆ(影母), ㅿ(日母)' 세 글자 가운데 'ㅇ, ㆆ' 두 글자는 'ㆁ(疑母)'에 합류했고 'ㅿ'는 'ㅅ'과 'ㅇ'의 사잇소리로 우리나라에서는 성음이 어렵기 때문에 수록하지 않았다[141]고 한다.

훈민정음에서는 '광(光)', '월(月)' 등의 중성이 없었으나 속음에는 두 개의 중성을 합한 'ㅘ, ㅝ'를 제시하였다. 그리고 이것을 합중성이라고 규정하였다.

"본래 중성 외에 또 ㅣ중성(橫)으로 글자가 이루어지는 것은 침(侵)의 중성 ㅣ와 같지 않기 때문에 또 아래와 같이 중중성이라고 한다."[142]

서 현실음도 일부는 개정한 규범음으로 표시하려고 노력하였으며, 중국 본토자음은 대개 『사성통해』음을 따랐다. 보편인 『옥편』은 자획 순으로만 되어 있고, 한글로 표음되지는 않았다. 『삼운성휘』의 범례에는「언자초중종성지도(諺字初中終聲之圖)」가 실려 있어서, 18세기에 쓰이고 있던 한글의 자모 수 등을 보여주고 있으며, 한글 자모 하나하나를 『훈민정음』 예의편에 있는 한자들을 그대로 이용하여 초성, 중성을 설명하였으며, 8종성을 최세진의 『훈몽자회』 범례에 실려 있는「초성종성통용팔자(初聲終聲通用八字)」에 이용된 한자로써 설명하였다. 이 표에서는 한글자모의 배열 순서를 현행과 거의 같이 'ㄱ, ㄴ, ㄷ, ㄹ, ㅁ, ㅂ, ㅅ, ㅇ, ㅈ, ㅊ, ㅋ, ㅌ, ㅍ, ㅎ, ㅏ, ㅑ, ㅓ, ㅕ, ㅗ, ㅛ, ㅜ, ㅠ, ㅡ, ㅣ'로 하였으며, 다른 모음들의 뒤에 결합되어 중모음을 형성하는 'ㅣ' 모음을 중중성(重中聲)이라고 한 것이 특색이다. 또, 한글 자모의 수를 25자로 하고, 주에서 훈민정음의 'ㅇ', 'ㆆ'는 속(俗)에서 'ㆁ'과 합해지고, 'ㅿ'은 'ㅅ, ㅇ'의 간음이라고 하였다.

140) "此諺字卽, 御製訓民正音也. 凡字皆有初中終三聲, 三聲合然後, 乃成一字, 如初聲ㄱ中聲ㅗ終聲ㆁ, 併合而爲공, 卽公字之音也, 餘倣此"(『書計瑣錄』 上).

141) "訓民正音又有, ㅇㆆㅿ三初聲而ㅇ(喩母)ㆆ(影母)俗與ㆁ(疑母), 合ㅿ(日母)卽 ㅅㅇ間音而, 我國難於成音, 故今不錄"(『書計瑣錄』 上).

라고 하여 조선 후기에 w-계열의 이중모음은 'ᅱ'도 존재했을 텐데 이것에 대해서는 중중성이라고 하여 별도로 다루고 있다.

142) "本中聲外又得 ㅣ中聲而成字與侵中聲 ㅣ不同, 故又附於下曰重中聲"(『書計瑣錄』 上).

제2장 훈민정음 연구

1. 보한재 신숙주의 생애와 업적

보한재 신숙주의 삶

신숙주(申叔舟, 1417년 8월 2일~1475년 7월 23일)의 자는 범옹(泛翁), 본관은 고령으로 1417(태종 17)년 6월 13일에 출생하여 1475(성종 6)년 59세를 일기로 돌아가셨다. 그러니까 올해가 탄신 600돌이 되는 해이다. 선생의 호는 보한재(保閑齋) 또는 희현당(希賢堂)이며, 본관은 고령(高靈)이다. 희현당이라는 호는 1445년 황찬(黃瓚)이 요동에 건너갔을 때에 그가 지어준 것이라 한다. 그 후 1468(세조 14)년에 호를 다시 보한재로 사용하였다. 그의 유고집 『보한재집』은 1645(인조 23)년 영천에서 중간한 목판본이며, 이를 1922년에 다시 목활자본으로 간행하였는데 신철우(申哲雨)

개찬의 「보한재선생 연보」가 실려 있다. 이 글에서는 1922년에 목활자본에 실린 「보한재선생 연보」, 신경식 님이 작성한 「보한재 신숙주 할아버지 연보」(인터넷 다음 참조), 강주진(1988) 박사가 쓴 『보한재 신숙주전』, 김슬옹 박사가 정리한 「신숙주의 발자취」와 위키피디아의 내용과 관련 논문을 종합하여 선생의 주요한 연보를 재구성하였다.

선생은 1417(태종 17)년 6월 13일 진시에 나주 오룡동에서 출생하였다. 아버지 암헌공(巖軒公) 신장(申檣)과 지성주군사(知成州郡事)를 지낸 정유(鄭有)의 딸인 어머니 사이에서 태어났다. 위로 형 신맹주(申孟舟), 신중주(申仲舟)가 있었고, 아래로 동생인 신송주(申松舟), 신말주(申末舟)[1]가 태어났다. 성종의 계비 폐비 윤씨는 신숙주의 삼촌 신평(申枰)의 딸로, 신숙주는 연산군에게는 외외재종조부가 된다.

1423(세종 5)년에 청향당(淸香堂) 윤회(尹淮)의 문하에서 학문을 닦았으며, 후에 그 집안의 사위가 되어 가르침을 받았다. 그는 7세에 집안 사이끼리 세교가 있던 대제학 윤회에게 수학하기 시작하였다. 선생의 인물됨이 범상하지 않아서 학문을 하면서 경사(經史)를 섭렵할 때, 읽은 것을 곧 암송하고 사부(詞賦)를 잘 지어 당시 사람들이 크게 공경하고 받들었

1) 이상규, 『신경준의 『저정서』』, 역락, 2017(미간행), 10쪽. "신경준은 세종시대에 유명한 보한재(保閑齋) 신숙주(申叔舟, 1417~1475)의 동생인 귀래공(歸來公) 신말주(申末舟, 1439~1503)의 10대손이다. 고령 신씨 검교 신성용을 시조로 하여 여암의 10대조 신숙주와 신말주의 증조부인 신덕린(申德隣)과 조부인 호촌(壺村) 신포시(申包翅) 대에는 남원 호촌에 은둔하였으나 신숙주와 신말주의 부친인 암헌(巖軒) 신장(申檣, 1832~1433)은 집현전 학사로 『팔도지리지』를 찬술하였다. 신장의 다섯 아들 가운데 셋째가 신숙주이고 다섯째가 신말주이다. 여암의 10대조 신숙주는 세종과 더불어 『훈민정음 해례』를 비롯하여 『동국정운』의 편찬과 『해동제국기』를 편찬하였다. 여암의 10대조인 신말주는 계유정난(1453)이 일어나자 신숙주와 달리 수양대군에게 협조하지 않고 전라도 순창으로 내려와 은둔 세거하였다. 신말주의 손자인 이조판서 이계(伊溪) 신공제(申公濟, 1469~1536)는 중종 26에 『신증동국여지승람』 편찬에 참여하였고 여암의 아버지는 신뢰(申淶)이다." 신말주의 손자 신공섭은 조선 후기의 유명한 화가 신윤복의 선조로, 신윤복은 신공섭의 서자 신수진의 7대손이었다.

다. 윤회는 윤자운의 할아버지로 뒤에 그의 처조부가 되었다. 15세에는 아버지에게서 초사(楚辭)와 한유(韓愈)의 시를 배워 어릴 적부터 사부(詞賦)로 이름을 날렸는데 진사시의 장원이 되었을 뿐 아니라 뒤에 일본과 중국에 사신으로 가서 문명을 날렸다. 22세가 되던 1438(세종 20)년 2월 7일에 시부 진사시에서 장원으로 급제하였고 이어 1439(세종 21)년 8월 18일, 한성 회시에 생원 제2인으로 급제하였으며 이어 동년 9월 4일, 대과인 문과 제3인으로 급제하여 전농직장(典農直長)에 임명되어 환로에 발을 딛게 되었다. 선생은 환로에 올라 약 40여 년 6대의 왕을 모시면서 단 한 번도 대간의 탄핵을 받지 않을 만큼 뛰어난 이론과 빈틈없는 행정 능력을 발휘하였다.

그의 삶을 결정짓는 주요한 계기는 세종에게 발탁되어 집현전에서 10여 년 동안 갈고 닦은 학문과 사상을 구축한 시기이다. 그 이후 국가 경영에 치중했던 시기와 경계를 이룰 수 있다고 판단한다.

1441(세종 23)년에 선생은 집현전 부수찬(集賢殿副修撰)이 되었다. 그 뒤 입직할 때마다 장서각에 파묻혀서 귀중한 서책들을 읽었으며, 자청하여 숙직을 도맡아 하였다. 숙직이 없더라도 장서각에 있으면서 밤새도록 독서를 하였다. 윤회, 정인지의 훈도 외에도 다양한 독서 덕택에 경사와 고전에 두루 능통하였고 역사 지식이 해박하였다. 1442(세종 24)년 훈련원 주부(訓練院主簿)에 임명되었다가 동년 가을에 집현전 부수찬 지제교 겸 경연 사경에 임명되면서 집현전 학사들과 함께 교류가 시작되었다. 1442년 겨울에는 집현전의 동료 학사인 이석형(李石亨), 박팽년(朴彭年), 하위지(河緯地), 성삼문(成三問)과 함께 사가독서의 명을 받고 진관사에서 일본에 사신으로 갈 때까지 몇 달 동안 공부하기도 하였다. 집현전의 장서각에는 천하의 책이 갖추어져 있었기 때문에 일찍부터 『성리대전』을 기초로 한 폭넓은 학문 연마와 사상의 폭을 넓힐 수 있었

다. 집현전에 등청하는 시기 틈이 나면 늘 장서각에 가서 단정히 앉아 경서, 사기와 백가서(百家書)를 두루 열람하였다. 간혹 동료의 직숙(直宿)을 자청하여 밤을 새우며 책을 읽었는데 하루는 내관으로 그것을 살펴보게 한 세종이 어의(御衣)를 내려 추위를 보호해 주었다는 일화도 있다.

'훈민정음'이 창제된 1443(세종 25)년 2월 21일 27세의 나이로 사직(司直)에 임명되어 일본국 통신사 변효문(卞孝文)의 서장관으로 일본을 다녀온 직후 집현전에 소장 학자로서 『황극경세서』나 『절운지장도』를 이해할 수 있는 운학 전문가로 합류하게 된다. 1443(세종 25)년 서장관으로 일본을 다녀오면서 왜어의 능력과 사세를 판단하는 뛰어난 그의 외교적 역량을 과시하게 된다. 선생은 1452년(단종 원년) 수양대군과 함께 중국 사은사로, 그리고 1455년(세조 원년) 사행을 다녀오는 과정에서 새로운 임금의 등극을 인정받는 동시에 세종의 북방 변방개척의 업적을 마무리 짓는 자주 외교적 성과를 이루었다. 1459년 함길도 도체찰사를 제수받고 북방의 여진의 침탈 문제에 이르기까지 대외적인 수비 수어를 위한 적극적인 외교적 기량을 펼치게 된다.

특히 1441(세종 23)년 10월 19일, 일본으로부터 귀국하자 곧바로 그해 12월 세종이 창제한 '훈민정음(訓民正音)'의 해설서인 『훈민정음 해례』의 찬정에 가담하는 동시에 1444(세종 26)년 2월 16일 왕명으로 의사청에 나아가 당대 최고의 성운학자로서 훈민정음으로 『운회(韻會)』 등의 운서 번역 작업에 핵심적인 역할을 맡게 되었다. 이러한 과정에서 동음과 화음의 정속음을 정확하게 확인하기 위해 1445(세종 27)년 1월 7일, 요동으로 가서 명나라 한림 황찬(黃瓚)에게 운서의 음운에 대하여 질문하고, 중국 정속음을 구분하여 훈민정음으로 번역하여 오성(五聲)의 체계를 정하였다. 이러한 과정에서 황학사에게 당액(堂額)을 지어주도록 청하니 이때 황학사가 호를 희현당(希賢堂)이라 하고 서를 지어주었다고 한다.

이후 1446(세종 28)년 9월에 『훈민정음 해례』가 완성되었다. 정인지(鄭麟趾)의 서에, "천지자연의 소리가 있으면 천지자연의 문자가 있게 마련이다. (…중략…) 이에 신과 집현전 응교 최항(崔恒), 부교리 박팽년(朴彭年), 신숙주(申叔舟), 수찬 성삼문(成三問), 돈녕 주부 강희안(姜希顔), 행 집현전 부수찬 이개(李塏), 이선로(李선老) 등이 삼가 여러 해제 및 범례를 지어서 그 대강을 서술하였다"고 한다. 지금까지 알려진 바로는 『홍무정운역훈』의 정음과 속음을 훈민정음으로 정확하게 표기하기 위해 요동에 유배와있던 황찬에게 13차례나 내왕하여 정속음을 확인했을 정도이다. 그러나 이 과정에서 집현전의 여덟 명의 학사들이 개별적으로 어떤 역할을 담당했는지, 특히 신숙주의 역할이 어떠했는지에 대해서는 더 깊은 연구가 필요하다. 이러한 과정에서 1450(세종 32)년 윤 정월에 명의 한림 시강 예겸(倪謙)이 지은 「설제등루부(雪霽登樓賦)」의 화운시(和韻詩)를 지어 창화하기도 했으며 서화를 서로 나누기도 하였다.[2)]

이처럼 신숙주의 삶에서 가장 영향을 미친 분이 바로 세종이다. 당시 『성리대전』을 기반으로 한 경학, 천문학, 수리학, 악학, 지리학, 성운학 등의 폭넓은 선진학문을 체득하고 세종이 창제한 '훈민정음'으로 『훈민정음 해례』, 『동국정운』, 『사성통고』, 『홍무정운역훈』 등을 편찬하였다. 세종은 편민주의(便民主義)와 직서기언(直書其言)의 목표로 훈민정음을 만들고 그것을 활용한 정확한 동음과 중화음의 표준화를 꾀하는데 기여하였다. 그리고 농업, 천문, 수리, 지리, 역사, 역학, 성운, 예악 등 폭넓은 세종의 사상적 세례를 흠뻑 입은 것이다. 1449(세종 31)년에는 명나라로부터 몽골 토벌을 위해 10만 명의 파병을 요구받고 온통 나라 안이 어수선하였으나 다행히 명나라 내부 사정으로 몽골 토벌이 중단된다. 1450

2) 王雲五, 『朝鮮紀事, 楢軒紀事, 朝鮮志』, 朝鮮紀事及其他二種, 商務印書館, 中華 26년.

(세종 32)년 2월 18일, 공을 그토록 아끼고 적절한 임무를 부여해 주었던 세종이 승하하였다.

선생의 일대기에서 전기에 해당하는 이 시기야말로 세종의 성리학적 통치 질서를 그리고 「치평요람」을 통한 조정의 경영법과 조선의 역사관이 확립되었으며 호학불권(好學不倦)의 지식 수용을 통해 폭넓은 사유체계를 갖추게 된다. 『성리대전』을 기반으로 한 융합 정신을 가졌던 세종 정신을 계승한 적장자가 바로 신숙주 선생이다. 이와 아울러 정인지와도 정치적 학문적인 궤적을 함께 할 정도로 긴밀한 관계였던 것으로 보인다.

이어 문종이 등극하여 동년 6월, 사헌장령에 임명되었다. 여름에 중훈대부로 승진하고, 집현전 직제학 지제교세자 우보덕 춘추관 기주관에 임명된 것이 계기가 되어 『세종실록』, 『문종실록』, 『세조실록』, 『예종실록』의 편수의 주요 업무를 맡게 되면서 『고려사절요(高麗史節要)』, 『국조보감』, 『동국통감』, 『경국대전』 등의 역사서 간행에도 직접 참여하게 된다. 1452(문종 2)년 2월 20일, 김종서(金宗瑞) 등과 함께 『고려사절요』를 지어 바쳤으며, 그 해 5월 14일, 문종이 승하하시자 문종의 행장을 지었다.

1452(문종 2)년 9월 14일, 주문사(奏文使)에 임명되어 수양대군과 함께 10월에 중국 사행길에 올라 성궁(聖躬)을 보필했다. 이 당시 왕위 계승을 알리기 위한 사행이었지만 당시 명나라가 만주 경략의 한 나로 요동성 개척과 더 나아가서 흑룡강 하구의 길열미(奴兒干)[3]에 도사를 개척하는 과정에서 명나라에 적극 공조를 한 세종의 치적을 인정받아 오게 된다. 1453(단종 1)년 2월, 명나라로부터 돌아와서 통정대부 승정원 동부승지 지병조사에 임명되었다. 동년 6월 8일, 우부승지로 승진한다.

---

3) 진치총·진광핑, 이상규·왕민 역주, 『여진어와 문자』, 경진출판, 2014, 479쪽('영영사비' 조항 참조).

1453(단종1)년 10월 11일, 김종서 등을 타살한 계유정난(癸酉靖難[4])에 참여하여 수충협책정난공신(輸忠協策靖難功臣) 2등의 호를 받았다. 1452년 중국 사행길에 수양대군과 함께 동행했던 인연과 사세를 남달리 읽었던 당시 선생의 처신에 대해 조선 후기 경학과 도학적 수행을 중시하는 유가주의적 관점에서 비판이 없지 않다. 『성리대전』에 실린 소옹(邵雍)의 『황극경세서』에서 태양과 태음력이 차이가 나는 이유를 밝히기 위해 해와 달의 운행을 면밀하게 관찰할 필요가 있었다. 세종대에 이미 일영대(日影臺)와 혼천의(渾天儀), 선기옥형(璇璣玉衡)[5]과 관련된 영역에 이르기까지 경학 외에 소위 잡학이라고 말하는 천문학의 지식에 이르기까지 폭넓은 학문의 진폭을 보여준다. 1455(세조 1)년 2월에 왕명을 받들어 『홍무정운』을 훈민정음으로 훈역하고 아울러 서문을 지었는데, 이때 서에 "성운(聲韻)에 대한 학문을 정통하기가 지극히 어렵다. 사방의 풍토가 같지 않으며 기(氣)도 달라진다. 성(聲)은 기(氣)에서 나오는 것이므로 이른바 사성칠음(四聲七音)이 지방을 따라 달라지게 되나니 심약(沈約)이 지은 『사성보』에 남방의 음이 뒤섞이면서부터 그것이 잘못되었다고는 알고 있었지만 역대에 바로 잡은 자가 없었다."고 운운하였다. 그해 10월, 왕의 특명으로 왕위찬탈을 한 세조의 왕위 등극을 중국으로부터 인정받아야 하는 중대한 임무를 띤 주문사(奏聞使)가 되어 명나라로 떠났다. 함께 갔던 권남(權擥)은 사은사가 되어 노산군(魯山君)

4) 1453(단종 1)년 수양대군이 계유정란(癸酉靖難)을 일으켜 황보인·김종서 등 어린 단종의 보필세력을 제거하고 스스로 영의정이 되어 정권·병권을 장악했다. 이때 정인지·박팽년 등 36명과 함께 집현전 관원으로서 직숙(直宿)의 공이 있다고 하여 정난공신(靖難功臣)의 칭호를 받았다. 1455년 수양대군이 어린 조카인 단종의 왕위를 빼앗자 단종의 복위를 도모하다가 실패하여 세조가 왕위에 등극하게 되었다.

5) 청량산박물관 엮음, 『괴담 배상열의 천문과 선기옥형』(청량산박물관연구총서 9), 청량산박물관, 2007.

의 사은표(思恩表)를 가지고 갔고 선생은 고명(誥命)을 요청하는 상주문(上奏文)을 지니고 갔다. 선생이 중국에 머물고 있던 1456(세조 2)년 정월 23일, 부인 무송 윤씨가 별세하였다. 2월 3일, 명나라에 체류하고 있던 중에 왕의 위로하는 글을 받게 된다.[6] 다시 1456(세조 2)년 6월 2일, 성삼문(成三問) 등의 단종 복위 계획이 발각되어 엄청난 죽음을 불러온 '사육신 사건'인 옥사가 일어났다. '사육신 사건' 이후 완강하게 저항을 보였던 집현전 학사들과는 달리 선생은 7월 5일, 수충위사협책정난동덕좌익공신(輸忠衛社協策靖難同德佐翼功臣) 병조판서 보문각대제학(寶文閣大提學) 고령군(高靈君)의 호를 받았다.

1457(세조 3)년 정월 8일, 춘추관 감사가 되어 강희맹(姜希孟) 등과 함께 『국조보감(國朝寶鑑)』을 지어 바쳤다. 1458(세조 4)년 2월 1일, 하삼도(下三道)에 어사의 파견을 중지할 것과 전투 훈련 일자를 미리 정해 놓지 말 것을 건의하였다. 동년 9월 2일, 평안, 황해 양도 체찰사(體察使)에 임명된다. 북관의 여진인들이 국경을 침탈하여 각종 노략질과 침탈을 하지 이들을 위무하고 회유하였다. 1459(세조 5)년 정월에는 왕명을 받들어 북방 여진 정벌을 했던 경험을 토대로 하여 1462년에 『병장설(兵將說) 주해』를 짓고, 또 1463년에 『병서구결(兵書口訣)』을 남겼다. 1460(세조 6)년 2월 14일, 상께서 부르셔서 북변의 일을 의논한다. 그해 2월 22일에는 함길도 도체찰사에 임명된다. 실록에 "이에 앞서 양정(楊汀)이 급히 보고하기를, '적 7~8인이 밤에 부령(富寧) 석막리(石幕里)에 들어와 주민 한 명을 죽였습니다'라고 하니, 상께서 좌의정 신숙주를 교태전(交泰殿)에서 인견하시고 여진 북정(北征)의 일을 의논하셨다. 또 영의정 강맹경(姜

---

6) 김슬옹, 『한글혁명』, 살림터, 2017, 105쪽. 윤씨의 죽음에 대해 김슬옹 박사는 "사육신 사건은 1456(세조 2)년 6월이었는데 그의 부인은 5개월쯤 전인 1456년 1월에 죽었기 때문에" 완전 날조된 것이며, 그의 변절을 미워하던 자들의 꾸민 이야기라고 밝히고 있다.

孟卿), 병조판서 한명회(韓明澮), 이조판서 구치관(具致寬), 승지 이극감(李克堪) 등을 불러 정토의 계획에 참여하게 하고 이어서 숙주를 함길도 도체찰사로 임명하며 하교하기를, '경에게 도내의 군무를 총괄하도록 명하노니, 도절제사 이하 모두가 경의 지휘에 따르도록 하고 경은 마땅히 군민을 안무(安撫)하고, 일을 적의 조치하여 나의 뜻에 부응하도록 하라'" 고 하였다. 7월 27일, 강원, 함길도도체찰사선위사(江原咸吉道都體察使宣慰使)에 임명되어 모련위(毛憐衛)의 야인(野人)들을 대대적으로 정벌하고 일부는 회유하였다. 1461(세조 7)년 3월, 왕명을 받들어 『북정록(北征錄)』[7]을 지어 바쳤는데 특히 이 책에 나타나는 여진 지명, 인명, 관명에 대한 자료는 여진어 연구에 매우 소장한 자료적 가치를 가지고 있다.[8] 1462(세조 8)년 정월 18일, 왕명으로 어제 『병장설(兵將說)』[9]에 주(註)를 달았다.

1466(세조 12)년 정월 15일, 의정부 영의정에 임명된다. 1468(세조 14)

---

7) 신숙주의 『북정록(北征錄)』은 조선 세조 7(1461)년에 왕명으로 육진 지역의 여진족들을 소탕한 후, 그 과정에 있었던 모든 일들을 일기체의 형식으로 기록하여 남기라는 세조의 명에 따라 신숙주(申叔舟), 이극감(李克堪) 등이 1468년 완성한 책으로 총 6권이며 국립중앙도서관, 서울대학교 규장각, 미국 버클리대학교 동아시아도서관에 소장되어 있다. 1468년 세조의 명에 따라 북방 지역의 모련위 여진족을 정벌하는 과정에서 있었던 모든 내용들을 일기의 형태로 남긴 기록물이다. 우리나라에서 제작된 것으로 알려진 북방 정벌기 중 그 연대가 가장 오래된 것이다. 1400년대 당시 한국의 주요 대신이 직접 전쟁을 경험하며 그 과정에 있었던 일들을 모두 기록한 것으로, 우리나라 북방 지역의 상황과 여진족 연구에 있어 중요한 자료 중 하나로 인정받는다. 또한 우리나라 최초의 이역 정벌기로 훗날 만들어지는 여러 군종기록 작성 문화와 그 형식에 큰 영향을 주었다. 1984년에 고령신씨문헌간행위원회에서 신숙주의 13권 3책의 『보한재전서(保閑齋全書)』 문집을 번역 간행할 때 하권에 『해동제국기』와 함께 번역 수록되었다.

8) 김구진, 「여말 선초 두만강 유역의 여진 분포」, 『백산학보』 15, 1973; 김주원, 『조선왕조실록의 여진 족명과 인명』, 서울대학교 출판부, 2007.

9) 최항·신숙주·한계희·강희맹 등이 1462년에 간행된 「어제병장설」의 체제를 수정하고 새로운 내용을 첨가하여 만든 책 1책 활자본이다. 1464년에 세조가 지은 「유장편(諭將篇)」·「병법대지(兵法大旨)」를 「어제병장설」과 합하고 새로 교정하여 간행했다. 본문의 내용은 두 책이 서로 차이가 없다. 「유장편」은 「희유제장편(戲諭諸將篇)」·「삼하편(三何篇)」·「수로편(修勞篇)」 등으로 구성되어 있다.

년 정월, 호를 다시 보한재(保韓齋)라 하였다. 조카 단종을 물리치고 13년간의 왕좌에 올라 파란 많은 치세를 마감하고 세조가 돌아가셨다. 세조 보위 기간 동안 『불경간행』에는 일체 관여하지 않은 점에 대한 이유는 선생 자신이 철저한 통합적 자연우주관을 바탕으로 한 성리학적 견해를 가졌던 때문으로 풀이된다.

1469(예종 1)년 2월 26일, 춘추관 영사에 제수된다. 동년 7월 7일, 명을 받들어 『무정보감(武定寶鑑)』을 교정하였다. 1469(예종 1)년 12월 15일, 『세조실록(世祖實錄)』을 편찬해 올렸다. 12월, 명을 받들어 일본의 종합적인 지리역사서인 『해동제국기(海東諸國記)』[10]를 지었다. 이 책의 서문에 대략 "대저 이웃 나라와 사귀고 사절을 교환하며 습속이 다른 사람들을 어루만져 받아들이려면 반드시 그들의 형편을 안 뒤에야 그 예절을 적절히 할 수 있고 예를 극진히 한 뒤에야 그들을 심복시킬 수 있다" 운운하였다. 태조 이후 북벌과 왜의 수비방략을 위해 지리와 병학에 대한 관심이 고조되어 있었던 결과이다. 1472(성종 3)년 5월 9일, 『예종실록』을 편찬해 올렸다. 12월 24일, 『동국통감(東國通鑑)』[11]의 편찬과

---

10) 신숙주 『해동제국기(海東諸國紀)』의 체제와 내용은 다음과 같다. 앞부분에 「목록」·「범례」·「序」가 있고, 조빙응접기 뒤에는 '畠山殿'에게 보내는 서계와 유구어를 번역한 「어음번역」이 첨부되어 있다. ① 지도: 「해동제국총도」를 비롯하여 「일본본국지도」 2장·「일본국서해도구주지도」·「일본국일기도지도」·「일본국대마도지도」·「유구국지도」 등 일본지도 7장과 「웅천제포지도」·「동래부산포지도」·「울산염포지도」 등 조선 삼포지도 3장 등 총 10장. ② 일본(國紀: 「天皇代序」·「國王代序」·「國俗」·「道路里數」·「八道六十六州」, 대마도·일기도 첨부) 등 일본의 역사 및 지리, 환경, 통교자(내조자) 현황. ③ 琉球國紀: 「國王代序」·「國都」·「國俗」·「도로이수」. ④ 朝聘應接紀: 「使船定數)」·「諸使定例」 등 통교자 응접에 대한 29개 항목의 규정.

11) 1458(세조 4)년에 편찬 사업이 시작되어 고대사 부분이 1476(성종 7)년에 『삼국사절요』로 간행되었으며, 1474년에 영의정 신숙주(申叔舟)가 편찬 작업을 진행시켰다. 그러나 신숙주가 작업이 완성되기 전에 죽음으로써 노사신(盧思愼)이 주축이 되어 서거정·이파(李坡)·김계창(金季昌)·최숙정(崔淑精) 등의 도움을 얻어 1484년에 『동국통감』이 완성되었다. 그 이듬해에는 전년에 완성된 책에 찬자들의 사론을 붙여 『동국통감』 56권을 새로 편찬하였다.

수정에 참여하였으나 완성을 보지 못하고 돌아가셨다.

1475(성종 6)년 6월 21일, 정침에서 59세를 일기로 별세하였다. 그해 9월 16일, 양주 송산리 신좌지원(辛坐之原)에 장사를 지냈고, 동년 11월 10일, 문충이라는 시호가 내렸다. 강희맹이 선생의 행장을 완성하였다. 예조판서 양성(陽城) 이승소(李承召)가 신도비문과 묘지를 완성하고 이조판서 동래 정난종(鄭蘭宗)이 글을 썼다. 성종 묘정에 배향되었다.

제2기 기간 동안 선생의 삶은 참으로 고난했을 것으로 보인다. 계유정란을 겪으며, 함께 했던 집현전 동료와는 가는 길이 달랐다. 아내 윤씨의 죽음과 훈신으로서 보위하던 문종, 단종, 세조, 예종의 죽음을 지켜보아야 했던 심정은 말로 표현하기 어려웠을 것이다. 그러나 이 기간 동안 '훈민정음'을 활용한 각종 책들의 간행과 여진, 일본 등의 지명과 인명에 대한 외래어 표기들을 남김으로써 '훈민정음'의 유용성을 잘 드러내 주었다. 일본과 중국을 오가며 북방의 개척과 수비방어에 대한 저술들을 완성하고 사행을 통한 시문의 창작과 서예를 남김으로 뛰어난 문화 예술에 업적들을 남겨 주었다. 역대 제왕들의 실록 작성과 각종 사서를 집필하거나 간행에 깊이 참여하였으며, 『농산축목서』와 같은 농업과 관련한 서적의 간행, 그리고 『국조오례의』를 비롯한 『예기대문언독』 등의 예악(禮樂) 발전에 이르기까지 매우 폭넓은 남송 유학의 지식을 집산한 『성리대전』을 토대로 한 세종의 사상과 학문을 고스란히 물려받아 실천한 뛰어난 인물이라고 할 수 있다. 선생은 탁월한 학자로, 뛰어난 관료로 시호 문충(文忠)에 걸맞은 생애를 살았는데 한마디로 선생의 삶을 표현하면 세종이 정해준 좌표인 조선 유학의 지표였던 『성리대전』을 기본으로 자연우주철학을 담아낸 성리학적 사상을 실천한 인물이라 할 수 있다. 따라서 조선 중후기의 경학과 실천적 도학에 매몰되었던 성리학자들과는 상당히 다른 면모를 보여주었다.

선생이 돌아가신 후에도 성종대왕이 직접 지은 제문(祭文)에 "삼가 영령(英靈)께서는 도량은 하해(河海)를 삼킬 만하고 학문은 하늘과 사람의 이치를 꿰뚫었으며 지혜는 만물에 두루 통하고 재능은 일신에 갖추었도다. 학력을 쌓음이 이미 두터워서 이것이 드러내는 광채는 우뚝한 사업과 빛나는 문장으로 나타나 조정의 표준이 되고 백성들이 우러러보는 대상이 되었도다."라고 칭송하였다. 영조대왕도 역시 제문(祭文)을 내리셨다.

지금까지 신숙주 선생의 공적을 연보를 중심으로 몇 가지 간추려 보면 다음과 같다.

첫째, 세종의 '훈민정음' 창제를 보필하면서 『훈민정음 해례』 제작에 크게 기여하였으며, 이를 활용하는 방안으로 『운회』 번역, 『동국정운』을 지어 동음과 『홍무정운역훈』을 지어 한음의 표기를 통일하는 데 주된 역할을 담당하였고 그뿐만 아니라 여진어, 왜어의 지명 인명에 대한 외래어 표기까지 확장하여 제시한 인물로 평가할 수 있다. 선생은 탁월한 성운학자로써 '훈민정음' 창제 이후 훈민정음을 활용하여 동음한자음, 중화한자음 표준표기를 위해 가장 앞선 이론가였을 것이다. 5음의 운도 개편, 범자필합이성음(凡字必合而成音) 규정, 입성 종성 표기, 치성 표기 등 표기 규범의 변개와 조정에 결정적인 역할을 하였다.

둘째, 중국과 북방 여진, 왜와의 교린 분야에 있어서도 탁월한 역량을 보여주었다. 특히 북방 육진 개척과 함께 중국으로부터 세종에게 5조 융복을 하사받을 수 있도록 외교적 노력을 한 하륜(河崙)의 외교 방략을 계승한 공로자였다. 조선 초에는 영변 이북 지방으로 조선의 지배가 미치지 못하고 있었는데, 세종 이후로 김종서(金宗瑞)와 최윤덕(崔潤德)의 노력으로 압록강의 지류인 파저강 유역의 여진 세력을 정벌시키면서 압록강 유역을 평정시켰다.[12] 그 후 1456(세조 2)년 병조판서, 1458(세조

3)년 평안도도체찰사로 여진 잔류 세력들의 침략을 방어하고 정벌을 하여 관방을 평정하였다. 야인 정벌 광경을 시와 그림으로 그려 「야전부시도(夜戰賦詩圖)」(1456)도 남겼다. 1460(세조 6)년에는 강원, 평안, 함길도 도체찰사로 모련위 야인을 소탕하였다. 1461(세조 7)년에 『북정록』을 남겼으며 왜와의 교린을 통해 『해동제국기』를 남겼다.

셋째, 수비수어 방략에도 뛰어나 『어제병장설 주해』, 『병서구결』 등의 수비수어 전략을 위한 많은 저술도 남겼으며, 직접 북관인 강원·함길도의 도체찰사에 임명되어 활약하였다.

넷째, 정치적 판단과 능력에 대해서는 다른 의견도 있을 수 있지만 이시애난의 평정과 계유정란의 평정을 이끌어낸 세조의 신뢰를 받은 가장 측근 인물이었다.

다섯째, 문화 예술 분야에서도 발군의 실력을 보여준다. 중국 사신으로 가서 직접 뛰어난 시문을 창작하는가 하면 안견이 그린 '몽유도원'에 친필 서(1447년)와 '팔준도부'의 찬을[13] 지어 문학과 서예 분야에 이르기까지 뛰어난 감수성을 지니고 있음을 알 수 있다.

여섯째, 역사 지리 분야에도 『고려사절요』 35권 편찬, 『국조보감』, 『동국통감』, 『경국대전』 편찬에 참여하거나 주도를 하였을 뿐만 아니라

---

12) 명나라 역락제와의 외교적 협상 결과에 대해 만주 경략의 고착화로 인한 중국에 대한 소중화주의에 매몰되어 결국 만주 여진족을 오랑캐로 폄훼함으로써 고조선과 고구려와의 역사적 맥락을 단절시키는 결과를 가져온 것으로 평가할 수 있다고 판단한다. 『세종실록』 세종 14년 5월 28일 요동의 주둔군 경작에 필요한 우마 1만 마리를 요구한 중국의 요청을 들어줌으로써 그 반대급부로 세종이 오조융복을 하사받고 또 여진과의 국경분쟁을 유리하게 끌고 갔다고만 볼 수 있는 것은 아니다.

13) 세종은 안견에게 명하여 조선 창업 군주인 태조의 팔준마를 그리게 하고 신숙주로 하여금 찬을 쓰게 했다. '팔준도부(八駿圖賦)'에서 신숙주는 태조가 위험과 어려움을 무릅쓰고 백성을 구한 공적은 실로 말 위에서 이룬 것이라면서 팔준마의 공적을 화려한 수식어로 송찬했다. 세종대의 「팔준도부」와 『용비어천가』에서는 태조를 무인으로 그리는 데 별다른 제약을 받지 않은 탓에 과감하고 패기 있는 태조의 모습을 강조한 「납씨곡」의 주지가 큰 변개 없이 유지되고 있다.

기주관으로써 『세종실록』, 『세조실록』, 『문종실록』, 『예종실록』에 이르기까지 조선 전기의 주요 임금들의 실록 작성에 참여하였다. 또 일본·여진의 중요 지역을 표시한 『일본·여진산천요해도설(日本女真山川要害圖說)』을 만들기도 하였다.[14)]

일곱째, 『성리대전』을 바탕으로 한 천체 천문학 연구에도 남다른 역량을 과시하면서 농산축목서에 이르기까지 폭넓은 지식의 진폭을 보여주고 있다.

여덟째, 성리학의 실천적 목표인 예악에 대해서도 『예기대문언독』, 『국조오례의』의 개찬·산정(刪定)을 위임받아 완성시켰다.

일찍 홍기문(1946)은 『해동악부』에 "문충공 신숙주가 젊었을 때에 성삼문과 박팽년 등과 더불어 이름을 나란히 하고, 옥당에 있으면서 함께 문종의 탁고(托孤)의 분부를 받았다. 세조가 왕위를 물려받자 성삼문과 박팽년 등은 충절을 다하고, 두 마음을 갖지 않았기 때문에 극형을 받았으나, 문충공은 세조의 왕실에 힘을 바쳐 벼슬이 상상(上相, 영의정)에 있었다. 나이 56세로 임종하자 한숨지으며 탄식하기를, '인생이란 마침내 이렇게 죽고 마는 것이구나'라 하였으니, 아마 뉘우치는 마음이 싹터서 그러는 것이리라(申文忠公叔舟。少與成三問。朴彭年諸公齊名。同在玉堂。俱受顯陵托孤之教。光祖受禪。成朴諸公盡節不貳。皆被極刑。文忠宣力王室。位在上相。年五十六。臨沒喟然曰。人生會當至此而死矣。盖悔心之萌云。)."고 하였다. 그가 정인지와 같이 단종을 해치자고 적극적으로 나서지는 않았다고 하더라도 절의가 부족함으로 인하여 후세의 공의가 좋지 못했던 것이 이 일편의 전설로서도 짐작하기에 충분하다고 하여 선생에 대한 절의

14) 이상규, 『명곡 최석정 연구』, 역락, 2017. 명곡 최석정이 남긴 『경세훈민정음』에 신주숙의 사행 경로인 「요동변도(遼東邊圖)」와 「계주변도(薊州邊圖)」의 그림이 남아 있다.

문제를 제기하였다.

한편 안병희(2000) 교수는 선생에 대한 평가를 "세종이 문종에게 신숙주는 국사를 부탁할 만한 자이라고 하였고, 세조를 만나 계책이 행해지고 말은 받아들여져서 세조가 나의 위징이라 하여 매양 큰일을 만나면 반드시 물어보았고, 즉위함에 이르러서는 보필하고 찬도하는 공이 많았다고 하였다"고 한 것은 관직으로 확인된 그의 뛰어난 생애를 정확하게 요약하고 있다.

그러나 계유정란을 맥락 없이 수용한 신숙주에 대해 안 교수는 "세조를 섬김에는 지근의 위치에 있으면서 승순(承順)만을 힘쓰고 예종 때에는 형정(刑政)이 공정을 잃었는데도 원상이면서 광구하지 않음이 그의 결점이라고 지적하였다." 이와 비슷한 평가로 이이화(2000)는 신숙주의 삶을 "그가 정치적으로 성장해 가는 과정에서 이른바 훼절(毁節)의 삶을 살았다. 다 알다시피, 수양대군이 어린 조카 단종을 몰아내고 왕위를 빼앗는 과정에서 그는 절의를 지키지 않고 수양대군에 영합하였다. 더욱이 동료들인 성삼문, 박팽년, 김시습 등이 절의를 지키다가 죽임을 당하거나 벼슬을 버리고 유랑의 삶을 살았으나 그는 조정에 몸을 담고 영록(榮祿)을 누리며 시세에 영합하는 삶을 살았던 것이다."[15]라고 평가하고 있다.

선생의 단종에 대한 훼절(毁節)의 문제는 조선 전기와 후기 곧 도학적 실천적 경학관에 기반을 둔 평가와 서로 다르게 평가할 수 있을 것이다. 성종 이후 사림파가 정계에 진출하면서 신숙주는 세종의 유언을 저버린 배신자, 동료들을 배신한 변절자로 지목되어 규탄의 대상이 되었다. 사육신과 생육신이라는 용어는 중종 이후 사림파가 만든 것이다. 조선 전기의 유학의 기류와 달라진 곧 도학적 명분론이 강조된 사림파의 가

15) 이이화, 「신숙주의 문학과 사상」, 『새국어생활』 2-2(3), 2000.

치관에 입각한 폄훼였다.

또한 그가 사육신의 거사를 밀고했다는 출처 불명의 소문이 돌면서 김시습 등으로부터 심한 비판을 받기도 했다. 세조의 공신으로 있을 때는 왕의 뜻에만 편승하여 승순(承順)만을 힘썼고, 예종 때에는 형벌을 내릴 때 공정함을 잃었으며, 남이와 강순의 억울함을 구제하지 않았다 하여 당대에 비판을 받기도 했다. 유자광 등이 남이를 처형할 때 동조한 점 역시, 남이에 대한 동정론과 함께 맞물려서 그에 대한 비난의 소재의 하나로 활용됐다. 민족적 절의를 고양시킬 필요가 절실했던 일제강점기에는 쓰여진 일종의 역사서인 김택영의 『한사경』에는 세조 즉위 전후의 생사를 오가는 권력투쟁의 와중에서 신숙주가 미모에 끌려 단종비 송씨를 노비로 들이겠다고 청했다는 허구적이면서도 다소 선정적인 이야기가 등장하고 선생이 아내인 윤씨가 남편이 절의를 지키지 못하여 자살한 것이라는 허구적인 이야기가 인기리에 등장하였다.16)

결론적으로 조선 전기의 사상적 조류와 중후기에 나타난 변화의 흐름을 제대로 인식한 다음 당대적 관점에서 평가되어야 한다는 것이 필자의 주견이다. 곧 조선 전기 신숙주 선생은 폭넓은 성리학적 학문의 영역을 이해하고 관료로서 이를 알뜰히 실천한 학자이자 뛰어난 관료로 평

16) 선생은 1456(세조 2)년 6월 2일 명나라 사신을 환영하는 연회장에서 세조와 세자를 제거하고 단종을 복위시키려 했던 사육신의 계획이 발각됐다. 이날 윤씨 부인이 모반의 소식을 듣고 스스로 자결하려 했다는 뜬 소문이 소설화하여 조선 중기에 「송와잡설(松窩雜說)」로부터 「신숙주부인전」과 근대 이광수의 「단종애사」, 월탄 박종화의 『금삼의 피』, 『목메는 여자』 등의 작품에서 부정적으로 묘사되기도 했다. 신숙주에 대한 부정적인 평가를 확산시키는데 기여한 것은 드라마였다. 위키사전에 신복룡 건국대 교수는 사람들이 드라마와 야사, 신숙주에 대한 부정적인 기록만을 신뢰하여 신숙주를 일방적으로 부정적으로 평가했다고 보았다. 신숙주를 배경으로 삼은 드라마는 〈설중매〉(MBC, 1984~1985년), 〈파천무〉(KBS, 1990~1990년), 〈한명회〉(KBS, 1994~1994년), 〈왕과 비〉(KBS, 1998~2000년), 〈왕과 나〉(SBS, 2007~2008년), 〈대왕 세종〉(KBS, 2008년), 〈공주의 남자〉(KBS, 2011년), 〈인수대비〉(JTBC, 2011~2012년)이 있다.

가할 수 있다. 그렇다면 세종의 정치와 경륜의 이상은 무엇이었을까? 『성리대전』에 기초를 둔 학문 기반과 사상이다. 이러한 세종에 가장 근접해 있는 인물이 바로 신숙주였다. 경학에서 예악, 역학, 천문, 지리, 농학, 성운학, 산술학 등 조선 후기의 실학과 통하는 엄청난 진폭을 가진 학문적 사상 체계를 전수받은 이야말로 신숙주라 아니할 수 없다. 『성리대전』을 이념의 목표로 구현한 세종 정신을 그대로 이어받은 선생이 살아온 삶의 특징은 융합인문학적 인물로 평가할 수 있다. 향후 신숙주에 대한 사상적 면모에 대한 연구는 새로운 잣대와 합리적인 조망 방법에 대한 논의로 확대되기를 바란다.

보한재 신숙주의 저술과 사상

보한재 신숙주의 사상적 기반을 이해하기 위해서는 그의 생애와 삶은 물론이거니와 그가 남긴 저술들을 검토해 볼 필요가 있다. 그의 학문과 업적에서 주목할 만한 것은 후대에 높은 평가를 받는 일이 모두 30대 집현전 학사 시절의 것이라 해도 과언이 아니라는 것이다. 40대 이후로는 나라의 요직에 있었으므로 학문 활동을 할 형편이 아니었던 것이다. 젊은 나이에 소장학자로서 국어학 업적인 『훈민정음 해례』, 『동국정운』, 『홍무정운역훈』의 편찬에 참여하고 『사성통고』를 편찬하였다. 『해동제국기』가 만년인 55세 때의 업적이나, 실제로는 20대 후반에 일본 통신사 서장관으로 일본에 갔을 때에 수집된 자료를 토대로 하여 지은 것으로 보인다. 대체로 선생이 남긴 초창기 단독 저술로는 주로 변방의 수비수어 책략에 관련되어 있다. 태조 때부터 북방의 여진 침략의 방어문제는 명나라와 함께 공통된 문젯거리였다. 그리고 역사 지리서, 농서, 천문학서, 예악서 등에 이르기까지 조정의 역대 임금의 시록 편수 등 실로 방대한 진폭을 가진 내용의 업적을 남긴다. 신숙주 선생이 직접 쓰거나 참여하여 지은 저술과 사업들은 다음 도표와 같다.

찬저	연도	책 이름
단독 저서	1461(세조 7년)	북정록(北正錄) 10권
	1471(세종 2년)	해동제국기(海東諸國記)
	1474	일본·여진산천요해도설(日本女真山川要害圖說)
공저 참여	1444	훈민정음해례(訓民正音解例)
	1444	고금운회(古今韻合)
	1445(세종 26년)	홍무정운역훈(洪武正韻譯訓) 16권
	1447	동국정운(東國正韻) 6권
	1447	용비어천가(龍飛御天歌) 보수
	1447	사성통고(四聲通攷) 전하지 않음
	1447	안견의 「몽유도원도」 찬시
	1450	봉사조선창화시권(奉使朝鮮倡和詩卷) 보물 제140호
	1452	문종대왕 행장(文宗大王 行狀)
	1452	고려사절요(高麗史節雲) 35권
	1453	직해동자습역훈평화
	1454	세종실록 편수관으로 참여
	1456	야전부시도(夜戰賦詩圖)
	1457	국조보감(國朝寶鑑) 90권
	1457	농산축목서(農產畜牧書)
	1458	초학자회 언주
	1458	명황계감언역
	1461	북정록(北征錄)
	1462	어제병장설주해(御製兵將說註解)
	1463	예기대문언독(禮記大文諺讀) 6권
	1463	병서구결(兵書口訣)
	1463	동국통감(東國通鑑) 56권
	1467	행군수지주해(行軍須知註解)
	1469(예종 1년)	무정보감(武定寶鑑)[17]
	1469	경국대전(經國大典) 6권
	1471	세조실록(世祖實錄) 49권
	1472	예종실록(睿宗實錄) 8권
	1474	국조오례의(國朝五禮儀) 5권
	1478(성종 18년)	보한재집(保閑齋集) 7책12권
	1644(인조 22년)	신숙주 6대손 신숙의 모사본 보한재집(保閑齋集)
	1971(참고)	한글학회 ‘한글 창제 사적비’ 건립(묘소)

17) 조선 건국 초부터 예종 때까지 발생한 국내의 정변과 전쟁, 외침 사건의 전말을 기록한 책. 성종 즉위년(1469)에 완성하였으나 현재는 전하지 않는다.

물론 세조 때도 『초학자회』(1458)의 언주나 『명황계일감』의 언역 등에는 최항과 신숙주가 관계되어 있었고, 그 외 21여 종의 국가적 사업의 각종 저술 간행에 직접 간접적으로 참여했음을 알 수가 있다. 다시 말하면 주제의 다양성이나 내용의 진폭이 너무나 넓고 광대한 것에 대해 놀라울 정도이다. 이러한 학문적 깊이와 넓은 진폭의 근원이 무엇일까? 이것은 바로 공의 사상적 기반이 무엇인지 밝혀내는데 매우 주요한 근거가 될 수 있다.

선생의 사상적인 문제는 유가주의와 불교라는 두 가지 측면에서 살펴볼 필요가 있다.

첫째, 불교를 존숭했던 고려가 망하자 유교를 치국방략으로 삼은 조선은 안으로는 궁실 내의 권력 다툼, 밖으로는 중국으로부터 왕조 정통성에 대한 부정적 기류 확산, 북방 여진과 왜적의 침략 등 정치·사회의 불완전성으로 매우 흔들리고 있었다. 그러나 세종대에 들어서 이념적으로 주자학을 기반으로 하고 『성리대전』[18]에 역학, 지리, 수리, 악학, 천

---

18) 『성리대전(性理大全)』은 성조(成祖) 영락제의 명에 의해 호광(胡廣) 등 42명의 학자들이 송·원의 성리학설을 집대성하여 편찬한 이학문집(理學文集). 『오경대전(五經大全)』, 『사서대전(四書大全)』과 같이 1415(영락 13)년에 완성되었으므로 이를 통틀어 「영락삼대전(永樂三大典)」이라고도 한다. 70권으로 되어 있으며 책머리에 성조의 어제서문(御製序文)과 호광이 지은 진서표(進書表), 선유성씨(先儒性氏), 목록(目錄)이 있다. 1~25권까지는 태극도(太極圖), 주돈이(周敦頤)의 『태극도설(太極圖說)』, 장재(張載)의 『통서(通書)』·『서명(西銘)』·『정몽(正蒙)』, 소옹(邵雍)의 『황극경세서(皇極經世書)』, 주자(朱子)의 『역학계몽(易學啓蒙)』·『가례(家禮)』·『율려신서(律呂新書)』, 채침(蔡沈)의 『홍범황극내편(洪範皇極內篇)』 등 단행본을 수록하고 주석을 달았다. 26~70권까지는 이기(理氣)·귀신(鬼神)·성리(性理)·도통(道統)·성현(聖賢)·여러 학사(諸儒)·학(學)·제자(諸子)·역대(歷代)·군도(君道)·치도(治道)·시문부(詩文賦) 등의 주제로 나누어 제가의 어록·문장을 분류·수록했으며 이 책에 실린 학자는 118명에 이른다. 내용은 송원학으로 도학과 성리학의 근본 문제를 다루면서 이기·성리를 중심으로 송원학의 정통성과 다른 학파에 대한 견해, 중국의 역사에 대한 인식과 정치의식 등을 체계적으로 이해할 수 있도록 편집했다. 특히 첫머리의 '태극도'와 '태극도설'은 천도론과 인성론을 종적으로 연결시켜 우주론의 이론 체계를 갖추게 한 점에서 송대 성리학의 선하(先河)로 일컬어진다. 편집체계의 짜임새가 부족한 점이 많다는 비판도 일어났지만 방대한 분량으로 성리학의 권위적 체계를 확보하여 사상과 교육에서 통제력을 발휘할

문학 등에 기초한 폭넓은 지식 기반을 활용한 치국 경세의 실천으로 굳건한 바탕을 마련하였다. 세종 시대 문화 역량의 핵심인 '훈민정음' 창제의 사상적 기반이 된 책이 바로『성리대전』이며, 조선 치국의 기본서가 되었다. 이러한 시기에 환로에 출사한 선생은 철저한 유가적 성리학자였다고 할 수 있다. 선생은 정도전, 권근이 죽은 뒤에 벼슬길에 나왔으나 불교의 탄압이 되풀이되는 상황에서 정치계의 중견 지도자로 활동하였으며, 사림 정치가 등장할 무렵에는 원로 정치가의 위치에 있었다. 선생은 불교의 이단 논쟁에 끼어들지 않았다. 그저 수수방관하는 자세로 일관하였다. 이러한 태도는 개인적으로는 그의 부드러운 성품이나 합리적 사고 탓일 것이었으며, 외적으로는 세종과 세조의 긴밀함에 기인된 결과일 것이다. 이것을 단순히 세종과 세조에게 영합한 행동이라고만 볼 수 없다. 오히려 유학자 또는 사림의 명망을 얻으려면 이단 논쟁에 뛰어들어 양단(兩斷)의 칼을 휘둘렀어야 할 것인데도 중립적인 입장을 고수한 선생의 태도는 여러 사례에서도 드러난다. 선생의 위치로 보아서는 불교를 수용할 수도 있었으며 주자학 일변도의 학문 풍토를 개선할 수도 있었을 것이다. 그러나 경색된 사상 풍토를 적극적으로 개선하려는 노력은 기울이지 않았다.

둘째, 성리대전을 기반으로 한 조선 전기 유가의 사상적 흐름에 대한 이해가 필요하다. 먼저 선생의 학통에 대해 간략하게 살펴보자. 학문적 사승 관계는 윤회(尹淮)와 정도전(鄭道傳)과, 외교적인 측면에서는 하륜(河崙)을 통한 학문적 성취와 더불어 관료로서 외교적 성과의 맥락을

수 있게 했다. 각 교육기관을 통해 널리 보급되었다. 청대에 강희제가 이광지(李光地) 등에게 명하여『성리대전』의 정수를 발췌하여『성리정의(性理精義)』를 편찬하게 했다. 우리나라에는 세종 1(1419)년에 들어왔으며 국내에서 다시 간행되어 널리 보급되면서 성리학의 수준을 높였다.

함께 했던 것이다. 선생은 당대 세종이 추종했던 주체적 조선의 문화사관에 기조를 둔 성리학적 기풍의 세례를 받았던 인물이다. 당대 최고의 지식서인 『성리대전』은 영락 13(1415)년, 즉 태종 15년 을미에 완성된 책으로 세종 즉위 3년 전이다. 『세종실록』 (6권 10장에) 세종 원년(1418) 12월에 경녕군 비(裶)가 명나라에 사신으로 갔다가 『성리대전』을 얻어가지고 온 기록이 있고, 동 7년 10월에 각도에서 『성리대전』를 인간하려 했던 기록이 있다. 명나라에서 『성리대전』을 인간한 지 불과 5~6년 만에 조선으로 들여왔고 또 불과 10여 년 만에 복간된 것 같다.[19] 일찍 세종은 『성리대전』의 지식 체계를 수입하여 경연을 통해 강학을 하였다. 조선 초기에 그나마 자주적 조선 문화를 꽃피우려 노력했던 세종은 『성리대전』을 제대로 구현하고 실천하려고 노력함으로써 주체적이고 자존적인 조선 문명을 설립하고자 했던 것이다.

'훈민정음' 창제는 바로 이러한 세종의 사유에서 탄생될 수 있었던 당위의 결과이다. 그러나 이러한 세종의 정신을 지속적으로 조선 중후기까지 이어나가지 못했다. 16세기에는 사림과 훈구세력의 등장과 함께 성리학의 연구는 경학 중심의 탐구와 도학의 실천과 수련에 매몰되어 버렸다. 세종이 『성리대전』을 기초로 실천한 광범위하게 펼쳤던 학문 영역이 점점 축소되어 산술, 지리, 천문, 성운학 등은 잡학으로만 취급되었으며, 오로지 경학과 실천적 도학이 강조된 기간이었다. 임진왜란과 병자호란의 양난을 거치면서 급격한 사회 변동과 대외 인식의 변화를 경험하게 된다. 이러한 사회적 변화와 함께 17세기는 경학 중심의 성리학에서 탈피하려는 혁신적이고 창의적인 기운이 나타났다. 이러한 변화는 18세기로 이어지면서 경학 중심의 성리학 연구에서 운학, 악학, 산학,

---

19) 심소희, 『한자 정음관의 통시적 연구』, 이화여자대학교 출판부, 2013 참조.

역학, 지리, 천문, 의학, 과학, 기술 등 자연 만물과 우주를 이해하려는 새로운 움직임이 생겨났다. 일종의 세종 시대로의 복고적으로 회귀하려는 바람이 일어남으로써 이전의 경학 중심의 유학자들에게서 결코 찾아볼 수 없는 '조선 인문학의 르네상스'의 시대를 맞게 된 것이다. 18세기는 이러한 사상적 기류의 변화뿐만 아니라 외국 문물의 도입과 문체 변화와 더불어 패관소설, 중국 번안소설 등의 영향을 받아 새로운 문체 반정이 이루어진 시기이기도 하다.[20] 이러한 조선조의 학문과 문예의 변화 가운데 18세기의 상황보다 3세기 앞당겨 미리 실천했던 세종대왕은 『성리대전』의 학문적 바탕을 곧 경전과 경사뿐만 아니라 역학, 음악, 산술, 천문, 성운학 등 소위 말하는 잡학을 포괄한 내용을 조선의 현실에 적용시키려고 노력하였다. 주자학 특히 경학 중심의 도학적 실천과 예론만을 강조한 나머지 세종이 추구했던 악학, 천문, 지리, 성운학 등의 경세학문은 지속적으로 발전되지 못하였다. 사대사화를 거치면서 훈구파와 사림파의 대립과 갈등이 고조되고 학문적인 연구도 위축되었으며, 사회 시스템 그 자체도 큰 변화를 겪게 되었다.

결론적으로 15세기 전기 시대를 살았던 선생의 사상적 모델은 세종이었다고 말할 수 있다. 그의 저술이나 관료로서의 활동 상황을 종합해 보면 경서학에 매몰되거나 도학적 수련에 매달린 유학자가 아닌 학문적 사상적 진폭이 세종에 버금갈 만큼 폭넓은 경세학자였으며, 이러한 사상적 가치관이 17세기 이후 실학이라는 이름으로 다시 태어나게 된 것이다. 필자는 실학의 뿌리가 바로 세종이며, 『성리대전』이라고 평가한다. 그러나 경학 중심으로만 치우쳐진 경학 중심의 유학주의에 대한 반성에서 발아된 것이 실학이며 이 실학은 정도 남송시대의 유학으로의

20) 이상규, 『명곡 최석정의 『경세훈민정음』』, 역락, 2017, 119~126쪽.

귀환 결과이다.

신숙주 선생은 '훈민정음' 창제 이후 『훈민정음 해례』 편찬과 이를 활용하여 보급하는데 특히 동음과 중화음의 표준화에 큰 업적을 남긴 학자요 관리였다. 『훈민정음 해례』를 비롯하여 『운회』 번역, 『용비어천가』, 『동국정운』, 『홍무정운역훈』, 『직해동자습』 등 훈민정음 보급에 매우 중요한 구실을 한 모든 책에 그의 이름만이 빠짐없이 올라간 것만 보아도 그 업적을 가늠해 볼 수 있다. 우리는 세종의 뜻을 이어 남긴 그의 큰 한글 업적을 기려야 할 책무가 있다. 그러나 선생은 계유정난 이후로 절친한 친구 성삼문과의 상반된 처신으로 부정적인 평가를 받기도 하였다. 이러한 평가는 일찍부터 있었던 일이다. 선생에 대한 부정적 평가가 공공연하게 전승된 것은 명나라에 대한 충절과 군왕과 신하간의 대의명분을 큰 덕목으로 내세웠던 병자호란 이후의 일이다. 곧 경학과 도학적 실천론이 강조된 사림파의 등장으로부터 시대 가치가 달라진 안목에서 바라본 평가라 아니할 수 없다. 도학적 실천을 중시하던 집권층은 성삼문을 명나라 충신 방효유(方孝孺)와 같은 사람으로 추켜세우고 관직과 시호를 추증하였다. 그리하여 숙주나물까지도 신숙주의 절조를 비웃는 말로 사용되었던 것이다. 이에 신숙주의 후예인 신씨 집안에서는 새 며느리가 들어오면 숙주나물을 녹두나물로 부르도록 가르쳤다고 할 정도다. 이러한 민간의 풍조는 급기야 서사문학 작품으로 변주되면서 더욱 높은 비판의 부채질을 한 것이다.

신숙주 새롭게 보기와 문제 제기

(1) '훈민정음'과 신숙주의 역할

신숙주의 업적 가운데 제일 먼저 언급되어야 할 부분이 바로 '훈민정음' 창제와 관련한 『훈민정음 해례』, 『동국정운』, 『홍무정운역훈』과 같은 조선 초기의 세종의 어문정책의 구현이라고 할 수 있다. '훈민정음' 창제 두 달 전에 일본 사신으로 갔다가 되돌아온 신숙주는 곧바로 『훈민정음 해례』, 『운회』 언역, 『동국정운』, 『홍무정운역훈』[21] 언역 사업에 참여하게 된다. 정속 한자음을 파악하기 위해 세종 27(1445)년 봄부터 명나라 한림학사 황찬 등에게 음운을 질의하러 무릇 열세 차례를 왕래하였다.[22] 물론 성삼문과 손수산 등이 함께 동행하기도 했으나 선생은 실질적으로 중국 운학의 이치에 가장 밝은 분이었다. 그 이유는 세종의 당대 어문정책과 관련된 모든 사업에 선생이 빠진 사업이 단 한 가지도 없다는 점에서도 확인이 가능하다.[23] 그리고 경오(1450)년에는 한림 시강 예겸(倪謙)과 사마순(司馬恂)이 조서를 가져와 우리나라에 이르니, 상

---

21) 『성종실록』 성종 6(1475)년 을미 6월에 그의 졸을 기록하면서 "정음을 알고 한어에 능통하여 『홍무정운』을 번역하였으며 한어학을 배우는 다수자가 도움을 입었다(解正音。通漢語。飜譯洪武正韻。學漢語者多賴之。)"라고 하였으니 '解正音'은 해례의 편찬을 이름이요 번역 『홍무정운』은 그 역훈의 편찬을 이름인 듯하다.

22) 己未秋世宗策士。崔敬身榜中乙科第三人。(…中略…) 其國俗喜詞章。擬書狀官。而難其人。且風濤險惡。人皆憚行。再三見遞。竟以公爲定。(…中略…) 自發國境。暨于還國凡九箇月。前此通信使之行。未有若此之完且速者。(…中略…) 上以本國音韻與華語雖殊。而其牙舌唇齒喉淸濁高下。未嘗不與中國同。列國皆有國音之文。以記國語。獨我國無之。御製字母二十八字。設局於禁中。擇文臣撰定。公實承睿裁。本國語音註僞。正韻失傳。時適翰林學士黃瓚以罪謫遼東。乙丑春。命公隨入朝使臣到遼東。見瓚質問音韻。公以諺字翻華音。隨問輒解。瓚大奇之。自是往還遼東凡十三度。「中略」 庚午春。翰林侍侍講倪謙。司馬詢賚詔到國。上選文士之能文者從遊。公首與選。"(『세종실록』 세종 27년 봄).

23) 김슬옹, 『한글혁명』, 살림터, 2017, 104쪽.

께서 유학자들 중 문장에 능한 자들을 가려 뽑아 함께하도록 하시니, 선생이 앞에서 모셨다. 계해(1443)년에 서장관으로 일본을 다녀온 이후 경오(1450)년까지 7년간 그는 오직 '훈민정음'에 관한 사업을 위하여 시종일관 활동한 것을 알 수가 있다.

그런데 지금까지 집현전 학사 8분이 '훈민정음' 창제와 관련하여 그리고 그 이후의 행적과 역할에 대한 구체적인 논의가 다소 부족하였던 것이 아닌가 판단한다. 다만 홍기문은 그의 『정음발달사』에서

> "신숙주와 성삼문의 두 사람이 여덟 학사 중에서도 중추적 활동을 하였다는 것은 이미 설명한 바와 같거니와 그 중에서도 신숙주가 성삼문보다 좀 더 우월하게 활동한 것이 아닐까 한다. 그렇다고 보는 이유는 첫째로 『동국정운』이나 『홍무정운역훈』과 같은 중요한 서적의 서문을 항상 신숙주가 썼고, 둘째로 황찬이나 예겸(倪謙)과 음운을 논의하는 데도 항상 신숙주가 전면에 나서고 있는 까닭이다. 물론 성삼문은 역신으로 몰려 죽은 이후 정식으로 그들을 칭양치 못하고 그의 저작도 많이 흩어지고 잃어버린 관계가 있겠지만은 『동국정운』 서는 세종이 살아 있을 때요, 또 황찬과 예겸의 기록은 본래 거기에 구애되었을 것이 아니다."

라고 기술하고 있지만 앞으로 좀 더 실증적이고 구체적인 역할에 대한 정밀한 전망과 관찰이 필요하다. 주지하다시피 세종은 '훈민정음' 창제 직후 신숙주, 성삼문 등에게 『고금운회거요』의 국역을 하도록 명하였는데, 이 사업은 완성되지 못했다. 이에 대한 것은 세종 26(1444)년 2월 병신 조 실록에 살펴보면 세종이 새로 창제한 정음을 가지고 『운회』를 번역시키도록 명을 내린 사실을 알 수 있다.

"집현전 교리 최항, 부교리 박팽년, 부수찬 신숙주, 이선로, 이개, 돈녕부 주부 강희안 등에게 명하여 의사청에 나아가 언문으로 『운회』를 번역하게 하고, 동궁과 진양 대군 이유, 안평 대군 이용으로 하여금 그 일을 관장하게 하였는데, 모두가 성품이 예단하므로 상을 거듭 내려 주고 공억하는 것을 넉넉하고 후하게 하였다."24)

이와 같이 세종께서 『고금운회』를 번역하도록 하명한 것으로 보아서 언문 28자의 창제는 계해년 겨울에 완료되었음은 의심할 수 없는 사실이며, 이와 동시에 훈민정음으로 한자어 표음표기는 당시 핵심적인 당면 과제였을 것이다. 이 『운회』의 번역 과정은 최만리(崔萬理, ?~1445) 등의 반대 상소문 중에도 들어 있다.

"이제 넓게 여러 사람의 의논을 채택하지도 않고 갑자기 이배(吏輩) 10여 인으로 하여금 가르쳐 익히게 하며, 또 가볍게 옛사람이 이미 이룩한 운서를 고치고 근거 없는 언문을 부회(附會)하여 공장(판각 장인) 수십 인을 모아 각본하여서 급하게 널리 반포하려 하시니, 천하 후세의 공의에 어떠하겠습니까?"25)

세종이 『운회』 번역을 명한 직후 최만리가 반대 상소를 올린 직접적인 계기는 이 운서 번역 사업에 대한 반대 때문이었다. 1447년에 이 『운회거요』의 영향을 크게 받은 『동국정운(東國正韻)』이 편찬되었는데,

24) "命集賢殿校理崔恒, 副校理朴彭年, 副修撰申叔舟, 李善老, 李塏, 敦寧府主簿姜希顔等, 詣議事廳, 以諺文譯韻會, 東宮與晋陽大君瑈, 安平大君瑢, 掌其事, 皆稟審斷"(『세종실록』 세종 26(1444)년, 2월 16일).

25) "今不傳採群議, 驟令吏輩十餘人, 講習, 又輕改古人已成之韻書, 附會無稽之産諺文, 聚工匠數, 十八刻之, 劇欲廣布其於天下, 後世公議如何"(『세종실록』 세종 26(1444)년 2월 20일).

따라서 『동국정운』의 편찬은 곧 『운회거요』 국역 사업의 연장으로 볼 수 있다. 『동국정운』의 운목 배열은 『고금운회거요』의 영향을 받은 것이지만 운도의 배열 방식은 차이를 보여주고 있다. 그런데 실록에 보이는 『운회』란 어떤 운서를 말하는 것인가? 박병채(1983: 12) 교수는 세종이 명한 『운회』가 『고금운회거요』가 아닌 이유를 그 결과물이 나오지 않았다는 점을 들어서 세종이 번역하도록 명한 운서는 『홍무정운』이라고 주장한다.26) 그러나 훈민정음 해례의 운도 7성과 악률 오성과의 대응(순음(脣音)－궁(宮), 후음(喉音)－우(羽))이 『홍무정운』과는 다르지만 『고금운회거요』와 일치한다는 점에서 당시 세종이 번역하도록 명한 『운회』는 『고금운회거요』임이 분명하다. 그러면 왜 이 사업이 중단된 것일까? 유창균(1969: 162) 교수는 『고금운회거요』 사업이 중단되고 이어서 『동국정운』의 사업으로 이어졌다는 주장이다. 그 근거로는 『고금운회거요』의 음역본이 훈민정음의 음운체계로 발전적으로 개편한 결과가 『동국정운』이라는 논의이다. 문제는 왜 『운회』 곧 『고금운회거요』의 음역 사업이 중단된 것인가에 대한 단 한마디의 기록도 남아 있지 않는가? 여기서 『운회』가 박병채(1983: 12) 교수의 논의처럼 『홍무정운역훈』이었다면 그 사업에 관여했던 사람들이 왜 차이가 있는지 설명할 길이 없다. 『운회』 사업에 가담한 사람과 『홍무정운역훈』 사업에 가담한 사람은 신숙주와 성삼문을 제외하면 전혀 다르다.

이 글에서는 이러한 이유를 다음과 같은 근거 속에서 찾으려고 한다. 곧 '훈민정음 예의'는 세종이 『고금운회거요』의 운서를 참조하여 창제하였다가 신숙주를 비롯한 신진 집현전 학사와 더불어 해례본으로 이론화시키는 과정에서 신진학사들에 의해 명나라 흠정운서 『홍무정운』의

26) 박병채, 『홍무정운역훈의 신연구』, 고려대학교민족문화연구소, 1983.

체제로 바뀌어야 한다는 주장이 대두됨으로써 『운회』 사업이 자연 중단된 동시에 『동국정운』과 『홍무정운역훈』의 인간 사업으로 전환되었을 것이다. 그 근거는 『훈민정음 해례』의 운도 배열의 기준은 『고금운회거요』에 따른 것이어서 『홍무정운역훈』과의 차이에서 찾을 수 있다. 세종과 정인지의 판단이 더 존중되었던 결과이다. 그러나 『동국정운』과 『홍무정운역훈』에서는 '훈민정음 예의'와 다른 변개들이 나타난다. 특히 한자음 표기의 이러한 변개들을 주도한 이가 바로 선생과 성삼문이 아니었을까?

이러한 가정을 논증하기 위한 첫째 근거가 소위 말하는 풍토설이다. 지역마다 7음의 대응이나 청탁의 대응, 사성의 대응이 달라질 수 있다는 논설을 『훈민정음 해례』의 정인지 서문, 『동국정운』의 서문, 『홍무정운』 서문 등에 그 근거를 밝히고 있다. 『홍무정운』에 해박한 지식을 가지고 있었던 선생이 중심이 되어 편찬한 『홍무정운역훈』의 오음계의 배치가 『훈민정음 해례』와 차이가 있다. 곧 『고금운회거요』 계열의 운도를 기준으로 만든 『훈민정음 해례』에는 '입술소리(脣)－궁(宮)', '목구멍소리(喉)－우(羽)'의 오음계 배치로 되었지만 『홍무정운』 계열의 운서에는 '입술소리(脣)－우(羽)', '목구멍소리(喉)－궁(宮)'으로 되어 있다.[27] 이러한 사실은 이미 『훈민정음 해례』 간행 도중에도 운도 곧 오성(아, 설, 순, 치, 후)과 오음(궁, 상, 각, 치, 우)의 배합 배치의 통일 문제가 세종과 집현전 학사들 간에 쟁점이 되었다는 것을 암시해 준다.[28]

---

27) 이상규, 「잔엽 상주본 『훈민정음』 해례본」, 『한글』 298, 한글학회, 2012.

28) 이상규, 『명곡 최석정의 『경세훈민정음』』, 역락, 2017. "음양오행의 동아시아의 사상 체계로 만든 『훈민정음 해례』의 제자 원리를 밝힌 「제자해」에서 제시한 '순(脣)－궁(宮)'의 배합과 '후(喉)－우(羽)'의 배합이 문제가 있음을 유희도 『언문지』에서 이 문제를 지적한 바가 있다. 잔엽 상주본 『훈민정음 해례』 행간 필사 기록에도 『훈민정음 해례』의 오음계 배치의 문제를 지적하였다. 곧 오음, 오성, 오계, 오시뿐만 아니라 특히 율려와 성음의 이치를

『훈민정음 해례』의 오음계 배치가 『홍무정운역훈』, 『사성통해』와 차이가 난다는 점을 통해 당시 한음 연구의 최고의 역량을 가졌던 신숙주의 영향이라고 단언한다. 이와 함께 ① '훈민정음 언해'에서 치성 규정이 새로 나타나고, ② 입성자 표기, ③ 범자필합이성음(凡字必合而成音) 등의 한자음 표기의 변용 등을 주도한 이가 바로 신숙주였을 것이다.

『훈민정음 해례』 창제 당시 세종께서는 원나라 북방음이 반영된 『고금운회거요』를 기준으로 오음과 오성을 결정했던 결과이다. 실록 기록에 따르면 태종에서 세종에 이르기까지 궁중에서 『고금운회거요』를 많이 활용하였음을 알 수 있는바, 세종에게는 매우 친숙한 운서였음에 틀림이 없다. 그 이후 명나라에서는 심약의 『원화운보』를 기준으로 한 『홍무정운』의 운도에서 이들 배치가 달라졌기 때문에 집현전 소장 학사 특히 신숙주 사이에 이 운도의 차이에 대한 문제 제기가 있었을 것으로 보인다.[29] 따라서 이러한 문제 때문에 『운회』 번역 사업이 중단되고 이를 토대로 하여 『동국정운』 사업과 함께 명나라 흠정 운서인 『홍무정운』 번역 사업으로 한자음 표준화 방향이 전환된 것으로 이해할 수 있다.

(2) 신숙주와 『동국정운』·『홍무정운역훈』

세종이 우리말의 직서기언(直書其言)을 위해 창제한 '훈민정음'을 활용한 일차 사업이 한자음의 표준화 곧 안으로는 동음의 표준화와 바깥으로는 중화음의 표준화에 이용하였다. 잘 알려져 있듯이 『동국정운』의

성운학과 통합한 곧 전체를 하나의 원리로 일관하는 통합적 원리에서 오성과 오음(또는 칠성과 칠음)의 배합 원리는 매우 중요한 문제이다."

29) 심약의 『원화운보』 「오음지도(五音之圖)」의 "宮 舌居中(喉音), 角 舌縮却(牙音), 徵 舌拄齒(舌頭, 舌上), 商 口開張(齒頭, 正齒), 羽 口撮聚(脣重, 脣輕)"로 기술한 내용과 다른 점을 집현전의 신진학자들도 알고 있었을 것이다.

한자음 표기의 특징은 첫째로 중국의 한자음에는 '설두음'과 '설상음', '순중음'과 '순경음', '치두음'과 '정치음' 등의 구분이 있었지만, 조선의 한자음에는 이러한 구분이 없었다. 따라서 『동국정운』에서는 중국의 『고금운회거요』에 107운과 36자모 체계를 변형하여 국어 한자음의 체계에 맞추어서 독자적으로 91운 23자모 체계를 세웠다. 둘째로 『고금운회거요』 등에서는 반절을 이용하여 한자음을 표기하였는데, 『동국정운』에서는 반절법 대신에 새로 창제한 표음문자인 '훈민정음'을 사용하여 한자의 음을 달았다. 셋째로 중국에서는 입성인 '단모(端母, (ㄷ))'에 속하는 '질(質)운' '물(勿)운'을 '래(來)모'로 통합하였다. 이러한 두 언어에서 나타나는 차이를 보완하기 위하여, '來(ㄹ)모'의 뒤에 '影(ㆆ)모'를 붙여서 입성자음을 표기하는 이영보래(以影補來) 표기법을 만들었다. 이처럼 현실적 이상주의적 한자음 표기를 제정했던 세종은 "억지로 가르치지 말고 배우는 자들로 하여금 의사에 따라 하게 하라(勿强敎, 使學者隨意爲之)"라고 일렀다(『세종실록』 권122). 『동국정운』의 한자음 표기법의 한계성을 세종이나 집현전 학사들은 이미 알고 있었던 결과이다. 이에 따라서 세종대에서부터 세조대에 이르기까지 간행된 『석보상절』, 『월인천강지곡』, 『훈민정음』 언해, 『월인석보』 등에는 『동국정운』식 한자음으로 주로 표기하였다.

'훈민정음 언해'에는 치음장(齒音章)이 추가되어 있는데 이것은 세종이 창제한 실록의 예의와 차이를 보여준다. 그렇다면 이 치음장의 설치는 어떤 연유로 진행되었을까? 홍기문(1946)은 "그 역시 세종 자신의 것임을 의심할 바가 없다. 그것은 군왕의 어제를 신하가 건드리지 못하였을 것같이 선왕의 친제를 후대의 임금도 손대지 못했을 것인 까닭이다."라고 하여 모든 것을 세종에게 돌리고 있지만 당시 동음과 한음을 훈민정음을 이용하여 표기하고자 노력했던 신숙주, 성삼문 등의 편찬

의도가 반영된 결과라고 보지 않을 수 없다고 판단하고 있다. 또한 『홍무정운역훈』의 편찬을 위해 중국의 정음과 속음을 취재하기 위해 13차례나 방문하고 조사하면서 7음의 변개를 복원하려고 했던 신숙주의 입김이 미친 결과이다. 『사성통고』 「범례」에도 이 치음의 구별에 대한 기록이 있지만 신숙주, 성삼문 등이 편찬한 그 책의 「범례」에서도 이러한 변개 과정을 충분히 이해할 수 있다.

『훈민정음 해례』 완성 직전인 1445년에 세종대왕의 명을 받아 선생은 집현전 학사인 성삼문, 손수산과 함께 중국음을 훈민정음으로 표기하는 방법에 대한 조언을 받고자 명나라 황찬(黃瓚)의 도움을 얻으러 요동에 다녀왔다는 얘기는 세종실록에 기록되어 있고, 신도비문 등에 무려 13번을 다녀왔다고까지 기록해 놓았다. 그동안 13번의 왕래에 대해 그 사실성에 대한 규명을 위한 논고들은 많았다. 어쨌든 실제 그 먼 곳을 13번이나 다녀왔는지는 알 수 없으나 그만큼 훈민정음 연구를 위해 그의 젊음을 다 바친 것만은 분명해 보인다. 성종 때인 1478년에는 이창신(李昌臣)이 "세종조에 신숙주·성삼문 등을 보내어 요동에 가서 황찬에게 어음(語音)과 자훈(字訓)을 묻게 하여 『홍무정운』과 『사성통고』 등의 책을 이루었기 때문에, 우리나라 사람들이 이에 힘입어서 한자 훈을 대강 알게 되었습니다."라고 가술한 것에서부터 『세종실록』 세종 27(1445)년 을유 정월에 "집현전 부수찬 신숙주와 성균관 주부 성삼문과 행 사용(司勇) 손수산을 요동에 보내서 운서를 질문하고 돌아오게 하였다(遣集賢殿副修撰申叔舟。成均注簿成三問。行司勇孫壽山于遼東。質問韻書。)"라고 하였고 동 실록 경오(1450)년 1월에는 "집현전 성삼문 응교 신숙주 봉례랑 손수산에게 명하여 운서를 사신에게 묻게 하였는데 삼문 등이 관반을 따라 보이니 사신이 말하기를 '이분들은 무슨 벼슬을 하는 사람입니까'라고 하니, 김하가 말하기를 '모두 승문원 관원이고 직책은 부지승문입니다'.

수산을 가리켜 통사라 하였다(命直集賢殿成三問。應教申叔舟。奉禮郎孫壽山問韻書于使臣。三問等因館伴以見。使臣曰是何官也。金何曰皆承文院官員。職則副知承文院事也。指壽山曰此通事也。)"라고 하였다.[30] 이상의 기록만으로 보아도 신숙주, 성삼문의 두 사람이 음운 관계로 외국인을 접촉할 때는 반드시 그가 동반하였다고 추측이 되지만 그의 성명은 그 두 사람과 함께 오르지 못하고 있다. 아마 그것은 김하(金何, ?~1462)의 소개와 마찬가지로 통사(通詞, 통역관)로 관계였는지도 모른다.

선생이 『홍무정운역훈』과 『직해동자습』의 편찬에 참가한 것으로 본다면 당대 중화음에 대해서는 최고 일인자였음에 틀림이 없다. 본래 『홍무정운역훈』이나 『직해동자습』에 이르러는 오직 그 두 사람만이 관계된 터라 황찬이나 예겸에게 음운을 자문한 것도 궁극적으로 그 편찬을 위한 것으로 언문청과는 완전 별개의 문제였던지 모른다. 또 물론 상기의 양서는 한음을 주장했던 것인즉, 소위 오제(吾儕)의 여섯 사람 가운데서도 한어의 소양이 완전 없는 사람으로는 참섭치 못하였을 것은 당연한 사실이다.

---

30) 『해동잡록』「성삼문 항」(권4)에서 에 김수온의 「독서암한완서」를 인용한 가운데에 "을축년 봄에 임금께서 성운(聲韻)을 크게 바로 잡을 뜻을 가지고, 마침 학문이 있는 중국의 한림학사 황찬(黃瓚)이 요양으로 귀양을 왔다는 말을 듣고 신숙주에게 가서 교정을 받아오라 명령하였는데, 성 선생 역시 함께 갔다(乙丑春。上有意大正聲韻。聞中朝翰林學士黃瓚有文學謫遼陽。命申先生叔舟往取正。成先生亦得與爲。)"라고 하고 을축에 쓴 박팽년의 「희현당시후서」에는 "금년 봄 요동으로 봉행하여 왕조의 한림 황찬과 운학을 논하였고(今年春。奉使遼東。與皇朝黃翰林瓚論韻學。)"라고 하였다. 이 물론 『세종실록』 세종 27(1445)년 을축 정월에 "집현전 부수찬 신숙주와 성균관 주부 성삼문과 행사용 손수산을 요동을 보내어 운서를 질문하여 오게 하였다(遣集賢殿副修撰申叔舟。成均注簿成三問。行司勇孫壽山于遼東。質問韻書。)"라고 한 것과 부합되는 말이다. 이파의 「신숙주묘지」에 "을축(1445)년 봄에 공에게 중국으로 가는 사신을 따라 요동에 가서 황찬을 만나 질문하라고 명하시니 공이 화음을 정음으로 옮겨 묻는대로 빨리 깨달아 조금도 틀리지 않으니 황찬이 크게 이를 기이하게 여겼다(乙丑春。命公隨入朝使臣到遼東。見瓚質問。公諺字飜華音。隨問輒解。不差毫釐。瓚大奇之。)"라고 하였으니 을축년 봄에 신숙주, 성삼문이 황찬에게 음운을 질문할 때 이미 훈민정음을 사용한 것 아닌가 한다.

하여튼 경오까지는 신숙주의 활동을 적은 기록이 곧 그의 활동을 적은 기록으로 볼 수 없지 않으며, 그 이외도 단종 재위 중까지는 음운에 관한 한 역시 두 사람이 협의하였을 것으로 보인다. 세종 때 어정에 따라 『사성통고』를 편찬하는 것은 물론이요, 세종 승하 후 그 『사성통고』 「범례」를 만든 것도 어느 일개인의 단독적 저술로 보기는 어렵다. 최세진의 『사성통해』 서문에서 신숙주만을 든 것은 완전 문제가 되지 않는다.

물론 세조 때도 『초학자회』(1458)의 언주나 『명황계일감』의 언역 등에는 최항과 신숙주가 관계되어 있으나 겨우 그 몇 종의 서적을 가지고서 간경도감의 거대한 사업과 비교를 삼을 수는 없는 일이다.

그 당시에 있어서 소위 유신으로서 대표될 만한 배불 사상가는 그들의 여러 무리 중 김수온이요. 그들의 후진 중 한계희, 노사신 등 결국 『석보상절』과 모든 불경의 언해는 그 몇 사람과 다시 신미, 해초, 학조. 등 몇몇 거승을 중심삼아 이루어진 것이라고 보인다.[31)]

(3) 『해동제국기』와 외래어 표기

세종이 우리말의 직서기언(直書其言)을 위해 창제한 '훈민정음'을 활용한 일차 사업이 한자음의 표준화 곧 안으로 동음의 표준화와 바깥으로 중화음의 표준화에 이용하는 과정에서 일본과 중국 그리고 북관을 지키면서 체험한 외래어와 특히 『용비어천가』의 개수 작업 과정에서 봉착한 외래어(몽골, 여진 인명과 지명)를 훈민정음으로 표기할 수 있는 역량이 갖추어진 인문 역시 신숙주 외에는 없었었을 것이다.

을축(1445)년 4월에 권제, 정인지, 안지 등 『용비어천가』를 올렸다고

31) 박해진, 『훈민정음의 길, 혜각존자 신미 평전』, 나녹, 2015.

하여 병인 9월 완성될 문자를 1년 반 전에 미리 사용한 셈이 되나 선왕 창업을 기리는 시가(詩歌)에 그와 같이 경솔한 행동이 허락될 수 없다. 1443(세종 25)년 일본에 서장관으로 국경을 출발해서부터 환국하기까지 대체로 9개월이 걸렸다. 세종이 '훈민정음'을 창제하던 그 해에 일본 사신으로 갔던 10월에 돌아와 곧 집현전에 소속되었다. 선생이 일본 서장관으로 다녀왔던 이후 시간이 많이 흐른 1471년에 『해동제국기』를 편찬하였다. 손승철(2007) 교수는 "신숙주의 『해동제국기』[32]는 일본과 유구의 지리역사에 관한 정보를 집대성한 저술이며, 일본과의 공존·공생을 지향하려 했던 일본관, 나아가 동아시아관을 대변해주는 역작"으로 평가하고 있다. "이 점에서 우리는 신숙주의 『해동제국기』를 일본과의 '공존·공생을 위한 역사의 메시지'로서 다시 주목해야 할 것이다."라고 평가하고 있다.

본래 신숙주는 세종 25(1443)년 계해에 서장관으로 사신으로 갔다 온 일이 있으므로 문자의 명칭은 물론이요 말까지도 약간 통하였던 듯하다. 그의 『해동제국기』는 말할 것도 없거니와 『용비어천가』의 기록도 그로부터 재료를 얻었을지 모른다. 그러나 그보다 훨씬 전부터 그 문자의 추절(墜絕)이 문제된 것을 본다면 반드시 신숙주의 계해년 사행(使行)을 기다려서만 비로소 그 수효나 명칭을 안 것도 아닐 것이다.

『세종실록』 세종 12(1430)년 경술 3월에(47권 8장) 「제학취재경서제예수목(諸學取才經書諸藝數目)」 가운데 역학의 일본 훈에 대해서는 "왜학(倭學)은 『소식서격(消息書格)』, 『이로파본초(伊路波本草)』, 『동자교노걸대(童子教老乞大)』, 『의론통신(議論通信)』, 『정훈왕래(庭訓往來)』, 『구양물어(鳩

32) 성종 2(1471)년 신숙주가 일본의 지세(地勢)와 국정(國情), 교빙내왕(交聘來往)의 연혁, 사신관대예접(使臣館待禮接)의 절목(節目)을 기록한 책. 1책.

養勿語)』, 『잡어서자(雜語書字)』" 등을 들었으니 그때 이미 그 방면의 서적이 이와 같이 여러 종에 이르렀던 것으로 미루어 보아 이미 선생은 그 문자의 개략을 참고하기에는 매우 용이하였을 것으로 추측된다. 신숙주의 『해동제국기』에는 "남녀를 논할 것 없이 모두 그 국자(國字) 국자는 가타카나라고 부르는데 대개 47자임을 익히며 오직 승려만이 경서를 읽고 한자를 안다(無男女皆習其國字。(國字號加多干那凡四十七字) 惟僧徒讀經史知漢字。)"라고 하여 가명이라는 명칭까지 밝혀두고 있다.

『해동제국기』는 신숙주가 1443년 일본에 서장관으로 방문하여 기록했던 일본국, 구주(九州), 일기(壹岐), 대마도(對馬島), 유구국(琉球國)의 자료를 성종 2(1471)년에 간행한 책으로, 199여 개의 지명 자료는 국어사 연구 및 한일세어 표기법 연구에 중요하다. 『해동제국기』의 일본 지명은 15세기 한국 한자음을 원용하여 한자차자표기법 중 음차표기와 훈차표기로 기록한 것으로, 대부분의 지명은 음차 표기이지만 '訓羅串(훈라곶)'의 '串'과 '五時浦(오시개)', '時多浦(시다개)'의 '개(浦)'는 훈차 표기로 나타났다. 『해동제국기』「대마도지도」와 『해동제국기』 대마도 본문 지명을 대조해 본 결과 9곳의 지명이 다르게 표기되었으며, 이 책의 지명에 반영된 일본 지명 표기음이 대부분 그대로 현재 일본 지명에 나타남을 알 수 있었다.[33] 곧 일본의 지명과 인명 147개를 표기한 한자로써 전통한자음의 실상을 파악하게 하는 것이다. 유일하게 '串'(訓羅串96b)은 훈독(訓讀, 訓乃古時浦107a 참조)되나 나머지 한자는 모두 음독(音讀)되는데, 그 독음이 『동국정운』식이 아니라 전통 한자음이다. 간혹 이두에 나타나는 독음도 반영된 것으로 보인다. 예컨대, '介·只·乃·而'가 일본의 고유명사에 대응하여 '가·기·나·ᄉᆞ'를 표기한다. 이 고유명사 표기에

33) 손승철, 「『해동제국기』의 사료적 가치」, 『한일관계사연구』 27, 한일관계사학회, 2007.

서 특기할 일은 일본어의 탁음(濁音)이 앞 음절의 받침에 같은 계열의 비음(鼻音)으로 표기되는 것이다. 예컨대, 일본어의 'sago, nisidomari, kusubo'가 '雙古, 尼神都麻里, 仇愁音夫'로 표기된 따위다. 이러한 표기는 첩해신어(捷解新語)와 이 책 부록인 어음번역(語音翻譯)의 한글 표기에서도 확인된다.[34]

(4) 신숙주의 대외 교린

신숙주는 36살 때인 1452(문종 2)년에는 수양대군이 명나라 사신 대표로 갈 때 서장관으로 함께 가 외교관으로서의 역할을 톡톡히 했다. 37살 때인 1453(단종 1)년에는 수양대군이 이른바 계유정란을 일으켰을 때 외직에 나가 있었으나 수양대군과 가까웠던 탓에 공신이 되고 곧 도승지에 올랐다. 이 사실로 변절자의 굴레를 썼으나 진정 그가 어떻게 살았는가를 보면 그런 평가는 옳지 않다. 44살 때인 1460(세조 6)년에는 강원·함길도의 도체찰사에 임명되어 야인 정벌을 위하여 출정하여 국방 분야에서 큰 업적을 남긴 것만 보아도 알 수 있다. 55살 때인 1471(성종 2)년에는 성종의 명으로 세종 때 서장관으로 일본에 갔던 경험을 살려 『세조실록』·『예종실록』의 편찬에 참여하기도 하였다.

신숙주의 교린정책과 외교적 노력은 두 가지 방면으로 나누어서 생각할 수 있다. 먼저 북방의 여진 개척과 정벌에 기여한 노력과 이를 통한 중국과의 외교적 역할에 대해 살펴볼 필요가 있다. 먼저 일본 사행의 서장관으로 갔다가 오는 길에 대마도에 들러 세송선(歲送船)의 액수를

34) 심보경, 「『해동제국기』 지명에 반영된 한일 중세어 표기법」, 『한일관계사연구』 27, 한일관계사학회, 2007.

약정한 것이 최초의 외교적 성과이다. 세종 당시 대마도 정벌 이후 대마도주에게 위임한 교린의 역할이 소홀해졌다. 대마도 도주의 농간에 빠져 액수의 약정을 꺼렸으나, 그가 약정이 되면 권한이 오로지 도주에게 돌아가고 우리나라와의 우호 관계도 수립되는 것이라고 설득하여 마침내 배의 액수를 약정하게 되었다고 한다.

다음으로는 중국과 여진과의 교린에 관한 역할이다. 1455년 가을에는 주문사로 중국 천제의 고명(誥命)을 받아내어 세조 즉위에 대한 국제적인 승인을 획득하였다. 1456년 봄에 중국에서 귀국하자 병조판서가 되었는데 일본을 상대하는 일의 중요함을 아뢰어 이때부터 예조의 일을 오로지 관장하게 되었다. 외교 문서는 거의 그의 윤문을 거쳐 보낸 것을 비롯하여 크고 작은 외교 문제를 훌륭히 처리하였던 것이다. 명나라와 영토 분쟁으로 비화될 수 있었던 여진족 정책에 대해서도 명나라의 절대적인 지지를 이끌어내고 4군 6진을 개척한 결과 압록강과 두만강을 경계로 한 국경을 확장한 세종의 북방 정책[35]의 연장선에 서 있었다.

세종 때 하륜(河崙)을 중심으로 북방 여진족의 침입과 조선의 국경을 중국으로부터 합의한 결과 세종 26(1444)년 이후에 중국의 천자로부터 조선의 세종에게 오조용의(五爪龍衣)에 맞춘 오조익선관(五爪翼蟬冠)을 착용을 허용하고 그 용포와 용의를 하사받았다. 조선조 익선관과 곤룡포는 왕이 편전에서 신료들과 함께 국정의 의논할 때 입던 의관과 복식인데 곤룡포(곤룡암화골타운포)의 흉배에 사조용보(四爪龍補)를 사용하다가 세종 26(1444)년 3월 이후부터는 명나라로부터 오조용복(五爪龍服)을 3습을 특별히 하사받은 이후부터 왕은 상복오조용복(五爪龍服)을 왕세자는 사조용복(四爪龍服)을 착용하는 제도가 도입되어 실시되었다.

35) 정윤재·박현모·김영수, 『세종의 리더십 이야기』, 한국학중앙연구원 출판부, 2010, 81쪽.

"예전에 사조용의(四爪龍衣)를 입었었는데, 뒤에 듣자니 중국에서는 친왕이 오조용(五爪龍)을 입는다기에 나도 또한 입고 천사(天使)를 대접했는데, 그 뒤에 황제가 오조용복(五爪龍服)을 하사하셨다. 지금 세자로 하여금 사조용(四爪龍)을 입게 하면 내게도 혐의로울 것이 없고 중국의 법제에도 잘못됨이 없겠다." 하매, 모두 말하기를, "진실로 마땅하나이다." 하니, 그대로 따랐다. (又曰: 昔予服四爪龍衣, 後聞中朝親王服五爪龍, 予亦服之, 以待天使, 其後, 帝賜五爪龍服。今令世子服四爪龍, 則於我無嫌, 於朝廷法制, 亦無妨焉。僉曰: 允當。從之。)[36]

중국 명의 영락제로부터 요동도사 건립과 흑룡강 하류의 변경 도사 개척에 필요한 인력(조선내침 여진)을 공급해주는 조건으로 조선의 국경이 고착되며 이와 함께 여진을 오랑캐로 폄하함으로써 조선의 만주 경략의 길은 요원해진 것이다.

세조 2(1456)년의 『세종실록』의 기록에도 세종 26(1443)년까지는 사조용의(四爪龍衣)를 착용하다가 세종 26(1443)년 3월 26일 명나라로부터 오조용복(五爪龍服)을 하사받은 이후부터는 오조용의(五爪龍衣)로 바뀌었다는 기록이 다시 나타난 것으로 미루어 보아 신숙주의 중화 선린 노선은 세종대와 전혀 달라진 것이 없음을 확인할 수 있다. 조선 세종 때 동북면의 여진족 내습(來襲)에 대비하여 김종서를 통하여 1434(세종 16)년부터 10여 년간에 걸쳐 이 지역을 적극적으로 경략하였다. 그 결과 종성(鍾城)·온성(穩城)·회령(會寧)·경원(慶源)·경흥(慶興)·부령(富寧)의 6진이 설치되었고, 이와 함께 남부 지역에서 몇 차례의 이민이 실시되었다. 하륜(河崙)을 통한 중국과의 협상이 진척된 결과 6진(六鎭) 개척이 이루

36) 『세조실록』 세조 2년.

어진 외교 결과가 고조선과 고구려를 비롯한 만주 경략과 관련해보면 과연 성공한 외교적 성과였는지 되돌아 살펴볼 과제라고 할 수 있다.

선생은 1458년에서 1460년 사이에 잇따라 북방 지역의 도체찰사로 임명되어, 1460년의 두만강 밖의 여진족 소굴을 소탕하고 압록강 유역까지 진무(鎭撫)하고 개선하였다. 이에 북방 변경이 편안하게 된 것이다. 자세한 사실은 『조선왕조실록』과 그가 찬술한 『북정록(北征錄)』에 나타나 있다.

"함길도 도체찰사 신숙주가 치계하기를, "마상합(麻尙哈) 등이 올미거(兀未車) 올적합(兀狄哈)의 육첩응가(育帖應哥)와 남눌(南訥) 올적합(兀狄哈)의 호토(好土)·나역합(剌亦哈) 등을 데리고 돌아와서 말하기를, 처음에 아무도 없는 땅을 7일 동안이나 가서 비로소 올미거(兀未車) 수가대(愁阿歹)의 집에 도착하니, 수가대는 처자를 거느리고 산골짜기에 숨어 있었습니다. (…중략…) 4일 동안을 가서 올미거(兀未車)의 육첩응가(育帖應哥)가 사는 곳에 도착하니, 가옥(家屋)이 불에 타서 모두 재가 되어 있었습니다. 마침 육첩응가(育帖應哥)가 산중으로부터 와서 쌀을 가져가기에 야당기(也堂其) 등이 있는 곳을 물으니, 대답하기를, 유상동합(柳尙冬哈)이 계청(啓請)하여 5진(五鎭)의 군사가 장차 다시 올 것이라는 것을 전하여 듣고 모두 아모라(阿毛剌)·홀아아(忽兒阿) 등지로 옮겨갔는데 이곳과 거리가 5, 6일 노정(路程)입니다라고 하였습니다. (…중략…) 아라합(阿剌哈)이 말하기를, 우리들은 평소부터 대국(大國)에 순종을 다하였는데, 요사이 이 무리들과 서로 원수가 되었으므로 감히 가지 못했던 것입니다. (…중략…) 신(臣)은 즉시 올량합(兀良哈)과 알타리(斡朶里)의 여러 추장을 불러서 이달 초 6일에 원근이 다 모여서 올미거(兀未車)의 육첩응가(育帖應哥)와 더불어 서로 보고 면전에서 화해(和解)하도록 하였고, 또 장차 야당기(也堂其) 등 여러 사람을 데리고 와서 화해를 청종(聽

從)하고 차차로 쇄환(刷還)하기로 약속했습니다. 육첩응가(育帖應哥)의 아내와 아들 4인이 사로잡혀서 이곳에 있는데, 그 아내는 아기를 배고 왔으나 지금은 이미 아이를 낳았습니다. (…중략…) 성상께서는 반드시 칭찬하실 것이다.' 하니, 육첩응가(育帖應哥)가 머리를 조아리면서 말하기를, '감히 마음을 다하지 않겠습니까?' 하였습니다. 또 마상합(麻尙哈) 등 3인으로 하여금 호송(護送)하도록 하고, 또 나머지 사람들을 초래(招徠)하였으니 화친(和親)하는 일은 대개 이미 정하여진 것입니다."37)

함길도 지역의 여진인들을 진무하는 과정을 상세하게 기술하고 있다. 정범조(丁範祖)가 지은 「화상찬(畫像讚)」에, "깊은 산 깊은 골이 운우(雲雨)를 섞어서 훌륭하고 유익한 자를 일어나게 한 것이 공이 왕을 훌륭히 보필한 업적이 아니겠는가. 무강(武剛)한 기상을 나열하고 우뢰와 벽력을 부려서 오랑캐 땅을 맑게 한 것이 공이 세상에 뛰어난 전략이 아니겠는가. 헤아릴 수 없는 곳까지 탐색하고 해박한 지식에 의뢰하여 언행과 사업을 빛낸 것이 공이 학문을 널리 편 힘이 아니겠는가. 반폭의 그림으로 거두어들인 것이 적막하여 없는 듯한 것은 공의 정령(精靈)이 의탁할 바 아니겠는가."라고 하였다.

신숙주의 외교 교린의 관료로서 뛰어난 역할에 대해 박현모 교수는 「실록학교(10월 21일 토요일, 서울 선릉역 근처) 신숙주 편」에서 다음과 같이 평가하고 있다.

"신주숙의 이런 노력이 한동안 단절되었던 세종의 외교노선을 계승하고 복원시킨 일이었다는 점입니다. 그는 자신이 맡은 일에 대해서는 '죽는 한이

37) 『세조실록』 1459(세조 5)년 4월 13일 갑자 3번째 기사.

있더라도 기꺼이 담당했던[臣死敢辭將行]' 사명감 투철한 관료였고, 외교 현장에 나아가서는 상대방 수준에 맞는 수단을 적절히 구사할 수 있는 탁월한 협상가였다. 그는 또한 "온순한 얼굴로, 풍자와 비유로써 옹의 마음을 일깨워 움직이게[從容將順 常諷喩以沃其心]" 하면서도, 일의 성과가 나온 다음에 "자신의 이름을 드러내지 않는[未嘗買直以售其名]" 지혜로운 재상이었지요."

세종 시대부터 신숙주의 북관과 왜에 대한 헌신적인 외교 노력 덕분에 지속적으로 침략해 온 여진들을 중국 요동으로 송출하고 회유와 진압으로 평정을 되찾는 동시에 육진 개척과 더불어 오늘날의 압록강과 두만강을 경계로 하는 국경이 자리를 잡게 된 것이다. 이와 함께 1442년에는 일본으로 가는 서정관에 뽑혀 국가 사신으로 일본에 갔고, 일본과 교린 관계 또한 즉 대마도주에게 상당한 재량권을 위임하여 왜와의 교린과 수교를 조정하도록 하였다. 귀국길에 대마도에 이르렀을 때 우리나라가 대마도주와 세견선(歲遣船)의 숫자를 약정하고자 하였으나 도주가 부하들의 그릇된 건의를 듣고 머뭇거리며 결정을 못하고 있다는 말을 듣고 숙주가 도주에게 이르기를, 세견선의 숫자가 결정되면 권한이 도주에게 돌아가고 아랫사람들은 이익이 없고, 결정되지 않으면 사람들이 독자적으로 행할 수 있을 터인데 도주에게 무엇을 의뢰하겠는가? 그 이해는 지혜로운 사람이 아니라도 알 수 있다. 하니 도주가 드디어 약정을 하였다. 돌아오는 길에 해상에서 회오리바람을 만났는데 모두 다 새파랗게 질렸지만 신숙주만은 태연자약하게 있으면서 말하기를, 장부는 마땅히 멀리 사방을 유람해야 하는데 이제 일본국을 보았으니 이 바람 덕분에 곧바로 금릉(金陵: 현 남경)에 배를 대고 예악 문물의 융성함을 볼 수 있다면 얼마나 좋겠는가 하였다. 어떤 본국 여인이 전에 왜적에게 잡혀갔었는데, 임신하였기 때문에 이때에 배에 태워 가지고 왔다. 배 안에 있는 사람들이 모두 임신한 부인은 배에서 꺼리는데 오늘의 모진 바람도 이 여인에게 내리는 재앙이라 하고 바다에 던지려 하니, 숙주가 홀로 남을 죽여서 살기를 구하는 것은 차마 못 할 일이라 하였는데, 조금 있다가 바람이 멎어서 일행이 모두 무사하였다.

선생의 이러한 외국 교린 책은 세종 시대로부터 물려받은 외교적 기본 골간을 그대로 유지 발전시켜온 것으로 평가할 수 있다. 다만 만주 경략의 문제는 두만강과 압록강을 연결하는 국경선이 고착되면서 여진을 오랑캐로 치부한 명조의 외교적 일체의 유지가 고대사와 단절되고 또 미래지향적인 만주 경략에 엄청난 제약을 가져온 것은 아닌지, 그리고 세종조의 하륜의 외교적 성과와 어떤 일체감이 있었는가는 더 상고할 필요가 있을 것이다.

2. 최만리의 언문 사용 반대 상소문

여기서는 최만리 「상소문」의 구조와 의미 분석을 통하여 몇 가지 문제점을 새롭게 재해석해보려고 한다. 이를 위해 먼저 「상소문」 원문의 구조 분석과 『훈민정음 해례본』의 정인지 「서문」과의 상호 관계를 검토하고, 이후 세종의 초정행궁의 행적을 추적하고 이를 「상소문」을 올린 시기와 내용을 비교하여 최만리 「상소문」에서의 중요 쟁점인 '반대'의 의미가 무엇이었는지 파악하였다. 그 결과 '훈민정음 창제 반대'라고 불리는 이 「상소문」의 명칭에 대해서 '언문 사용 반대'라는 명칭으로 재구할 수 있었고, 또한 이들을 근거로 하여 '훈민정음' 창제에 대한 세종 친제설이 더욱 합당하다는 근거를 제시할 수 있었다. 마지막으로 「상소문」과 세종의 「하교문」에 나타나는 '언문'과 '훈민정음' 명칭이 기능적인 측면에서 달리 불렀다는 것을 확인하였다.

'훈민정음'의 창제를 전후한 기록은 이상하게도 실록과 일부 개인 문집의 제한적인 기록 이외에 거의 남아 있지 않다. 특히 '훈민정음' 창제 이전 기록은 거의 전무한 상황으로 새로운 문자 '훈민정음' 창제는 세종의 기밀 프로젝트일 수밖에 없다는 추론이 제기되기도 하였으며, 심지어 세종실록에 실린 예의도 『훈민정음』 해례가 완성된 이후의 기록으로 실렸다는 논의로 발전되기도 하였다. 또한 '훈민정음'이 한자음 표기를 위해 만들어졌다는 주장이라든지, '훈민정음' 창제 이후 보급과정에서 성종조까지 주로 불경언해에 집중된 연유 등이 밝혀지지 않은 상태이다.

특히 '훈민정음'이 창제된 지 불과 석 달 뒤인 세종은 세종 26(1444)년 2월 16일에 『고금운회거요』의 역훈 사업을 명하게 되고, 『고금운회거요』의 역훈 사업을 명한 지 나흘 뒤인, 세종 26(1444)년 2월 20일 집현전 부제학 최만리, 직제학 신석조, 직점 김문, 응교 정창손, 부교리 하위지, 부교리 송처검, 저작랑 조근 등이 세종에게 6개 조항에 걸친 '훈민정음' 관련 「상소문」을 올리게 된다.

이 글은 '훈민정음' 창제 이후에서 남아 있는 '훈민정음' 창제 과정을 살펴볼 수 있는 가장 신뢰할 만한 결정적인 문서 자료라는 측면에서 일급 사료라고 평가 할 수 있고, '훈민정음' 창제를 전후한 기록 사료가 거의 남아 있지 않는 측면에서 상대적으로 객관적 평가를 내릴 수 있는 사료이다. 이미 이 사료에 대해서는 여러 학자들의 논의와 저서를 통해 언급을 하고 있지만 보다 정밀하게 규명하지 못했다고 판단된다.

1920~30년대 학자들은 최만리 등 집현전 학사들이 올린 「상소문」이 훈민정음 창제를 반대한 글이라고 비판하였다. 그러나 1940년경에 『훈민정음』이 발견되면서 이 「상소문」이 훈민정음 창제를 반대한 것이 아니며 조선 한자음을 『동국정운』과 같은 한자음으로 개혁하고자 한 사업

을 반대한 글이라는 이숭녕(1958, 1964, 1976)의 주장이 통용되어 오고 있다. 이에 이 글에서는 이 「상소문」의 구조와 의미 분석을 통하여 몇 가지 문제점을 새롭게 재해석하려는 것이 목적이다. 먼저 「상소문」 원문의 구조 분석과 『훈민정음 해례본』의 정인지 「서문」과의 상호 관계를 검토하여 「상소문」에서 말하고자 하는 본 목적에 대해서 논의해 보고자 한다. 이후 세종의 초정행궁의 행적을 추적하고, 이를 「상소문」을 올린 시기와 내용을 비교하여 최만리 「상소문」에서의 중요 쟁점인 '반대'의 의미가 무엇이었는지 파악하고자 한다. 이를 통해 익히 '훈민정음 창제 반대'라고 불리는 이 「상소문」의 명칭에 대해서 재고해 볼 수 있을 것이다. 그리고 이 근거에서 나타나는 둘의 사실 관계 파악을 통해 '훈민정음' 창제 과정에서 세종의 참여 여부설과 「상소문」과 세종의 「하교문」에 나타나는 '언문'과 '훈민정음' 명칭 의미도 조금 더 명백해 질 수 있을 것으로 기대된다.

최만리 「상소문」 원문 분석

본 논의에 앞서 최만리 등이 올린 「상소문」과 세종의 「하교문」이 어떤 식으로 구성되어 있고 내용적 측면이 무엇인지에 대해 정리할 필요가 있을 것이다. 또한 이후 간행된 『훈민정음 해례본』의 정인지 「서문」과의 관계를 비교하여 의미의 이해를 돕고자 한다.

(1) 상소문의 구조분석

최만리 「상소문」은 전체적으로 크게 상소문과 상소에 대한 처리 부분으로 구분된다. 먼저 「상소문」은 전체 여섯 단락으로 구성되어 있고,

상소에 대한 처리 부분은 '세종의 처리-최만리 등 답-세종의 처리-세종의 하교-세종의 하교'로 구성되어 있다.

먼저 최만리 상소의 구성을 자세히 살펴보면 아래와 같다.

1단락: 언문 사용은 중국의 사대모화에 어긋난다.

2단락: 중국 구주에는 풍토에 따라 언어가 다르지만 따로 문자를 만들지 않았으며, 중국 주변이 오랑캐들의 문자가 있으나 이는 이적과 같은 행위이다.

3단락: 이두는 한자에 근원을 둔 것으로 학문 발전에 도움이 되나 언문은 학문 발전에 전혀 도움이 되지 않는다.

4단락: 형정의 공정성은 말이 글과 같고 같지 않음(不在於言與文之同不同也)에 달린 것이 아니니 이두로 인한 형정의 불공정성은 논리에 맞지 않다. 중국의 예를 보면 행형자의 자질에 달린 문제이다.

5단락: 언문 창제 이후 언문 사용을 여론의 수렴도 없이 운서를 새로 새겨 널리 보급하는 일은 저지되어야 할 일이다. 아울러 청주 행궁에서까지 언문 연구로 임금의 건강이 걱정된다.

6단락: 동궁까지 성학에 잠심하도록 해야 함에도 언문에 관여하는 일은 학문의 손실을 주는 무익한 일이다.

상소에 대한 처리 부분은 다시 '세종의 처리-최만리 등 답-세종의 처리-정창손에게 세종의 하교-세종의 하교'로 구성되어 있다.

1단락(세종의 처리): 이두를 제작한 본뜻이 곧 백성을 편하게 하기 위한 것임에 백성을 편하게 하는 것으로 말하면 언문도 또한 백성을 편하게 하기 위한 것이며, 설총의 일은 옳은 것이나 임금의 일은 그르다고 하는 것은 어찌된 일이며, 세자 역시 언문 창제도 참결할 만한 국사이다.

2단락(최만리 등 답): 다시 엿자오되, 이두는 한자의 음과 새김에 의지한 것이지만 언문은 한자와 전혀 관계가 없는 글자이고, 언문 창제는 급한 일이 아니며 오히려 동궁이 참결하여 시간을 빼앗기고 있다.

3단락(세종의 처리): 김문이 언문 창제가 옳지 못한 것이 아니라고 말하다가 이제 와서 옳지 못하다고 말을 바꾸고, 정창손은 『삼강행실도』를 반포해도 충신, 효자, 열녀가 더 많이 배출되지 않았고 하물며 언문으로 번역한 뒤라도 사람들이 본받겠느냐는 말은 선비가 할 수 있는 말이 아니라고 한다.

4단락(정창손에게 세종의 하교): 정창손에게 세종이 하교하기를 이전에 『삼강행실도』를 번역해서 민간에 반포하면 백성들이 쉽게 깨닫게 되어 충신, 효자, 열녀가 반드시 배출될 것이라고 계달한 바가 있으므로 이에 하교를 하게 된 것이다.

5단락(세종의 하교): 상소자들에 대해 법적 처리에 대한 세종의 하교로 애초에 죄를 주려고 한 것이 아니었다. 다만 상소에서 말을 바꾼 죄를 벗어나기 어렵다. 최만리, 신석조, 김문, 정창손, 하위지, 송처검, 조근은 의금부에 하옥시켰다가 다음날 석방을 명하셨다. 다만 정창손만은 파직하고 김문은 의금부에 국문을 처하도록 하였다.

이를 통해 살펴본 최만리 상소의 핵심은 정음은 이미 창제 되어 있었던 상황이기 때문에 그 사용의 확대를 막는 일이었음을 알 수 있고, 이러한 언문 사용의 확대를 저지하려는 최만리 등의 학사들에 대한 반론으로 세종대왕의 직접 상소에 대한 조치는 실록에 실려 있다.

(2) 『훈민정음 해례본』의 정인지 「서문」과의 대비

최만리 등의 「상소문」보다 2년 뒤에 나온 정인지 「서문」의 내용은 마치 최만리 등의 상소문에 대한 반박과 근거를 마련한 것처럼 상호 관련성이 있다. 『훈민정음 해례본』 간행을 주도했던 정인지의 입장에서는 그 이전의 최만리의 상소 내용을 의식하지 않을 수 없었기 때문으로 여겨진다. '훈민정음' 창제와 『훈민정음 해례본』의 완성을 통한 반대 유학자들과의 인식의 차이를 설명하고 이를 설득하기 위해 노력하지 않을 수 없었을 것이다. 이에 대한 논의로 이숭녕(1976: 32~33)은 세종 25년 12월 기사 맨 끝에 기록된 한글이 완성되었다는 시록의 기사의 내용과, 그 28년 9월에 완성된 해례본 『훈민정음』의 정인지의 서문을 비교해 보면 두 글이 너무도 일치한다고 하였고, 가장 최근에는 김주필(2016)이 상소문과 서문의 비교를 통해 『훈민정음』의 편찬 이유에 대하여 살펴보았다. 이를 정리하면 아래와 같다.

〈표 1〉「상소문」과 정인지 「서문」 비교

최만리 「상소문」	정인지 「서문」
ㄱ) 자형은 비록 옛고전의 글자와 비슷하나… 모두 옛것에 어긋나며 실로 근거가 없다. (則字形 雖倣古篆 … 盡反於古 實無所據)	ㄱ) 상형해서 만들되 글자 모양은 고전자을 본떴다. (象形而字倣古篆)
ㄴ) 오직 몽골, 서하, 여진, 일본, 서번과 같은 무리들만이 각각 제 글자를 가지고 있는데 이는 모두 오랑캐들만의 일이라(唯蒙古, 西夏, 女眞, 日本, 西蕃之類, 各有其字是皆夷狄事耳, 無足道者).	ㄴ) 중국 글자를 빌려 쓰고 있는데 이것은 마치 둥근 구멍에 모난 자루를 낀 것이다. (假中國之字以通其用 是猶枘鑿之鉏鋙也)
ㄷ) 이두로 인해 한자를 아는 사람이 자못 많아져 역시 학문을 진흥시키는 데 도움이 된다. … 이두로 관청문서를 만드는데 아무 탈이 없는데 무익한 글자를 만들었는가. (而況吏讀行之數千年, 而簿書期會等事, 無有防礎者, 何用改舊行無弊之文, 別創鄙諺無益之字乎)	ㄷ) (이두가) 어렵고 혹 막히어 몹시 궁색할 뿐만 아니라 일상 언어를 적는데 그 만분의 일도 통달하지 못한다. (始作吏讀°, 官府民間, 至今行之. 然皆假字而用, 或澁或窒, 非但鄙陋無稽而已, 至於言語之間, 則不能達其萬一焉.)

최만리 「상소문」	정인지 「서문」
ㄹ) 옥리의 자질에 달린 문제이지 말과 글이 일치하거나 않거나 하는데 달려 있지 않다. (是知刑獄之平不平, 在於獄吏之如何, 而不在於言與文之同不同也。欲以諺文而平獄辭, 臣等未見其可也。)	ㄹ) 옥사를 다스리는데 그 곡절을 통하기 어려워 괴롭게 여기며… (한글 창제로) 송사를 들더라도 그 정을 알 수 있다.
ㅁ) 언문으로만 입신한다면 성인지학을 아는 이가 줄어들어 학문이 쇄퇴할 것이다.	ㅁ) 없음
ㅂ) 옛사람이 이루어 놓은 운서를 고쳐서 황당한 언문을 가르치고 있다.	ㅂ) 훈민정음으로 한자음의 청탁을 능히 구별할 수 있어 한문 학습에 좋은 수단이다.

훈민정음이 창제된 이후 유학자들의 많은 반대를 극복하기 위해, 그리고 예의를 확대 해설한 『훈민정음 해례본』을 완성하기까지 몇 차례에 걸친 저항이 있었다. 곧 『세종실록』 세종 26(1444)년 2월조에 실려 있는 최만리 등의 언문 사용 반대 상소문은 2차 소동이었고 그 이전에 이미 언문 창제 반대 상소문을 올린 1차 소동이 있었다는 주장이 있다(권재선 1998: 442~444). 그 근거로는 『세종실록』 세종 26년 2월의 기록을 들고 있다.

> "임금께서 말씀하시기를 이전에는 김문이 계를 올려 언문을 만드는 것이 옳지 않음이 아니라고 하더니 이제 도리어 옳지 않다고 하는구나 (…중략…) 인하여 의금부에 뜻을 전하여 김문이 전후의 말을 바꾸어 계를 올린 까닭을 문초하여 이르라 하셨다."

세종이 하교한 내용을 보면 훈민정음 창제가 비밀로 진행된 것이 아니라 이미 공론화되어 있었음을 알 수가 있는데 이 공론화의 기간이 그렇게 길지 않았다는 관점에서, 제1차 언문 반대 소동 때는 최만리 등의 반대파와 김문 등의 찬성파가 나뉘어 논란을 벌였다가 최만리 등이 세 부족으로 적극적인 반대 상소를 올리지 못하고 또 세종의 적절한 변명으로 진화된 것 같다는 추론을 제기한 것이다. 정윤재 외(2016: 22~27)는 세종이 맞닥뜨린 세 명의 라이벌이라고 하여 첫째, 허조가 세종 14(1432)년 11월에 올린 상주문에서 법조문을 이두문으로 번역하자는 세종에게 백성이 법을 잘 알면 농간을 부리는 무리가 나타날 것이라 반대를 하였다는 것과, 둘째, 1444년 2월 20일에 올린 최만리 외 「상소문」, 셋째, 정창손이 『삼강행실』의 번역 작업을 말을 바꾸어가며 반대한 것을 들고 있다.

그러나 이러한 추론들에 대한 정확한 기록이 남아 있지 않은 것은 훈민정음 창제에 대해 제대로 이해를 하려고 하지 않은 유학자들에게는 반대할 관심조차도 없었기 때문에 이와 관련된 기록들이 전혀 남아 있지 않은 것으로 보아야 할 것이다. 적어도 임금에게 올리는 상주문이라면 반드시 실록에 그 기록이 남아 있어야 하지만 그런 가능성이 전혀 없다. 그러나 '훈민정음'을 창제한 세종은 곧 바로 『운서』의 번역 작업으로 이행하는 순간 최만리 등의 집현전 학사들이 이 언문 사용을 저지할 필요성을 느끼고 상소문을 제출한 것이다. 최만리가 바라본 당대의 문자 활용 방안은 '사대부-한문', '서리-이두', '백성-불필요'라는 계층적 언어 소통의 방식을 주장하고 있다. 그에 반해 세종은 '사대부/서리/백성-한문, 훈민정음'과 같이 모든 계층이 공히 한문과 훈민정음을 공유하는 편민(便民)의 의식을 이상으로 생각했다. 이러한 이상을 실현시키기 위해 '사대부-운서 표음에 훈민정음', '서리-훈민정음 관용문서', '백성-훈민정음 일상생활'의 관계처럼 모든 계층에 훈민정음을 두루 활용하여 형정의 공정성과 백성들의 교화의 목표를 달성하고자 했던 것이다. 즉 최만리 등의 반대는 한문과 훈민정음을 공유하는 것을 이상으로 생각했던 세종의 생각에 반대한 것이다. 곧 '사대부-운서 표음에 훈민정음', '서리-훈민정음 관용문서', '백성-훈민정음 일상생활'의 관계처럼 모든 계층에 훈민정음을 두루 활용하는 일을 반대한 것이다. 특히 『운서』의 언해 작업에 대해서는 노골적으로 반기를 들지 않을 수 없었을 것이다.

(3) 최만리 「상소문」의 재해석

"또 이제 청주 초수에 행행(且今淸州椒水之幸)"에서 보듯이 세종의 청주 초수 행행이 두 차례 있었다는 것은 실록을 통해서 알 수 있다. 이때 세종의 행적을 추적하면 최만리의 상소문이 무엇에 대해 반대하였는지, '훈민정음'의 창제 주체가 누구였는지 면밀히 밝혀질 것으로 보인다. 현재까지 '훈민정음' 창제 주체에 대해서는 다양한 설이 존재한다.[38)]

① 친제설: 훈민정음은 세종이 친히 창제하였다는 '세종 친제설'(방종현, 1947; 이기문, 1974)

② 왕실 협력설: 왕실 협력설은 다시 세분하여 '대군 협력설'(임홍빈, 2006; 1385), '정의공주 협력설'(이가원, 1994; 정광, 2006)

③ 집현전 학사 협찬설: 집현전 학사 협찬설(이숭녕, 1958; 김민수, 1964; 허웅, 1974; 김진우, 1988; Albertine Gaur, 1995)

④ 세종 친제 협찬설: 세종 친제와 함께 해례본은 집현전 신하와 협찬설(강신항, 2003; 안병희, 2004)

⑤ 세종 창제 명령설: 세종의 명찬에 의해 이루어졌다는 세종 창제 명령설(이기문, 1997)

---

38) 이상규, 「『세종실록』 분석을 통한 한글 창제 과정의 재검토」, 『한민족어문학』 65, 2013 참조.

이 가운데 세종 친제설에 대한 비판적인 시각에 대해 살펴보자. 이숭녕(1976: 85)의 "훈민정음을 제정할 때의 세종의 건강 상태는 말이 아니었다. 특히 기억력의 쇠퇴와 안질로 정사 자체도 세자에게 맡길 정도이어서, 세종은 훈민정음 제정에선 집현전 학사에게 오직 원칙을 제시하고 방향만을 설정했을 따름이고 문제점을 상의했을 정도요, 세목의 연구에는 관계하지 않았을 것이라고 본다. (…중략…) 국어학사의 연구에서 구체적인 실증 자료를 갖지 못하고, 함부로 조작설을 근거도 없이 내세운다는 것은 학문을 타락시키는 것이라고 본다. 그것은 심한 예가 세종대왕이 한글을 지으시다가 과로의 결과로 안질을 얻었다는 설은 허위와 조작의 산물임을 이상의 사실 규명으로 단정할 수 있다."는 견해는 한글 창제자가 결국 세종의 친제가 아니라는 논의로 연결될 수 있다. 그러나 임금 건강에 관한 기록은 실록에 매우 상세하게 기록될 수밖에 없는 당연한 처사이고, 그러한 세세한 기록을 다 모은 것을 실증주의적 근거로 삼은 주장이 오히려 전체적 맥락을 제대로 해독하지 못한 전형적인 사례가 될 수 있으므로 주의가 필요하다. 이러한 논의는 급기야 강규선·황경수(2006: 75)에서 "세종의 건강은 전술한 것처럼 안질, 소갈증, 부종, 임질, 요배견통, 수전, 언어곤란, 각통 등으로 세종 29년부터 세자 섭정 문제가 세종 자신의 주장으로 되풀이된다. 또 온천 요양 차 자주 도성을 떠나는 날이 많았다. 안질 같은 병은 사물을 분간하기 어려운 지경이었다. 왕의 대행을 스스로 주장하던 세종이 연구생활을 했다는 것은 상상할 수 없는 일이다"라는 식으로 확대 재생산되었다. 또 정광(2006: 8)은 "훈민정음이란 신문자를 세종이 친히 지은 것을 강조하여 문자의 권위와 그로 인한 어떠한 부작용도 제왕의 그늘 속에 묻어버리려는 뜻이 있을 것이지만 그래도 세종이 신문자 28자를 직접 제작했다는 실록의 기사는 어느 정도 신빙성이 있는 기사다."라고 하면서 정의 공주 협찬설을 주장한다. 이러한 논의들은 세종은 새로운 문자를 손수 발명한 공로자로 종종 묘사되지만 이런 헌사는 대개 예우와 새로운 관습에 새로운 권위를 부여하기 위한 정치적인 술수가 섞인 것이라고 하는 세종 친제설에 대해 부정적인 입장을 보여주는데, 물론 이러한 비판도 필요하지만 어떤 실증적 근거 없는 논의는 도리어 문제의 핵심을 벗어나게 할 수 있다는 점을 생각해야 할 것이다.

다양한 설에 대한 명확한 해석을 위해 본 논의에서는 초수행행의 세부적인 행적과 그 사이 일들을 살펴보겠다. 1444(세종 26)년 1월 27일 청주의 촌로가 안질과 피부병에 특효가 있다며 초수(椒水)를 통에 담아 올라왔다. 세종은 노인에게 목면 10필을 하사한 뒤 내섬시윤 김흔지를 보내 행궁을 조성할 터가 있는지 확인해 오라고 명했다.[39] 김흔지가 복명하고 한 달 뒤 초수행궁이 완공됐다. 2월 28일 세종은 왕비와 동궁, 안평대군과 함께 서울을 출발했고 3월 2일 어가가 초수행궁에 닿았다.[40] 이것이 세종의 1차 초정행궁의 행적이다. 1444(세종 26)년 2월 16일에 집현전 교리 최항을 수장으로 삼고 부교리 박팽년, 부수찬 신숙주, 이선로, 이개, 돈녕부 주부 강희안에게 『운회』를 번역하라고 명하였고, 2월 20일에 최만리 등이 상소문을 올렸으며 2월 28일에 세종은 초정행궁으로 이동한 것이다. 그리고 "너희들의 시종하는 신하로서 뻔히 나의 의사를 알면서(汝等以侍從之臣, 灼知予意)"에서 한글 창제를 비밀 프로젝트라고 추론하는 경우도 있으나 이 대목은 최만리 등 집현전의 주요 학사들도 이미 세종이 직접 한글 창제를 주도하고 있음을 다 알고 있었다는 증거를 제시해 준다고 할 수 있다. 따라서 '훈민정음'의 창제는

39) 『세종실록』 권103 1444년 세종 26년 1월 27일 丁丑.

40) 『세종실록』 권103 세종 26(1444)년 3월 1일 辛亥. 2일 壬子.

세종의 직접 참여가 있었다는 것에는 의심할 여지가 없으며 그 단계는 3단계에 걸친 과정이었다고 전제할 수 있다. 곧 첫 단계는 세종 25(1443)년 『세종실록』에서 표방한 언문 28자를 창제한 시기, 둘째 단계에서는 집현전을 중심으로 세종 친제 언문 28자에 대한 이론적 골간을 세운 과정에서는 세종이 직접 진행 과정을 확인하면서 이론의 틀을 고정시키는 시기, 셋째 단계는 세종과 집현전의 8명의 신예 학사들과 공동으로 세종이 창제한 언문 28자를 운학에 기반하여 중국 운서의 번역과 중국 한자음의 통일을 보완과정으로 추진된 것이다. 곧 한글 창제는 "창제 〉 이론화 〉 보완" 과정이라는 계기적인 연구 활동이 전개된 것이다(이상규 2013: 27~28). 강신항(2014: 187)도 1443(세종 25)년에 완성된 새로운 문자 훈민정음의 창제 과정 때 여러 문신들 사이에서 상당히 논의가 거듭되었고, 이러한 논의를 정리한 것이 '상소문'과 '서문'으로 나타난 것으로 보인다고 하여 비밀프로젝트설에 동의하지 않고 있다. 또한 이 첫 번째 근거를 통해 최만리 등의 학사들이 세종에게 올린 상소문은 '훈민정음 창제' 반대가 아니라는 것을 확인할 수 있다.

최만리 상소문의 명칭

『세종실록』 권103 세종 26(1444)년 2월 20일 경자조에 실린 최만리를 비롯한 직제학 신석조, 직전 김문, 응교 정창손, 부교리 하위지, 수찬 송처겸, 저작랑 조근 등을 비롯한 집현전의 일부 학사들을 세종의 훈민정음 창제를 반대한 세력으로 몰아붙이면서 중화에 대한 모화사상에 젖은 낡은 세력들로 평가받아 왔다. 그러나 이 상소문을 좀 더 면밀하게 살펴보면 훈민정음 '창제'에 대한 반대가 아니라 훈민정음을 활용한 운서, 언해 등의 사용에 대한 반대임을 입증할 수 있다. 그러기 위해서는 먼저 지금까지 최만리의 상소문에 대해 어떻게 평가하고 있는지 살펴보자.

홍기문(1946: 224)은 집현전 부제학 최만리를 비롯한 상당수가 사대승한에 위배되는 '훈민정음 창제를 반대'한 것으로, 방종현(1946; 2015: 90)도 역시 '훈민정음 창제 반대 상소문'으로, 조규태(2000: 82)는 별다른 설명이 없이 '훈민정음 반대 상소문'이라고 규정하고 있다. 강신항(2003: 186)은 '최만리 등 언문 창제 반대 상소문'이라고 하면서 "언문 창제에 대한 견해를 천명한 글"로 규정하고, 박종국(2006: 348~349)은 '훈민정음 창제 반대론자'로 하면서 '일부 보수파 등의 행동'으로 규정하고 있다. 김주원(2013: 31~34)은 '최만리 등의 반대 상소문'이라고 하면서 '새로운 문자의 사용을 반대한 핵심적 명분'이라고 하여 반대에 대한 전제를 '새로운 문자사용'으로 규정하였다. 이와는 달리 이숭녕(1976)은 한자음 개신에 대한 반대로 보았으며,[41] 이 주장은 학계에 널리 인정되어 오면서 최병선(2009), 장윤희(2011), 민현식(2011), 국사학계의 정다함(2009), 이원명(2011) 등의 연구에서 한자음 개혁이 상소문을 올린 동기 및 이유로 보았다. 이때 민현식(2011)은 '갑자 상소문'으로 부르면서 더 정확히는 '한자음 개혁 반대 상소문'으로 부름이 상소문 취지에 합당하다고 밝히고 있다. 김주필(2014, 2016)은 다소 다른 의견으로 전체적으로 이두를 언문으로 대체하고자 하는 것을 문제 삼아 그러한 시도를 하지 말라

41) 이숭녕(1976)은 최만리가 집현전 실무책임자인 부제학으로서 이제껏 훈민정음 창제 작업에 협력했을 뿐 아니라 창제가 완료될 때까지 단 한 번도 반대상소를 하지 않았음을 확인하며, 그가 훈민정음 제정에 직책상 "협력자일망정 반대자일 수는 없다"고 주장했다. 그리고 그는 최만리의 이 반대상소문을 자세히 검토해보면, 최만리가 보다 마음 썼던 것은 훈민정음 제정 자체보다는 『고금운회거요』의 언해 사업이 마무리되어가자, 그것으로 "현실 한자음의 일방적 개신이 극히 위험한, 그리고 부당한 기회로 보고 상술문을 작성한 것이 너무 뚜렷하게 노출된다"고 지적했다(정윤재 외 4인, 『세종의 지식경영 연구』, 한국학중앙연구원 출판부, 76쪽).

고 임금에게 강력하게 요구한 글로 보고, 부득이하게 언문을 시행해야 한다 하더라도 각계의 여론을 살피고 각층의 사람들과 의견을 나누어 신중을 기하라고 간한 것으로 보면서 갑자년의 상소문으로 '갑자 상소문'이라고 명칭하였다. 이 외에도 유창균(1985: 125)은 '반대상소', 박현모(2014: 56)도 '훈민정음창제반대상소' 등의 명칭으로 다양하게 불러왔다.

위에서 살펴본 바와 같이 이 상소문의 명칭을 다양하게 정의하고 있지만 그 기저는 '훈민정음 창제 반대 상소문'으로 고정되어 있다는 사실은 부정할 수 없다. 이것은 어떤 논의에서든 최만리 등을 부정적인 의미에서의 중화 사대주의자로 보았으며 이것을 기제로 하여 상소문을 살펴보았기 때문으로 생각된다. 지금까지의 이 상소문을 "새 글자를 만들 필요성이 없는 한글 창제 반대 상소문"으로 규정한 것은 분명 잘못된 견해이며, 그 첫 번째 근거로는 이미 이 상소문이 상달되기 전에 '훈민정음' 예의가 발표되었다는 것을 들 수 있다.

ㄱ) 신 등이 보옵건댄 언문은 그 제작하심이 지극히 신묘하여 실로 물(物)을 창조하시고 지(智, 지혜)를 운용하심이 멀리 천고에 뛰어나십니다(臣等伏覩諺文制作, 至爲神妙, 創物運智, 敻出千古。).

ㄴ) 새로 언문을 지으신 것은 보는 이와 듣는 이로 하여금 놀라게 하는 바가 있나이다(創作諺文有駭觀聽。).

ㄷ) 만일 언문을 부득이하야 사용하지 않을 수 없어서 지었다고 하면(儻曰諺文不得已而爲之)[42]

ㄹ) 이제 널리 군의(群議, 여론)를 채택하지 않고 급하게 이배(吏輩) 십여 인으

42) 강신항(2003: 207)은 이 부분을 "혹시 언문을 부득이 창제하셔야 될 일이라면"으로 해석하여 마치 훈민정음이 창제되기 이전인 상황으로 해석하고 있다.

로 하여금 훈습(訓習, 배우게 함)케 하며, 또 경솔히 고인의 기성(己成, 이미 이룬)한 운서(韻書)를 고치어 무계(無稽, 황당한)한 언문에 부회(府會, 덧붙여)하여 공장(工匠, 판각 장인) 수십 인을 시켜 새기게 하여 곧 천하에 광포(廣布, 펴뜨리고자)코저 하니 후세의 공의(公議, 공론, 여론)가 과연 어떠하리요(今不博採群議, 驟令吏輩十餘人訓習, 又輕改古人已成之韻書, 附會無稽之諺文, 聚工匠數十人刻之, 劇欲廣布, 其於天下後世公議何如?).

ㅁ) 언문이 비록 익(益, 이익)이 있다고는 하지마는(諺文縱曰有益)

ㅂ) 즉금지언문(則今之諺文): "지금의 이 언문." 곧 한글을 창제한 세종께서도 '훈민정음'이라는 말을 사용하지 않고 '언문'이라는 명칭을 사용하고 있다. 이 내용은 한글의 명칭을 규정하는 매우 중요한 논거이다. 최만리의 반대 상소문에 '언문'이라는 명칭이 모두 최만리를 가리킨 말이 아니라 세종의 말도 포함되어 있는 것을 잘 헤아리지 못한 논의도 있다. 이 내용은 한글 창제가 이미 완료되었음을 분명히 밝힌 대목이면서 그 명칭을 세종도 '언문'이라고 했다는 결정적인 근거 자료이다.

ㅅ) 하필이언문역지(何必以諺文譯之): 어찌 반드시 언문으로써 이것을 번역한. '이언문역지(以諺文譯之)'에서 '언문'으로서 '한문'을 번역한다는 의미이다. 한문으로 된 『삼강행실』을 한글로 번역하였다는 뜻. 여기서도 세종이 직접 한글을 '언문(諺文)'으로 지칭하고 있다. 『세종실록』 세종 25(1443)년 12월에 '언문'이라는 이름이 '훈민정음', '정음'보다 먼저 사용되었음을 확인할 수 있는 근거가 된다.

ㅇ) 금반이위불가(今反以爲不可): 김문(金汶)이 언문 제작에 대한 불가피성을 주장하다가 최만리와 함께 이제 와서 반대 상소를 올린 데 대한 고심한 심정을 노출하고 있다. 이 사실을 통해서도 이미 이전부터 한글 창제에 대한 공론이 진행되었음을 확인할 수 있으며, 한글 창제를 왕실 중심으로 기밀하게 추진하였다는 논의들은 재고되어야 할 것이다.

ㅈ) 予若以諺文譯: "내가 만일 언문으로서 번역한." 세종이 정창손에게 친국을 한 뒤 하교문 가운데 세종 스스로가 '언문'이라는 명칭을 사용하고 있다. 최만리의 반대 상소문과 임금의 하교문에서 26회에 걸쳐 '언문', '비언', '언자'라는 명칭이 나타난다. 그 가운데 '언문'은 세종이 3회, 최만리가 19회, 김문이 2회 사용하고 있으며, '비언'과 '언자'는 최만리가 각각 1회씩 사용하고 있다. '언문'이라는 용어가 사용상의 목적에 따라 '훈민정음(정음)'과 달리 불러진 이름이다. 곧 우리말 표기에 사용될 경우 '언문'으로 우리 한자음과 한음 및 외래어 표기에 사용될 경우 '훈민정음(정음)'으로 부른 것이 명확하다.

상소 문맥에 나타나는 내용이다. ㄱ)에서 언문이 이미 '제작(制作)'되었음을, ㄴ)에서 언문이 이미 '창작(創作)'되었음을 확인할 수 있다. 곧 완곡하게 훈민정음 창제의 당위성을 최만리 스스로 인정하는 대목이기 때문에 "새로운 문자를 만들 필요가 없다"는 종래의 주장은 이미 '훈민정음'이 창제된 상황이기 때문에 적절한 주장이 될 수 없다. ㄷ) '爲'는 '사용하다'의 의미로 해석되어야 할 것이다. 마지막으로 ㄹ)에서 서리에게 훈민정음을 학습시키고 있으며, 『고금운회거요』라는 운서에 훈민정음으로 음을 달고, 장인 수십 인을 시켜 목판을 새겨 광포하려고 한다는 점에서 이미 훈민정음의 창제가 이루어진 상황임을 알 수 있다. 그러므로 이미 창제가 이루어진 것을 반대한다는 것은 앞뒤가 맞지 않는 논리이다.

따라서 이 반대 상소문은 "한글 활용을 반대한 상소문"이지 "한글 창제를 반대한 상소문"이 될 수가 없다. 왜냐하면 이 상소문이 발의되었던 당시에는 이미 훈민정음이 완성되었고 이를 활용하여 『운서』 번역 작업과 일부 『용비어천가』의 가사를 언해를 준비하여 목판으로 새기고 있는 과정이었음을 짐작할 수 있기 때문이다.

이제 이들의 반대한 내용을 들춰 보면 그 중에서 우리는 여러 가지 훈민정음에 관한 내용과 또 그 당시 문신들이 가지고 있는 사상과 나아가서는 그때의 국가 형편을 추측할 수 있을 것이다. 그렇다면 최만리의 반대 상소문에서 '반대'의 핵심이 무엇인가? '한글'의 창제를 반대했는지 혹은 세종이 추진한 '한자음 교정 정책'을 반대한 것인지 규명될 필요가 있다. 먼저 한글 창제 반대라는 설명은 적절하지 않다. 최만리가 반대 상소문을 올린 날짜를 세종 26(1444)년 2월 19일쯤 승정원에 제출한 것으로 보고 있고 20일 세종이 친국을 한 내용이 실록에 실려 있으니 한글 창제는 그 전해인 세종 25(1443)년 12월이니 반대 상소문의 제출한 시기가 맞지 않는다. 따라서 이 글에서는 최만리의 '훈민정음 창제 반대 상소문'이 아니라 '언문 사용 반대 상소문'으로 규정하고자 하며 그에 따른 구체적인 반대의 내용과 대상이 무엇인지 내용을 요약하면 다음과 같다.[43]

1) 원론적인 반대 내용
   ① 언문 사용은 사대주의에 반함
   ② 한자(이두)만 하면 충분함
2) 세부적인 반대 내용
   ① 훈민정음으로 음을 단 『운서』 간행 반대
   ② 훈민정음을 서리들의 관용문자 활용 반대

43) 민현식(2011), 장윤희(2011), 김주필(2014, 2016) 등에서 명명한 '갑자 상소문'도 상소문의 시기를 명확하게 밝히고 있고, 의미의 혼동이 없게 한다는 점에서는 큰 장점이 있으나, 현재 이 상소문의 정확한 의미가 무엇인지가 더욱 중요하다는 점에 핵심이 있으므로 상소문의 명칭을 '언문 사용 반대 상소문'으로 명명하고자 한다.

이 상소문에 "언문을 빌어서 일시의 용(쓰임)이라도 돕는다는 것은 오히려 가 할 듯 하거니와"라는 내용에서 최만리도 전적으로 언문 창제에 대해 반대하지 않은 것으로 사료된다. 다만 『운서』 번역 사업을 추진하기 위해 세종 25(1444)년 2월 16일에 의사청에서 왕세자와 하신들이 모인 것을 알고 있었던 최세진은 한글 창제 자체가 중국의 사대모화에 어긋난다는 대의명분으로 한글 사용을 원천 봉쇄하려는 의도로 보아야 할 것이다.

'언문'과 '훈민정음'의 명칭

'언문'은 현재까지 『표준국어대사전』에서 '상말을 적는 문자'라는 뜻으로, '한글01'을 속되게 이르던 말로 뜻풀이되고 있다. 이는 최만리 반대 상소가 한글 창제를 반대했다는 의미를 그대로 이어받았다고 생각할 수 있다. 특히 이 '언문'이라는 명칭은 "훈민정음 제정에 반대하는 사람들은 언문이라는 말을 즐겨 사용하였다"(유창균, 1985: 125)라고 하여 '언문'이라는 명칭이 마치 자기 비하적인 명칭인 것처럼 해석하고 있으나 그러한 근거를 입증할 만한 당대의 논거는 전혀 없는 실정임에도 여전히 '언문'에 대한 인식은 바뀌지 않은 실정이다.44) 특히 『조선왕조실록』의 기록에 '언문'이라는 명칭이 다수 사용되고 있기 때문에 이러한 논의는 불필요한 논쟁의 불씨가 될 수 있다. '언문'은 28자의 음소 문자를 지칭하고 '정음' 혹은 '훈민정음'은 우리말을 물론 한자음 표기를 위시하여 몽고, 여진, 일본 등의 말을 표음하는 바른 소리라는 뜻으로 사용된

44) 홍윤표, 『한글이야기』 1, 태학사, 18~20쪽. 여기서 저자는 '언문'은 보통 명사로 '훈민정음'은 고유명사로 이해하고 있다.

것이다.[45] '予若以諺文譯'에서 세종 스스로가 "내가 만일 언문으로서 번역한" 것과 같이 세종이 정창손에게 친국을 한 뒤 하교문 가운데 세종 스스로가 '언문'이라는 명칭을 직접 사용하고 있음을 알 수 있다. 최만리의 반대 상소문과 임금의 하교문에서도 26회에 걸쳐 '언문', '비언', '언자'라는 명칭이 나타난다. 그 가운데 '언문'은 세종이 3회, 최만리 19회, 김문이 2회 사용하고 있으며, '비언'과 '언자'는 최만리가 각각 1회씩 사용하고 있다. '언문'이라는 용어는 사용상의 목적에 따라 '훈민정음'과 달리 불리어진 이름으로 볼 수 있다. 곧 우리말 표기에 사용될 경우는 '언문'으로 우리 한자음과 한음 및 외래어 표기에 사용될 경우 '훈민정음'으로 부른 것이 명확할 것이다.[46]

---

45) 이상규(2013)에서도 '언문'은 우리말을 표기하는 수단에 해당하는 이름, 곧 초성과 중성의 낱글자의 명칭이라면 '훈민정음(정음)'은 한자음 표기를 비롯한 외래어 표기를 위한 바른 음(正音), 바른 소리(正聲)라는 명칭으로 구분되었다가 그 후 뒤섞어 사용한 것으로 보았다. 또한 예의에서 해례로 변개되는 과정에서 한글 28자의 명칭이 '언문>정음'으로 확대되었을 가능성이 매우 높은 것으로 보고 곧 28자로 규정된 제한적 음소문자에서 한자음 표기를 위한 표음문자로 그 성격이 확대되고 있음을 곧 우리말 표기에서 한자음을 비롯한 외래어 표기 문자로서의 기능이 확대되고 있음을 확인할 수 있다고 보았다. 또한 세종이 스스로 '언문'이라는 명칭을 사용하고 있다는 점에서 한문이나 한자에 대응된 이름으로 '언문'이라는 용어가 먼저 사용되었음을 의미한다고 하였다.

46) 김영미(2015: 227~228)에서는 "홍현보(2012: 58)는 '언문'이 '훈민정음'이라고 이름을 붙이 새 글자를 일반적으로 불렀던 두루이름씨로서, 처음부터 세종이나 신하들이 사용하기에 전혀 거리낌이 없는 말이었다고 하였지만 이미 두어 달 전에 새 문자의 이름으로서 밝혔고, '언'이라는 말도 자연스럽게 사용되는 언어상황이라면 '언문'이 사용되는 것은 당연하고, 오히려 '훈민정음'이나 '정음'이란 명칭이 언급되지 않았다는 점이 더 수상할 뿐이라고 의문을 제기하였다. 그는 이것을 '언문'은 '문'을 얻음으로써 '정음'과는 다른 형태로 '에크리튀르'를 달성해나갔다고 보았다. 이는 노마 히데키(2011: 225~265)에서 언급한 '정음 에크리튀르'에서 착안한 것이다. 노마 히데키는 '훈민정음'의 창제를 '정음 에크리튀르 혁명'의 출발로 보면서 "당시 '에크리튀르'의 모든 것은 '한자학문'이었다. '지(知)'의 모든 것은 한자한문에서 성립되었다. 그것이 세계의 전부였다. 그러한 한자한문의 세계에 아무도 본 적 없는 '정음'이 우뚝 서 있는 것, 이것이 15세기 조선에서 '정음 에크리튀르 혁명'이 출발했을 때의 구도이다. 다시 말해 '지의 혁명'인 것이다"라고 밝히면서 『훈민정음 해례본』에서 '國之語音'을 '국지어음'이라고 음독하는 것이 아니라, '정음', '나•랏:말쌋•미'로 씀으로써 '언해'라는 형태의 '정음 에크리튀르'가 탄생한 것이고, 1447년에 간행된 『용비어천가』 제2장의 경우에서도 한자를 한 글자도 포함하지 않은 '정음'만의 '에크리튀르'가 나타난다

"이달에 임금이 친히 언문 28자를 지었는데, 그 글자가 옛 전자를 모방하고, 초성·중성·종성으로 나누어 합한 연후에야 글자를 이루었다. 무릇 문자(한자)에 관한 것과 이어에 관한 것을 모두 쓸 수 있고, 글자는 비록 간단하고 요약하지마는 전환하는 것이 무궁하니, 이것을 훈민정음이라고 일렀다(是月, 上親制諺文二十八字, 其字倣古篆, 分爲初中終聲, 合之然後乃成字, 凡干文字及本國俚語, 皆可得而書, 字雖簡要, 轉換無窮, 是謂訓民正音)."

이처럼 한글을 가리키는 명칭으로 '언문'이 앞에 나오고 '훈민정음'이 뒤에 나오는데 이를 정밀하게 분석해 보면 분명히 "是月, 上親制諺文二十八字"에서 '언문(諺文)' 28자를 세종이 직접 지었다는 말이다. 그러나 "凡干文字及本國俚語, 皆可得而書, 字雖簡要, 轉換無窮, 是謂訓民正音"에서는 "무릇 문자(한자)에 관한 것과 이어에 관한 것을 모두 쓸 수 있고, 글자는 비록 간단하고 요약하지마는 전환하는 것이 무궁하니, 이것을 '훈민정음'이라고 일렀다."에서 '언문'의 기능은 우리말(국한문혼용)을 적는 기능을 가진 것으로 이 상소문의 표현으로 '직서기언(直書其言)' 곧 언문일치의 기능을 가진 문자라는 뜻이다. 그리고 한자음을 비롯한 외국어와 방언까지를 적을 수 있는 전환무궁(轉換無窮)한 문자로는 '훈민정음'이라는 의미로 해석이 가능하다.

'언문' 28(27)자는 예의에서 보여준 문자 가운데 전탁자를 제외한 언문일치의 우리말(국한혼용)을 표기할 수 있는 문자를 의미하고,[47] 초성 29자와 중성 40자[48] 도합 69자[49]로 무궁하게 전환(轉換)하여 정음과 정성

고 하였다.

47) 이동림(1974)은 '27자 언문'은 훈민정음이 28자로 창제된 것이 아니라 'ㆆ'을 제외한 27자로 창제되었을 것이라는 설을 제기하였다. 언문자모 27자는 최초의 원안이라고 보았다. 'ㆆ'의 불가결한 이유는 가획의 원리에서 찾을 것이 아니라, 창제경위에서 연구대상을 찾아 능동적으로 행한다는 재인식의 과업으로 그 활동을 재개하여야 할 것이라 하였다.

을 표기할 수 있는 곧 한자음과 몽고, 여진, 왜어를 소리나는 대로 바르게 표기할 수 있는 문자를 '훈민정음' 혹은 '정음'이라고 한 것이다.

그런데 '언문'을 막연하게 "낮추어 쓴 말", "비하하여 쓴 말"이라고 하여 소중화주의에서 벗어나지 못한 견해들이 아직까지 남아 있다. 중국의 글자인 한문 또는 문자 혹은 진서라고 하고 우리말을 상담(常談), 우리 문자를 '언문', '언자', '언서' 등으로 사용되었다. 곧 세종의 「하교문」에서 '則今之諺文'이라는 기사를 통해 곧 한글을 창제한 세종께서도 '훈민정음'이라는 말을 사용하지 않고 '언문'이라는 명칭을 사용하고 있는 것을 확인할 수 있다. 이 내용은 한글의 명칭을 규정하는 매우 중요한 논거이다. 최만리의 언문 사용 반대 「상소문」에 '언문'이라는 명칭이 모두 최만리가 가리킨 말이 아니라 세종의 말도 포함되어 있는 것을 잘 헤아리지 못한 논의도 있다. 이 내용은 한글 창제가 이미 완료되었음

48) 초성 29자와 중성 40자

기본문자				운용문자		
원형문자		가획자	이체자	병서		연서
				각자병서	합용병서	
아음	ㄱ	ㅋ	ㆁ	ㄲ		
설음	ㄴ	ㄷ ㅌ	ㄹ	ㄸ		(ᄛ)
순음	ㅁ	ㅂ ㅍ		ㅃ	ㅳ, ㅷ, ㅄ, ㅶ	ㅸ, ㅱ, ㆄ, ㅹ
치음	ㅅ	ㅈ ㅊ	ㅿ	ㅆ ㅉ	ㅺ, ㅻ, ㅼ, ㅽ	
후음	ㅇ	ㆆ ㅎ		ㆅ(ㆀ, ㅥ)	ㅴ, ㅵ	
5자		9자	3자	8자	10자	5자
기본문자 17자(제한적 음소문자)				병서 16자		연서 5자
초성 23자(ㆀ, ㅥ 포함 25자)					15자(ᄛ 포함)	
모두 40자						

49) 도합 69자

기본자					운용	
기본자		초출자	재출자	2자합자	ㅣ와 1자 합자	ㅣ와 2자 합자
양성	·	ㅗ ㅏ	ㅛ ㅑ	ㅘ ㆇ	ㆎ ㅐ ㅒ ㅚ ㆉ	ㅙ ㆈ
음성	ㅡ	ㅜ ㅓ	ㅠ ㅕ	ㅝ ㆊ	ㅢ ㅔ ㅖ ㅟ ㆌ	ㅞ ㆋ
중성	ㅣ					
	3자	4자	4자	4자	10자	4자
11자				18자		
29자						

을 분명히 밝힌 대목이면서 그 명칭을 세종도 '언문'이라고 했다는 결정적인 근거 자료이다.50)

따라서 이 '훈민정음'이라는 말은 우리말을 소리 나는 대로 적을 수 있는 '언문'과 한자음을 비롯한 외래어를 소리 나는 대로 바르게 적을 수 있는 '정음'의 문자라는 통합한 개념으로 파악할 필요가 있으며, 최만리가 사용을 반대한 대상이 바로 '언문'임을 확인할 수 있다.

상형이자방고전(象形而字倣古篆)

훈민정음 28자의 자모에 관한 실록과 해례본의 기록은 세종 25(1443)년 계해 12월 『세종실록』에서 "諺文二十八字, 其字倣古篆, 分爲初中終聲, 合之然後乃成字"에서 그 개요를 밝히고 있다. 이와 관련되는 당대의 몇 가지 사료를 제시하면 다음과 같다. 이를 분석하면 '훈민정음'의 창제 경위와 '언문'과의 기능적인 차이가 있다는 것을 살펴볼 수 있을 것이다.

① 세종 25(1443)년 계해 12월 『세종실록』: "其字倣古篆, 分爲初中終聲, 合之然後乃成字"

② 세종 27(1444)년 2월 『세종실록』 집현전 부제학 최만리의 「언문 사용 반대 상소문」: "則字形雖倣古之篆文"

③ 세종 28(1446)년 9월 상한 『세종실록』 「정인지 서문」: "象形而字倣古篆"

④ 세종 28(1446)년 9월 상한 『훈민정음 해례』 제자해: "正音二十八字。各象其

50) 이기문, 「훈민정음 창제에 관련된 몇 문제」, 『국어학』 2, 국어학회. "'언문'이란 말은 이 문자가 만들어진 당초부터 그 통칭으로 쓰였음이 확실하다. 세종 26년 2월에 올린 최만리 등의 상소(세종실록 권103, 26년 갑자 2월 경자)는 '언문'으로 일관하고 있음을 본다. 특히 이 상소에 대한 세종의 힐문에 '언문'이란 말이 쓰였음은 주목할 만하다."라고 하여 '언문'이라는 용어가 가치의 문제가 아닌 사용상의 문제로 관찰하고 있다.

形而制之。"

첫째, 세종 25(1443)년 계해 12월조의 『세종실록』의 기록에서 "이달에 임금이 친히 언문 28자를 지었는데, 그 글자는 옛 전자를 모방하고, 초성, 중성, 종성으로 나누어 합한 연후에야 글자를 이루었다(是月, 上親制諺文二十八字, 其字倣古篆, 分爲初中終聲, 合之然後乃成字)."는 내용을 면밀하게 분석해 보면 '其字'의 개념이 초·종·종성으로 합친, 곧 C+V+C로 구성된 음절글자를 말한다고 볼 수 있다. 곧 "그 글자(其字)는 초·중·종성으로 나뉘어지고(分爲初中終聲), 초·중·종 낱글자를 합한 연후에 글자가 이루어진다(合之然後乃成字)"라는 의미이다. 따라서 초·중·종성을 합한 한 음절글자 모양은 방괘형으로 옛 전자(古篆)의 네모꼴임을 의미하는 것이다.

따라서 언문 28자의 낱글자(자모)가 옛 전자(古篆)를 모방했다는 견해는 타당성이 없음이 분명해진다. 음절글자의 모양을 옛 전자(古篆)와 같은 방괘형 서체로 구성하게 된 이유는 한글 창제 당시 한자와 혼용하도록 되어 있었기 때문에 한자의 음과 한 글자의 훈민정음 글꼴이 1 : 1의 대응을 이루도록 고려한 결과일 것이다. 또한 세종 당시 여진과 몽고와의 교린 관계가 활발했던 관계로 몽고의 파스파 문자, 거란 대소자, 여진 대소자의 모아쓰기의 방식의 영향도 없지는 않았을 것이다.[51] 곧 한글의 낱글자인 자모는 발음기관과 발음하는 모양을 상형한 것이고 낱글자를 모아쓴 음절글자는 고전체를 모방했다는 의미이다.

둘째, 최만리의 반대 상소문에 "곧 자형이 비록 옛날의 고전(古篆) 글

51) 야마지 히로아키, 이상규·이순형 역주, 『사라진 여진문자: 여진 문자의 제작에 관한 연구』, 경진출판, 2015, 40~48쪽.

에 의방(依倣, 모방)하였을지 모르오나(則字形雖倣古之篆文)"라는 기사에 나오는 '자형(字形)'은 초성, 중성, 종성의 낱개 글자꼴을 뜻하는 것이 아니라 음절 구성으로 이루어진 글자꼴(C+V+C)을 뜻한다. 곧 고전(古篆)체와 같은 방괘형(네모꼴)을 의미한다고 볼 수 있다.

셋째 정인지 서문에서 밝힌 "(그 낱글자는) 상형하였으나 (음절글자는) 옛 전자를 모방하고(象形而字倣古篆)"라는 기록은 세종 25(1443)년 실록의 기록보다 더 구체적으로 낱글자의 글꼴과 단 음절문자의 글꼴을 분리하여 그 상형의 바탕을 기술함으로써 언문 자모 28자와 음절문자 서체 형태의 기본을 밝힌 것이다.

본 논의는 「최만리의 반대 상소문」에서 '반대'의 핵심이 무엇인지를 밝히고 그 근거를 찾고자 하였다. '한글'의 창제를 반대했는지 혹은 세종이 추진한 한자음 교정 정책을 반대한 것인지 규명할 필요가 있다. 먼저 '한글 창제 반대'라는 설명은 적절하지 않다. 실록에 따르면 최만리가 반대 상소문을 올린 날짜가 세종 26(1444)년 2월 19일쯤 승정원에 제출한 것으로 보이고 20일에 세종이 친국을 한 것으로, 한글 창제는 그 전해인 세종 25(1443)년 12월에 완료되었으니 반대 상소문을 올린 시기와 맞지 않는 것이다. 이것을 『세종실록』에 나타난 청주 초정행궁에 방문한 2차례 기록을 추적하여 그 선후 관계를 살펴봄으로써 '반대'의 의미가 '사용 반대'라는 것을 확인할 수 있었다. 또한 본 상소문에 "언문을 빌어서 일시의 쓰임이라도 돕는다는 것은 오히려 가할 듯 하거니와"라는 내용에서도 최만리 등이 전적으로 언문 창제에 대해 반대하지 않았다는 것을 유추할 수 있었다. 다만 『운서』 번역 사업을 추진하기 위해 세종 26(1444)년 2월 16일에 의사청에서 왕세자와 하신들이 모인 것을 알고 있었던 최만리는 한글 창제 자체가 중국의 사대모화에 어긋난다는 대의명분으로 한글 사용한 운서 편찬을 원천 봉쇄하려는 의도로 보아야 할 것이다. 따라서 최만리의 상소는 이미 한글이 창제되었기 때문에 '한글 창제 반대'를 위한 것이 아닌 한글로 중국 운서를 번역하는 일, 그러나 한자음 개혁을 반대한 것이 아닌 전반적인 '한글 사용 반대'라고 할 수 있다. 또한 「상소문」과 「하교문」에 나타나는 '언문'이 '훈민정음'과의 기능적인 면에서 차이가 있다는 것을 밝힐 수 있었다. 이 「상소문」은 합동 상소문 형식이지만 여러 사람이 연명으로 교장문(交章文) 형식으로 쓰였는지 아니면 대표자인 최만리나 혹은 연명한 사람 가운데 어느 한 사람이 대표로 쓴 것인지는 분명하지 않다. 지금까지 알려진 「최만리 반대 상소문」의 작성 주체가 진정 최만리인 것인지 아니면 가장 중형을 받은 정창손의 글을 대표자격인 부제학 최만리 이름으로 상소를 올린 것인지에 대한 점과 「상소문」과 정인지 「서문」에 등장하는 '훈민정음' 자형의 기원에 대한 문제는 본 논의에서 미흡하게나마 언급하였으나 여전히 과제로 남아 있다. 이는 후속 연구를 통해 계속 밝혀나가고자 한다.

3. 병와 이형상의 「추록언문반절설」

여기서는 조선 후기의 경세유학자의 한 사람인 병와 이형상(李衡祥, 1653~1733)이 숙종 42(1716)년에 쓴 필사본 『갱영록』 9권 가운데 권2 『자학제강』에 실린 「추록언문반절설(追錄諺文反切說)」을 중심으로 한글 명칭, 한글 초성 글자의 명칭, 자모 배열, 자모의 기원설, 오음과 오성의 기원과 편제에 대한 여러 가지 학설을 검토하는 것을 목적으로 한다.

이와 아울러 『자학제강』이라는 책의 편찬 연대에 대한 새로운 고증과 함께 역시 병와가 쓴 『악학편고』에 나타난 성운을 나타내는 종도의 칠음과 횡도의 사성에 대한 견해를 분석하였다.

조선 후기의 경세유학자의 한 사람인 병와 이형상이 숙종 42(1716)년에 쓴[52] 필사본 『갱영록』 9권 가운데 권2 『자학제강』에 실린 「추록언문반절설」[53]을 중심으로 한글 명칭, 한글 초성 글자의 명칭, 자모 배열, 자모의 기원설, 오음과 오성의 기원과 편제에 대한 여러 가지 학설을 검토하는 것을 목적으로 한다.

국가 경영에서 예악의 균형과 치국방략을 무엇보다 중시하였던 병와 이형상은 조선 후기 주체적 예악관으로 쓴 악서로 『악학편고』를 남겼으며, 예서로는 『가례편고』를 비롯한 많은 저서를 기술하였다. 조선 후기 정음 사상에 기반한 성운학과 자학에도 깊은 관심을 기울인 결과 『갱영록』 권2 『자학제강(字學提講)』이라는 저술을 남겼다. 이 『자학제강』에 실린 「추록언문반절설」은 『악학편고』를 지은 이후 지인(누구인지 미확인, 아마 명곡 최석정으로 추측됨)의 부탁을 받아 10일 만에 이 책을 지었는데 소략한 점이 있어 한스럽게 생각하다가 내용을 추록으로 보완했음을 글머리에 밝히고 있다.[54] 따라서 『자학제강』은 자학서로서, 『악학편고』는 악학서로서 성운학적 관점에서 상호 긴밀한 관계가 있는 정음(正音), 정성(正聲)의 사상을 기조로 한 병와의 저술이다.

최세진의 『훈몽자회』 이후 한글 자모의 명칭과 배열의 변화와 병와가

52) 권영철(1976)은 『갱영록(更永錄)』의 편찬 시기를 "숙종 41(1715)년에서 영조 4(1728) 사이"로 추정하고 있으나 병와가 쓴 동서 「언문반절설 추록(追諺文半切設)」에 "내가 근년에 『악학편고』 4권을 편찬하였고, 또 작년 여름에 친구들의 부탁을 받아 10일 만에 『자학(字學)』을 지었다."는 내용과 함께 "몇년 뒤 병신년 7월에 다시 써서 자식들에게 주었다."는 기록에 따르면 이 책의 편찬 연대는 숙종 42(1716)년이다.

53) 본고 연구 대상 자료인 『자학제강』은 2008년 김언종 교수가 번역하고 원문을 영인하여 첨부하여 『자학』이라는 이름으로 푸른역사에서 간행하였다.

54) "余於頃年纂樂學便考四卷, 又於前夏爲儕友所囑, 作此字學於一旬之內, 疎略爲可恨, 獨於諺文無所記, 正所謂當祥者略也, 今又書其假令于下"(『자학제강』 145면).

제기한 「추록언문반절설」에 어떻게 반영되었는가를 검토하고자 하며, 또한 『훈민정음』 해례본 제자해에 나타나는 초성의 7음 배치의 배치가 『고금운회거요』에 근거하여 '脣－宮', '喉－羽'인데 그 이후 『홍무정운역훈』으로 가면 '脣－羽', '喉－宮'으로 바뀐다. 그러나 다시 『경세훈민정음도설』이나 '脣－宮', '喉－羽'로 다시 회귀하였지만 병와의 악학서인 『악학편고』에서는 『고금운회거요』에 근거하여 '脣－宮', '喉－羽'로 되어 있다. 이처럼 오음 배치가 달라진 이유가 중국 운서의 계열적 차이인지 성운학과 악학의 입장 차인지를 밝혀낼 근거를 찾아내려고 한다.[55] 오음과 청탁의 구별에 의한 자모의 운도 체계를 초·중·종성의 배합체계인 반절로 이해함으로써 초·중·종성의 자모 체계가 바뀌게 된다.

병와의 두 가지 저술 가운데 『자학제강』에 실린 「추록언문반절설」과 『악학편고』에 실린 성운학 관련 내용을 중심으로 한글 명칭, 한글 자모 배열, 자모의 기원설, 오음과 오성의 배열과 편제에 대한 제설을 비교 검토하는 동시에 조선 후기 특히 숙종조 시대의 운학 연구의 흐름에 대해 살펴보기로 한다. 조선조 후기에 경세유학에 바탕을 둔 실학자들의 성운이나 악율 이론가 가운데서 한글에 대한 시각을 면밀하게 재검토함으로써 한글의 전파와 학습이 어떻게 전개되었는지를 규명하는 매우 중요한 단서를 마련할 수 있다.

55) 『훈민정음』 해례의 오음계 배치가 『훈민정음』 해례본은 『홍무정운역훈』, 『사성통해』와 차이가 난다는 점을 구체적으로 지적하게 되었다. 곧 음양오행의 동아시아의 사상 체계로 만든 훈민정음의 제자의 원리를 밝힌 제자해에서 제시한 '순(脣)－궁(宮)'의 배합과 '후(喉)－우(羽)'의 배합이 문제가 있음을 유희도 『언문지』에서 이 문제를 지적한 바가 있다. 잔엽 상주본 『훈민정음』 행간 필사 기록에도 『훈민정음』 해례의 오음계 배치의 문제를 지적하였다. 곧 오음, 오성, 오계, 오시뿐만 아니라 특히 율려와 성음의 이치를 성운학과 통합한 곧 전체를 하나의 원리로 일관하는 통합적 구조주의의 원리에서 오성과 오음(또는 칠성과 칠음)의 배합 원리는 매우 중요한 문제이다.

조선 후기 성운학 연구의 흐름과 병와

훈민정음' 창제 이후 세조조에 이르기까지 활발했던 훈민정음 연구의 열기는 차츰 식어갔다. 병자호란과 임란의 양란을 겪으면서 송대로부터 전습된 성리학에 대한 학풍이 양대 전란의 수습 대안으로써 예악 위주로 흘러가면서 훈민정음과 성운학에 대한 연구는 거의 암흑기로 접어들게 된 것이다.

명·청 교체가 불러온 조선의 사상과 지식의 수용 방식의 변화는 엄청난 것이었다. 곧 중화 문화의 주체였던 명나라가 오랑캐로 치부하던 청으로부터 망하게 되자 조선의 지식인들은 혼란 속으로 빠져들 수밖에 없었다. 그러나 조선의 지식인들이 중화문화의 적통의 수호자로서 혹은 계승자로서 자처함으로써 느슨해졌던 성리학에 대한 연구가 다시 활발하게 진행되었다. 그러한 시대적 배경 아래에서 서경덕, 최석정, 이형상으로 이어지는 운학과 자학의 연구가 다시 발흥하는 계기가 마련된 것이다. 양대 전란을 거친 조선은 여러 가지 사회의 구조적 모순들이 서서히 드러나게 되었지만 다른 한편으로는 사대하는 조선의 대상인 명나라의 멸망으로 도리어 긍정적이고 자주적인 조선 유학의 흐름을 이끌어낸 것이다.

첫째, 조선 지식인들은 중화 문화의 정통적 계승자임을 자처하면서 성리학에 대한 이해의 폭을 더욱 확대시켰다. 예를 들면 『성리대전』의 『황극경세서』와 같은 운도에 대한 이해의 폭이 훨씬 더 넓어졌다. 서경덕과 최석정, 박두세(朴斗世, 1654~?), 박성원, 홍계희, 신경준, 황윤석 등의 역학이나 상수학을 기반으로 한 성운학 연구가 다시 전개되었다. 한편 『성리대전』의 『율려신서』를 기반으로 한 성현(成俔)의 『악학궤범』에 이어 이형상으로 이어진 악학 연구를 통해 성리학 연구의 폭을 더욱 넓혀준 것이다. 그러나 이들의 성리학적 바탕에는『역학』이 매우 주요한 기반이 되었던 것이다.

둘째, 주자학 중심에서 한편으로는 양명학과 또 다른 한편으로는 실학이라는 현실주의적 대안들이 논의되기 시작한 것이다. 중국의 육구연(陸九淵, 1139~1102)의『상산집』과 왕수인(王守仁, 1472~1528)의『전습록』의 학문을 합쳐 육왕학이라고도 하는 심성의 학(心性之學)인 양명학의 도입되었지만 주자학의 그늘에 가리어질 수밖에 없었다. 임란과 호란의 양란을 거치면서 체제교학이었던 주자학에 대한 비판적 의식이 잉태되면서 양명학이 일부 수용될 수 있었다. 우선 양명학파로서 조익(趙翼, 1579~1655), 최명길(崔鳴吉, 1583~1647), 윤증(尹拯, 1629~1714), 장유(張維, 1587~1638), 정제두(鄭齊斗, 1649~1736)를 비롯한 일군의 양명학파가 형성되었다.

셋째, 주자학의 비실천적 공리주의에서 벗어나려는 실마리는『성리대전』과『주역』에서 발전된 역학과 상수학의 영향으로 성운학, 지리, 천문, 악론 등 실사구시 학문으로 영역이 확대된 시기이다. 지봉(芝峰) 이수광(李睟光), 반계(磻溪) 유형원(柳馨遠), 병와(瓶窩) 이형상(李衡祥), 성호(星湖) 이익(李瀷) 등 근기 지역의 강화도를 중심으로 한 실학파의 연구 성과가 있다. 이들은 양명학과 엄밀하게 분리된 것이 아니라 당대의 진보적 선진 학파라고 할 수 있다.

넷째, 주자학의 핵심이 예학으로 발전되면서 도리어 예악의 논쟁이 붕당의 단초를 마련하게 된다. 남인, 소론, 낙론계와 북학파 등 송시열계와 비송시열계의 갈등은 주자학에 대한 공리론에 대한 회의를 가져오기도 했지만 18세기는 조선의 진경시대를 이끌어낸 것이다. 조선의 성리학과 주자학의 이해의 폭이 확대되고 새로운 실천적 이론으로 발전되는 단계에 도달했음을 의미한다. 붕당의 갈등이 부정적인 측면만

이 있었던 것이 아니라 긍정적이고 자주성과 독자성을 중시하는 시대의 변화였다.

조선 후기 『황극경세서』와 『율려신서』를 기반으로 한 새로운 성운학과 운도 연구의 흐름을 이끈 화담 서경덕의 『잡저』 「성음해(聲音解)」, 지봉 이수광의 『지봉유설』, 반계 유형원의 『반계수록』, 명곡 최석정의 『경세훈민정음도서』, 병와 이형상의 『자학제강』과 『악학편고』, 성호 이익의 『성호세설』, 겸재 박성원의 『화동정음통석운고』, 여암 신경준의 『저정서』,[56] 담와 홍계희의 『사운성휘』, 이사질의 『훈음종편』, 이제 황윤석의 『이수신편』 등으로 이어지면서 한글 기원과 성운학과 등운학적 재해석과 관련된 다양한 논의들을 비교 검토할 필요가 있다. 이 시기에 한글 연구는 한글 창제 당시에 제기되었던 성리학이나 성운학의 굴레를 벗어나지 못하고 공리공론의 머물러 있으면서 실증주의적 기반에 두지 않은 한글의 기원설이 매우 다양하게 제기된 시점이었다.

조선 후기 숙종대에 이르러 훈민정음에 대한 새로운 평가와 함께 『황극경세서』 등 성운학에 대한 연구가 보다 심화되었다. 이러한 학문적 분위기를 중흥시킨 장본인이 바로 명곡 최석정과 병와 이형상이다. 조선 후기, 특히 숙종 30(1704)년에 창덕궁 금원(禁苑)의 서쪽 요금문(曜金門) 밖 옛날 별대영(別隊營)의 터에 대보단(大報壇)을 건립하였다. 이 대보단은 명나라 황제를 제사지내는 제단이었다. 이처럼 조선의 지식인들은 멸망한 명나라를 존숭하며, 명나라의 문화를 계승하는 정통적 계승자임을 자부한 징표라고 할 수 있다. 이러한 시대적인 분위기는 성리학에 대해 다양한 시각으로 연구가 이루어질 수 있는 여건이 된 것이다. 또한 숙종은 「훈민정음 후서」를 발표할 만큼 훈민정음에 대한 가치를 주체적

---

56) 이상규, 「여암 신경준의 『저정서』 분석」, 『어문론총』 62, 한국문학언어학회, 2014.

인 입장에서 인식하는 분위기를 마련하게 된다. 이처럼 숙종이 훈민정음을 높이 평가하고 후서를 남기게 하는데 명곡 최석정의 역할이 매우 크게 작용하였을 것이다. 특히 최석정이 쓴 『경세훈민정음』과 『예부운략』「후서」 등을 통해 훈민정음을 매우 높이 평가하면서 주체적인 조선의 문자로서 이를 활용하여 천지만물의 생성원리를 상수로 통하여 음양과 사상, 팔괘에 따라 사람이 낼 수 있는 성음을 나타내려고 하였다. 조선 전기에 미처 살피지 못했던 『황극경세서』의 미세한 부분까지 천착하여 연구함으로써 성리학의 근본이념을 구현하는 동시에 그 영역을 확대시킨 역할을 한 것이다. 이와 동시에 병와 이형상의 『자학제강』과 『삼운통고』 후서를 통한 자학과 운서에 대한 연구가 이어질 수 있는 토대를 마련한 계기가 된 것이다.

명곡 최석정과 병와 이형상

최세진의 『훈몽자회』 이후 다소 주춤했던 한글에 대한 연구가 다시 활기를 찾게 된 배경은 숙종이 『열성어제』에 『훈민정음』 예의편을 중간으로 싣고 그 후에 숙종의 「훈민정음 후서」를 싣게 됨으로써 정음 연구의 새로운 전기를 마련한 것으로 보인다. 특히 명곡 최석정의 『경세훈민정음도설』과 『배자운부운략』 등에 훈민정음 예의편을 싣게 됨으로써 조선조 후기 성운학 연구의 새로운 전기가 마련되었다.[57] 이와 함께 이수광의 『지봉유설』에서 한글의 글자체가 범어로부터 기원되었다는 기원론에 대한 논의[58]가 병와와 성호로 이어지면서 조선 후기 실학파들

57) 이상규, 「『훈민정음』 예의편의 이본과 그 계보」, 『한글』 299, 한글학회, 2013.

58) 이수광(李睟光)은 이르기를, "우리나라의 언서(諺書)는 전적으로 범자(梵字)를 모방한 것이다. 세종조에 국을 설치하여 찬출한 데서 시작되었는데, 제자(制字) 원리의 정교함은 실로

은 다양한 한글 기원론에 대한 논의가 나타나게 되었다.

병와는 지봉 이수광과 일족이면서 명곡 최석정과 양대에 걸친 세교의 관계가 있었으며, 성호의 형인 이잠(李潛)과는 매우 가까운 교우였기 때문에 근기 실학의 단초를 연 지봉, 명곡, 병와, 성호, 식산으로 이어지는 경세유학파의 일군의 학맥을 이루고 있었다. 특히 병와 이형상은 명곡 최석정의 아버지인 동강(東岡) 최후상(崔後尙, 1631~1680)과 병와의 아버지 이주하(李柱厦, 1621~1671)와의 교분, 또 병와와 명곡까지 양대에 걸친 세교로 이어진 학맥을 맺고 있었다. 명곡과 성음과 악학에 대한 당대 최고의 학자들 간에 나눈 담론이 『병와집』에 남아 있다.[59] 명곡은 『경세정운도설』라는 조선 후기의 운학서를 남겼으며, 병와는 『자학제강』과 『악학편고』라는 조선 후기 자학과 악학 이론서를 집필하게 된다.

특히 운학과 자학 연구라는 측면에서 명곡과 병와의 학문적 관계에 대해 살펴볼 필요가 있다. 지천(遲川) 최명길(崔鳴吉)은 인조반정 공신으로 그의 아들인 동강(東岡) 최후량(崔後亮, ?~숙종 19)은 자학에 조예가 깊었음을 "선조 지천과 선고 동강공은 나란히 자학에 더함이 있었다(先祖遲川及先考東岡公 並加工於字學)"(『경세정음』「술지조」)라고 하여 자학의 학맥을 이어 왔음을 알 수 있다. 이러한 논의를 고증해 주는 기록이

세종의 고안에서 나온 것이었다" 하였다. 언서가 나오면서 만방의 말과 소리 가운데 통하지 못할 것이 없어졌으니, 이른바 성인(聖人)이 아니면 할 수 없는 일이다.

59) "명곡께서 또 묻기를 "금(金), 목(木), 수(水), 화(火)는 다 각각 그 본음이 있으니 그것들에 맞추면 어울릴 수 있을까요?"라고 하기에 나는 말하기를 "그렇지 않습니다. 소의 울음소리는 궁(宮)이고, 꿩의 울음소리는 각(角)이고, 양의 소리는 치이고 돼지 울음소리는 상(商)이고, 새의 울음소리는 우(羽)입니다. 이것은 비록 대강이기는 하지만 금수(禽獸) 역시 달리 타고 나는데 어찌 같아질 수 있겠습니까? 옛사람들은 석경(石磬)을 가지고 천하에 통용되는 한 음으로 삼기는 하였습니다마는 그것에도 역시 풍토의 구별이 있습니다. 이런 것에 의거해 본다면 계통(季通)이 저술한 법도는 법은 알아볼 수 있으나 성음(聲音)은 악보(樂譜)로 할 수 없습니다. 다만 덕성(德性)이 지극히 순수한 자만이 스스로 그 방음(方音)을 터득하게 되지만 그것을 만국(萬國)에 미루어갈 수는 없습니다."고 하였다."(『병와집』 명곡과 병와의 대담한 대목)

병와 이형상의 『병와집』 권3 「명곡의 시에 차운하여 신사군에게 부침」이라는 글에 서문에서 찾아볼 수 있다.[60)]

병와가 19세 되던 1673년에 병와의 선고 이주하(李柱厦)가 돌아가신 뒤 3년 탈상을 지낸 후 동강 최후량이 인천 소성에 문상을 하러 찾아옴으로써 병와는 명곡의 아버지 동강 선생을 만나게 되었다. 그 후 7~8년이 지나 병와가 급제한 후에 도성에 들어오니 이미 동강 선생이 하세하였음을 알고 다시 문상차 들러 당시 상공인 명곡 최석정과 만나게 되었다. 동강 최후상이 하세한 때가 1680년 겨울이었다. 1680년은 경신대출척으로 조정이 소용돌이칠 무렵이었고, 또 삼년 탈상 전 1682년 봄에 모친상을 당하였다. 아마도 병와가 최 상공을 만나게 된 것은 병와가 숙종 6(1680)년 별시문과에 급제하였기 때문에 그 이듬해인 1680년 무렵이었을 것으로 보인다. 이렇게 양대에 걸친 인연이 학문적인 소통으로 이어지게 된다.[61)] 그 후 병와가 상주로 여막을 지키는 명곡을 공무로 찾아가자 따뜻하게 맞이하여 곁에 앉히고는 윤법(閏法)에 대해 병와에게 질의를 하고 다시 판서인 이인엽(李寅燁)에게 더욱 상고하기를 하달하고 있다. 이 당시 병와와 명곡 간의 『성리대전』에 대해 얼마만큼 서로 깊이 있게 연구하고 있었던가를 읽을 수 있다.

병와는 숙종 27(1701)년 제주목사를 제수받고 임지로 가던 도중 충청

---

60) 『瓶窩先生文集』 卷之三 「次明谷韵」, 「寄申使君」에 “不佞未弱冠, 喪先考, 翼年捲下於邵城之墓所, 服闋後, 東崗老爺專枉曰, 不面而訪, 心之也, 其或例觀乎, 仍與之吐露心肝, 信宿而還, 其後不計道途之遠, 或留三四日, 或留一兩日, 至七八年彌篤, 時或有不敢當之謬托, 乃又曰, 何不一謝, 余作而曰, 先君契年中, 獨老爺眷愛至此, 此豈年少者之所期, 雖執箒猶幸, 而凡事誠外無他, 豈欲使此蹤, 奔趍於世路乎, 老爺矧之曰, 小哉, 非所意於所期待者, 決科後入城, 則老爺已下世矣, 平生所耿結, 堇發帷堂間一慟, 始與明谷相公暫伸慰禮”.

61) 『瓶窩先生文集』 卷之三 「次明谷韵寄申使君」에 “其後因公幹, 一造其廬, 相公亦知其舊好也, 昵席而邇之, 且問經籍中數三疑晦曰, 閏法一章, 更無零度乎, 余曰, 四一之外, 尙有餘分, 合計一百三十年, 當積二日, 此蔡傳所不道也, 又問何在, 余曰, 仁山說可考, 公顧謂季章李判書寅燁 曰, 更詳之”.

도 진천(鎭川)에 유배를 가 있던 명곡을 만난다. 마침 영의정이었던 명곡이 숙종 27(1701)년 인현왕후의 저주를 조사하는 옥사에서 세자를 보호해야 한다는 차자를 올린 죄로 유배되었다가 석방되어 충청도 진천에 거주하고 있었다. 그해 10월 희빈(禧嬪) 장씨의 처형을 반대하다가 부처생활을 하던 중 병와가 들린 것이다. 명곡은 유배에서 방면된 이후 한참 동안 고향인 충청도 진천에서 살았다.[62] 숙종 29(1702)년 봄 무렵 병와가 제주목사로 도임하기 위해 전라도로 내려가는 도중 충청좌도 진천에 명곡 공을 만나러 갔다. 두 사람은 『율려신서』와 오성과 오음 그리고 운학에 걸친 폭넓은 학문을 질의하고 있다. 여기서 당대 지식인들의 지적 관심이 어디에 있는지 잘 이해할 수 있다. 특히 양대의 걸친 인연으로 비록 벼슬의 직위는 서로 다르지만 마음을 열어놓고 담론을 나누고 있다.

당시 『성리대전』에 실린 『율려신서』와 소옹의 『황극경세서』 「경세성음」에 대한 지식의 깊이를 헤아려 볼 수 있다. 그뿐만 아니라 명곡 최석정이 『예부운략』의 후서를 내보이며, 조선 후기의 성운학의 연구

62) 『瓶窩先生文集』 卷之三 「次明谷韵寄申使君」에 "壬午首春, 余膺海命, 路出鎭川之草坪, 時相公以三箚被謫, 蒙宥而未返, 薄曛投謁, 則欣迓倍昔, 語次間, 問我以律呂新書, 余曰, 此非倉卒可口, 公手酌一螺杯, 起取庋閣間所簞裹者而躬傳曰, 先子忘年, 耳目良悉, 況於笥篋中, 尙有往復手札, 雖不敢以友道迫君, 君我間, 豈容外貌, 余曰, 先大爺盛眷, 尙積在心胷, 相公又以所不安之教教我, 我豈敢俗態萌心乎, 然西山一書, 必先五聲可解, 相公出示韵略後序而訊之曰, 世宗朝訓民正音, 證定於遼東學士, 是與邵氏經世聲音爲表裡, 此可爲則乎, 余曰, 五方之呼吸不同, 故吳楚傷於輕淸, 燕趙病於重濁, 秦隴之懶音反急, 梁益之平聲似去, 所謂反切, 不過立摽箭射而已, 若其天稟鄕語, 亦非此法可通, 是故東坡, 蜀產也, 方音已偏於腭, 終身經紀, 未得其一樂府者, 固也, 我東亦偏於齒, 雖以李相國, 權陽村之文章, 終未解音律者, 理勢固然, 竊謂平羽界面調, 卽東方之琴操也, 以此諧之於俗樂則可矣, 中土正音, 決非楚語之可齊也, 相公又問曰, 金木水火, 皆各有本音, 適此則可諧乎, 余曰, 不然, 牛吼爲宮, 雉鳴爲角, 羊呼爲徵, 豕叫爲商, 鳥啼爲羽, 此雖大綱, 禽獸亦各殊稟, 何可同也, 古人以石磬爲通天下一音, 然此亦有風土之別, 據此則季通所著之法, 法可考而聲不可譜也, 惟德性純至者, 自得其方音, 第不可推之萬國, 其日所酬酢雖不一, 歸趣大略如此".

성과가 소옹의 『황극경세서』와 밀접한 관계가 있음을 그리고 자신이 쓴 『경세훈민정음도설』의 내용의 일면을 밝히고 있다. 특히 여기서 명곡이 『예부운략』의 후서를 썼다는 사실을 재차 확인할 수 있다. 그리고 훈민정음을 가지고 『경세성음도』의 제작 가능성을 병와에게 타진하고 있다.[63]

> "세종조의 훈민정음은 요동의 학사한테서 고증을 받아 결정된 것이니, 그것은 소씨(邵雍)의 『경세성음』과 표리를 이루므로 그것을 법칙으로 삼을 수 있을까요."

병와는 오방 풍토설을 제기하면서 "오방의 호흡이 다르기 때문에 오나라와 초나라는 가볍고 맑은 점으로 해를 입고, 연나라와 조나라는 무겁고 탁한 점으로 폐단이 생깁니다. 진용은 느린 음이 도리어 급하고, 양익은 평성이 거성 같습니다. 이른바 반절(反切)은 표적을 세워놓고 화살을 쏘는 것에 지나지 않을 따름입니다. 선천적으로 받은 시골말인 경우도 역시 그 법이 통용될 수 있는 성질의 것이 아닙니다. 그런 까닭에 동파(東坡)는 촉(蜀)나라에서 난 사람이어서 방언의 성음이 잇몸에 치우쳐서 죽을 때까지 법도에 맞추느라고 노력하였어도 한 악부도 제대로 만들어내지 못했던 것은 당연한 일입니다. 우리나라 역시 이에 치우쳐서, 비록 이상국(李相國: 奎報, 1168~1241)과 권양촌(權陽村: 近, 1352~1409)의 문장이라도 끝내 음률을 이해하지 못한 것은 사세의 당연함이라 하겠습니다. 외람되이 생각건대, 평조(平調)·우조(羽調)·계면조(界面調)는 곧 우리 고장의 금조입니다. 그것들을 가지고 속악에 맞춘다면 괜찮습

63) 『甁窩先生文集』 卷之三 「次明谷韻寄申使君」.

니다. 중국 땅의 정음은 결코 초나라 언어로 맞출 성질의 것이 아닙니다."[64]라고 하였다. 이처럼 병와는 운학의 운도 연구보다는 악학(樂學) 연구로 그리고 동강으로부터 이어진 자학(字學) 연구로 치우치게 된다. 이 글은 이렇게 마무리하고 있다.

> "그런데 그때 거리의 북이 대략 두 번 울려서 더 지체할 수가 없었다. 두 사람의 심정이 아쉬움에 몰려 거의 헤어질 수 없을 것만 같았다. 공은 또 격려하여 말하기를, "내일까지 혹시 머물러 줄 수 있소."라고 하였으나 나는 "어렵습니다."라고 말하였다. 떠나는 마당에 손을 잡고 차마 작별하지 못해 하는 기색이 있었다. 층계를 내려가기에 이르러 공은 또 나가 서서 말하기를, "정자에서 읊은 시가 있다고 들었는데 이에 이어서 그것들을 볼 수 있을까요."라고 하기에 나는 이미 뜰의 비석을 등지고 있었는지라, 감히 많은 말을 늘어놓을 수 없어서 단지 "남에게 보일 만한 게 없습니다."라고만 말했을 뿐이다. 공이 재삼 간절하게 부탁하기에 나는 비록 사양은 하였으나 과감하게 할 수가 없었고 이별에 대한 섭섭한 마음이 이미 있었으므로 자신도 모르게 머리가 돌려졌다. 그분이 세상을 떠난 후 그분의 아들(창대임)과도 이 때문이었다. 지금은 부제학이 또 살아있지 않으니, 3대의 생존과 사물이 아득하게 슬퍼진다. 그 집안이 이미 쓸쓸해져 전대를 이을 만한 이가 없음을 생각하니 마음속의 슬픔이 무섭게 맺혀진다. 그래서 간행된 문집 중에서 그분이 남긴 시에 차운하여 동각의 신 사군에게 보내 보여주니, 이 또한 원빈의 뜻인 것이다. 아아, 슬프도다."[65]

---

64) 『瓶窩先生文集』 卷之三 「次明谷韵寄申使君」.

65) 『瓶窩先生文集』 卷之三 「次明谷韵寄申使君」에 "而伊時街鼓約再動, 不可以遲矣, 兩情脉脉, 殆若不可分者, 公又勖之曰, 明或可留乎, 余曰, 難矣, 臨發握手, 甚有不忍之色, 及下階, 公又出立曰, 聞有亭榭所詠, 可繼此而得見乎, 余旣背庭碑矣, 不敢蔓語, 但曰無可示人, 公再三丁囑, 余雖謝不敢, 槩已黯黯, 自不覺其首回舂輟, 後與其孤 昌大 雖無雅分, 犯禮發書, 以道其愴惜者, 亦此

이 글은 매우 소중한 기록이다. 조선 후기 최고위직에 머물렀던 명곡 최석정과 목민관으로 지방에 머물렀던 병와 이형상이라는 두 당대의 최고의 지성의 만남을 전하고 있다. 한 사람은 운도 연구로 다른 한 사람은 자학과 악학 연구로 당대 최고의 반열에 설 수 있다. 조선 후기 국어학사 연구에서 지금까지 전혀 논의되지 않았던 병와 이형상의 학문적 연계를 예증해 주고 있다. 조선 후기를 대표하는 두 사람의 학문적 관계에 대해서는 앞으로 더욱 심도 깊은 연구가 필요하다고 판단된다.

병와의 칠음과 사성에 대한 악률적 해석

훈민정음 28자는 상형에 따라 글자를 만들었다. 그 자모의 배열은 종으로는 칠음과 횡으로는 사성에 따라 배열하였다. 초성 17자는 아, 설, 순, 치, 후의 배열에 따라 조음 방식을 기술하고 성의 '초(稍, 약함)'과 '려(厲, 갈이)'에 따라 가획의 방식에 따른 글꼴을 제시한 다음 초성의 제자 원리인 음양오행에 기반하여 사계, 오음으로 나누어 소리가 발성되는 목구멍에서 입술까지의 "후—아—설—치—순"의 배열 순서에 따라 오행과 소리의 특징, 오계, 오음으로 분속시키고 있다. 이를 정리하면 〈표 1〉과 같다.

也, 今則副學又不在, 三世存殁, 緬亦悲矣, 想其門闌已寂, 無可續舊, 中心所悼, 生死結矣, 乃於刊集中, 次其遺什, 寄示東閣申使君, 此亦元賓之意也, 嗚呼嘻噫".

〈표 1〉 훈민정음의 운도

	상형	오행	사계	오음	오방	음상	
후음	邃而潤	水－虛而通	冬	羽	北	虛而通	如水之虛明而流通
아음	錯而長	木－似喉而實	春	角	東	似喉而實	如木之生於水而有形
설음	銳而動	火－轉而飄	夏	徵	南	轉而颺	如火之轉展而揚揚
치음	方而合	金－含而廣	秋	商	西	含而廣	如土之含蓄萬物而廣大
순음	剛而斷	土－脣而滯	季夏	宮	中央	屑而滯	如金之屑瑣而鍛成

다만 "물(水)이 만물의 근원이고 불(火)이 만물을 이루는 것으로 곧 성음 이론으로는 후음이 소리의 발원지로서 그리고 혀가 소리를 고루는 주요한 주체로 후음은 소리를 내는 문이고 혀는 소리를 구별하는 기관이기 때문에 이 다섯 가지 가운데 가장 중요하다는 점"을 『훈민정음』 해례 제자해에 덧붙였다. 초성의 배열에서 매우 중요한 오음계의 배치가 『운회』 계열과는 동일하지만 『홍무정운』 계열과 차이가 있다. 곧 제자해에서 오음과 오성의 배치는 '후－우', '순음－궁'인데 『운회』에서는 '후－궁', '순음－우'이어서 차이가 난다. 중국 운서의 계열적 차이 때문이기도 하고 악학 이론자와 성운 이론자 간의 이견 차이로도 해석할 수 있다. 그런데 병와 이형상의 『악학편고』 권1 「성기원류」에서 오성을 기준으로 한 전탁의 성음의 배치에 대해

"악학자는 본래 음을 정하지 않고 통상적으로 탁이 궁이 되고 차탁이 상이 되고 청탁 무거운 소리가 각이 되고 청이 우가 되고 차청이 치가 되며 또 궁이 본래 후음이고 상이 본래 치음이고 각이 본래 아음이고 치가 본래 설음이고 우가 본래 순음이다. 성운학자는 순음이 궁이고 치음이 상이고 아음이 각이고, 설음이 치이고, 후음이 우이며, 그 사이에 또 반치 반상이 있는데 모두 청탁으로서만 논할 수 없다. 오행학자는 운류에는 청탁의 구별이 없기

때문에 오성으로 배치하여 오음을 유씨를 궁으로, 조씨를 각으로 장씨와 왕씨를 상으로, 무시와 경시를 우라고 한다."66)

라고 하여 악학의 입장에서와 성운학의 입장에서 청탁에 다른 오성의 배치가 차이가 있음을 고증하고 있다. 악학 이론자는 '궁, 상, 각, 치, 우' 오성을 청탁으로 대비시키지만 운학자는 '아, 설, 순, 치, 후'와 오성을 배치하여 차이가 있는 설명이다. 여기에서도 '후-우', '순음-궁'의 관계임을 밝히고 있다. 세종이 언문 28자를 창제할 당시에는 악학의 논리가 매우 중요한 준거가 되었음을 알 수 있는 대목이다. 장악원으로부터 『율려신서』를 꿰뚫고 있었던 세종의 의지가 변개되지 않을 수 없었던 것이라고 할 수 있다. 훈민정음 해례의 오음과 오음계 비치와 각종 운서에서 보이는 배치의 이동 관계를 요약하면 다음 도표와 같다.

〈표 2〉 칠음과 오음 음계 대비

	아음	설음	순음	치음	후음	반설음	반치음
훈민정음	각	치	**궁**	상	**우**	반설	반치
운회	각	치	**궁**	상	**우**	반설	반치
원화운보	각	치	**궁**	상	**우**	변치	변상
광운	각	치	**우**	상	**궁**	변치	변상
오방원음	각	치	**우**	상	**궁**	변치	변치
홍무정운	각	치	**우**	상	**궁**	반설	반치
홍무정운역훈	각	치	**우**	상	**궁**	반설	반치
동국정운	각	치	**우**	상	**궁**	반설	반치
사성통해	각	치	**우**	상	**궁**	반설	반치

66) "樂家本無定音, 常以濁者爲宮, 次濁爲商, 淸濁重爲角, 淸爲羽, 次淸爲徵, 又曰宮本喉, 商本齒, 角本牙, 徵本舌, 羽本脣, 韻家脣爲宮, 齒爲商, 牙爲角, 舌爲徵, 喉爲羽, 其間又有半徵半商(未日之類), 皆不論淸濁以然也, 五行家以韻類於淸濁不以, 五姓參配, 五音與柳宮, 趙角, 張王爲商, 武庚爲羽是也"(병와 이형상의 『악학편고』 권1 「성기원류」).

	아음	설음	순음	치음	후음	반설음	반치음
상주본 훈민정음	각	치	**우**	상	**궁**	반설	반치

〈표 2〉와 같이 오음과 오음계의 배치에서 차이를 보여주는 이유는 중국 운서의 운도의 영향을 받은 결과라고 할 수 있다. 훈민정음 제자해에서 초성은 운도로 말하자면 『고금운회거요』와 『절운지장도』를 참고하여 "칠음"을 횡도로 "오시–오행–오음–오방"을 종도로 삼아 이원적 대립 체계로 구성되어 있다. 훈민정음 자모 배열의 성운학적 기준이 되는 7음의 배열을 병와는 종률(鍾律) 오음(五音)의 분류 방식에 따르고 있다.

"혀가 중앙에 있으면 궁(宮)이 되니 소가 움에서 우는 것 같고, 입을 크게 벌리면 상(商)이 되니 양이 무리를 떠나는 것 같고 혀를 움츠리면 각(角)이 되니 꿩이 나무에 오르는 것 같고 혀가 치아를 받치면 치가 되니 부시가 깨어 놀래는 것 같다. 입을 오므리면 우(羽)가 되니 새가 나무에서 우는 것 같다."67)

"대저 음이라는 것은 궁(宮)에서 중(中)에 있고 각(角)에서 촉급(觸)하고 치(齒)에서 지(祉)하고 상(商)에서 장(章)하고 우(羽)에서 우(宇)한다. 그러므로 4음은 궁(宮)의 기(紀)가 된다. 이것을 오행(五行)에다 조화를 시켜보면 작은 나무(木)가 되고, 상(商)은 금(金)이 되고, 궁(宮)은 토(土)가 되고, 치는 화(火)가 되고, 우(羽)는 수(水)가 된다. 오상(五常)으로는 인(仁)이 되고, 의(義)가 되고, 예(禮)가 되고, 지(智)가 되고, 신(信)이 된다. 오사(五事)로는 모

67) "舌居中宮, 如牛鳴窖, 口開張爲商, 如羊吼群, 舌縮却爲角, 如雉鳴木, 舌柱齒爲徵, 如豕駭聲, 口聚爲羽, 如鳥鳴枝"(병와 이형상의 『악학편고』 권1 「성기원류」).

(貌)가 되고, 언(言)이 되고, 사(思)가 되고, 시(視)가 되고, 청(聽)이 된다., 유(類)로 말하면 궁(宮)은 군(君)이 되고, 상(商)은 신(臣)이 되고, 각(角)은 민(民)이 되고, 치는 사(事)가 되고, 우(羽)는 물(物)이 된다."[68]

『자학제강』에 실린 「추록언문반절설」에서 사성에 대해 『악학편고』에서 논의한 악학 이론에 기반하여 사성에 대해 '궁－상－각－치－우'로 대비하고 있다. "평성은 애절하고 편하며 상성은 사납고 들려지며, 거성은 맑고 멀고, 입성은 곧고 촉급한 것[69]으로 언문도 그러하다."[70]라고 하였다.

『자학제강』의 편찬 연대 고증과 그 내용

『자학제강』을 쓴 이형상은 호가 병와 혹은 순옹이며, 효령대군의 10대손이다. 숙종 6(1680)년에 등과하여 호조좌랑, 성주목사, 동래부사, 제주목사로 등의 외직을 거쳐 영천의 호연정(浩然亭)에서 학문과 후학 양성에 정진하면서 경사, 역서, 수리, 지리서, 성운학, 자학 등을 비롯한 연구를 하여 142종 326책에 달하는 방대한 저술을 남겼다. 그 가운데 『갱영록』 권 2에 수록되어 있는 『자학제강』은 자학에 관한 저술로 그 안에 「추록반절설」이 있다.

병와가 등과한 후 숙종 7(1681)년 승문원에 근무하면서 『노걸대(老乞大)』를 학습하면서 자학과 성운학에 대한 소양을 쌓은 경험으로 『자학

68) 『자학제강』에 실린 「추록언문반절설」.

69) "平聲哀而安, 上聲厲而擧, 去聲淸而遠, 入聲直而促"은 당나라 운서 『元和韻譜』에 실린 내용과 동일하다.

70) "平聲哀而安, 上聲厲而擧, 去聲淸而遠, 入聲直而促, 諺文亦然"(『자학제강』 「추록언문반절설」, 147면).

제강』을 짓게 되었으며, 특히 예악을 존중하는 전통 주자학에 뿌리를 두고 『악학편고』라는 악서와 『악학습령』 등의 저술을 남기게 된 것이다. 『자학제강』은 원래 『갱영록』 권2에 해당하는 절록본이라고 할 수 있다. 김언종 교수가 2008년 『자학제강』을 번역하고 영인본과 영인 원문을 실어 국립국어원 '국어문헌자료 총서 1'로 간행하였다. 『갱영록』은 병와가 쓴 필사본 9책으로 31.8×20cm 크기로 무계 14행 24자로 되어 있다. 이 책의 편찬 연대인 병신년은 숙종 42(1716)년이다. 『갱영록』 1권은 실전되었고 3권에서부터 9권까지 7책만 정신문화연구원에서 간행한 『병와전서』 제8책에 수록되어 있다. 『갱영록』 권2는 권두제가 "자학제강설(字學提綱序說)"이며, 2권 전권이 자학에 관한 기술이므로 이를 『자학제강』 혹은 『자학』이라는 이름으로 불리고 있다.

그동안 이 책에 대한 필사 연대 추정의 오류가 있었다. 『갱영록』을 처음 학계에 소개한 권영철(1978)은 『갱영록』의 편찬 시기를 "숙종 41(1715)년에서 영조 4(1728)년 사이"로 추정하였으며, 그 후 이기문(1986)은 권영철(1978)의 연대 추정을 비판 없이 그대로 따랐다. 이기문(1986)은 『갱영록』 권2, 『자학제강』 「추록언문반절설」 145면에 실린 "余於頃年纂 樂學便考四券 又於前夏爲濟友所囑, 作此字學於一旬之內…"의 내용까지는 확인하였으나 동서 권2, 『자학제강』 「추록언문반절설」 145면에 실린 "後一年 丙申年 七月 更書以遺兒輩"을 간과하였다. "내가 근년에 『악학편고』 4권을 편찬하였고 또 지난해 여름에 친구들의 부탁을 받아 10일 만에 『자학제강』을 지었는데…(余於頃年纂 樂學便考四券 又於前夏爲濟友所囑, 作此字學於一旬之內…)"(『갱영록』 권2, 『자학제강』 「추록언문반절설」 145면)에 "일 년 뒤 병신년 7월에 다시 써서 자식들에게 주었다(後一年 丙申年 七月 更書以遺兒輩)."(『갱영록』 권2, 『자학제강』 「추록언문반절설」 145면)에서처럼 병와가 쓴 『경영록』 「추록언문반절설」의 기록에 따르면

이 책의 초고 필사 연대는 숙종 41(1715)년이고 완성 시기인 병신년(丙申年)은 숙종 42(1716)년임을 확인할 수 있다. 위의 고증에 따라 이 자료의 필사 연대를 아래의 논증을 근거로 하여 숙종 42(1716)년으로 확정한다.

병와 이형상은『자학제강』의 저술 동기를 다음과 같이 밝히고 있다. "육서의 뜻은 각각 취한 바가 있었으나 세월이 오래되면서 와전되어 대부분 그 참된 뜻을 잃어버렸다. 혹은 마음대로 글자체를 변화시킨 것도 있고 혹은 알지 못하여 획을 잘못 쓴 것도 있으며 또한 고금에 통용되는 것도 있다."라고 하여 육서의 체계가 혼란되고 글자체의 변종과 그 음운의 착란을 바로 잡기 위해 자학을 연구한 결과를 집대성한 것이다.『자학제강』은 한자의 자형과 성운에 대한 종합적인 연구서이다. 시대와 지리적 변화에 따라 한자의 자형이 서로 달라지고 성과 운이 달라진 혼란스러움을 극복하기 위해 글자 자형을 상사, 상합으로 구분하여 구속의 차이를 나타내 보여주고 있으며 성운의 차이, 첩운의 상이를 구속에 따라 종합적으로 분류한 한자 자학서이다. 그뿐만 아니라 각종 경서에 나타나는 자형의 구속의 차이와 금석문의 변체자에 대한 개설적인 소개와 더불어 각종「어록해」를 한글로 풀이하고 있다. 특히「천축문자설」에서는 천축문자의 성모도와「외이문자설」에서는 '구국소서팔자(九國所書八字)'를 아홉 나라의 문자로 기술하면서 훈민정음의 문자 기원을 범자로 잡고 있어서 지봉 이수광과 동일한 견해를 제시하고 있다.

『자학제강』의 내용은 다음과 같다. "자학제강, 자모생성, 자의, 행구의이, 형범실이, 이자상사, 삼자상사, 사자상사, 오자상사, 이자상합, 삼자상합, 사자상합, 괴자, 석고자, 항창자, 주례기자, 예기기자, 좌전이음, 고속동이, 고금변자, 변구행편, 오화자, 일자변음, 이자변음, 성운본시설, 첩운, 협운설, 반절설, 방언, 육서, 유가어록, 수양가은어, 선가범어,

한어록, 천축문자설, 외이문자설, 왜언, 추록언문반절, 범자오음가령, 성운시종, 협음”의 내용으로 구성되어 있다.

자모의 생성원리와 ‘자의’에서는 제자원리를 통해 70개의 글자의 뜻을 풀이하였으며, 한자의 형이나 뜻의 변화와 글자체의 유사성을 기준으로 2~5자로 구분하여 유사 글자를 대비하였으며 같은 모양의 글자가 결합된 글자체를 역시 2~5가지 유형으로 구분하여 제시하였다. 글자의 형이 괴이한 글자와 금석문에 나타나는 이체자 76자를 또한 제시함으로써 금석문 판독에 활용될 수 있다. 그리고 주례, 예기, 좌전에 나타나는 기이한 글자를 제시하여 이체자를 판독하는 데 도움이 된다. 그 외에도 획을 잘 못 쓴 글자, 일자 변음의 글자들을 운에 따라 글자의 성이 달라지는 첩운 글자, 운이 서로 다른 글자 등을 제시하여 행속의 차이를 밝히고 있다. 「유가어록」, 「수양가은어」, 「선가범어」, 「한어록」 등에서는 한글로 표음한 자료가 있어서 18세기 한글연구 자료로서도 가치가 있다. 「천축문자설」에는 ‘범자 오음 가령(梵字五音假令)’항에서 범자를 “아음, 치음, 설음, 후음, 순음, 초음(화회성), 조음”으로 구분하여 자모를 소개하고 있다.

『자학제강』을 편찬한 동기를 『악학편고』를 저술한 후에 친구의 요청으로 10일 만에 『자학제강』를 썼으나 언문(諺文)에 대한 내용이 소략함을 한탄하면서 마땅히 중요시해야 할 언문이 상세하지 못했으므로 이 부분을 추록하게 되었음을 밝히고 있다.[71] 「추록언문반절설」의 본문에는 최세진의 『훈몽자회』에 실린 내용을 참고한 것으로 ‘초성종성통용팔자’, ‘초성독용팔자’, ‘중성독용십일자’, ‘초중성합용작자’, ‘초중성합용작자’와 반절도로 176자를 만들 수 있으며 ‘ㅇ’자모의 음가와 평, 상,

71) 김언종, 『역주 자학』, 푸른역사, 2008, 47쪽 참고.

거, 입 4성과 아, 설, 순, 치, 후 오음과 오음계의 배치에 대해 『자학제강』에 있는 「성운의 역사」편에서 소옹(邵雍)의 『경세성음(經世聲音)』과 표리가 된다는 매우 중요한 언급을 하고 있다.

반절 28자에 창제 경위와 자모의 기원을 '전서(篆書)'와 '주문(籒文)'을 모방하여 만들었다는 자모의 기원설과 함께 "그 글자는 범자(梵字)를 본떠서 만들었음을 밝히고 있다. 오음과 청탁지별에 의한 운도를 완성하기 위해 성삼문이 요동에 귀양을 와 있던 황찬(黃瓚)을 만나러 13회 다녔다는 기록이 있다. 이 부분의 내용은 그리고 언문 28자의 명칭을 종으로 칠음과 횡으로 청탁에 따라 배열한 중국 성운도에 바탕을 둔 반절에 기원하는 것으로 보고 '반절'이라고 이름하였으며, 끝으로 사성에 대한 설명과 이 책의 저설 경위를 설명하고 있다.

한글의 명칭

'훈민정음'은 세종 25(1443)년 12월에 세종이 친제한 우리 겨레의 고유문자인 한글 곧 문자이름으로서 '훈민정음'이기도 하고 또 그것을 해설한 책으로서의 『훈민정음』이기도 하다. 그러나 600여 년이 지나오면서 그 명칭은 시대 변화에 따라 변천해 왔다. '훈민정음'이라는 명칭은 속음에 대응되는 "백성을 가르치는 바른 소리"라는 뜻으로나 혹은 책이름으로나 혹은 이과의 과거시험의 과목이름으로만 줄곧 사용되었다. 세종 당시에도 최만리의 상소문에도 훈민정음이나 정음이라는 명칭은 단 한 군데에도 나타나지 않고 언문이라는 명칭이 무려 26회나 나타나고 있다. 훈민정음이 문자 이름으로 사용된 것은 해례본 창제를 둘러싼 학사들이 결정한 이름일 뿐 문자 이름으로서의 생명은 세종 당대에 끝난 것이다. 다만 과시의 과목 명칭으로나 책이름으로서의 명맥만 유지

되었다.

한글 창제의 최초 기록은 세종 25년 『세종실록』의 자료이다. 여기에서는 '언문 28'자라고 하여 '언문'이라는 명칭이 처음으로 나타난다. 최세진의 반대 상소문을 비롯한 각종 문헌에서는 '훈민정음' 혹은 그 약자인 '정음'보다 '언문'이라는 이름이 더 일반적으로 사용되었음을 주목해야 한다. 창제 직후에는 "上親制諺文二十八字"에서 분명하게 '언문'이라고 지칭되다가 비록 짧은 기간이었지만 해례본의 어제 서문에는 "新制二十八字…訓民正音"으로 바뀌었다. 곧 '언문'이라는 이름에서 '훈민정음(혹은 정음)'이라는 이름으로 바뀐 것이다. 그런데 해례본의 종성해에서도 이 '언'과 '문'은 그대로 사용되었는데 "且半舌之ㄹ◦當用於諺◦而不可用於文.", 또 합자해에서도 "文與諺雜用則"이라고 하여 '언'은 우리말을 '문'은 한자어를 나타내는 데 사용되기도 했다. '문'은 한자어를 '언'은 우리말 곧 고유어를 나타내는 말이다. 곧 '언문'은 한문자에 대한 말로서 한문자가 아닌 '언자'의 개념을 포괄한 우리 문자와 글을 나타내는 말이다.

『세종실록』 25(1443)년 계해 12월 30일의 언문 28자의 창제를 알리는 첫 기사에 "이달에 임금이 친히 언문 28자를 지었는데, 그 글자가 옛 전자를 모방하고, 초성·중성·종성으로 나누어 합한 연후에야 글자를 이루었다. 무릇 문자에 관한 것과 이어에 관한 것을 모두 쓸 수 있고, 글자는 비록 간단하고 요약하지마는 전환하는 것이 무궁하니, 이것을 훈민정음이라고 일렀다".72) '언문'이라는 명칭과 함께 해례본 용자해에서는 "如諺語옷爲依。ㄹ如諺語실 爲絲之類"라고 하여 '언어'라는 용어

---

72) "是月, 上親制諺文二十八字, 其字倣古篆, 分爲初中終聲, 合之然後乃成字, 凡干文字及本國俚語, 皆可得而書, 字雖簡要, 轉換無窮, 是謂『訓民正音』"(『世宗실록』 102卷, 25(1443)년 계해 12월 30일).

도 사용하고 있다. '언문'은 한문에 대응하는 문 단위를 '언어'는 한자어에 대응되는 단어 단위를 뜻한 것이다. '언문'은 우리 문자로 쓴 글이라는 뜻과 함께 '언자'의 의미로도 사용되었으며, 나아서는 한문을 언문자로 풀이한 것을 '언해' 또는 '언서'라고 한 것이다. 병와 이형상의 『악학편고』에서도 "世宗大王設諺文廳 (…中略…) 命鄭河東麟趾申高寧叔舟成承旨三問等製諺文曰初終聲八字"라고 하여 언문이라는 용어가 조선 후기에 이르기까지 줄곧 사용되었음을 알 수가 있다.

『조선왕조실록』에서도 "언문으로 된 『삼강행실열녀도』의 질을 약간 박아서 경중 오부와 여러 도에 반사하여"(『성종실록』 권138, 성종 13년), "이언적이 언문 『소학』을 인출하여"(『명종실록』 권1, 명종 원년), "임금이 언문으로 된 유지를 승정원에 내려"(『숙종실록』 권20, 숙종 15년), "『속명의록』을 한결같이 원편의 준례에 따라서 진서와 언문으로 인출하여 반포하고"(『정조실록』 권5, 정조 2년)과 같이 훈민정음이니 정음이라는 명칭을 사용하지 않고 거의 대부분 '언문'이라고 불렀다. 그런데 '언문'을 한자 혹은 한문에 비해 열등한 의미를 가진 것으로 잘못 이해하는 경향이 있었다.[73]

조선 후기에 병와 이형상은 『자학제강』에서 "우리나라 세종대왕이 지으신 훈민정음은 바로 언문을 말한다."[74]라고 하여 '언문' 28자를 '훈민정음'이라고 한 해례의 규정이 '훈민정음'을 '언문'이라고 한다고 반전

73) 『표준국어대사전』에서도 '언문'의 뜻풀이를 "상말을 적는 문자라는 뜻으로, '한글'을 속되게 이르던 말."이라고 하고 있는데 과연 훈민정음 창제 이후에 쏟아져 나온 각종 언해들이 모두 상말로 적은 글이라는 뜻이었을까? 『석보상절』이 석가의 일대기를 상말로 적은 책이라는 말일까? 학계에서는 이 언문이라는 용어에 대해 "'훈민정음'을 낮게 일컬어 '언문'이라고 하던 이름을 버리고 '위대한 글자'라는 뜻으로 '한글'이라고 부르게 되었다."(강신항, 2010: 10)는 편견을 아무른 비판없이 수용해 온 결과이다.

74) "我世宗大王御製 訓民正音, 卽所謂諺文也"(이형상의 『자학제강』 「운학시종」).

된 것이다. 아마도 훈민정음 해례가 완성된 이후에는 문자 이름으로서가 아닌 정음으로 쓴 글을 뜻하는 이름으로 사용된 것이 더 일반적인 용어로 정착되었음을 알 수 있다. '언문'이 마치 '한문(진서, 진문)'에 비해 낮잡아 부르는 경향도 조선 후기에 들어서서 나타나게 되었지만 그러한 결정적 증거를 찾아내기 쉽지 않다. 물론 조선조 사대부가들이 한문에 비해 상대적으로 낮게 생각했을지는 모르지만 문자 이름으로서 비하적인 개념으로 사용된 사례는 찾기 힘이 든다. '언문'과 '훈민정음(정음)'이 함께 문자 이름으로 또 그것으로 쓴 글까지를 포괄한 명칭으로 사용된 것이다. 그러나 '언문'은 '한문'에 대응되는 명칭으로 '정음'은 '속음'에 대응되는 개념으로 사용된 것이다.

병와는 「추록언문반절설」에서 한글의 이름으로서는 '훈민정음'에 대응하는 문자 이름은 '언문'으로 명명하였음을 알 수 있다. 그러나 언문의 제자 경위와 관련해서 표음 방식이 중국의 반절법과 비슷하다고 하여 '반절'이라고 부르기도 하였다.75) "반절은 일종의 운횡도에서 36자모를 횡으로 배열하여 우보(右譜, 성모)라 하고 종으로는 섭(攝, 운모)을 평, 상, 거, 입 곧 사성으로 나누어 모든 한자의 음을 조합하는 방식이다. 이 운법직도(韻法直圖)에서 반절상자로는 성모를 결정하고 반절하자는 운모를 결정하는 곧 '知'는 '眞奇切'로 반절하여 그 음이 '지(ㅈ+ㅣ)'임을 확인하게 된다. 36자모를 다시 5음으로 분류한 전통은 범어에서 기원하며 109운을 섭이나 사성으로 재분류하는 방식은 시대에 따라 발전된 결과이다.

한글을 '반절'이라고 부른 것은 최세진의 『훈몽자회』 범례의 주에 "세속에서 소위 발전 27자라고 하는(俗所謂反切二十七字)"이라는 기록에서

---

75) "本自反切而創, 故名曰反切"(『자학제강』「초록언문반절설」).

한글을 '반절'이라고 일컬었음을 알 수 있다. 그러나 병와가 사용한 '언문'과 '반절'이라는 명칭은 조금 다른 성격이 있다. 곧 '언문'이란 한문이나 한자에 대응되는 우리 문자라는 의미로 사용되었으며, 문자를 만든 방식이 중국의 반절의 방식과 유사한 곧 합음의 방식에 따라서는 "우리나라 언문은 본디 반절로 쓰려고 만들었다."76)고 하여 '반절'로 명명하였다.

한글 이름의 변화는 조선 전기에는 언문(언서, 언자)과 훈민정음(정음), 반절 등으로 사용되다가 언문만 존속하고, 훈민정음(정음)은 과시 과목 이름이나 혹은 어해본 책 이름으로만 남게 되었으며, 반절은 글자 이름이 아닌 자모 조합의 방식을 뜻하는 말로 바뀌었다. 그 후 언문은 한글이라는 이름으로 바뀌게 된 것이다. 이 언문의 명칭은 한자를 배척한 의미가 아닌 한자 대신에 우리말과 한자를 모두 표기할 수 있는 기음문자(記音文字)로서의 성질을 가진 것으로 해석해야 할 것이다.

자모의 명칭

병와는 최세진의 『훈몽자회』「언문자모」의 내용인 '초성종성통용팔자', '초성독용팔자', '중성독용십일자', '초중성합용작자', '초중성삼성합용작자' 등의 내용을 그대로 이어받았으나 실제 설명한 내용에는 조금 차이를 보이고 있다. 이 가운데 '초성종성통용팔자' 곧 초성과 종성에 두루 쓸 수 있는 글자를 8자로 "ㄱ(其役), ㄴ(尼隱), ㄷ(池末), ㄹ(梨乙), ㅁ(眉音), ㅂ(非邑), ㅅ(時衣), ㅇ(異凝)"을 제시하고 있다. 18세기 초에는 이미 어말에서 'ㄷ'과 'ㅅ'은 중화가 되어 변별성을 잃었지만 형태음소론적 관점에서 팔종성가족용법의 유습을 비판 없이 받아드린 것이다. 이 여

76) "我朝諺文初爲反切而作"(『자학제강』「반절설」).

덟 자의 명칭에서 'ㄷ(池末)'과 'ㅅ(時衣)'의 명칭에서 '末'과 '衣'은 글자의 훈 곧 '귿(끝)', '옷'에서 취한 것임을 밝히는 동시에 이 자모 명칭은 초성과 종성을 구분하여 조합한 것으로 받아들이고 있다. "ㄱ(其), ㄴ(尼), ㄷ(池), ㄹ(梨), ㅁ(眉), ㅂ(非), ㅅ(時), ㅇ(異)"은 초성에서 "ㄱ(役), ㄴ(隱), ㄷ(末), ㄹ(乙), ㅁ(音), ㅂ(邑), ㅅ(衣), ㅇ(凝)"은 초성에서 사용되는 이음임을 곧 초성에서 외파음의 이음인 내파음은 종성에서 실현된다. 이들의 명칭을 현재 "기역, 니은, 디귿, 시옷" 등으로 명명하고 있지만 초성에서는 "기, 니, 디, 리, 비, 비" 등으로 불렸음을 증언하고 있다.

초성으로만 쓸 수 있는 여덟 글자를 규정한 '초성독용팔자'에서도 마찬가지이다. "ㅋ(키), ㅌ(治), ㅍ(皮), ㅈ(之), ㅊ(齒), ㅿ(而), ㅇ(伊), ㅎ(ㅁ)"에서 'ㅋ(箕)'는 글자의 훈에서 취한 것이며 초성에만 사용되며 종성에서는 중화됨으로 그 명칭을 오늘날과 달리 '키, 티, 피, 지' 등으로 명명했음을 알 수 있다. 초성과 중성이 합해져서 글자 곧 음절을 구성하게 되는 것을 설명한 '초중성합용작자'에 "가, 갸, 거, 겨, 고, 교, 구, 규, 그, 기, ᄀᆞ"에서 'ㄱ(其)'를 초성으로 하고 'ㅏ(阿)'를 중성으로 하여 'ㄱ'와 'ㅏ'를 합하여 '가(家)'가 되며 'ㄱ(其)'을 다시 종성으로 하여 '각(各)'이 되는 한자의 반절의 구성 원리를 이용한 음절의 음가를 결정하게 된다. 여기에서도 초성 자모의 명칭이 두 음절이 아닌 초성과 종성을 분리하여 명명했음을 알 수 있다. 그러나 이 초성과 자모의 명칭이 두 음절로 바뀐 것은 언제부터인지는 명확하게 밝혀지지 않았다.

신숙주의 『홍무정운서(洪武正韻序)』에서 "훈민정음을 이용하여 반절을 대신하고, 그 속음(俗音)과 두 가지로 사용하는 음을 몰라서는 아니 되므로 나눠서 본 글자 아래 주를 달고, 그래도 통하기 어려운 것이 있으면 대강 주석을 가해서 그 예를 보여주고, 또 세종께서 정해 놓으신 『사성통고(四聲通攷)』를 따로 머리에 붙이고, 다시 범례(凡例)를 나눠서 표준을 만들었다."77)에서 이미 반절 방식으로 한자음을 표기하던 것을 훈민정음으로 반절을 단 것은 한글 창제 당시부터 유래하였음을 알 수 있다. 그런데 『자학제강』의 「반절설」에서는 초성을 운법횡도(韻法橫圖)로 중성과 종성을 운법직도(韻法直圖)와 조합하여 이처럼 자모의 조합에 의한 합음의 원리를 고려하여 176자의 반절도를 만들 수 있다고 설명하면서 한글 자모의 창제 연원을 "우리나라 언문은 본디 반절로 쓰려고 만들었다."고 규정하고 있다. 병와의 음절 구성 원리에 대한 이론은 대부분 최세진의 학설을 비판 없이 그대로 수용한 것으로 보인다.

먼저 훈민정음 창제 당시 한글 자모의 명칭이 무엇이었는지에 대한 설명은 없다. 다만 "ㄱᄂᆞᆫ 牙앙音ᅙᅳᆷ•이•니 如ᅀᅧᆼ君군ᅙ字ᄍᆞᆼ初총發벓聲셩ᄒᆞ•니•라"라고 하여 'ㄱ' 다음에 격조사가 'ᄂᆞᆫ'인 것으로 보아 양성모음이나 중성모음으로 끝나는 것으로 보인다. 따라서 이 'ㄱ'은 'ㄱ' 혹은 'ᄀᆞ'였을 가능성이 있다. 오늘날처럼 '기역'이라는 명칭이 처음으로 최세진의 『훈몽자회』 범례에 자모 배열과 함께 각 자모의 명칭을 제시하였다. 「초종성통용팔자」에서 "ㄱ其役, ㄴ尼隱, ㄷ地末, ㄹ梨乙, ㅁ眉音, ㅂ非邑, ㅅ時衣, ㅇ異凝" 「초성독용팔자」 "ㅋ箕, ㅌ治, ㅍ皮, ㅈ之, ㅊ齒, ㅿ而, ㅇ伊, ㅎ屎"와 「중성독용십일자」에서 "ㅏ阿, ㅑ也, ㅓ於, ㅕ余, ㅗ吾, ㅛ要, ㅜ牛, ㅠ由"로 자모의 명칭을 밝혀두고 있다. 초성에서 "ㄱ其役, ㄷ地末, ㅅ時衣"은 먼저 '기윽'이 아니고 '기역'이 된 것은 한자로 '윽'로 읽히는 한자가 없기 때문에 '역(役)'으로 표시했으며, 역시 'ㄷ地末'도 '귿'이라는 한자가 없기 때문에 '끝말(末)'의 자석으로 표시했으며, 'ㅅ時衣' 역시 '옷의(衣)'의 자석으로 표시하였다. 따라서 다른 초성은 모두 '니은', '리

77) "用訓民正音。以代反切。其俗音 兩用之音。又不可以不知。則分注本字之下。若又 有難通者。則略加註釋。以示其例。且以世宗所 定四聲通攷。別附之頭面。復著凡例。爲之指南。恭惟聖上卽位。亟命印頒。以廣其傳。以臣嘗受命 於先王。"(신숙주의 『홍무정운서』).

을', '미음' 등으로 '으'로 끝나는데, 위의 석 자는 '기역', '디귿', '시옷'이 되어 마치 일관성이 없어 보인다. 「초성독용팔자」에서는 "ㅋ㉠, ㅌ治, ㅍ皮, ㅈ之…"처럼 한자음의 핵모음이 모두 'ㅑ'로 끝난다. 이러한 점에서 「초성통용팔자」의 자모 명칭도 '기, 니, 디, 리…'였을 가능성이 매우 크다. 병와 이형상의 『자학제강』에서 「언문반절설」에 따르면 이들 초성의 명칭 'ㄱ其役'에서 '其'는 초성의 소리를 '役'은 종성의 소리를 마치 반절하듯이 그 명칭을 정했다는 증언과도 일치한다.

자모의 배열과 순서

한글의 자모는 세종 25년 한글 창제 당시 언문 28자의 글꼴과 발음을 초성은 칠음과 청탁 구분에 따라 모음은 천지인을 기준으로 합성의 방식으로 기본 글자를 최초로 제시하였다. 이어서 해례본에서는 제자해와 초성해, 중성해, 종성해와 용자례에 따라 약간의 차이를 보여주었다.

병와의 「추록언문반절설」에도 최세진의 『훈몽자회』 범례에서 밝힌 「초성종성통용팔자」, 「초성독용팔자」, 「중성독용십일자」, 「초중성합용작자」, 「초중종삼성합용작자」의 내용은 거의 같은 내용이며 설명 부분만 약간의 차이를 보여주고 있고 「사성」에 대한 내용은 병와 자신의 악학 이론의 바탕 위에서 전혀 다르게 설명하고 있다. 초성의 배열순서가 예의나 해례와 완전히 달라졌다. 곧 초성은 'ㄱ－ㄴ－ㄷ－ㄹ－ㅁ－ㅂ－ㅅ－ㅇ'으로 중성은 'ㅏ－ㅑ－ㅓ－ㅕ－ㅗ－ㅛ－ㅜ－ㅠ－ㅡ－ㅣ－ㆍ'의 순서로 바뀐 것이다. 특히 모음의 순서는 이미 『사성통고』 범례(『홍무정운역훈』 범례)에서 'ㅏ－ㅑ－ㅓ－ㅕ－ㅗ－ㅛ－ㅜ－ㅠ－ㅡ－ㅣ－ㆍ'의 순서로 배열되어 있어 『훈몽자회』 이 전에 그 배열 순서가 바뀌었음을 알 수 있다. 곧 장구(張口, 개모음, 'ㅏ－ㅑ－ㅓ－ㅕ')와 축구(縮口, 폐모음,

'ㅗ－ㅛ－ㅜ－ㆌ')의 자질을 기준으로 그 배열 방식이 달라졌다.[78]

최세진의 『훈몽자회』 범례의 「초중종성합용자예」에서 반절 176자를 만들 수 있음을 밝히고 있는데 병와 이형상도 「추록언문반절설」에서 「초성종성통용팔자」를 가로축으로 하고 「중성독용십일자」를 세로축으로 한 다음 종성 8자를 포함한 8×11×2=176자의 반절도표가 만들어질 수 있음을 밝히고 있다.

병와의 한글 자모의 기원설 검토

한글의 자모 기원설에 대해서는 『훈민정음』 해례본이 발견되어 "정음 스물여덟자는 각각 그 모양을 본떠서 만들었다(正音二十八字 各象形而制之)"라고 하여 글자꼴은 상형기관을 바탕으로 대체로 발음기관 상형설로 의견이 모아지고 있다. 그러나 정인지 서문에 나오는 "象形而字倣古篆"의 해석을 둘러싸고 고전을 전제로 한 다음 상형설을 결부한 설명으로 보거나 『몽고자운』의 영향을 고려한 파스파 문자 기원설이 계속해서 논의되고 있는 실정이다.[79]

---

78) 숙종 이후 『열성어제』에 다시 훈민정음 예의편을 실으면서 『열성어제』, 『배자예부운략』, 『경세정운도설』, 『해동역사』, 『오준연문장산고』 등 『실록본』 예의편을 승계한 각종 저술에서와 『화동정음통석운고』에서는 초성과 중성의 배열 방식으로 그대로 유지가 되고 있다. 그러나 최세진의 『훈몽자회』 계열인 이형상의 『자학제강』의 「초록언문반절설」과 홍계희의 『삼운성휘』, 『앙엽기』, 이 사질의 『훈음종편』, 석범의 『언음첩고』에서는 훈민정음의 자모 배열과 달라지는데 이는 언문반절도의 확산과 매우 밀접한 관계가 있어 보인다. 『해동역사』에서는 일본인이 쓴 『객관필담(客館筆談)』에 조선 통신사가 써준 149자 언문반절도가 실려 있다. 신경준의 『훈민정음운해』, 유 희의 『언문지』, 강 위의 『동문자모분해』에서는 전혀 새로운 독자적인 성음 이론을 바탕으로 자모 배열하면서도 신경 준의 『훈민정음운해』에서는 「훈민정음자차서」라고 하여 "가, 갸, 거, 겨, 고, 교, 구, 규, 그, 기, ᄀᆞ"와 같은 반절순을 제시하고 있음을 보아 조선 후기에는 이미 한글자모 반절도가 상당히 확산되었고 도 한글 자모 학습의 기초가 되었음을 알 수 있다.

79) 한글의 기원이 범자에 기원된 파스파문자라는 주장은 국내외에 유창균, 정광, 레쟈드(Geri,

지금까지 각종 한글의 자모 기원설은 글꼴의 기원 문제와 글자 구성 체계의 기원 문제를 구분하지 않았던 것이 그 기원설은 갈래를 잡을 수 없을 만큼 각인각자의 분잡한 광경을 면치 못한 것이다. 성현은 『용재총화』(7권)에서 "세종께서 언문청을 설치하여 신숙주, 성삼문 등에게 명하여 한글을 짓게 하니, 처음에 초종성이 8자, 초성이 8자, 중성이 12자였다. 그 글씨체는 범자를 본받아 만들어졌으며, 우리나라와 다른 나라의 어문 문자로써 표기치 못하는 것도 모두 막힘없이 기록할 수 있었다."[80]라고 하여 범자설을 주창하였고, 그 후 이수광은 『지봉유설』(권18 기예부)에서 "우리나라의 언서(諺書)는 전적으로 범자(梵字)를 모방한 것이다. 세종조에 국을 설치하여 찬출한 데서 시작되었는데, 제자(制字) 원리의 정교함은 실로 세종의 고안에서 나온 것이었다."[81]라고 하여 범자설을 추종하였다. 석용암(釋龍岩)의 『진언집(眞言集)』 범례에는 "梵字八終聲法與諺文八終聲法大同"이라고 하고 훈민정음의 팔종성과 범자의 팔종성법을 비교하여 비록 그 자신이 명언치 않았으나 그 기원설의 유리한 한 증거를 보였고 황윤석의 『운학본원(韻學本源)』에는 "범자 8종성법과 언문종성 8종성법은 거의 같다."[82]라고 하여 직접 모방하였다는 말과는 뜻은 약간 다르지만 그 기원설을 지지함에 틀림이 없다.

Ledyard), 주나스트(조나사도, Junast), 수안데우(宣五德) 등의 국내외 학자들의 의견이 개진되고 있다.

80) "世宗設諺文廳。命申高震成三問等製諺文。初終聲八字。初聲八字。中聲十二字。其字體依梵字爲之。本國及諸國語音文字所不能記者悉通無礙。"(『용재총화』 제7권).

81) "我國諺書字樣全倣梵字。始於世宗朝設局撰出。而制字之巧實自睿算云。夫諺書出。而萬方語音無不可通者。所謂非聖人不能也。"

82) "至於梵字。或云知來所製。此未可知。然我訓民正音淵源大抵本此。而終不出於梵字範圍矣。"(『진언집』 「범례」).

병와의 범자 기원설에 대한 검토

병와의 『자학제강』의 「외이문자」 항에는 『서경』에 실린 "明王愼德 四夷咸賓"이라는 글귀를 9개국의 문자로 기록한 내용이 있다. 아마 『갱영록』 9권 가운데 권2인 『자학제강』에 실린 '구국소서팔자'의 내용은 『악학편고』의 내용을 후에 그대로 옮겨 전사한 동일한 내용이다. 또 「왜언」 항에서는 9국을 포함한 왜언까지 그 문자에 대해 "왜국의 반자(가나)와 언문에 함께 쓰이는 것으로써 또한 문자 언문이 있다고 하니 이 둘을 합해 보아야 한다. 위구르, 크메르, 파스파는 비길 데 없이 매우 괴이하다. 티베트는 약간 체계가 있으나 심히 박잡하다. 타타르과 투르판은 또한 극히 보잘것없다. 여진은 여러 방면에 비하여 약간 나으며, 왜언은 촌스럽고 천박하니 모두 가소로운 것이다. 유독 서천은 귀숙되는 바가 있으니 전서(篆書)와 주문(籒文)의 문자 모양과 거의 비슷하다. 어쩌면 각 나라 사람들의 성격이 각각 달라서 그런 것이 아닐까?"와 같이 평가하고 있다.

한글의 우수성을 염두에 두고 다른 변방의 문자와 비교하면서 '천축' 문자를 높이 평가하고 있다. 병와는 동서의 「추록언문반절설」에서 "예전에 세종대왕께서 언문청을 설치하시고 정인지, 신숙주, 성삼문 등에게 명하시어 전서와 주문을 모방해 28자를 만들어 여러 문자를 만들 수 있게 하였다. 혹은 소리에 어울리게 하거나 뜻을 합하여 그것을 만들었는데 그 문자는 범자를 본떠서 만든 것이다."고 하여 한글의 기원을 범어라고 인식하고 있다.

특히 「천축문자설」에는 '범자 오음 가령(梵字五音假令)' 항에서 범자를 "아음, 치음, 설음, 후음, 순음, 초음(화회성), 조음"으로 구분하여 범자의 성모분류를 하고 있다. 흔히 우리가 알고 있는 범자는 오른쪽으로 쓰

범천(梵天) 혹은 범서(梵書) 문자와 왼쪽으로 쓰는 가로자(伽盧字) 곧 카로슈티자가 그 기원을 같이한다는 점을 알 수 있다. 『몽고자운』의 발문에 "몽고는 처음 위 글 문자를 빌려서 썼는데 국사(라마승 파스파)가 새 문자를 만들어 국자라고 불렀다". 문자 모양은 범서(梵書, 산스크리트 문자)와 같으며 범천의 '카로슈티' 문자의 변체이다. '자학'에는 '범자 오음 가령(梵字五音假令)'항에서 범자를 "아음, 치음, 설음, 후음, 순음, 초음(화회성), 조음"으로 구분하여 자모를 소개하고 있다.

병와 이형상은 한글의 문자 기원을 범어의 5성에 바탕을 두고 있다고 했지만 글꼴의 기원이 아닌 횡도의 아, 설, 순, 치, 후와 종도로 청탁과 사성에 따른 운도의 기원을 범자에서 시작되었음을 들어 범자 기원설을 주장한 것이다. 「천축문자설(天竺文字說)」에는 '범자 오음 가령(梵字五音假令)'항에서 범자를 "아음, 치음, 설음, 후음, 순음, 초음(화회성), 조음"으로 구분하여 자모를 소개하고 있다. 이를 정리하면 아래의 〈표 3〉과 같다.

〈표 3〉 훈민정음 글자가 범어의 자모에서 기원했음을 밝히고 있다.

아음	치음	설음	후음	순음	초음	조음
迦 平淸	左 平淸	吒 平淸	多 平淸	波 平淸	野 上	里 上
佉 平濁	差 平濁	佗 平濁	他 平濁	頗 平濁	囉 去	哩 去
誐 上	惹 上	拏 上	那 上	摩 上	擺 平	梨 上
伽 去	社 去	茶 去	馱 去	婆 去	嚩 上	蜊 去
仰 入	攘 入	晨 入	娜 入	莽 入	舍 去	

『홍무정운역훈』 서문에는 "몽골의 운서나 황공소의 운회가 입성을 종성으로 역시 쓰지 않고 있으니"[83]라고 하고 『사성통해』 범례에는 "四

聲通攷所著俗音。或同蒙韻之音者多矣。故今撰通解。必叅以蒙音。以證其正俗音之同異。"라고 하였으니 『홍무정운역훈』과 『사성통고』의 편찬에 몽고운이 참고된 것은 분명하다. 그러나 범자에서 기원한 파스파 문자가 직접 한글의 글꼴에 영향력을 미쳤다고 보기는 어렵지 않을까? 최근 유창균과 정광 교수(2012)를 중심으로 한글의 자모가 마치 범자와 글꼴이 같다는 주장과 함께 범어기원설이 재론되고 있지만 글꼴의 유사성이 아닌 자모 체계의 기원적인 맥을 같이하고 있다고 판단된다.

병와의 「추록언문반절설」에서 "예전에 세종대왕께서 언문청을 설치하시고 정인지, 신숙주, 성삼문 등에게 명하시어 전서(篆書)와 주문(籀文)을 모방해 28자를 만들어 여러 문자를 만들 수 있게 하였다. 혹은 소리에 어울리게 하거나 뜻을 합하여 그것을 만들었는데 그 문자는 범자를 본떠서 만든 것이다."라는 기술은 조선 후기 다양한 문자 기원설과 마찬가지로 실증적 논거를 확보하기 힘이 든다.

『자학제강』 가운데 실린 「추록언문반절설」은 비록 짧은 글이지만 조선 후기 경세실학자의 입장에서 한글에 대한 매우 중요한 한설을 반영한 것이기 때문에 세종 이후 조선 후기에 이르기까지 한글 초성 글자의 명칭, 자모 배열, 자모의 기원설, 오음과 오성의 기원과 편제에 대한 제설을 비교 검토하는 데 매우 중요한 자료로 평가된다.

병와 이형상은 예(禮)·악(樂)·성음(聲音)·정교(政教)가 밀접한 관계가 있다고 여기는 동아시아의 전통 예악 사상의 영향이라고 보이며,84) 또한 중국에서 통일치국방략에 예악의 균형을 중시한 주체적 예악관을 가진 병와 이형상은 예서로는 『가례편고』를 악서로는 『악학편고』를 비

83) "蒙古韻與黃公紹韻會。入聲赤不用終聲何耶。"(『홍무정훈역훈』「서문」).

84) 『예기(禮記)』『악기(樂及)』 권37 참조.

롯한 많은 저서를 기술한 조선 후기 경세유학자로서 성운학과 더불어 자학에도 관심을 기울인 결과 『갱영록』 권2의 절엽본인 『자학제강』이라는 저술을 남겼다. 『자학제강』에 실린 「추록언문반절설」은 『악학편고』를 지은 이후 친구들의 부탁을 받아 10일 만에 『자학제강』을 지었는데 소략한 점이 있어 한스럽게 생각하다가 이 내용을 추록으로 보완했음을 글머리에 밝히고 있다. 따라서 『자학제강』은 자학서로서 『악학편고』는 악학서로서 성운학적 관점에서 상호 긴밀한 관계가 있는 정음(正音), 정성(正聲)의 사상을 기조로 한 병와의 저술임을 알 수 있다.

조선 후기 최세진의 『훈몽자회』 이후 다소 주춤했던 한글에 대한 연구가 다시 활기를 찾게 된 배경은 숙종이 『열성어제』에 『훈민정음』 예의편을 중간으로 싣고 그 후에 숙종의 「훈민정음 후서」를 싣게 됨으로써 정음 연구의 새로운 전기를 마련한 것으로 보인다. 병와는 지봉 이수광과 일족이면서 명곡 최석정과 양대에 걸친 세교의 관계가 있었으며, 성호의 형인 이잠(李潛)과는 매우 가까운 교우였기 때문에 근기 실학의 단초를 연 지봉, 명곡, 병와, 성호, 식산으로 이어지는 경세유학파의 일군의 학맥을 이루고 있었다.

병와 이형상의 『악학편고』 권1 「성기원류」에서 오성을 기준으로 한 전탁의 성음의 배치에 대해 악학의 입장에서와 성운학의 입장에서 청탁에 다른 오성의 배치가 차이가 있음을 고증하고 있다. 악학 이론자는 '궁, 상, 각, 치, 우' 오성을 청탁으로 대비시키지만 운학자는 '아, 설, 순, 치, 후'와 오성을 배치하여 차이가 있는 설명이다. 여기에서도 '후-우', '순음-궁'의 관계임을 밝히고 있다. 세종이 언문 28자를 창제할 당시에는 악학의 논리가 매우 중요한 준거가 되었음을 알 수 있는 대목이다. 장악원으로부터 『율려신서』를 꿰뚫고 있었던 세종의 의지가 변개되지 않을 수 없었던 것이라고 할 수 있다. 훈민정음 해례의 오음과 오음계 비치와 각종 운서에서 보이는 배치의 이동 관계를 자신의 저술을 통해 밝히고 있다.

그동안 병와의 『자학제강』에 대한 필사 연대 추정의 오류가 있었다. 『갱영록』을 처음 학계에 소개한 권영철(1978)은 『갱영록』의 편찬 시기를 "숙종 41(1715)년에서 영조 4(1728)년 사이"로 추정하였으며, 그 후 이기문(1986)은 권영철(1978)의 연대 추정을 비판 없이 그대로 따랐다. 이기문(1986)은 『갱영록』 권2, 『자학제강』 「추록언문반절설」 145면에 실린 "余於頃年纂 樂學便考四券 又於前夏爲濟友所囑, 作此字學於一旬之內…"의 내용까지는 확인하였으나 동서 권2, 『자학제강』 「추록언문반절설」 145면에 실린 "後一年 丙申年 七月 更書以遺兒輩"을 간과하였다. "내가 근년에 『악학편고』 4권을 편찬하였고 또 지난해 여름에 친구들의 부탁을 받아 10일 만에 『자학제강』을 지었는데…(余於頃年纂 樂學便考四券 又於前夏爲濟友所囑, 作此字學於一旬之內…)"(『갱영록』 권2, 『자학제강』 「추록언문반절설」 145면)에 "일 년 뒤 병신년 7월에 다시 써서 자식들에게 주었다(後一年 丙申年 七月 更書以遺兒輩)."(『갱영록』 권2, 『자학제강』 「추록언문반절설」 145면)에서처럼 병와가 쓴 『경영록』 「추록언문반절설」의 기록에 따르면 이 책의 초고 필사 연대는 숙종 41(1715)년이고 완성 시기인 병신년(丙申年)은 숙종 42(1716)년임을 확인할 수 있다. 위의 고증에 따라 이 자료의 필사 연대를 아래의 논증을 근거로 하여 이 글에서는 숙종 42(1716)년으로 확정하였다.

병와는 「추록언문반절설」에서 한글의 이름으로서는 '훈민정음'에 대응하는 문자 이름은 '언문'으로 명명하였음을 알 수 있다. 그러나 언문의 제자 경위와 관련해서 표음 방식이 중국의 반절법과 비슷하다고 하여 '반절'이라고 부르기도 하였다. "반절은 일종의 운횡도에서 36자모를 횡으로 배열하여 우보(右譜, 성모)라 하고 종으로는 섭(攝, 운모)을 평, 상,

거, 입 곧 사성으로 나누어 모든 한자의 음을 조합하는 방식이다. 이 운법직도(韻法直圖)에서 반절상자로는 성모를 결정하고 반절하자는 운모를 결정하는 곧 '知'는 '眞奇切'로 반절하여 그 음이 '지(ㅈ+ㅣ)'임을 확인하게 된다. 36자모를 다시 5오음으로 분류한 전통은 범어에서 기원하며 109운을 섭이나 사성으로 재분류하는 방식은 시대에 따라 발전된 결과이다.

병와의 「추록언문반절설」에도 최세진의 『훈몽자회』 범례에서 밝힌 「초성종성통용팔자」, 「초성독용팔자」, 「중성독용십일자」, 「초중성합용작자」, 「초중종삼성합용작자」의 내용은 거의 같은 내용이며 설명 부분만 약간의 차이를 보여주고 있고 「서성」에 대한 내용은 병와 자신의 악학 이론의 바탕위에서 전혀 다르게 설명하고 있다. 초성의 배열 순서가 예의나 해례와 완전히 달라졌다. 곧 초성은 'ㄱ－ㄴ－ㄷ－ㄹ－ㅁ－ㅂ－ㅅ－ㅇ'으로 중성은 'ㅏ－ㅑ－ㅓ－ㅕ－ㅗ－ㅛ－ㅜ－ㅠ－ㅡ－ㅣ－ㆍ'의 순서로 바뀐 것이다. 특히 모음의 순서는 이미 『사성통고』 범례(『홍무정운역훈』 범례)에서 'ㅏ－ㅑ－ㅓ－ㅕ－ㅗ－ㅛ－ㅜ－ㅠ－ㅡ－ㅣ－ㆍ'의 순서로 배열되어 있어 『훈몽자회』 이 전에 그 배열 순서가 바뀌었음을 알 수 있다. 곧 장구(張口, 개모음, 'ㅏ－ㅑ－ㅓ－ㅕ')와 축구(縮口, 폐모음, 'ㅗ－ㅛ－ㅜ－ㅠ')의 자질을 기준으로 그 배열 방식이 달라졌음을 밝히고 있다.

병와 이형상은 한글의 문자 기원을 범어의 5성에 바탕을 두고 있다고 했지만 글꼴의 기원이 아닌 횡도의 아, 설, 순, 치, 후와 종도로 청탁과 사성에 따른 운도의 기원을 범자에서 시작되었음을 들어 범자 기원설을 주장한 것이다. 「천축문자설(天竺文字說)」에는 '범자 오음 가령(梵字五音假令)' 항에서 범자를 "아음, 치음, 설음, 후음, 순음, 초음(화회성), 조음"으로 구분하여 자모를 소개하고 있으며 글자의 기원을 범어자가 아닌 범어의 운도에 따른 것임을 주장하고 있다. 다만 병와의 「추록언문반절설」에서 "예전에 세종대왕께서 언문청을 설치하시고 정인지, 신숙주, 성삼문 등에게 명하시어 전서(篆書)와 주문(籒文)을 모방해 28자를 만들어 여러 문자를 만들 수 있게 하였다. 혹은 소리에 어울리게 하거나 뜻을 합하여 그것을 만들었는데 그 문자는 범자를 본떠서 만든 것이다."라는 기술은 조선 후기 다양한 문자 기원설과 마찬가지로 실증적 논거를 확보하기 힘이 든다고 할 수 있다.

제3장 명곡 최석정의 연구

1. 『경세훈민정음』의 서지

『경세훈민정음』의 저자는 명곡 최석정이다. 『명곡집』 권13 「여정사앙서(與鄭士仰書)」에는 명곡이 하곡 정제두에게 보낸 글 가운데 『경세훈민정음』의 내용이 언급되어 있다. 곧 '초성 청탁(淸濁)', '벽흡도(闢翕圖)', '종성', '섭의(攝義)', '협운법(叶韻法)' 등에 대한 논의를 근거로 이 책의 저자가 명곡임을 짐작할 수 있다. 또 명곡의 서간 가운데 "36자모 및 44운모(三六字母及 四十四韻母)"를 훈민정음으로 표기하고 그 글 끝에

> "「비소편(鄙所編)」에 『경세정운도설』을 보내드린 것을 한가로이 한 번 살펴보면서 마땅치 않거나 해석이 모자라는 곳을 하나하나 짚어가며 가르쳐 주었다."[1)]

라고 하고 있다. 여기서 말하는 『경세정운도설』은 여러 차례 그 명칭이 변개되었는데 이것은 『경세훈민정음』과 동일한 책이다.

『경세훈민정음』은 유일 필사본으로 국내에 없고 현재 일본 교토대학 가아이문고(河合文庫)에 소장되어 있던 것을 일본 텐리대학교에 근무하던 김지용(金智勇) 교수가 조사, 영인하여 국내에 처음으로 소개하였으며 그 영인본을 출간한 바가 있다.[2]

이 책의 저자와 저술 시기 및 서명에 대해서는 오쿠라신페이(小倉進平, 1941: 137)는 『명곡집』에 실린 서간문을 근거로 하여 숙종 원년(1675)으로 잡고 있으나 본 책의 내용과 대비해 보면 다르다는 것을 알 수 있다. 이 책의 곤(坤) 「오찬조(五贊條)」에 "崇禎後五十歲集著雍敦祥之春"이라 하였고 그 주에서는 "錫鼎著此書戊午春成"라고 하여 이 책이 명곡 최석정이 쓴 것이며, 또 그 시기는 무오(戊午, 숙종 4, 1678)년에 완성되었음을 분명히 밝히고 있다. 아마도 숙종 원년(1675) 초고가 완성되자 하곡 정제두 등에게 보내어 그들의 고견을 수렴하여 수정한 뒤인 숙종 4(1678)년에 완성한 것이다. 그러한 근거는 서명에 대해서 『명곡집』 권13 「여정사앙서(與鄭士仰書)」에서는 '經世正韻圖'라는 서명을 사용하다가 가아이문고(河合文庫)에서는 내제로 '經世訓民正音', 본문의 서두 제는 '經世正韻' 등으로 혼란을 보이고 있는 데에서도 필사본 완성까지 상당한 개고가 있었던 것으로 추정된다. 『경세훈민정음』 요약본으로 추정되는 『경서정운도설(經書正韻圖說)』이라는 몇 장짜리 책도 남아 있다. 이 『경서정운도설』을 가지고 여러 차례 증보 개고하여 완성한 책이 바로 『경세훈민

1) "鄙所編, 經世正韻圖說送呈閑中一覽, 如有未當處及未解處, 一一批教"(『명곡집』 「鄙所編」).

2) 1968년 연세대학교 인문과학연구소에서 A4 1/4 크기의 축소판으로 영인 간행한 것과, 2011년 명문당에서 김지용 교수의 『경세훈민정음도설』이라는 이름으로 낸 책의 뒤편에 역시 B5 크리로 축소 영인 간행하였다.

정음』이 아닐까?

이 책이 어떤 경로로 일본에 유출되었을까? 김지용 교수는 일제 식민 시대에 조선총독부 취조국 참사관실 구관제도 조사사업 담당하던 가아이고민(河合弘民, 1873~1919)이 당시 헌병사령관 겸 경무총감이었던 아까이시 겐지로(明石元二郞)의 반강제적인 위협으로 강화도 전등사(傳燈寺)에 수장되었던 마니산사고본 『조선왕조실록』 793부 2,160책을 수탈해 간 것 가운데 끼어들어 간 하나로 추정하고 있다. 그 후 수탈해 간 도서는 교토대학 가아이문고(河合文庫)에 소장되어 있었다. 김지용 교수는 이 『경세훈민정음』을 마이크로필름으로 촬영한 이후 삭아서 폭삭 내려앉았다고 하나 최근 필자가 확인해 본 결과 원형을 복원하여 중요 도서로 수장하고 있으며 대외 열람을 통제하고 있음을 확인하였다.

2. 『경세훈민정음』의 명칭과 구성

이 책은 건(乾)·곤(坤) 2책으로 구성되어 있는데 건(乾)은 55매, 곤(坤)은 29매로 모두 84매이다. 표제는 "經世訓民正音"(乾)으로 건의 제1장 내제는 "經世正韻圖說"로 되어 있다. 소옹(邵雍)이 쓴 『황극경세서(皇極經世書)』의 '經世'를 본떠서 이를 훈민정음으로 음을 달아 도설(圖說)로 만든 책이라는 의미를 담고 있다. 『명곡집』 권13 「여정사앙서(與鄭士仰書)」에서는 '經世正韻圖'라는 서명을 사용하기도 하였다. 이러한 연유로 인해 지금까지 이 책 이름을 '經世正韻', '經世正韻圖說', '經世訓民正音', '經世訓民正音圖說' 등 여러 가지 명칭으로 불러 왔다. 최근에 이르기까지 『經世正韻』(김민수, 1964; 유창균, 1984), 『經世訓民正音圖說』(김석득, 1973; 김지홍, 2011), 『經世訓民正音』(심소희, 2013; 이상규, 2014) 등 여러 가지로 명명되고 있으나 이 책의 영인본의 내제를 기준으로 하면 『經世訓民正音』으로 고정해야 할 것이다.[3)]

이 책의 내용 구성은 다음의 목차와 같다.

제1부 經世訓民正音(乾)

經世正韻序說

1. 訓民正音
   1) 十七成分配初聲圖
   2) 十一音取相八卦圖
   3) 聲分淸濁圖-右正聲二十四
   4) 音分闢翕圖-右正音三十二
   5) 律呂相乘配合成字圖
   6) 終聲十六
   7) 聲分平上去入圖
   8) 音分開發收閉圖
2. 訓民正音準皇極經世四象體用之數圖-四象體用之數圖(上)[4)](下)
3. 聲音律呂唱和全數圖(圖凡三十二每圖各具三百八十四音)
4. 韻攝圖
   1) 過攝外一, 乾之一闢
   2) 過攝外一, 乾之二翕
   3) 豫攝內一, 乾之三闢
   4) 豫攝內一, 乾之四翕

---

3) 유창균, 「경세정운고」, 『국어학논고』, 계명대학교 출판부, 1984, 478쪽에 이 책의 서명을 『經世正韻』으로 본 근거를 다음과 같이 제시하고 있다. "표제에는 '경세훈민정음'이라 적혀 있고 건의 제1장 첫줄에는 '경세정운도설', 곤의 제1장 첫줄에는 '경세정운오찬'이라 적고, 다음 줄부터 본문이 시작되어 있다. 따라서 이 책은 '경세정운'이라고 한 것임을 알 수 있다. '경세정운서설'의 '서설'이라는 말은 곤의 '오찬'과 대비적으로 사용한 것이니, 서설이니 오찬이니 하는 것은 다음에 있는 본문의 제목으로 보아야 할 것 같다. 그러므로 이 책은 최후에 '경세정운'이라고 그 이름을 바꾼 것이 아닌가 생각된다."라는 추정을 하였다.

4) '(上)'은 원문에는 없다. 그 다음의 '下'와 대응이 되기 때문에 (上)을 삽입한 것임을 밝혀둔다.

5) 壯攝外二, 兌之一闢
6) 壯攝外二, 兌之二翕
7) 蒙攝內二, 兌之三闢
8) 蒙攝內二, 兌之四翕
9) 秦攝外三, 離之一闢
10) 秦攝外三, 離之二翕
11) 覆攝內三, 離之三闢
12) 覆攝內三, 離之四翕
13) 觀攝外四, 震之一闢
14) 觀攝外四, 震之二翕
15) 晋攝內四, 震之三闢
16) 晋攝內四, 震之四翕
17) 解攝外五, 巽之一闢
18) 解攝外五, 巽之二翕
19) 觀攝內五, 巽之三闢
20) 觀攝內五, 巽之四翕
21) 井攝外六, 坎之一闢
22) 井攝外六, 坎之二翕
23) 恒攝內六, 坎之三闢
24) 恒攝內六, 坎之四翕
25) 剝攝外七, 艮之一闢
26) 剝攝外七, 艮之二翕
27) 復攝內七, 艮之三闢
28) 復攝內七, 艮之四翕
29) 謙攝外八, 坤之一闢
30) 謙攝外八, 坤之二翕
31) 臨攝內八, 坤之三闢
32) 臨攝內八, 坤之四翕

5. 六宮

1) 乾宮
2) 離宮

3) 震宮

4) 坎宮

5) 艮宮

6) 坤宮

6. 聲音唱和數(三百八十四爻圖(第七)

7. 序韻攝

제2부 經世訓民正音(坤)

1. 經世正韻五贊

1) 明象

2) 辨韻

3) 本數

4) 稽訓

5) 述志

2. 聲音篇

3. 群書折衷

1)『廣韻』三十六字母

2) 沈氏『四聲韻譜』

3) 邵氏『皇極經世天地四象體用之數圖』

4) 祝氏『聲音韻圖』

5)『韻會』二十五字母

6) 梵字 二十母

7) 劉氏『切韻指南』

8)『禮部韻』

9)『東國正韻』

10)『字彙』

11) 論『正韻圖說』

12) 五贊註

13) 論初終聲閏位

4. 博物典彙

1) 九邊

2) 遼東邊圖
3) 薊州邊圖

이 책의 구성 분류에 대해서는 학자들 간에 상당한 견해의 차이를 보이고 있다. 유창균(1997: 189~190)에서는 '경세정운서설', '운섭도', '경세정운오찬', '성음편', '군서절충' 5부분으로 나누었다. 정경일(2002: 336~337)에서는 '경세정운서설', '경세정운오찬', '성음편', '군서절충', '박물전휘' 5부분으로 나누었다. 배윤덕(2005: 116~117)에서는 건은 '경세정음서설', '운섭도', '성음창화수합 384효도', '서운섭' 4부분으로 나누었고, 곤은 '경세정운오찬', '성음편', '군서절충' 3부분으로 나누었다. 서병국(1973: 192~193)에서는 건은 '경세정운서설', 곤은 '경세정운오찬', '성음론', '군서절충', '박물전휘'로 나누었다. 이 책의 원문을 영인하여 수록하고 해제한 김지용(2011: 220~221)에서는 이런 체계 분류와는 다르다. 이렇게 책의 내용 구성을 분류하는 방법이 모두 다른 것은 이 책에 원래 목차가 없었기 때문에 이 책의 내용 구성을 각자 다르게 이해한 결과이다.

이 책의 구성을 수평적으로 이해해서는 안 된다. 병렬적으로 구성된 항목이 유기적으로 종속적 관계를 이루고 있기 때문에 내용을 충분하게 숙지 한 다음에야 이 책의 내용 구성을 온전하게 이해할 수 있다.

제1부 경세훈민정음(건)은 서두제가 '經世正韻序說'로 되어 있으며, 크게 1. 훈민정음, 2. 훈민정음준황극경세사상체용지수도－사상체용지수도(상)[5](하), 3. 성음률려창화전수도, 4. 운섭도, 5. 강운본몽운섭이금위장섭, 6. 성음창화수, 7. 서운섭으로 구성되어 있다.

5) '(上)'은 원문에는 없다. 그 다음의 '下'와 대응이 되기 때문에 (上)을 삽입한 것임을 밝혀둔다.

'經世正韻序說'(乾)

서두제 '經世正韻序說'
1. **訓民正音** 1) 十七成分配初聲圖, 2) 十一音取相八卦圖, 3) 聲分淸濁圖 - 右正聲二十四, 4) 音分闢翕圖 - 右正音三十二, 5) 律呂相乘配合成字圖, 6) 終聲十六, 7) 聲分平上去入圖, 8) 音分開發收閉圖
2. **訓民正音準皇極經世四象體用之數圖 - 四象體用之數圖(上)(下)**
3. **聲音律呂唱和全數圖(圖凡三十二每圖各具三百八十四音)**
4. **韻攝圖** 1) 過攝外一, 乾之一闢, 2) 過攝外一, 乾之二翕, 3) 豫攝內一, 乾之三闢, 4) 豫攝內一, 乾之四翕, 5) 壯攝外二, 兌之一闢, 6) 壯攝外二, 兌之二翕, 7) 蒙攝內二, 兌之三闢, 8) 蒙攝內二, 兌之四翕, 9) 秦攝外三, 離之一闢, 10) 秦攝外三, 離之二翕, 11) 覆攝內三, 離之三闢, 12) 覆攝內三, 離之四翕, 13) 觀攝外四, 震之一闢, 14) 觀攝外四, 震之二翕, 15) 晋攝內四, 震之三闢, 16) 晋攝內四, 震之四翕,17) 解攝外五, 巽之一闢, 18) 解攝外五, 巽之二翕, 19) 觀攝內五, 巽之三闢, 20) 觀攝內五, 巽之四翕, 21) 井攝外六, 坎之一闢, 22) 井攝外六, 坎之二翕, 23) 恒攝內六, 坎之三闢, 24) 恒攝內六, 坎之四翕, 25) 剝攝外七, 艮之一闢, 26) 剝攝外七, 艮之二翕, 27) 復攝內七, 艮之三闢, 28) 復攝內七, 艮之四翕, 29) 謙攝外八, 坤之一闢, 30) 謙攝外八, 坤之二翕, 31) 臨攝內八, 坤之三闢, 32) 臨攝內八, 坤之四翕
5. **六宮** 1) 乾宮, 2) 離宮, 3) 震宮, 4) 坎宮, 5) 艮宮, 6) 坤宮
6. **聲音唱和數**
7. **序韻攝**

'經世正韻序說'(乾)의 구성은 첫째, 훈민정음에 대한 예의 형식을 싣고 그 기원에 대한 최석정의 입장을 밝히고 있다. 그리고 초성 17자를 오음과 오성에 기준하여 성분 분배를 나타낸 17성 분배 초성도와 중성 11음을 역학의 팔괘에 맞추어 11음 취상 팔괘도를 제시하고 있다. 이어서 초성의 청탁을 전청, 차청, 전탁, 불청불탁의 방식이 아닌 일청, 이탁, 삼청, 사탁의 기준으로 정성 23자의 성분(초성) 청탁도를 제시하였다. 이어서 중성의 벽흡(闢翕)을 일벽, 이흡, 삼벽, 사흡의 분류 기준으로 정음 32자를 분류하여 음분벽흡도를 제사하였다. 이어서 반절도와 유사한 형식으로 상단에는 정성 32자를 일청, 이탁, 삼청, 사탁의 기준과 간지를 배치하였고 세로는 정음 32자를 일벽, 이흡, 삼벽, 사흡의 분류기준과 갑을병정 무기경신이라는 십간에 배치하여 종성이 없니 초성과 중성의 결합만을 훈민정음으로 나타낼 수 있는 글자의 총수

를 736자로 나타낸 율려 상승 배합 성자도를 제시하고 있다. 종성으로 쓸 수 있는 단자 12자와 이합자 4자를 종성 16으로 나타내고 있다. 끝으로 정성을 사성으로 곧 평·상·거·입성으로 구분한 성분 평·상·거·입도와 정음을 개·발·수·패로 구분한 8) 음분 개·발·수·패를 제시하였다. 이상의 내용은 『훈민정음 해례』의 설명과 상당히 다른 최석정의 독특한 훈민정음의 구성 분석이다. 다만 이러한 분석 근거는 전적으로 소옹의 『황극경세서』의 이론적 골격에 꿰어 맞춤으로써 일부 무리한 설명도 없지 않다.

둘째, 「훈민정음준황극경세사상체용지수도-사상체용지수도(상)(하)」는 『황극경세서』 「사상체용지수도」를 본뜬 것인데 원래 소옹이 만든 것을 채원정이 간략하게 1장으로 만든 도회이다. 아래 도식처럼 먼저 정성과 정음으로 구분하고 정성은 다시 일·월·성·신과 평·상·거·입으로 10성까지 정음은 수화토석과 개발수패로 12음을 배열하였다.

정성(正聲)	日 月 星 辰	乾, 離, 震, 坎, 艮, 坤
	平 上 去 入	1聲~10聲
정음(正音)	水 火 土 石	角, 徵, 宮, 商, 羽, 半
	開 發 收 閉	1音~12音

위와 같은 기준으로 최석정이 작성한 「훈민정음준황극경세사상체용지수도」(상)는 다음과 같다.

正聲		正音	
	日 月 星 辰		水 火 土 石
	平 上 去 入		開 發 收 閉

正聲			正音		
乾 一聲	多 可 个 ○ 禾 火 化 ○ 鱼 鼠 去 ○ 無 羽 具 ○	甲	角 一音	古 甲 九 癸 ○ ○ 乾 蚪 坤 巧 丘 弃 五 牙 月 尭	寅
兌 二聲	良 兩 向 勻 光 廣 況 霍 宮 孔 衆 六 龍 角 用 玉	乙	徵 二音	東 卓 中 帝 大 宅 直 田 土 拆 尹 天 南 妳 女 年	卯
離 三聲	○ ○ 泰 ○ ○ ○ 允 ○ 妻 茅 四 ○ 龜 水 貴 ○	丙	宮 三音	卜 百 丙 必 步 排 平 鼻 普 朴 品 匹 母 馬 文 民	辰
震 四聲	千 典 面 舌 元 犬 半 末 臣 引 艮 日 君 兌 興 律	丁	商 四音	走 莊 震 足 曹 宲 辰 匠 草 叉 赤 七 ○ ○ ○ ○	巳
巽 五聲	宜 解 義 ○ 垂 委 卦 ○ 才 宰 意 ○ 灰 軌 晦 ○	戊	羽 五音	黑 花 香 血 黃 華 雄 賢 安 亞 乙 一 ○ ○ 王 寅	午
坎 六聲	行 並 命 益 兄 永 覓 役 丁 等 亘 德 弘 迥 瑩 國	已	半 六音	三 山 手 星 ○ ○ 石 象 老 冷 难 禮 ○ ○ 耳 ○	未
艮 七聲	刀 早 孝 ○ ● ● ● ● 牛 斗 奏 ○ ● ● ● ●	庚	七音	○ ○ ○ ○ ○ ○ ○ ○ ○ ○ ○ ○ ○ ○ ○ ○	申
坤 八聲	廉 冉 念 妾 凡 范 欠 法 心 審 禁 十 ○ ○ ○ ○	辛	八音	○ ○ ○ ○ ○ ○ ○ ○ ○ ○ ○ ○ ○ ○ ○ ○	酉
九聲	● ● ● ● ● ● ● ● ● ● ● ● ● ● ● ●	壬	九音	○ ○ ○ ○ ○ ○ ○ ○ ○ ○ ○ ○ ○ ○ ○ ○	戌
十聲	● ● ● ● ● ● ● ● ● ● ● ● ● ● ● ●	癸	十音	● ● ● ● ● ● ● ● ● ● ● ● ● ● ● ●	亥

正聲			正音		
			十一音	●●●● ●●●●	子
				●●●● ●●●●	
			十二音	●●●● ●●●●	丑
				●●●● ●●●●	

채원정이 정리한 『황극경세서』「사상체용지수도」의 앞부분만 대비해 보더라도 아래 도표 속의 짙은 색 글자와 같이 서로 다르다. 최석정이 단순하게 『성리대전』에 실린 채원정의 『황극경세서』「사상체용지수도」를 그대로 모사한 것이 아닌 독자적으로 제작한 것임을 분명히 알 수 있다.

채원정의 『황극경세서』「사상체용지수도」의 일부

正聲			正音		
	日 月 星 辰			水 火 土 石	
	平 上 去 入			開 發 收 閉	
乾 一聲	多 可 个 舌 禾 火 化 八	甲	角 一音	古 甲 九 祭	寅
				○ ○ 近 揆	
	開 宰 愛 ○ 回 每 退 ○			坤 巧 丘 棄	
				○ ○ 近 揆	
兌 二聲	良 兩 向 ○ 光 廣 況 ○	乙	徵 二音	黑 花 香 血 黃 華 雄 賢	卯
	丁 井 亘 ○ 兄 永 瑩 ○			五 瓦 仰 ○ 吾 牙 月 堯	

'사상체용지수도(하)'는 역시 『황극경세서』「사상체용지수도」를 모방하여 작성했지만 그 내용은 상당히 차이를 보여주고 있다.

日日聲平之一闢	多良○千宜	水水音開之一清	舌古東卜走黑三
	行刀廉●●		○○●●●●
日月聲平之二翕	禾光○元垂	水火音開之二濁	○大步曹黃○
	兄●凡●●		○○○●●●
日星聲平之三闢	魚宮妻臣才	水土音開之三清	坤土普草安老
	丁牛心●●		○○○●●●
日辰聲平之四翕	無龍龜君灰	水石音開之四濁	五南母○○○
	弘●○●●		○○○●●●

소옹은 『황극경세서』[6] 권2에서

"일일성(日日聲)은 원(元)의 원(元)이 되어 일(日)의 일(日)이 되고 일월성(日月聲)은 원(元)의 회(會)가 되어 일(日)의 월(月)이 된다. 일성성(日星聲)은 원(元)의 운(運)이 되어 일(日)의 성(星)이 되고 일신성(日辰星)은 원(元)의 세(世)가 되어 일(日)의 신(辰)이 된다."

고 하였다. '일일성'은 양 중에서도 양이다. 그 소리는 평성이고 비원순 개구음이다. 다(多), 량(良), 간(干), 도(刀), 처(妻), 궁(宮), 심(心) 일곱 음은 모두 평성이면서 비원순 개구음이다. '일월성'은 양과 더불어 음이다. 그 소리는 평성이고 원순 합구음이다. 화(禾), 광(光), 원(元), 모(毛), 쇠(衰), 용(龍) 여섯음이 모두 평성이면서 원순 합구음이다. '일성성'은 태양 중의 소양이다. 그 소리는 평성이면서 비원순 개구음이다. 일일성에 비하면 비원순 개구음이 심하지는 않지만 개(開), 정(丁), 신(臣), 우(牛), 어(魚), 남(男)의 소리가 모두 평성이면서 비원순 개구음이다. '일진성'은 태양

6) "日日聲, 則元之元日也. 日月聲, 卽元之會日之月也. 日星聲, 卽元之運日之星也. 則元之世日之辰也"(『황극경세서』 권2).

중의 소음이다. 그 소리는 평성이면서 원순 합구음이다. 회(回), 형(兄), 군(君), 구(龜), 오(烏) 소리가 모두 평성이면서 원순 합구음이다.

셋째, 「성음률려창화전수도」는 그림이 모두 32장으로 각 그림마다 384음이 기록되어 있다. 먼저 「성음률려창화전수도」는 모든 운을 16섭과 6궁으로 구분하였고 섭은 운모와 결합된 음절을 배열하였으며 궁은 운모의 변화로 발생한 음을 모아 두었다. 16섭은 내외 8섭으로 구분하였다.

외팔섭: 일과(一過), 이장(二壯), 삼태(三泰), 사관(四觀), 오해(五解), 육정(六井), 칠박(七剝), 팔겸(八謙)

내팔섭: 일예(一豫), 이몽(二蒙), 삼리(三履), 사음(四音), 오이(五頤), 육항(六恒), 칠복(七復), 팔임(八臨)

16섭을 각각 벽흡(闢翕)에 따라 음수도(音數圖) 총 32매를 그리고 매 그림마다 384음을 갖추고 있다. 그러니까 32×384=12,288음이 음의 총수가 된다. 이 음수도가 전반부의 핵심이 되는 운도이다. 한자음을 우리 훈민정음으로 음수 전도를 표현할 수 있음을 보여주고 있다.

'經世正韻序說'(坤)

1. **經世正韻五贊** 1) 明象, 2) 辨韻, 3) 本數, 4) 稽訓, 5) 述志
2. **聲音篇**
3. **群書折衷** 1) 『廣韻』 三十六字母, 2) 沈氏 『四聲韻譜』, 3) 邵氏 『皇極經世天地四象體用之數圖』, 4) 祝氏 『聲音韻圖』, 5) 『韻會』 二十五字母, 6) 梵字 二十母, 7) 劉氏 『切韻指南』, 8) 『禮部韻』, 9) 『東國正韻』, 10) 『字彙』
4. **論『正韻圖說』**
5. **五贊註**
6. **論初終聲閏位**
7. **博物典彙** 1) 九邊, 2) 遼東邊圖, 3) 薊州邊圖

제2부 「경세훈민정음(곤)」은 전부 7부분으로 구성되어 있지만 실제로 4~6은 논설(論說)로 하나로 묶을 수도 있다. 제2부는 첫째, 「경세정음오찬(經世正韻五贊)」은 훈민정음에서 5해에 대한 결과 같이 다섯 영역에 대한 결의 방식으로 7언고시체로 기술하고 있으며 이 속에 최석정이 이 책을 편찬한 이유와 훈민정음에 대한 예찬을 하고 있다. 둘째, 성음편은 앞의 「경세훈민정음(건)」에서 소술한 성과 음의 이론을 종합 정리한 내용이며 이 속에 최석정의 성음 이론의 독창성을 발견할 수 있다. 셋째, 군서절충'은 당대 9종의 운서 및 운도에 대한 내용과 자학에 대한 개설적인 소개를 하고 있다. 이를 통해 당시 최석정의 성운학과 운도와 자학에 대한 학문적 깊이가 얼마나 깊었는지를 헤아릴 수 있다. 마지막으로 「박물전휘」에서는 당시 북방의 변방에 대한 지도 1) 구변, 2) 요동변도, 3) 계주변도 3장을 싣고 있다. 이 내용은 앞의 운도와 전혀 다른 내용인데 당시 북방의 경세에 관심이 높았다는 점을 읽을 수 있다.

이상 이 책의 구성도에 대해 개괄적으로 살펴보았다. 다시 한번 더 강조해야 문제는 이 책의 내용을 그냥 평면적으로 병렬적인 구조로 이해해서는 안 되며 내용 간에 상하의 위계적인 구성도로 이해해야 한다는 점을 강조해 둔다.

이 책의 전체 서술 방식은 항목마다 도표를 그려서 내용을 정리한 다음 그 도표의 내용을 설명하고 있다. 이상의 전체 내용을 크게 나누면 1. 훈민정음 원리에 연구, 2. 역대 운서의 연구, 3. 등운학의 편찬으로 요약할 수 있으며, 이 가운데 가장 역점을 둔 내용이 3의 등운도를 작성하고 이를 훈민정음으로 나타낸 데 있다고 할 수 있다.

3. 『경세훈민정음』의 부문별 내용 검토

이 『경세훈민정음』은 건과 곤으로 구성되어 있는데 건에는 「성음률려창화전수도(聲音律呂唱和全數圖)」 32매의 도식이 대부분을 차지하고 있으며, 곤에는 「군서절충(群書折衷)」에서 각종 운서와 운도의 소개가 대부분을 차지하고 있다. 그러나 이 책의 전체적인 내용을 부분별로 차례대로 살펴보도록 하겠다.

경세정음도설서설(經世正韻圖說序說) – 훈민정음

건에서 제일 먼저 '훈민정음 서'에서 예의 부분을 제시한 다음 1) 십칠성분배초성도, 2) 십일음취상팔괘도, 3) 성분청탁도–우정성이십사, 4) 음분벽흡도–우정음삼십이, 5) 율려상승배합성자도, 6) 종성십육, 7) 성분 평·상·거·입도, 8) 음분개발수폐도의 8부분으로 나누어 기술하고 있다.

「훈민정음 서」를 쓰는데 최석정은 『훈민정음 해례』에 근거한 것이 아니라 「실록본」 예의를 근거하여 훈민정음 예의를 소개하고 자신의 견해를 아래와 같이 덧붙였다.

> "신 최석정(崔錫鼎)이 삼가 살펴보건대, 임금이 지으신 언문 28자는 곧 별자리를 펼친 형상이다. 초성 17자인데 아음(牙音)은 각(角)으로 동방의 목(木)에 속하며 사물이 처음 생겨나는 것을 형상했기 때문에 으뜸으로 삼았고, 설음(舌音)은 치(徵)로 화(火)에 속하며, 순음(脣音)은 궁(宮)으로 토(土)에 속하고, 치음(齒音)은 상(商)으로 금(金)에 속하며, 후음(喉音)은 우(羽)로 수(水)에 속하니, 오행이 상생(相生)하는 순서로 배열한 것이다. 중성 11자는 태극과 음양과 팔괘의 형상이다."[7]

훈민정음의 명칭을 '언문'[8]이라고 명명하고 그 글자의 자형을 별자리 모양과 같은 상형 기원설을 제안하고 있다. 최석정은 일찍 천문 관측을 위한 '선기옥형'을 재정비할 만큼 『성리대전』에 기초한 천문학 지식을 지니고 있었지만 언문의 자형과 열숙상형설(列宿象形說) 곧 별자리 기원설에 대한 타당성을 고증할 근거는 없다. 훈민정음의 기원설 가운데 열숙상형설을 제창한 데 대해 다양한 평가가 이루어졌지만 숙종조 당시 천문도설도 『황극경세』의 상수론으로 해석하려는 학문적 풍토의 영향으로 보인다.

"이 달에 임금이 친히 언문 28자를 지었는데, 그 글자는 옛 전자를 모방하고, 초성, 중성, 종성으로 나누어 합한 연후에야 글자를 이루었다."[9]는 내용을 면밀하게 분석해 보면 '其字'의 개념이 초, 종, 종성으로 분리하기 이전의 곧 C+V+C로 구성된 음절글자를 말한다. 따라서 초, 중, 종성을 합한 글자의 모양은 방괘형으로 옛 전자(古篆)의 꼴임을 의미하는 것이다. 자모는 발음기관과 발음 모양을 상형한 것이고 자모를 모아쓴 음절글자는 고전을 모방했다는 의미이다. 이 실록 기록은 세종이 한글을 창제한 내용을 기록한 최초의 자료이다. 매우 간략하지만 한글 창제와 관련된 핵심적인 내용이 담겨 있다. ① "임금께서 친히 제작하였다(上親制)"에서 한글의 창제자가 세종임을, ② "언문 28자(諺文二十

---

7) "臣錫鼎謹按, 御製諺文二十八字, 即列宿之象也. 初聲十七字, 牙音角屬東方木, 象物之始生故爲首, 舌音徵屬火, 脣音宮屬土, 齒音商屬金, 喉音羽屬水, 以五行相生之序爲次. 中聲十一字, 太極兩儀八卦之象也"(최석정의 「훈민정음 서」).

8) 병와 이형상이 숙종 42(1716)년에 쓴 『갱영록(更永錄)』 「언문반절설 추록(追諺文半切設)」을 "내가 근년에 『악학편고』 4권을 편찬하였고, 또 작년 여름에 친구들의 부탁을 받아 10일 만에 『자학(字學)』을 지었다."는 기록을 보면 숙종조 당시에 훈민정음을 '언문'이라는 이름을 명명하느 것이 일반화되어 있음을 알 수가 있다.

9) "是月, 上親制諺文二十八字, 其字倣古篆, 分爲初中終聲, 合之然後乃成字"(세종 26년 『세종실록』).

八字)”에서 한글 명칭이 ‘언문’이고 글자가 28자임을, ③“그 글자는 고전을 모방하였으며(其字倣古篆)”에서 초, 중, 종을 합자하여 모아쓰기를 한 음절글자가 고전자(古篆字)를 모방했음을(바로 뒤에 자(字)가 초, 중, 종성으로 나눌 수 있다는 말에 근거하여 낱글자 28자를 의미하는 것이 아니라 C+V+C로 구성된 한 음절글자꼴이 옛 전자를 모방하였다는 의미), ④“그 글자는 고전을 모방하였으며 그 글자를 분해하면 초, 중, 종성으로 구성되어 있고, 한 음절 단위의 글자로 합한 이후 글자(字)의 모양은 고전(古篆, 옛 한자 글꼴)을 모방한 방괘형(네모형)임을, ⑤“무릇 조선의 말뿐만 아니라 중국 한자나 주변 나라와 심지어 조선 내의 이어(변두리말)도 다 글로 쓸 수 있다(凡干文字及本國俚語, 皆可得而書)”는 표음문자임을, ⑥“글꼴은 비록 간략하지만 전환하는 것이 무궁하고(字雖簡要, 轉換無窮)”라고 하여 28자는 제한적 음소문자뿐만 아니라 합자를 통해 동아시아의 여러 문자를 표기할 수 있는 표음문자 곧 음성문자임을, ⑦“이것을 훈민정음이라 한다(是謂訓民正音)”라고 하여 우리말을 표기하는 제한적 음소문자인 ‘언문’ 28자는 세종이 직접 창제하였음을 밝히고 있다. 먼저 ‘언문’과 ‘훈민정음’ 명칭에 대한 명확한 정의를 지웠으며, 또 “其字倣古篆, 分爲初中終聲”를 뒷구절의 ‘分爲’의 전제가 ‘其字’이기 때문에 자소인 ‘ㄱ, ㄴ, ㄷ’과 같은 낱글자가 고전자에 기원했다는 학설은 전면 제고될 필요가 있다. 곧 초, 중, 종을 모아쓴 글꼴이 방괘형인 고전자와 같다는 의미이다. 모아쓰기를 한 거란대자나 여진소자와 같이 한 자형으로 구성된 글자꼴이 곧 방괘형이라는 사실을 분명하게 밝힌 내용이다

따라서 최석정의 열숙상형설은 본질에서 벗어나 있는 것은 사실이다. 다만 이계(耳溪) 홍양호(洪良浩, 1724~1802)가 『이계집』「부훈민정음초성상형도(附訓民正音初聲象形圖)」에

"신은 어긋나고 거짓됨을 헤아릴 수 없어 삼가 초성 17자를 취하여 아, 설, 순, 치, 후 오음을 취하여 방형(모남)과 원형(둥금)의 굽고 곧은 획으로 개합(開合)에 전반의 형을 배열하여 상형의 예에 응하도록 했다.[10]"

라고 하여 그 자형을 입 모양을 중심으로 설명하면서 바로 이것이 최석정의 열숙상형(列宿象形)으로 이해한 것이다. 역시 홍양호는 최석정의 『경세정음도설』의 서에

"훈민정음 이십팔자는 별자리의 수에 대응하여 그 글자형은 규벽(奎璧) 원곡(圓曲)의 형상인데 점획은 소전(小篆)을 나눈 예서(隸書)의 모습이다"[11]

라 하여 최석정의 열숙상형설을 지지하고 있다. 곧 글자 꼴은 입 모양을 중심으로 규벽(奎璧)과 원곡(圓曲)의 형상으로 설명한 것은 무리가 없지만 훈민정음 28자를 별자리에 대응시킨 것은 지나치게 『황극경세서』에 적용시킨 결과라 아니할 수 없다.

다음으로 자모의 제자의 근거를 초성 17자는 오음과 오행의 상생을 근거로 중성 11자는 삼재설이 아닌 태극과 음양 팔괘설로 설명하고 있다. 『훈민정음 해례』 제자해 첫머리에서는 사람의 성음도 오행에 바탕을 둔 것이라고 하였으므로 여기서도 다음과 같이 『고금운회거요』나 『절운지장도』의 「변자모차제례」 등을 참고하여 오행, 오시, 오방 등과 결부하여 설명한 것임. 다만 본문에서는 '합제사시(合諸四時)'라고 하였으나 실지로는 오시로 설명되어 있다. 오행(五行)을 기준으로 하여 오방

10) "臣不揆僭妄, 謹就初聲十七字, 取牙舌唇齒喉五音, 而因方圓曲直之畫, 配開合全半之形, 以應六書象形之例, 敢附諸御製首章之下".

11) "訓民正音二十八字, 以應列宿之數, 而字形則觀奎璧圓曲之象, 點畫則倣小篆分隸之體".

위(五方位), 오상(五常)이나 오장(五臟) 등을 연계시킨 것은 대단히 관념적인 기술인 것처럼 보이지만 성리학에서는 이들 모두를 우주 생성과 소멸의 인자로 보고 순환하는 일련의 상관관계로 파악하고 있다. 정초(鄭樵, 1104~1162)의 『칠음략』의 36자모도에서 전통적인 성음의 개념인 궁, 상, 각, 치, 우와 오음을 결합시켜 대비한 운도가 후대의 여러 운서나 운도에 영향력을 미친 것으로 보인다. 그러나 최석정은 아, 설, 순, 치, 후음의 오음과 오행의 관계를 정리하면 다음의 도표와 같다.

五音聲	아(牙)	설(舌)	순(脣)	치(齒)	후(喉)
오행(五行)	목(木)	火	土	金	水
오시(五時)	춘(春)	夏	季夏	秋	冬
오락(五樂)	각(角)	徵	宮	商	羽
오방(五方)	동(東)	南	無定位中央	西	北
오상(五常)	인(仁)	禮	信	義	智
오장(五臟)	간(肝)	心	脾	肺	腎
사덕(四德)	원(元)	享		利	貞
오색(五色)	청(靑)	赤	黃	白	黑

후음(喉音)－우(羽), 순음(脣音)－궁(宮)과의 대응 관계는 『훈민정음 해례』와 일치하고 있다. 이것은 훈민정음 창제 당시 『운해』의 운도와 대응 관계와 일치한 결과이다. 성(聲), 운(韻), 조(調)를 궁, 상, 각, 치, 우의 오음으로나 청탁 또는 사시, 오방 등의 용어와 배합시킬 때 대응 관계에 약간의 차이를 보여줄 수도 있다.[12]

최석정이 이 책을 쓰는 동안 『훈민정음 해례』을 참조하지 않았음을

12) '순(脣)－궁(宮)', '후(喉)－우(羽)'로 배합한 저술로는 『절운지장도』의 「오음오성변자모차제예」, 『고금운회거요』, 『훈민정음 해례』제자해가 있으며, '후(喉)－궁(宮)', '순(脣)－우(羽)'로 배합한 저술로는 『절운지장도』의 「변오음예」, 『홍무정운』, 『사성통해』, 『훈민정음 운해』 등이 있다.

알 수 있다. 왜냐하면 『훈민정음 해례』의 초성해에서는

"그러나 물(水)은 물건을 낳는 근원이요, 불은 물건을 이루는 작용인지라, 오행 중에서도 물(水), 불(火)이 큰 것이 되고 목구멍은 소리를 내는 문이요, 혀는 소리를 가래는 관인지라 오음 중에서도 후설이 주장이 되느니라."13) (초성해)

라고 하여 후(喉)—설(舌)음을 오음의 주로 삼았다. 그리고 이것은 예의와도 일치한다. 『훈민정음 해례』의 초성 제자 원리를 요약하여 표로 나타내면 다음과 같다.

오음(聲)	어금니소리(牙)	혓소리(舌)	입술소리(脣)	잇소리(齒)	목구멍소리(喉)
오행	나무木	불火	흙土	쇠金	물水
오시	봄春	여름夏	늦여름季夏	가을秋	겨울冬
오성(樂)	각角	치徵	궁宮	상商	우羽
오방	동東	남南	중앙中央 무정위無定位	서西	북北

초성의 배열 순서가 예의와 달라졌다. 예의에서는 '아 → 설 → 순 → 치 → 후'의 순서였는데 해례에서는 '후 → 아 → 설→ 치 → 순'의 순서로 배열한 것은 성문(出聲之門)인 목구멍에서 입(聲之出口)까지 조음위치(point of articulation)에 따라 순차적으로 배열하였다. 이 점은 당시 집현전 학사들이 『절운지장도』 「변자모차제례」의 내용을 충분하게 인식하고 있었음을 말한다. 또한 세종이 창제한 초성 17자의 배열 구도가 해례에

13) "然水乃生物之源, 火乃成物之用, 故五行之中, 水火爲大, 喉乃出聲之門, 舌乃辨聲之管, 故五音之中, 喉舌爲主也".

와서 약간의 변개가 이루어진 사실도 알 수 있다. 결론적으로 최석정은 아(牙)음을 오음의 주로 삼았는데 이는 통상적인 중국 운서에서 보이는 오음의 서열(아, 설, 순, 치, 후)을 그대로 답습한 결과이다.

「경세정운오찬」「계훈(稽訓)」에는 훈민정음의 위대함을 예찬한 글이다.

문자의 뜻을 상고함

於惟我邦	아아! 우리 동방은
肇自檀君	단군으로부터 기원하여
大師受封	기자가 봉토를 받으면서
始闡斯文	비로소 유학이 열리었네.
地是偏荒	땅은 치우치고 거친데다
言語異俗	언어가 다르고 비속하여
民志不伸	백성들 뜻은 펴지지 않고
政敎犅樸	정치와 교육이 거칠었네.
自羅而麗	신라로부터 고려를 지나
夐數千載	아득히 수천 년이 흘러
赫赫世宗	위대한 세종대왕께서는
道參天縡	하늘의 일에 참여하셨네.
禮樂文章	예와 악과 문장은
粲乎可述	찬란하여 전술할 만하고
先天不違	하늘에 어긋나지 않으며
知周萬物	지혜는 만물에 두루 미쳤네.
究觀方言	방언을 연구하고 관찰하여
遂創大訓	마침내 큰 훈계를 지어서
命曰正音	정음이라 이름을 붙이고

開愚迪蠢	몽매한 백성을 계도했네.
厥體伊何	그 바탕이 무엇인가
取象篆籒	전서·예서에서 상을 취했고
厥數伊何	그 숫자는 무엇인가
並躔列宿	별자리와 배열이 같다네.
皦如彬如	분명하고 문채 나며
旣粹旣備	순수하고 완벽하게
聲音律呂	성률과 음려로
配合成字	배합하여 글자를 만들었네.
叶以終聲	종성을 붙여서
參伍錯綜	이리저리 조합하니
數衍于萬	숫자가 일만으로 확장되어
由體達用	본체부터 활용에 이르렀네.
鷄鳴狗吠	닭 울고 개 짖는 것까지
咸得形容	모두를 형용할 수 있으며
婦女輿臺	아녀자나 하인이 할지라도
旬日可通	열흘이면 문리가 통한다네.
功參畫卦	공로는 괘 그린 것과 같고
化符造律	교화는 음률 제작과 같으니
作者謂聖	문명을 일으킨 자 성인이라
于古有烈	고인보다 공로가 더 있도다.
媲彼皇墳	고대 황제 글과 나란하게[14]
永垂弘式	큰 법식이 길이 전해지리니

14) 황분(皇墳): 삼황(三皇)의 분서(墳書)라는 뜻으로, 즉 복희(伏羲)·신농(神農)·황제(黃帝)의 글을 가리킨다.

臣忝太史	신 최석정은 사관으로서
載事是職	일을 기록함이 직무인지라,
狀德天高	하늘처럼 높은 덕을 형용하고
摹光日曜	해와 같은 밝은 빛을 묘사하여
稽首作贊	머리를 조아려 찬을 지어
鏡玆東表	이 동방을 비추고자 한다네.[15]

최석정의 이러한 입장이 숙종으로 하여금 「훈민정음 후서」를 쓰는데 영향력을 미친 것으로 보인다. 이 글에서 최석정의 자주적 의식이 돋보인다. 단군에서 유래된 우리의 역사는 기자로 하여금 중화주의의 사명을 지닌 조선 후기의 시대적 특성을 잘 대변해 주고 있다. 한자와 한문을 지극히 숭상하는 시대에 훈민정음의 위대함을 설파한 이유는 명나라에서 청으로 교체된 시대의 전통적인 중화문화의 수호자인 동시에 조선 문화적 주체성을 인지한 결과라 아니할 수 없다. 이론적으로는 소옹의 『황극경세서』에 기반하였지만 독자적인 해석을 하려고 노력했던 명곡의 숨은 노력과 또 세종의 애민적 정신과 훈민정음의 실용화에 대한 분명한 인식을 계승하려는 의지를 읽을 수 있다. 조선의 지식인 최석정은 조선이야말로 중화문화를 온전히 계승한 주체라는 옹골찬 자부심을 이 글에서 잘 표현해내고 있다.

15) "「稽訓」 於惟我邦 肇自檀君 大師受封 始闡斯文 地是偏荒 言語異俗 民志不伸 政敎狥樸 自羅而麗 夐數千載 赫赫世宗 道參天縡 禮樂文章 粲乎可述 先天不違 知周萬物 究觀方言 遂創大訓 命曰正音 開愚迪蠢 厥體伊何 取象篆籀 厥數伊何 並躔列宿 皦如彬如 旣粹旣備 聲音律呂 配合成字 叶以終聲 參伍錯綜 數衍于萬 由體達用 鷄鳴狗吠 咸得形容 婦女輿臺 旬日可通 功參畫卦 化符造律 作者謂聖 于古有烈 媲彼皇墳 永垂弘式 臣忝太史 載事是職 狀德天高 摹光日曜 稽首作贊 鏡玆東表"(「經世正韻五贊」).

17성분배초성도

「17성분배초성도(十七成分配初聲圖)」는 최석정이 훈민정음 초성 17성을 오음과 오성과 그리고 부중침(청탁)에 따라 구분한 분배도이다. 중국 성운학의 기초인 성모를 사성과 오음의 씨줄과 날줄로 운도로 배열하여 나타내었다. 곧 신기(神琪)의 『사성오음구롱반세도(四聲五音九弄反細圖)』 서문에는

> "『대광익회옥편』에 이르면 평성은 애이안(哀而安, 애잔하며 안정됨), 상성은 여이거(厲而擧, 갈며 들림), 거성은 청이원(淸而遠, 맑으며 멈), 입성은 직이촉(直而促, 곧으며 촉급함)(譜曰平聲者, 哀而安, 上聲者厲而擧, 去聲者淸而遠, 入聲者直而促)"

라고 하였는데 『원화보(元和譜)』의 사성론을 다소 수정한 뒤에 다시 사시(四時)와 대비시켜 놓은 것이다. 이러한 전통을 『훈민정음 해례』에 와서는 오음(칠음)과 청탁을 각각 씨줄과 날줄로 배열하였다.

최석정은 오음을 포함한 칠조(七調)와 청탁을 나타내는 부중침(浮中沈)을 씨줄과 날줄로 배열한 다음 17자모는 훈민정음과 동일하게 아래 도표처럼 배열하였다.

	아	설	순	치	후	반설	반치
	각	징	궁	상	우	변궁	변상
부(沈)	見ㄱ	端ㄷ	幫ㅂ	精ㅈ	影ㆆ	來ㄹ	
중(中)	溪ㅋ	透ㅌ	滂ㅍ	淸ㅊ	曉ㅎ		
침(浮)	疑ㆁ	泥ㄴ	明ㅁ	心ㅅ	喩ㅇ		日ㅿ

17초성에서 전탁 각자병서 6자(ㄲ, ㄸ, ㅃ, ㅆ, ㅉ, ㆅ)는 제외하고 오음과 오성 및 반설·반치에 따른 분류는 『운회』의 한자음 표기를 위한 자모를 제외한 17자이다. 정초(鄭樵)의 『칠음략(七音略)』 서문에는

> "사성은 날줄이 되고 칠음은 씨줄이 된다. 강좌의 선비들은 평·상·거·입이 사성이 있음을 알고 있으니 궁, 상, 각, 치, 우, 반치, 반상이 가로로 칠음을 이루는 것을 알지 못하고 세로로 날줄이 되고 가로로 씨줄이 되니 날줄과 씨줄이 서로 엇갈리지 않기 때문에 운을 세우는 근원을 잃지 않게 된다."[16]

이라 하였다. 즉 정초 이후에 사성(四聲)을 날줄(經), 칠음(七音)을 씨줄(緯)로 잡아서 그 중의 하나만 없어도 소위 경위불교(經緯不交)로 입운의 본원을 잃는다고 생각한 것이다.

명곡 최석정은 사성을 삼재 원리에 바탕을 두고 부(浮)·중(中)·침(沈)의 세 가지 기준에 따라 성모의 청탁을 분류하였다. 이는 곧 청탁을 삼재설에 맞추어 설명하고자 한 것으로 매우 독특한 견해이다. 부(浮)·중(中)·침(沈) 자질은 전청, 차청, 불청불탁의 자질과 거의 같다. 김석득(1983: 72~75)은 "부(浮)－天(•)－울림소리, 유성음", "중(中)－人(ㅣ)－센소리, 유기음", "침(沈)－地(ㅡ)－안울림소리, 무성음"의 자질로 규정하였다. "부(浮)·중(中)·침(沈)"을 삼재 곧 '天－地－人'과 같은 것으로 파악하고 있다. 그러나 'ㅅ'이 유성음이 아님에도 '침(沈)'에 포함되어 있는 것과 'ㄹ'이 무성음이 아님에도 '부(浮)'에 포함되어 있는 것은 납득하기가 어렵다. 청탁(淸濁)의 구분은 무성, 유성, 유기, 경음을 변별하는 기준

16) "四聲爲經, 七音爲緯, 江左之儒, 知縱有平上去入爲四聲, 而不知衡有宮商角徵羽半徵半商爲七音, 縱成經, 衡成緯, 經緯不交, 所以失立韻之源".

이 되어 왔는데 중국의 운서에 따라 이들 명칭도 아래의 도표에서처럼 각양각색으로 사용되었다.

『훈민정음 해례』	全淸	次淸	全濁	不淸不濁
『경세훈민정음』	沈	中		浮

최석정은 부중침의 기준에 따라 초성을 아래와 같이 분류하였다.

침(沈)[무성음]—ㄱ, ㄷ, ㅂ, ㅈ, ㆆ, ㄹ

중(中)[유기음]—ㅋ, ㅌ, ㅍ, ㅊ, ㅎ

부(浮)[유성음]—ㆁ, ㄴ, ㅁ, ㅅ, ㅇ, ㅿ

아마도 청탁의 4분법을 부중침 3분법으로 구분한 것은 중성과 함께 삼재설에 꿰어맞춘 것이다. 이 세 가지 부류를 삼재에 대비시킨 이유와 근거를 밝히지 않아 알기 어렵다. 또 훈민정음은 중성을 삼재로 구분했는데 여기서는 초성을 삼재에 맞추려고 한 것이다. 그러다가 보니 자연 무리가 다를 수밖에 없는 것이 'ㄹ', 'ㅿ', 'ㅅ'의 배열의 이유를 알 수가 없다. 또 변음인 'ㄹ, ㅿ'를 제외한 15자는 하도(河圖)의 중(中)-궁(宮)의 수와 일치한다는 최석정의 견해도 이해하기 어렵다. 아마 초성의 청각 인상에 따라 뜨는 소리, 가라앉은 소리, 그 중강 소리라는 분류 방식으로 대입한 것이며 각자병서 6자는 초성 17자에 맞추어 제외한 것이다. 결론적으로 침류는 무성음, 중류는 유기음, 부류는 유성음을 의미한다면 'ㄹ'이 심류에 속하고 'ㅅ'이 부류에 소속한 근거는 전체의 일관성을 깨뜨린 것이다.

11음 취상팔괘도(十一音取相八卦圖)

최석정은 11중성 글자에 대해 팔괘에 맞추어 그림을 그린 다음 그 해설을 아래와 같이 하고 있다.

"살펴보건대, 중성의 11자는 ㅏ(阿)는 태양(太陽)이 되고, ㅑ(也)는 태음(太陰)이 되며, ㅓ(於)는 소양(少陽), ㅕ(與)는 소음(少陰), ㅗ(烏)는 소강(少剛), ㅛ(要)는 소유(少柔), ㅜ(于)는 태강(太剛), ㅠ(由)는 태유(太柔)가 되니 팔괘이다. ㅡ(應)는 상승하는 음향으로 동(動)에 속하고, ㅣ(伊)는 하강하는 소리로 정(靜)에 속하니 이것이 양의이다. •(兒)는 ㅡㅣ의 중간으로 한 번 동하고 정하는 사이에 해당하니 삼재(三才)의 신묘함이라 하겠다. ㅏ ㅑ ㅓ ㅕ는 모두 ㅣ를 몸체로 삼고, ㅗ ㅛ ㅜ ㅠ는 모두 ㅡ를 몸체로 삼으니 음이 양을 근원해서 생기고, 양이 음을 근원해서 생기는 것이다. ㅏ ㅑ의 오른쪽과 ㅓ ㅕ의 왼쪽, ㅗ ㅛ의 윗면과 ㅜ ㅠ의 아랫면은 모두 한 번은 홀수가 되고 한번은 짝수가 되는 형상이다. 혹자가 묻기를, 이 도설에 양의(兩儀)만 있고 사상(四象)이 없는 것은 어째서 입니까라고 하니 대답하기를, ㅏㅓ ㅗ ㅜ가 바로 사상(四象)입니다. ㅡ ㅏ는 ㅏ가 되고 ㅣ ㅏ는 ㅑ가 되며, ㅡ ㅓ는 ㅓ가 되고 ㅣ ㅓ는 ㅕ가 되며, ㅡ ㅗ는 ㅗ가 되고 ㅣ ㅗ는 ㅛ가 되며, ㅡ ㅜ는 ㅜ가 되고 ㅣ ㅜ는 ㅠ가 되니 이는 사상이 팔괘를 낳은 것입니다. 11이라는 숫자는 곧 천지상수(象數)[17]의 수를 합한 것입니다."

17) 상수는 아래의 도표와 같이 음양과 오행과의 관계를 정리한 것이다. 중성의 제자 원리와 음양, 상수, 오방, 오행의 관계를 표를 정리하면 다음과 같다.

	중성	음양(天地)	상수(象數)	오행, 오방
기본자	•	天-양	5	土-中
	ㅡ	地-음	10	土-中
	ㅣ	人-무	무	무

라고 하였다.

이상의 내용을 검토해 보면 최석정은 중성 11자를 사상팔괘(四象八卦)에 배합시킨 것으로 『황극경세서』「찬도지요」 하, 연역도에 근거하여 모음 11자를 도식으로 나타내었다. "태극이 움직여 양을 낳고, 동(動)이 극에 이르면 정(靜)이 되며, 정(靜)이 음(陰)을 낳는다. 정(靜)이 극에 이르면 또 동(動)이 된다. 한 번 움직이고 한 번 멈춤(一動一靜)이 서로 그 뿌리가 되어 음을 나누고 양을 나누어서 하늘과 땅(天地)이 성립한다."[18] 이라는 말을 요약한 다음, 하늘(天)은 동(動)이며 초성이고, 땅(地)은 정(靜)이며 종성이고, 사람(人)은 동과 정이 겸함(動兼靜)으로 중성임을 설명하고 있다.

주염계(周濂溪)의 『태극도설』에서는 태극(太極)이 '동(動, 움직임)'해서 '양(陽)'을 만들고 '동(動)'이 극에 달하면 '정(靜, 멈춤)'이 되고, '정(靜)'에서 '음(陰)'을 만들고 '정(靜)'이 극에 달하면 다시 '동(動)'한다는 순환이론

	중성	음양(天地)	상수(象數)	오행, 오방
초출자	ㅗ	初生於天-양	1	水-北
	ㅏ	初生於天-양	3	木-東
	ㅜ	初生於地-음	2	火-南
	ㅓ	初生於地-음	4	金-西
재출자	ㅛ	再生於天-양	7	火-南
	ㅑ	再生於天-양	9	金-西
	ㅠ	再生於地-음	6	水-北
	ㅕ	再生於地-음	8	木-東

방위(方位)	오행(五行)	생위(生位)		성수(成數)	
북(北)	물(水)	하늘(天)일(一)	ㅗ	땅(地)육(六)	ㅠ
남(南)	불(火)	땅(地)이(二)	ㅜ	하늘(天)칠(七)	ㅛ
동(東)	나무(木)	하늘(天)삼(三)	ㅏ	땅(地)팔(八)	ㅕ
서(西)	쇠(金)	땅(地)사(四)	ㅓ	하늘(天)구(九)	ㅑ
중(中)	흙(土)	하늘(天)오(五)	•	땅(地)십(十)	ㅡ

『훈민정음 해례』의 제자해에서는 중성을 오음과 자형의 위수(位數)와 함께 합벽(闔闢)과 동출(同出) 및 재출(再出)에 따라 기술하고 있다. 다만 상수합용(相隨合用)의 글자에 대한 것은 초성의 합용의 원리와 마찬가지이기 때문에 예시를 하지 않은 것이다.

18) "太極動而生陽 動極而靜 靜而生陰靜極復動 一動一靜 互爲其根 分陰分陽 兩儀立焉".

에 기본이다. 『태극도설』에는 “양이 변해 음에 합쳐 수, 화, 목, 금, 토가 생성되며 오기가 두루 펴져 사시로 나가니 오행이 하나의 음양이다(陽變陰合, 而生水火木金土, 五氣順布, 四時行焉, 五行一陰陽也)”라고 하였다. 곧 한 번 동하고 한 번 정하는 것이 서로 뿌리가 되어 음으로 갈리고 양으로 갈리어 양의가 맞서게 된다고 하고, 이것이 우주만물의 대립되는 원리가 되는데, 다시 ‘양이 변하여 음에 합한다(陽變陰合)’ 하여 오행이 생긴다고 했고, 우주만물은 오행인 물(水), 불(火), 나무(木), 쇠(金), 흙(土)이 결부되어 있다. 채원정도 “한 번 동하고 정하는 사이를 역에서 이른바 태극이라 한다. 동정은 양의이고 음양강유는 역에서 말하는 사상이다. 태양, 태음, 소양, 소음, 소강, 소유, 태강, 태유는 역에서 말하는 팔괘이다.

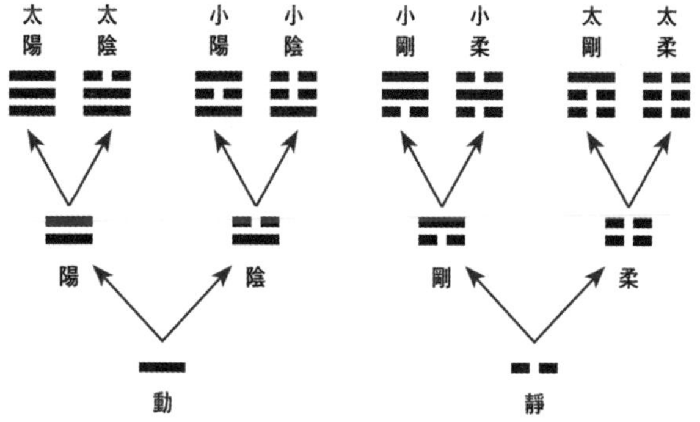

주역의 사상은 음양을 태소로 이분하고 다시 태양, 태음, 소양, 소음으로 나누고, 음양을 다시 강유로 나누어 태강, 태유, 소강, 소유로 나누어 주역의 팔괘에 맞춘 것이다. 이 사상팔괘에 모음을 배분한 결과

ㅏ(阿)ㅡ태양(太陽)

ㅑ(也)ㅡ태음(太陰)

ㅓ(於)—소양(少陽)

ㅕ(與)—소음(少陰)

ㅗ(烏)—소강(少剛)

ㅛ(要)—소유(少柔)

ㅜ(于)—태강(太剛)

ㅠ(由)—태유(太柔)

의 팔괘로 구분된다. 다만 ㅡ(應)는 상승하는 음향으로 동(動)에 속하고, ㅣ(伊)는 하강하는 소리로 정(靜)에 속하니 이것이 양의이다. •(兒)는 ㅡ ㅣ의 중간으로 한 번 동하고 정하는 사이에 해당하니 삼재(三才)의 신묘함이라 하겠다. 이와 같이 성음을 음양이나 사상에 결부시켜 배열하는 전통은 송나라 시대 『성리대전』에서 유래한다. 특히 소옹은 종래 『역학』을 상수론으로 발전시켰는데 그의 저서 『황극경세서』는 상수로 세상만물의 생성과 소멸의 원리를 설명하고자 했다. 『황극경세서』「찬도지요」 하에서는

> "하나의 물(物)이 있으면 하나의 성(聲)이 있다. 성(聲)이 있으면 음(音)이 있고 율(律)이 있으며 려(呂)가 있다."[19]

라고 하여 '성/율—음/려'의 대응 관계로 파악하고 있다. 최석정은 바로 이러한 대응원리를 활용하고 또 역학의 팔괘의 원리를 이용하여 중성 11자를 배열한 것이다.

19) "有一物別有一聲, 有聲則有音, 有律則有呂, 故窮聲音律呂以萬物之數"(『황극경세서』「찬도지요」).

최석정의 「11음 취상팔괘도(十一音取相八卦圖)」에 나타난 중성에 대한 해석이 『훈민정음 해례』와는 일정한 차이를 보여주고 있다. 이상의 내용을 요약해 보면 아래와 같다.

첫째, 『훈민정음 해례』에서 중성에 대한 해설은 중성자를 11자라고 한 다음, 역(易)의 천(天), 지(地), 인(人) 삼재를 상형하여 기본자로 창제하고 혀의 모양과 혀의 위치에 따라 아래의 도표와 같이 구분하였다.

기본자	자형	상형 내용	조음 때 혀 모양	혀의 전후 위치와 개구도의 차이에서 오는 느낌(음향감)	음양
•	形之圓	天開於子	縮	深	양
ㅡ	形之平	地闢於丑	小縮	不深不淺	중
ㅣ	形之立	人生於仁	不縮	淺	음

최석정은 『성리대전』을 더 충실하게 반영하여 중성의 구분을 음양의 차이로 설명하지 않고 태소(太少)에 근거를 두고 있다. 그는 음양과 강유를 다만 개구(開口)음과 제치(齊齒)음의 대립으로 본 점이 다르다.

둘째, "ㅡ(應)는 상승하는 음향으로 동(動)에 속하고, ㅣ(伊)는 하강하는 소리로 정(靜)에 속하니 이것이 양의이다. •(兒)는 ㅡㅣ의 중간으로 한 번 동하고 정하는 사이에 해당하니 삼재(三才)의 신묘함이라.[20]"이라고 하여 'ㅡ'를 '동(動)'이며 '상승하는 소리'로, 'ㅣ'를 '정(靜)'이며 '하강하는 소리'로 '•'는 'ㅡ'와 'ㅣ'의 중간 소리로 '동정(動靜)'이며, 그 중간 음으로 파악하고 있다. 이는 『훈민정음 해례』의 해석과는 전혀 다르다.[21]

---

20) "應者升浮之響屬乎動, 伊者下曳之聲屬乎靜, 兩儀也. 児者應伊之中, 當一動一靜之間, 三才之妙歟."

21) 『훈민정음 해례』에서는 '•'가 양((陽), 동(動))이며 'ㅡ'가 음((陰), 정(靜))이며, 'ㅣ'는 무위자로 동정(動靜)을 겸한다.

곧 '•(天)'가 'ㅡ(地)'와의 대응이 아니라 'ㅡ'와 'ㅣ'의 중간 소리로 곧 삼재로 파악하고 있다. 따라서 "ㅏ, ㅑ, ㅓ, ㅕ는 모두 ㅣ를 몸체로 삼고, ㅗ, ㅛ, ㅜ, ㅠ는 모두 ㅡ를 몸체로 삼으니 음이 양을 근원해서 생기고, 양이 음을 근원해서 생기는 것이다. ㅏ, ㅑ의 오른쪽과 ㅓ, ㅕ의 왼쪽, ㅗ, ㅛ의 윗면과 ㅜ, ㅠ의 아랫면은 모두 한 번은 홀수가 되고 한번은 짝수가 되는 형상이다."라고 'ㅣ'와 'ㅡ'를 기준으로 하여 'ㅏ, ㅑ, ㅓ, ㅕ, ㅗ, ㅛ, ㅜ, ㅠ' 모음이 형성되는 것으로 설명하고 있다.

자형	음성	제자방법	제자원리	음양	입술모양
ㅗ	•同而口蹙	•+ㅡ	天地初交之義	양	합(闔)
ㅏ	•同而口張	ㅣ+•	天地之用發於事物待人而成	양	벽(闢)
ㅜ	ㅡ同而口蹙	ㅡ+•	天地初交之義	음	합(闔)
ㅓ	ㅡ同而口張	•+ㅣ	天地之用發於事物待人而成	음	벽(闢)

최석정은 'ㅡ'를 '승부지향(升浮之響, 위로 뜨는 울림)', 'ㅣ'를 '하예지성(下曳之聲, 아래로 끄는 소리)', '•'를 'ㅡ'와 'ㅣ'의 중간음으로 보았다. 최석정은 기본 모음의 분류를 청각 인상을 기준으로 삼재의 상징으로 보고 여기서 다시 'ㅏ, ㅑ, ㅓ, ㅕ, ㅗ, ㅛ, ㅜ, ㅠ'를 팔괘에 적용시킨 것이다.

넷째, 일기일우지상(一寄一遇之象, 한 번은 홀수가 되고 한번은 짝수가 되는 형상)이란 『훈민정음 해례』의 일흡(一闔, [-round] 일벽(一闢, [+round]의 설명과 일치한다), 곧 평순음과 원순음의 차이를 잘 반영해 주고 있다.

다섯째, 사상설에 바탕은 둔 여덟 중성의 형성 관계를 다음과 같이 설명하고 있다. 곧 최석정은 중성 11자의 구성을 사상(四象)에 기반을 둔 8괘에 맞추어 설명하고 있다. 곧 "ㅏ, ㅓ, ㅗ, ㅜ가 바로 사상(四象)입니다. ㅡㅏ는 ㅏ가 되고 ㅣㅏ는 ㅑ가 되며, ㅡㅓ는 ㅓ가 되고 ㅣㅓ는 ㅕ가 되며, ㅡㅗ는 ㅗ가 되고 ㅣㅗ는 ㅛ가 되며, ㅡㅜ는 ㅜ가 되고 ㅣㅜ는

ㅠ가 되니 이는 사상이 팔괘를 낳은 것입니다."라고 한 최석정의 사상과 팔괘의 관계를 정리하면 다음 도표와 같다.

사상	팔괘	사상	팔괘
ㅏ 태양	ㅏ(ㅡ+ㅏ) 태양	ㅗ 소강	ㅗ(ㅡ+ㅗ) 소강
	ㅑ(ㅣ+ㅏ) 태음		ㅛ(ㅣ+ㅗ) 소유
ㅓ 소양	ㅓ(ㅡ+ㅓ) 소양	ㅜ 태강	ㅜ(ㅡ+ㅜ) 태강
	ㅕ(ㅣ+ㅓ) 소음		ㅠ(ㅣ+ㅜ) 태유

11이라는 숫자는 곧 천지 상수 'ㅣ, ㅡ, •'와 'ㅏ, ㅑ, ㅓ, ㅕ, ㅗ, ㅛ, ㅜ, ㅠ'의 수를 합한 것이다.[22]

『훈민정음 해례』에서 'ㅛ, ㅑ, ㅠ, ㅕ'를 "ㅣ에서 일어나는 소리(起於ㅣ聲)"라고 해서 재출자로 만들었는데 최석정은 'ㅏ, ㅓ, ㅗ, ㅜ'를 사상으로 팔괘에 속하는 여덟 글자는 'ㅣ', 'ㅡ'에서 일어나는 것으로 파악하고 있어 차이를 보여주고 있다. 이것은 사상과 팔괘에 끼워 맞춘 결과이다. 'ㅡ+ㅏ', 'ㅡ+ㅓ', 'ㅡ+ㅗ', 'ㅡ+ㅜ'와 같은 결합이 실재 음소로 존재하지 않지만 정음과 정성을 나타내기 위해서 사상과 팔괘의 논리에 끼워 춘 설명이라고 할 수 있다. 곧 최석정은 'ㅡ'의 개모를 인정하고 있다는 말이다.

22)

	중성	음양(天地)	상수(象數)	오행, 오방
초출자	ㅗ	初生於天－양	1	水－北
	ㅏ	初生於天－양	3	木－東
	ㅜ	初生於地－음	2	火－南
	ㅓ	初生於地－음	4	金－西
재출자	ㅛ	再生於天－양	7	火－南
	ㅑ	再生於天－양	9	金－西
	ㅠ	再生於地－음	6	水－北
	ㅕ	再生於地－음	8	木－東

성분청탁도

최석정의 「성분청탁도」는 소옹의 24정음 곧 사약(四約)과 육상(六象)을 곱한 24정음에 맞추려고 한 것이다. 그러나 실재 'ㅈ'계열에 사탁(四濁)이 없어 23정음이 된다. 이는 『동국정운』의 23자모체계와 동일한 결과이다. 다만 'ㄹ'의 배치와 후음의 'ㆆ'과 'ㅎ'의 위치가 바뀌어져 있으며, 'ㅃ'의 자표를 '也'로 된 것은 오류이다. 아마 '步'자일 것이다(정경운, 2002: 341). 그 외 육음 체계에 맞추느라 'ㅅ, ㅆ, ㄹ, ㅿ'의 배치가 체계상의 오류가 있음에도 무리하게 배속시킨 결과이다.

一清	ㄱ君	ㄷ斗	ㅂ幣	ㅈ即	ㅎ虛	ㅅ戍
二濁	ㄲ蚪	ㄸ覃	ㅃ也	ㅉ兹	ㆅ洪	ㅆ邪
三清	ㅋ快	ㅌ呑	ㅍ漂	ㅊ侵	ㆆ挹	ㄹ閭
四濁	ㆁ業	ㄴ那	ㅁ彌		ㅇ欲	ㅿ穰

최석정이 제시한 「성분청탁도」에서 청탁을 '전청−차청−전탁−불청불탁'으로 구분했던 『훈민정음 해례』와 달리 '일청−이탁−삼청−사탁'으로 구분하고 있다. 문제는 앞에서는 청각인상에 따라 '浮−中−沈'으로 구분하였다가 여기서 다시'청탁'으로 도표에서는 일청은 전청, 이탁은 전탁, 삼청은 차청, 사탁은 불청불탁으로 구분하고 있다.

최석정은 정성 24체계에 대하여 다음과 같이 설명하고 있다.

"살펴보건대, 17성이 확장되어 24성이 되고, 이것이 분배되어 청탁(清濁)이 되니 바로 소옹(邵雍)이 말한 정음(正音)이라는 것이다. 4개씩 묶으면 6묶음이니 『주역(周易)』의 육효(六爻)와 악(樂)의 육률(六律)을 형상한 것이다. 군(羣, ㄲ)·정(定, ㄸ)·병(並, ㅃ)·종(從, ㅉ)·사(邪, ㅆ)·갑(匣, ㆅ) 6자모는 파생된 소리요. 견(見, ㄱ)·단(端, ㄷ)의 갈래에 군(群, ㄲ)·정(定, ㄸ)이 있는 것은 양(陽)에 음(陰)이 있는 것과 같은데, 양이 1이고 음이 2이기 때문에 견(見, ㄱ)·단(端, ㄷ)은 하나만 쓰고 군(群, ㄲ)·정(定, ㄸ)은 쌍으로 쓴다. 순경음에서 초성은 단지 흡문(翕門)의 수등(收等)에만 보이고, 종성은 단지 간궁(艮宮)의 2섭에만 보이는데, 이것은 후대에 성음이 변한 것이지 천지 본연의 원래 소리가 아니기 때문에 정성(正聲)의 목록에 배열되지 않은 것이며, 『훈민정음 해례』에서도 자표(字標)를 세우지 않았으므로 그 의도를 명확히 알 수 있다.

ㅿ[心母]는 본래 상(商)의 4탁(四濁)인데 바뀌어 반상(伴商)의 1청(一淸)이 되었기 때문에 상(商)의 4탁이 비워져서 글자가 없으니, 소옹이 만든 도설에서 제9음의 빈자리이다. 『운회』의 후음(喉音) 가운데 영(影, ㆆ)을 순청(純淸), 효(曉, ㅎ)를 차청(次淸)이라 하였는데 이것은 반설음과 반치음을 바꾸어 놓은 것이다. 래(來, ㄹ)·일(日, ㅿ)은 같은 차탁(次濁)인데 여기서 래(來, ㄹ)가 차청(次淸)이라고 하는 것은 어째서인가? 중숙(重叔) 김만중(金萬重)이 말하기를, 『광운』 36자모 가운데 후음이 가장 알기 어렵다. 영(影)은 유(喩)를 급하게 부르므로 순청(純淸)이 될 수 없고, 갑(匣, ㆅ)은 효(曉, ㅎ)에서 파생된 소리이므로 견(見, ㄱ)에서 파생된 군(群, ㄲ), 단(端, ㄸ)에서 파생된 정(定, ㄸ)과 같은 사례에 해당한다. 심(心, ㅅ)·사(邪, ㅆ) 2자모 또한 정치음(正齒音)이 아니라 아마도 반치음인 듯하다고 하였다. 내가 살펴보건대, 입성 가운데 종성은 모두 청음을 취해서 글자로 쓰기 때문에 래(來)의 자모가 차청에 속하게 된 것이다. 또 고(古)·동(東)·복(卜)·주(走)·흑(黑)·삼(三)의 순서가 소옹이 만든 도설의 방식과 다른 것은 『훈민정음 해례』 및 『광운』, 『운회』에서 오음상생의 순서를 취했기 때문이다."[23]

---

23) "按, 十七聲衍爲二十四, 分爲淸濁, 即邵氏所謂正音也. 四約之則六, 象易之六爻, 樂之六律也. 羣定並從邪匣六毋, 即岐出之聲, 見端之有群定, 猶陽之有陰. 陽一而陰二, 故見端單書而群定雙

「정성 24(正聲二十四)」에서 정성 24자 체계의 근거가 무엇일까? 최석정은 초성을 정성(正聲)이라고 하였는데 이는 소옹이 말한 '정음'과 동일한 뜻이다. 소옹은 「경세성음수도」에서 소리는 성(聲)과 음(音)으로 구분하고 성(聲)은 양률창(陽律唱)이라고 하여 운(韻, 중성+종성)을 가리키고 음(音)은 음려화(陰呂和)라고 해서 성 곧 초성을 가리킨다.[24] 음려화는 음을 12가지로 구분하고 일청(一淸), 이탁(二濁), 삼청(三淸), 사탁(四濁)에 따른 청탁의 구분과 개(開), 발(發), 수(收), 폐(閉)로 나누어 도합 16가지로 구분하고 있다. 여기서 청탁별로 12음을 개발수폐의 발 계열의 예를 나타내면 다음과 같다.

	1음	2음	3음	4음	5음	6음	7음	8음	9음	10음	11음	12음
	喉	牙	舌頭	舌上	齒頭		正齒		脣重	脣輕	半舌	半齒
一淸	影	見	宰	知	精	■	照	■	丙	缶	■	■
二濁	匣	强	定	澄	從	邪	乘	禪	並	父	■	■
三淸	曉	溪	天	徹	淸	■	赤	■	品	副	■	■
四濁	爻	疑	泥	孃	心	□	審	□	明	謨	令	日

書也. 脣輕音, 初聲只見於翕門收等, 其終聲只見於艮宮二攝, 而是後來聲音變, 非天地本然之元聲, 故不列於正聲之目, 訓民正音, 不立字標, 其意明矣. 心母本商四濁, 而轉爲件商之一淸, 故商四濁空而無字, 即邵氏本圖第九音之空位也. 韻會喉音, 影爲純淸, 曉爲次淸, 而此則易置半舌齒音. 來日同爲次濁, 而今來爲次淸何也. 金重叔曰 "廣韻三十六母中, 喉音最難知. 影乃喩之緊呼, 不可爲純淸, 匣乃曉之岐出, 宜與見群端定同例. 心邪二母, 亦非正齒音, 似是半齒云." 愚按, 入聲之終聲, 皆取淸音爲字, 故來母屬之次淸也. 且古東卜走黑三次序, 異於邵氏本例者, 從訓民正音及廣韻・韻會, 取五音相生之□[序』也".

24) 최석정은 초성(初聲)을 정성(正聲)이라고 하였는데 이는 소옹이 말한 정음에 해당한다. 또한 소옹의 『황극경세서』「성음창화도」에서 운모음을 천성(天聲), 성모음을 지음(地音)라고 했는데, 운모음은 훈민정음의 중성(모음)과 관련이 있는 동시에 음양과 관련하므로 천도라 하였고, 성모음은 훈민정음의 초성(자음)과 관련이 있는 동시에 창화도에서 강유(剛柔)와 결부하였으므로 여기서는 지도(地道)라 하였다. 이처럼 용어가 서로 상반되기도 한다.

여기에 따르면 1음은 후음, 2음은 아음, 3음은 설두음, 4음은 설상음, 5음과 6음은 치두음, 7음과 8음은 정치음, 9음은 순중음, 10음은 순경음, 11음은 반설음, 12음은 반치음을 가리킨다. 그리고 일청은 전탁음, 이탁은 전탁음, 삼청은 차청음, 사탁은 불청불탁음을 나타낸다. 그리고 ■는 음도 없고 글자도 없는 자(無其音而無其字)이고 □는 소리는 있으나 글자가 없는 자(有其音而無其字)를 나타낸다.

최석정은 여기서 설상음은 정치음에 합치고 치두음과 정치음을 합쳤기 때문에 실제 글자 수는 23자로 줄어든 것을 6종으로 구분한 것을 도표로 나타내면 위와 같다. 최석정은 12음을 6음으로 줄였으나 청탁의 구분도 소옹의 것을 그대로 따랐음을 알 수 있다. 다만 자모 배열에 있어서 소옹은 '心(ㅅ), 審(ㅆ), 來(ㄹ), 日(ㅿ)'을 사탁에 소속시켰는데 최석정은 '心(ㅅ)'은 일청에 '審(ㅆ)'은 이탁에, '來(ㄹ)'은 삼청에, '日(ㅿ)'은 4탁에 각각 나누어 배치하였다.

소옹은 자모를 48자로 잡았는데 최석정은 24자로 잡은 것은 이론적 근거는 동일하며 다만 설두와 설상을 설음으로 치두와 정치를 치음으로 순중과 순경을 순음으로 통합함으로써 48자대 24자의 대응으로 나타나는 것이다.

"하늘의 체수는 40이고 땅의 체수는 48이다. 하늘의 수가 일(日)·월(月)·성(星)·신(辰)과 서로 곱하면 160이 되고 땅의 수가 수호토석과 곱하면 192가 된다. 하늘의 수에서 땅의 체수인 48을 빼면 112가 되는데 이것을 하늘의 성이라고 한다. 또 땅의 수에서 하늘의 체수인 40을 빼면 152가 되는데 이것을 땅이 쓰는 음이라고 한다. 성에는 청탁이 있고 음에는 벽(闢), 흡(翕)이 있다. 홀수를 만나면 성은 청(淸)이 되고 음은 벽(闢)이 된다. 짝수를 만나면 성은 탁(濁)이 되고 음은 흡(翕)이 된다. 성은 모두 율(律)이 되고 음은 모두

려(呂)가 된다. 율(律)과 려(呂)를 부르면 여가 율에 화답하게 된다. 하늘이 성을 쓰면 평·상·거·입으로 구별되고 112가 되는데 모두 개·발·수·폐의 음이 화답하게 된다. 땅이 음을 쓰면 개·발·수·폐로 구별되고 152가 되는데 모두 평·상·거·입의 성이 화답하게 되는데 모두 평·상·거·입(平上去入)의 성이 화답하게 된다."[25]

소옹의 『황극경세서』「원성음지수(原聲音之數)」에서 음(초성)과 성(운)에는 각각 본수와 체수가 있기 때문에 소옹은 12음과 48모로 나눈 것이다. 12음은 본수요, 48모는 체수이다. 그러나 최석정은 12음을 음의 극수 6을 기본으로 삼았기 때문에 자연 체수도 48의 반인 24가 된다.

『역경』「계사」에서는 1부터 10까지의 수에서 기수를 하늘(天)에, 우수를 땅(地)에 배합했는데, 정현의 『역법』에서는 하늘과 땅(天地)의 수를 1에서 5까지를 생위, 6에서 10까지를 성수라 하고, 여기에다가 오행과 사계, 사방을 결부하였으며, 기(奇)를 양, 우(偶)를 음으로 보았다. 『훈민정음해례본』에서는 여기의 기(奇)에 양성모음, 우(偶)에 음성모음을 배합시켰다. 건은 하늘(天), 곤은 땅(地), 하늘(天)은 음수, 지는 음수, 양은 기수이기 때문에 1, 3, 5, 7, 9가 이에 속한다. 음은 우수이므로 2, 4, 6, 8, 10이 이에 속한다. 하늘(天)의 수가 다섯, 땅(地)의 수가 다섯, 기수·우수의 오위가 1, 2, 3, 4, 5 6, 7 8, 9, 10처럼 각각 가까운 것끼리 짝을 이루어 각각 화합한다. 1과 6이 화합한 불(火), 3과 8이 화합한 나무(木),

25) "右圖天之體數四十. 地地體數四十八, 天數以日月星辰相因爲一百六十, 地數以水火土石相因爲一百九十二, 於天數內去地之體數四十八得一百一十二, 是謂天地用聲. 於地數內去天之體數四十, 得一百五十二, 是爲地之用音. 凡日月星辰四象爲聲. 水火土石四象爲音. 聲有淸濁, 音有闢翕, 遇奇數, 則聲爲淸音爲闢, 遇偶數, 則聲爲濁, 音爲翕, 聲皆爲律, 音皆爲呂, 以律唱呂, 以呂和律. 天地用聲別以, 平上去入者一百一十二, 皆以開發收閉之音和之. 地之用音別以開發收閉者一百五十二, 皆以平上去入之聲唱之據圖觀之"(『황극경세서』「관물내편」).

4와 9가 화합한 쇠(金), 5와 10이 화합한 흙(土) 등이다. 하늘(天)의 수인 1, 3, 5, 7, 9를 합하면 30, 하늘과 땅(天地) 수의 총계는 55가 된다. 이 양수·음수가 음양의 변화와 진행 운행의 자취를 상징한다.[26] 정현의 『역법』에서도 하늘(天) 1이 북에 있어서 물(水)을 낳아 ☵(坎), 땅(地) 2가 남에 있어서 불(火)을 낳아 ☲(離), 하늘(天) 3이 동에서 나무(木)를 낳아 ☴(巽), 땅(地) 4가 서에서 쇠(金)를 낳아 ☱(兌), 하늘(天) 5가 중앙에서 흙(土)을 낳는다. 양과 음에 배우가 없으면 상성할 수가 없다. 지 6이 북에서 물(水)을 성생하고 하늘(天) 1과 나란히 서며, 하늘(天) 7이 남에서 불(火)을 성생하여 땅(地) 2와 나란히 서며, 땅(地) 8이 동에서 나무(木)를 성생하여 하늘(天) 3과 나란히 서며, 하늘(天) 9가 서에서 쇠(金)를 성생하여 땅(地) 4와 나란히 서며, 땅(地) 10이 중앙에서 흙(土)을 성생하여 하늘(天) 5와 나란히 선다.[27] 공영달(孔穎達)의 『역경정의』 만물이 형성될 때 미소한 것부터 점점 나타나며, 오행의 전후도 또 미소한 것부터 먼저 나타난다. 물(水)은 가장 미소한 것으로서 1이 되며, 불(火)은 점점 나타나서 2가 된다. 나무(木)의 형체는 실지로는 3이 되며, 쇠(金)는 고체이기 때문에 4가 되며, 흙(土)은 바탕(質)이 크기 때문에 5가 된다.[28]

양수는 홀수요 홀수는 1이고, 음수는 짝수요 짝수는 2이다. 그러므로 1을 확대하여 10을 만들면 이것이 천(天) 본체의 수요, 2를 확대하여 12를 만들면 이것이 지(地) 본체의 수이다. 물(物)에는 색(色)·성(聲)·기

---

26) "天一地二, 天三地四, 天五地六, 天七地八, 天九地十, 天數五, 地數五, 五位相得而各有合, 天數二十有五, 地數三十. 凡天地之數五十有五, 此所以成變化而行鬼神也".

27) "天一生水于北, 地二生火于南, 天三生木于東, 地四生金于西, 天五生土于中, 陽無耦陰無配, 未得相成, 地六成水于北, 與天一並 天七成火于南, 與地二並, 地八成木于東, 與天三並, 天九成金于西, 與地四並, 地十成土于中 與天五並".

28) "萬物成形以微著爲漸, 五行先後亦以微著爲先, 水最微爲一, 火漸著爲二, 木形實爲三, 金體固爲四, 土質大爲五".

(氣)·미(味)가 있으나 성(聲)이 가장 성대하다. 성(聲)의 수에서 벽흡한 것은 천(天)에 짝하고 청탁한 것은 지(地)에 짝하여 한번 벽(闢)하고 한번 흡(翕)하면서 10성(聲)이 앞에서 소리 내고, 한번 청(淸)하고 한번 탁(濁)하면서 12음(音)이 화합한다. 벽흡에 경중(重輕)의 순서가 있고, 청탁에 순수함에 대한 구분이 있기 때문에, 성(聲)의 본체가 40이고, 음(音)의 본체가 48인 것이다. 성(聲)에 40이 있는데 평·상·거·입(平上去入)의 감(感)이 다르고, 음(音)에 48이 있는데 개발수폐(開發收閉)의 응(應)이 나누어지므로, 성(聲)의 본체의 수는 160에 이르고 음(音)의 본체의 수는 192에 이른다. 성(聲)에 십궁(十宮)이 있는데 천(天)의 본체 수 4 가운데 활용되는 것이 3이요 활용되지 않는 것이 1이므로 위차(位次)만 있고 성(聲)이 없는 것이 40이요, 음(音)에 12궁(宮)이 있는데 지(地)의 본체 수 4에서 활용되는 것이 3이요 활용되지 않는 것이 1이므로 위차(位次)만 있고 음(音)이 없는 것이 48이다. 160에서 40을 빼면 천(天)의 활용되는 성(聲)이 120이요, 192에서 48을 빼면 지(地)의 활용되는 음(音)이 144이다. 120을 4로 묶으면 30이고, 144를 4로 묶으면 36인데 바꾸면 24이다.

32는 위차(位次)가 있고 성(聲)이 없는 전체 수요, 24는 위차가 있고 음(音)이 없는 반의 수이다. 성(聲)의 활용 수는 32에서 그치고 음(音)의 활용 수는 24에서 그치므로 양(陽)은 전체를 활용하고 음(陰)은 반을 활용한다. 전체 수로 말하면 40에서 8을 버린 것이 한 번이면 바로 성(聲)의 32요, 48에서 12를 버린 것이 두 번이면 바로 음(音)의 24이다. 양(陽)은 하나를 버리고, 음(陰)은 두 개를 버리는 이유는 양(陽)은 1을 하나로 삼고 음(陰)은 2를 하나로 삼기 때문이다.

천(天)의 수가 10인데 8개를 쓰고, 지(地)의 수가 12인데 6개를 쓰므로 괘(卦)에 8괘가 있고 효(爻)에 6효가 있으며, 음(音)에 8음이 있고 율(律)에 6율이 있는 것이다. 벽흡이 나뉘면서 양의(兩儀)를 형상하고 개발수폐가 교차하면서 사상을 형상하며, 평측(平仄)이 드러나면서 팔괘(八卦)를 형상하고 청탁이 서로를 낳으면서 64괘를 형상하며, 한 운(韻)마다 4등위와 한 음(音)마다 4성(聲)으로 생겨난 384는 괘(卦)를 거듭해서 나온 효(爻)를 형상한 것으로 모두 자연에서 생겨난 수이다.

괘(卦)의 수 64에서 32를 버리고 남은 32를 사용하여 성(聲)을 만들었으니 시초(蓍草) 백 가닥에서 반을 사용하는 것을 형상하고, 본체의 수인 384개 시책(蓍策)에서 일 년에 해당하는 숫자(360)를 버리고 나머지 24를 사용하여 음(音)을 만들었으니 시책(蓍策)을 과설(過揲)[29]하여 기수를 손가락에 끼우는 것을 형상한다.

천(天)은 둥글고 지(地)는 네모나며, 둥근 것은 1에서 시작해 6을 쌓고 네모난 것은 1에서 일어나 8을 쌓는다. 성(聲)은 8을 사용하고 음(音)은 6을 사용함으로써 음양이 서로 그 작용을 가지고 있기 때문에 정성(正聲) 속에 벽음(闢音)과 흡음(翕音)이 있고, 정음(正音) 속에 청성(淸聲)과 탁성(濁聲)이 있다.

사성 가운데 입성의 글자가 가장 적은 것은 천(天)의 신(辰)이 드러나지 않기 때문이고, 사등(四等) 가운데 발음(發音)의 운(韻)이 가장 적은 것은 지(地)의 화(火)가 항상 잠겨 있기 때문이다.

체수(體數)의 시책(蓍策) 384에서 192는 양이고 192는 음이다. 양이 변하고 음은 변하지 않으므로 성(聲)의 수에서 양의 시책 32를 버리면 160이 되니 선천도에서 복(復)괘로부터 건(乾)괘에 이르는 32괘의 초효(初爻)가 그것이다. 음(音)의 수 192에는 음책(陰策)이 있어 숫자가 변하지 않는다. 양수는 원으로 원은 지름이 1이면 둘레가 3이다. 음수는 네모로 네모는 지름이 1이면 둘레가 4이다. 그러므로 천(天)의 용성(用聲) 128은 곧

29) 과설(過揲)이란 시초점을 칠 때 3배수로 갈라내는 것을 말한다.

체책(體策)을 3등분한 것의 하나이고, 지(地)의 용음(用音) 96은 곧 체책(體策)을 4등분한 것의 하나이다.

성(聲)의 임·계(壬癸)가 위차만 있고 소리가 없는 것은 어째서인가. 하늘은 남쪽에서 나타나 북쪽에서 잠기기 때문에 사람들이 그 앞과 좌우를 볼 수 있지만 뒷면은 볼 수 없는 것이다. 음(音)의 해·자·축(亥子丑)이 위차만 있고 음이 없는 것은 어째서인가. 하지(夏至)에 해가 인(寅)방에서 떠서 술(戌)방으로 들어가므로 해·자·축(亥子丑) 세 시각은 해가 땅에 들어가서 눈으로 볼 수 없기 때문이다. 사계절에서도 봄에 만물을 낳아서 가을에 만물을 거두며, 겨울에는 폐장(閉藏)되어 생장하지 않는다.

음(音)의 해·자·축(亥子丑)은 참으로 만물을 생장시킬 수 없을 듯하다. 신·유·술(申酉戌) 세 궁(宮)이 음이 있는데도 그 글자가 없는 것은 어째서인가. 신·유·술(申酉戌) 세 궁을 사시(四時)에 비유하자면 가을에 만물을 거두는 것과 같다. 이 때문에 그 음은 있지만 글자는 빠진 것이다. 그 음은 청각(淸角)에서 신(申)에 해당하고, 청궁(淸宮)에서 유(酉)에 해당하며, 청우(淸羽)에서 술(戌)에 해당한다. 그 자모는 이미 인·진·호(寅辰午) 세 궁(宮)에 보이기 때문에 나타내지 않은 것이다(다시 상세히 살펴야 할 것이다).

소옹의 경우 성(聲)은 28에서 그쳤고 음(音)은 48까지 궁구하였지만 신법(新法)에서는 성(聲)으로 32개를 쓰고 운(音)으로 24개를 썼다. 아마도 소옹의 정법(正法)에서 정성(正聲)은 성(星)의 3벽(闢)의 을(乙)·기(己), 정(丁)·신(辛)의 4성(聲)을 일(日)의 1벽(闢) 가운데 넣었기 때문에 28에서 그쳤고, 정음(正音)은 치·궁·상·우(徵宮商羽)의 반음인 24음을 2배하여 그 수에 이른 것이니 도설을 살펴보면 알 수 있을 것이다.

체수(體數)의 책(策) 384에서 건·곤·이·감(乾坤離坎)의 시책을 제외하면 용수(用數)가 360이니 한해의 날짜에 해당한다. 체수의 용(用) 272에서 음책(陰策) 48을 제외하면 224이며, 가운데 128은 양이 되고 96은 음이 되니 이것이 용수(用數)의 활용이다. 음양(陰陽)이 창화하는 숫자는 2288로 만물의 수에 해당하며, 간궁(艮宮)의 반 768을 제외하면 11520으로 『주역』 2편의 책수(策數)에 해당한다.

하도(河圖)의 수는 1이 9를 포함하여 10이 되니 태양(太陽)의 수이고, 2가 10을 포함하여 12가 되니 태음(太陰)의 수이다. 3이 7을 포함하여 10이 되니 소양(少陽)의 수이고, 4가 8을 포함하여 12가 되니 소음(少陰)의 수이다. 5와 6은 천지의 중수(中數)이기 때문에 비워두고 쓰지 않는다. 이 한 구절에 대해 최규서(崔奎瑞)[30]가 말하길, "지(地)의 강유(剛柔)는 천(天)의 음양(陰陽)과 같다."고 하였다.

성(聲)의 11은 천지 중수(中數)의 합이다. 음(音)의 15는 하도(河圖)의 중수(中數)이다. 음(音)의 반상(半商)과 반치(半徵)는 정음(正音) 속에 배열되지 않기 때문에 단지 15만을 취한 것이다.

360에서 양책(陽策) 40과 음책(陰策) 48을 제외하면 체수(體數)로 쓰이는 것이 272이니 양(陽) 128과 음(陰) 144를 합한 수이다. 양 160과 음 192를 합하여 352를 얻고 8책을 넣으면 일년의 일수에 해당된다(음양이 각각 4책씩이다). 건곤이감(乾坤離坎)의 책은 24절기에 해당한다. 성(聲)의 11과 음(音)의 17을 합하면 28이 되니 열수(列宿)의 수이다. 성(聲)을 확대하여 32로 만들고 음(音)을 확대하여 24로 만들어 이것을 합하여 56을 얻으니 열수(列宿)의 배수이다. 64괘에서 건(乾)·곤(坤)·감(坎)·리(離)·이(頤)·대과(大過)·중부(中孚)·소과(小過)를 빼면 또한 56괘가 되고, 이것을 2배 하면 112이다. 천(天)의 양책이 112이고 지(地)의 음책이 또한 112로

---

30) 최규서(崔奎瑞, 1650~1735): 자는 문숙(文叔), 호는 간재(艮齋), 소릉(少陵), 파릉(巴陵), 본관은 해주(海州)이다.

이것을 합하면 224이다. 음책 16을 덜어서 양책에 넣으면 양은 넉넉하고 음은 모자란다. 양이 음을 침범하는 것은 낮이 밤을 침범하는 것과 같은 이치이다. (天의 양책은 乾卦로부터 復卦에 이르는 32괘 중의 양효이다. 地의 음책도 이와 같다.) 건책(乾策) 216에서 양책 40과 음책 48을 빼면 128이고, 곤책(坤策) 144에서 음책 48을 빼면 96이다. 이것이 용수(用數)의 용(用)이다. 소음(少陰)과 소양(少陽)으로 본다면 건책 168에서 양책 40을 빼면 또한 128이고, 곤책(坤策) 192에서 음책 48을 빼면 144가 되니 이것은 체수의 용(用)이다. 천책(天策) 36을 3배 하면 108이 되고 지책(地策) 36을 3배 해도 역시 108이 된다. 천(天)에 여분이 있어서 한 차례 다시 36을 더하면 천책은 144이고, 천책에서 16을 빼고 지책에서 12를 빼면 용수의 운용이 된다. 16은 4를 4배한 수이고 12는 4를 3배한 수이다. 또 16은 2를 8배한 것이고 12는 2를 6배한 것이다.[31]

31) 천책(天策)은 건괘로부터 진괘(泰卦)에 이르는 8괘 중 양효(陽爻)이고, 지책(地策)은 불괘(否卦)괘부터 관괘(坤卦)까지의 음효(陰爻)이다. 채원정(蔡元定)은 『황극경세서』 권2에 주에서 "태양, 태강, 소양, 소강의 체수(體數)는 모두 10이다. 소강절이 이르기를 양수는 1인데 변화 발전하여 10이 된다. 음수는 2인데 변화 발전하면 12가 된다. 또 일(日)·월(月)·성(星)·신(辰)과 사상은 서로 곱하면 16이 된다. 16에서 10을 곱하면 160이 된다. 또 태음, 태유, 소음, 소유의 그 체수(體數)는 모두 12이다. 수화토석과 사상을 곱하면 16이 된다. 12에서 16을 곱하면 192가 된다. 이는 일(日)·월(月)·성(星)·신(辰)과 수화토석의 체를 이룬다. 160에서 192를 곱하면 30,720이 되는데 동물이 되고 192에서 160을 곱하면 30,720이 되는데 이는 식물이 된다."라고 하여 우주 삼라만상을 상수로 전부 풀이하고 있다. "고로 이와 같이 정성(正聲)에 평·상·거·입과 정음(正音)의 개발수폐를 나열하면 도표로 만들면 성음이 온전한 수를 나타내 보이게 된다. 그러나 ○는 성이 있으나 글자가 없는 것이 있고 음이 있으나 글자가 없는 것이 있다(故以正聲之平上去入, 正音之開發收閉列而爲圖, 以見聲音之全數, 其○有其聲而無其字者也. 其口有其音而無其字者也)." 역(易)의 수리론(數理論)에 의한 성음계산법(聲音計算法)인데 경세성음도(經世聲音圖)의 주에서 송나라 학자들이 자세히 언급한 바 있다. 합하고 곱하고 하는 것은, 천지변화는 사상(四象)이 참오착종(參伍錯綜)하여 만물이 생겨난다는 사상에서 나온 것. 그리고 앞에서도 설명한 바와 마찬가지로 여기에서 말하는 '성(聲)'은 '초성(聲母)', '음(音)'은 '중성(中聲)'을 가리키는 말이다.

4. 최석정의 훈민정음 해석

전탁의 해석

최석정은 전탁음 ㄲ虯, ㄸ覃, ㅃ並, ㅉ玆, ㅆ邪, ㆅ洪 6자모는 전청음 ㄱ君, ㄷ斗, ㅂ幣, ㅈ即, ㅅ戍, ㅎ虛에서 분화한 즉기출지성(即岐出之聲)이라고 하여 다음과 같이 서로 대립하고 있다고 설명하고 있다.

	음양(陰陽)	수효(數爻)	자형
일청(전청음)	양	1	單書
이탁(전탁음)	음	2	雙書

일청과 이탁은 곧 전청음과 전탁음의 대응인 동시에 무성과 유성의 대립 관계인데 이를 다시 음양의 대립으로 그리고 상수로는 1과 2로 대응시킨 이유를 도무지 이해할 수 없다.

최석정은 순경음에 대해 초성에서는 합(翕)[32]의 수(收)[33]에 한하고 종성에서는 간궁(艮宮)의 이섭(二攝)에만 실현되기 때문에 변이음으로 처리할 수 있으니 천지 본래의 성이 될 수 없다. 변음은 정성에 포함될 수 없었기 때문에 훈민정음에서도 기본자에서 제외시킨 것이다.

---

32) 흡(翕)이란 원래 중성 분류에 사용되는 술어인데 그의 「音分闢翕圖」에는 "ㅘㆇㅝㆊ ㅗㅛㅜㅠㅙㆈㅞㆋ ㅚㆉㅟㆌ", 곧 원순성[+round』이 있는 合口音 모음을 흡(翕)이라고 한다. 곧 원순성모음을 말한다.

33) 수음(收音)이란 그의 「音分開發收閉圖」에 따르면
開音一
收音一
發音一
閉音一
魚鍾韻은 34등, 元凡韻은 순삼등운이기 때문에 수음은 3등운을 가리킨다.

병와 이형상은 『악학편고(樂學便考)』 권1 「성기원류(聲氣原流)」에

> “하늘(天)은 음양(陰陽)이 있고 땅(地)에는 강유(剛柔)가 있어 음양은 기(氣)이며, 기로서 생성되는 고로 벽흡(闢翕)과 강유(剛柔)는 질(質, 바탕)이다. 질로서 성음이 이루어지는 까닭에 창화가 있고 성은 하늘(天)을 수반하여 변율(變律)이 있고 음은 땅(地)을 수반하여 변여(變呂)가 있게 된다. 율(律)은 성(聲)이 교차되어 평(平), 상(上), 거(去), 입(入)으로서 생겨나고 여(呂)는 음(音)과 호응하여 개(開), 발(發), 수(收), 폐(閉)가 생겨나도다. 이 사성은 이미 심약이 창안한 것에서 나왔다.”[34]

이라 하였다.

약율(樂律)의 입장에서 소리의 생성원리를 정리하면 다음과 같다.

음(陰) 벽(闢)
하늘(天) 기(氣) 성(聲) 변율(變律)－平, 上, 去, 入—모음
양(陽) 흡(翕)

강(剛) 창(唱)
땅(地) 질(質) 음(音) 변여(變呂)－開, 發, 收, 閉—자음
유(柔) 화(和)

양률(陽律), 음려(陰呂): 율(律), 여(呂)는 본시 6율과 6여로 나누어 음계(音

34) “天有陰陽, 地有剛柔, 陰陽氣也. 氣以生成, 故有闢翕剛柔質也. 質以成音, 故有唱和, 聲隨天而變律, 音隨地而變呂. 律交聲而 平上去入生焉. 呂乎音而開發收閉成焉, 此四聲槩自沈約而刱焉”와 이형상은 『악학편고(樂學便考)』 권1 「성기원류(聲氣原流)」.

階)를 표시하는 중국 음악 용어이다. 그러나 여기 것은 소옹(邵雍)이 그의 운도(韻圖)에서 사용한 술어이다. 여기서 벽(闢)은 개구(開口) 평순모음, 흡(翕)은 합구(合口) 원순모음을 말한 것이다.

라고 하였다.

순경음의 해석

최석정은 순경음의 실현은 초성에서는 흡문(翕門)[35]의 수음(收音)[36]에서, 종성에서는 양궁(良宮)의 이섭(二攝)[37]에만 나타나는 변이음으로 처리하여 정음으로 다루지 않았다. 훈민정음에서도 이러한 이유로 독자적인 문자를 만들지 않고 순음 아래 'ㅇ'을 연서하도록 규정한 것으로 이해하고 있다.

최석정이 말하는 흡문수음(翕門收音)은 『광운』에서 말하는 3등 합구운을 말하는 것이지만 자신의 「성음률려창화전도」에 의하면 '鍾'운은 'ㅜ', '元'운은 'ㅓ' 또는 'ㅝ', '魚'운은 'ㅡ'로 표기한 것으로 보아 흡문수음은 'ㅡ, ㅜ, ㅓ' 중성을 가리키는 것으로 보인다.

순경음은 흡문의 수음 'ㅡ, ㅜ, ㅓ' 앞이나 양궁의 이섭인 '肴'운(·ㅣ)과 '蕭'운(ㅗ) 의 뒤에서만 본래 비순경음이 순경음으로 나타난다고 이해하

35) 흡문은 중성 분류에 사용되는 용어인데 최석정의 「분음벽흡도」에 따르면 'ㅘ, ㆇ, ㅝ, ㆊ, ㅗ, ㅛ, ㅜ, ㅠ, ㅙ, ㆈ, ㅞ, ㆋ, ㅚ, ㆉ, ㅟ, ㆌ'가 여기에 속한다. 합구음이라고 하는 원순모음 계열을 지칭한다.

36) 수음은 그의 「음분개발수폐도」에 따르면 개음으로 '歌唐寒魂之屬', 발음으로 '麻江刪肴之屬', 수음으로 '魚鍾元凡之屬', 폐음으로 '齊祭先蕭之屬'으로 구분하고 있는데 이 수음 '魚鍾元凡'은 대개 『광운』에서 말하는 3등운으로 볼 수 있다.

37) 양궁(良宮)의 이섭(二攝)은 최석정의 「성음률려창화전수도」에 따르면 '肴'운(·ㅣ)과 '蕭'운(ㅗ)을 가리키는 것으로 보인다.

고 있다.

유창균(1984: 492)은 “중국 상고의 성모계에는 순경음이 들어 있지 않고, 그것이 중고음에서 비로소 순중음과 순경음의 대립을 보이고 있으며 우리의 국어에서도 중세국어에 나타난 유성음 간의 순경음은 그 음성 환경에 지배되어 순경음화한 것이라는 것은 널리 알려진 사실이다.” 라고 하면서 최석정의 견해가 상당한 일리가 있다고 판단하면서 몇 가지 문제점을 제기하였다.

‘심(心)’모의 해석

‘심(心)’모(ㅿ)는 『광운』이나 『홍무정운』에서는 전청음으로‘정(精)’모와 동일하게 취급하기도 하지만 『고금운회거요』에서는 차청차음이라고 하여 ‘정(精)’모와 다른 계열로 다루고 있다.

음분벽흡도(音分闢翕圖)

一闢	[ㅏ] 阿	[ㅑ] 也	[ㅓ] 於	[ㅕ] 與
二翕	[ㅘ] 烏阿	[ㆇ] 要也	[ㅝ] 于於	[ㆊ] 由與
三闢	[ㆍ] 兒	[ᆝ] 伊兒	[ㅡ] 應	[ᆜ] 伊應
四翕	[ㅗ] 烏	[ㅛ] 要	[ㅜ] 于	[ㅠ] 由
一闢	[ㅐ] 阿伊	[ㅒ] 也伊	[ㅔ] 於伊	[ㅖ] 與伊
二翕	[ㅙ] 烏阿伊	[ㆈ] 要也伊	[ㅞ] 于於伊	[ㆋ] 由與伊
三闢	[ㆎ] 兒伊	[ᆝㅣ] 伊兒伊	[ㅢ] 應伊	ᆜㅣ] 伊應伊
四翕	[ㅚ] 烏伊	[ㆉ] 要伊	[ㅟ] 于伊	[ㆌ] 由伊

최석정은 초성을 정성이라고 하고 중성을 정음이라고 하였는데 소옹과는 정반대로 사용하고 있다. 여하튼 중성 곧 정음의 수를 32개로 잡은

것은 11중성(ㅏ, ㅓ, ㅗ, ㅜ, ㅑ, ㅕ, ㅛ, ㅠ, ㅡ, ㅣ, ㆍ) 11자에서 「음분벽흡도」에 나타나는 2중 3중 모음을 모두 합쳐 32자가 된다.

중성의 수를 32개로 잡고 일벽, 이흡, 삼벽, 사흡의 4종류로 나누고 각각 8종의 음이 분속되어 있으니 총 32개가 된다. 『황극경세서』 「성음창화도」에 성(聲)은 청(淸), 탁(濁)으로 구분하고 운(韻)은 흡(翕), 벽(闢)으로 구분하였다. 흡(翕), 벽(闢)은 곧 개구와 합구의 개념으로 개모 w의 유무에 따라 1등, 2등, 3등, 4등으로 구분하는데 소강절(邵康節)은 이를 일(日)·월(月)·성(星)·신(辰)으로 구분하였다. 벽음은 '闢 열 벽', 곧 개구음이라는 뜻으로 쓴 것이며, 흡음은 '翕 합할 흡', 곧 합구음이라는 뜻으로 쓴 것이다. 벽흡은 곧 벽(闢)은 개(開)이고 흡(翕)은 합(合)인데, 운두나 운복의 모음을 분류할 때 개구, 합구로 대분하는 까닭으로, 이러한 벽흡 등 술어로 사용한 것이다. 즉 벽(闢)은 개구의 뜻으로, 흡(翕)은 합구의 뜻으로 사용하고, 실지로 표를 보아도 이렇게 배열되어 있다.

곧 개구음에서 일벽은 'ㅏ ㅓ'를 중심으로 삼벽은 'ㆍ ㅡ'를 중심으로 하였고 합구음에서는 이흡은 'ㅘ ㅝ'를 중심으로 사흡은 'ㅗ ㅜ'를 중심으로 한 것이다. 그리고 일벽과 사흡을 합용하면 이흡이 되는데 이는 초성에서 일청을 병서하며 전탁음이 되는 것과 같은 원리이다.

최석정은 중성을 32로 추정하고 4개의 벽흡으로 나누어 8이라는 상수를 얻었는데 이 8이 바로 역학의 8괘나 악학의 8음과 일치하는 것으로 짜 맞춘 것이다. 결국 이처럼 끼워 맞추다가 보니 'ㅣ'를 제외시킨 결과를 낳게 되었다.

명곡 최석정은 중성을 「십일음취상팔괘도」와 「음분합벽도」 두 곳에서 분류하고 있다. 「십일음취상팔괘도」에서는 역학에 바탕을 둔 분석 방법이었다. 그 결과는 훈민정음과 상당한 차이를 보이게 된다. 「음운흡벽도」는 정음 32자는 소옹의 사약(四約)과 팔상(八象)과의 곱으로 생겨난

수이다.

•: 甲乙, 이궁
ㅡ: 丙丁, 이궁
ㅣ: 戊己庚辛, 사궁

천지인 삼재와 8궁과의 관계를 정리하면 위와 같다. 『황극경세성음창화도』에 성(聲)은 청(淸), 탁(濁)으로 구분하고 운(韻)은 흡(翕), 벽(闢)으로 구분하였다. 흡(翕), 벽(闢)은 곧 개구와 합구의 개념으로 개모 [w]의 유무에 따라 1등, 2등, 3등, 4등으로 구분하는데 소강절은 이를 일(日)·월(月)·성(星)·신(辰)으로 구분하였다. 벽흡에서 벽(闢)은 개(開)이고 흡(翕)은 합(合)인데, 운두나 운복의 모음을 분류할 때 개구, 합구로 대분하는 까닭으로, 이러한 벽흡 등 술어로 사용한 것이다. 즉 벽(闢)은 개구의 뜻으로, 흡(翕)은 합구의 뜻으로 사용하고, 실지로 「일성도(一聲圖)」에서 이렇게 배열하였다.

一聲	一	一闢	岡	ㅏ	강……開口
	月	二翕	光	ㅘ	광……合口
	星	三闢	開	ㅐ	캐……開口
	辰	四翕	媧	ㅙ	괘……合口

벽(闢)은 개(開)이고 흡(翕)은 합(合)인데, 운두나 운복의 모음을 분류할 때 개구, 합구로 대분하는 까닭으로, 이러한 벽흡(闢翕) 등 술어로 사용한 것이다. 즉 벽(闢)은 개구의 뜻으로, 흡(翕)은 합구의 뜻으로 사용하고, 실지로 표를 보아도 이렇게 배열되어 있다. 소옹은 『황극경세서』에서

'합(合)'을 '합(翕)'자로, '개(開)'를 '벽(闢)'자로 썼는데, 『훈민정음 해례』에서는 "이 아래 8성은 일합 일벽(此下八聲, 一闔一闢)"에서처럼 '흡(翕)'자와 뜻이 같은 '합(闔)'자를 써서 '합(闔), 벽(闢)'으로 표현했다. 또 합벽은 '구축(口蹙)', '구장(口張)'과도 상호 연관 관계에 있으므로 이들은 모음을 원순성 여부와 개구도를 참고로 해서 분류한 기준으로 볼 수 있다.

최석정은 중성의 소리에는 'ㆍ ㅡ ㅣ'를 말세(末勢)에서 내포하고 있다고 인식하고 있다.

"중성의 소리는 ㆍㅡㅣ를 최종 형태[末勢]로 인식하니 곧 삼재(三才)의 형상이다. 갑(甲), 을(乙) 두 궁(宮)은 ㆍ(皃)에 귀속되고, 병(丙), 정(丁) 두 궁은 ㅡ에 귀속되고, 무(戊), 기(己), 경(庚), 신(辛) 네 궁은 ㅣ에 귀속되니 최세진(崔世珍)이 말한 'ㅏ는 ㅏ와 ㆍ 사이이고, ㅑ는 ㅑ와 ㆍ 사이이므로 중국의 음운에 부합된다고 하는 것이 이것이다. 갑을병정 네 궁의 12자는 비록 글자 아래에 ㅡ를 표시하지는 않더라도 음이 되므로 3벽(三闢)의 자모를 생략한 것이다."

	갑 을 병 정	무 기 경 신
일벽	ㅏ ㅑ ㅓ ㅕ	ㅐ ㅒ ㅔ ㅖ
삼벽	ㆍ ᆝ ㅣ ㅡ	ㆎ ᆝㅣ ㅢ ㅚ
이흡	ㅘ ㆇ ㆊ ᆑ	ㅙ ᆦ ᆒ ᆏ
사흡	ㅗ ㅛ ㅜ ㅠ	ㅚ ㆉ ㅟ ㆌ

여기서 갑을 계열(ㅏ ㅑ ㆍ ㅣ ㅘ ㆇ ㅗ ㅛ)은 그 끝이 'ㆍ'로 돌아가고 병정계열(ㅓ ㅕ ㅡ ㅡ ㅝ ㅘ ㅜ ㅠ)은 그 끝이 'ㅡ'로, 돌아간다는 것이다. 무기경신 계열은 그 끝이 'ㅣ'로 되돌아간다고 한다. 결국 갑을병정 계열은 무기경신 계열과 함께 그 미세를 표시하지 않아도 성음이 가능하기

때문에 자형으로는 '• ㅡ' 표시하는 것을 생략한 것이다. 삼관(三關)의 '•'는 'ㅡ •', 'ㅣ'는 'ㅣ •', 'ㅡ'는 'ㅡ ㅡ', 'ᆜ'는 'ㅣ ㅡ'와 같이 된다는 것이다. 이는 『사성통고』「범례」

"대저 우리의 음은 가볍고 얕으나, 중국의 음은 무겁고 깊은데 이제 훈민정음은 우리 음에서 나온지라 만약 한음에 쓰려면 반드시 변통이 있어야 애체(礙滯, 막히고 정체됨)됨이 없을 것이다. 이를테면 중성에서 ㅏ, ㅑ, ㅓ, ㅕ의 장구(張口, 입을 옆으로 벌려 발음)의 평순음의 글자는 초성을 낼 때도 입이 변치 아니하고 ㅗ, ㅛ, ㅜ, ㅠ 축구(縮口, 입을 오므리고 발음)의 원순음의 글자는 초성을 낼 때도 혀가 변치 아니하는 것이라. 중성의 ㅏ가 되는 자는 ㅏ, •의 중간과 같이 읽고 ㅑ일 때는 ㅑ, •의 중간과 같이 읽고 ㅓ는 ㅓ, ㅡ의 중간, ㅕ는 ㅕ, ㅡ의 중간, ㅗ는 ㅗ, •의 중간, ㅛ는 ㅛ, •의 중간, ㅜ는 ㅜ, ㅡ의 중간, ㅠ는 ㅠ, ㅡ의 중간, •는 •, ㅡ의 중간, ㅡ는 ㅡ, •의 중간, ㅣ는 ㅣ, ㅡ의 중간이라야 거의 중국음에 맞다. 지금 중성이 변한 것은 운마다 같은 중성 첫 자 아래 이를 설명한다."38)

의 설명과 비슷하다. 곧 모든 중성은 그 말세에 '• ㅡ ㅣ' 세음을 내포하고 있다고 본 것이다. 다만 『사성통고』「범례」에는 'ǁ ㅡ' 두 음만을 예로 들었는데 최석정은 '• ㅡ ㅣ' 세 음을 들어 'ㅣ'를 더 추가하였다. 또 『사성통고』「범례」에서는 '•'는 '• ㅡ'의 사이, 'ㅡ'는 'ㅡ ㅡ'의 사이

38) "大抵本國之音, 輕而淺, 中國之音, 重而深, 今訓民正音, 出於本國之音, 若用於漢音, 則必變而通之, 乃得無礙, 如中聲ㅏㅑㅓㅕ, 張口之字, 則初聲所發之口不變, ㅗㅛㅜㅠ縮口之字, 則初聲所發之舌不變, 故中聲爲ㅏ之字, 則讀如ㅏ•之間, 爲ㅑ之字, 則讀如ㅑ•之間, ㅓ則ㅓㅡ之間, ㅕ則ㅕㅡ之間, ㅗ則ㅗ•之間, ㅛ則ㅛ•之間, ㅜ則ㅜㅡ之間, ㅠ則ㅠㅡ之間, •則•ㅡ之間, ㅡ則ㅡ•之間, ㅣ則ㅣㅡ之間, 然後, 庶合中國之音矣, 今中聲變者, 逐韻同中聲, 首字之下, 論釋之"(『사성통고』「범례」).

로 보고 'ㅣ'에 대해서는 다른 설명이 없는데 최석정은 '• ㅡ ㅣ' 세 가지를 모두 들어 그 말세를 기술하고 있다. 그 기술의 기반은 역시 역학의 삼재설에 기초를 두고 있다.

율려상승배합성자도(律呂相乘配合成字圖)

律은 초성, 呂는 중성을 가리킨다. 결국 23개의 초성과 32개의 중성을 반절식으로 결합한 자음의 총수를 도표로 나타낸 것이다.

		一闢								三闢							
		甲	乙	丙	丁	戊	己	庚	辛	甲	乙	丙	丁	戊	己	庚	辛
		ㅏ	ㅑ	ㅓ	ㅕ	ㅐ	ㅒ	ㅔ	ㅖ	ㆍ	ㆎ	ㅡ	ㅢ	ㅔ	ㆎ	ㅢ	ㅢ
一清 (寅)	ㄱ	가	갸	거	겨	개	걔	게	계	ᄀᆞ	ᄀᆡ	그	긔	ᄀᆡ	ᄀᆡ	긔	긔
二濁	ㄲ	까	꺄	꺼	껴	깨	꺠	께	꼐	ᄁᆞ	ᄁᆡ	끄	끠	ᄁᆡ	ᄁᆡ	끠	끠
三清	ㅋ	카	캬	커	켜	캐	컈	케	켸	ᄏᆞ	ᄏᆡ	크	킈	ᄏᆡ	ᄏᆡ	킈	킈
四濁	ㆁ	아	야	어	여	애	얘	에	예	ᄋᆞ	ᄋᆡ	으	의	ᄋᆡ	ᄋᆡ	의	의
一清 (卯)	ㄷ	다	댜	더	뎌	대	댸	에	뎨	ᄃᆞ	ᄃᆡ	드	듸	ᄃᆡ	ᄃᆡ	듸	듸
二濁	ㄸ	따	땨	떠	뗘	때	떄	떼	뗴	ᄄᆞ	ᄄᆡ	뜨	띄	ᄄᆡ	ᄄᆡ	띄	띄
三清	ㅌ	타	탸	터	텨	태	턔	테	톄	ᄐᆞ	ᄐᆡ	트	틔	ᄐᆡ	ᄐᆡ	틔	틔
四濁	ㄴ	나	냐	너	녀	내	냬	네	녜	ᄂᆞ	ᄂᆡ	느	늬	ᄂᆡ	ᄂᆡ	늬	늬
一清 (辰)	ㅂ	바	뱌	버	벼	배	뱨	베	볘	ᄇᆞ	ᄇᆡ	브	븨	ᄇᆡ	ᄇᆡ	븨	븨
二濁	ㅃ	빠	뺘	뻐	뼈	빼	뺴	뻬	뼤	ᄈᆞ	ᄈᆡ	쁘	쁴	ᄈᆡ	ᄈᆡ	쁴	쁴
三清	ㅍ	파	퍄	퍼	펴	패	퍠	페	폐	ᄑᆞ	ᄑᆡ	프	픠	ᄑᆡ	ᄑᆡ	픠	픠
四濁	ㅁ	마	먀	머	며	매	먜	메	몌	ᄆᆞ	ᄆᆡ	므	믜	ᄆᆡ	ᄆᆡ	믜	믜
一清 (巳)	ㅈ	자	쟈	저	져	재	쟤	제	졔	ᄌᆞ	ᄌᆡ	즈	즤	ᄌᆡ	ᄌᆡ	즤	즤
二濁	ㅉ	짜	쨔	쩌	쪄	째	쨰	쩨	쪠	ᄍᆞ	ᄍᆡ	쯔	쯰	ᄍᆡ	ᄍᆡ	쯰	쯰
三清	ㅊ	차	챠	처	쳐	채	챼	체	쳬	ᄎᆞ	ᄎᆡ	츠	츼	ᄎᆡ	ᄎᆡ	츼	츼
四濁	○	○	○	○	○	○	○	○	○	○	○	○	○	○	○	○	○
一清 (午)	ㅎ	하	햐	허	혀	해	햬	헤	혜	ᄒᆞ	ᄒᆡ	흐	희	ᄒᆡ	ᄒᆡ	희	희
二濁	ㆅ	ᅘᅡ	ᅘᅣ	ᅘᅥ	ᅘᅧ	ᅘᅢ	ᅘᅤ	ᅘᅦ	ᅘᅨ	ᅘᆞ	ᅘᆡ	ᅘᅳ	ᅘᅴ	ᅘᆡ	ᅘᆡ	ᅘᅴ	ᅘᅴ
三清	ㆆ	ᅙᅡ	ᅙᅣ	ᅙᅥ	ᅙᅧ	ᅙᅢ	ᅙᅤ	ᅙᅦ	ᅙᅨ	ᅙᆞ	ᅙᆡ	ᅙᅳ	ᅙᅴ	ᅙᆡ	ᅙᆡ	ᅙᅴ	ᅙᅴ

		一闢								三闢							
		甲	乙	丙	丁	戊	己	庚	辛	甲	乙	丙	丁	戊	己	庚	辛
		ㅏ	ㅑ	ㅓ	ㅕ	ㅐ	ㅒ	ㅔ	ㅖ	ㆍ	ㆎ	ㅡ	ㅢ	ㅔ	ㆎ	ㅢ	ㅢ
四濁	ㅇ	아	야	어	여	애	얘	에	예	ᄋᆞ	ᄋᆡ	으	의	ᄋᆡ	ᄋᆡ	의	의
一清 (未)	ㅅ	사	샤	서	셔	새	섀	세	셰	ᄉᆞ	ᄉᆡ	스	싀	ᄉᆡ	ᄉᆡ	싀	싀
二濁	ㅆ	싸	쌰	써	쎠	쌔	썌	쎄	쎼	ᄊᆞ	ᄊᆡ	쓰	씌	ᄊᆡ	ᄊᆡ	씌	씌
三清	ㄹ	라	랴	러	려	래	럐	레	례	ᄅᆞ	ᄅᆡ	르	릐	ᄅᆡ	ᄅᆡ	릐	릐
四濁	ㅿ	ᅀᅡ	ᅀᅣ	ᅀᅥ	ᅀᅧ	ᅀᅢ	ᅀᅤ	ᅀᅦ	ᅀᅨ	ᅀᆞ	ᅀᆡ	ᅀᅳ	ᅀᅴ	ᅀᆡ	ᅀᆡ	ᅀᅴ	ᅀᅴ

		二翕								四翕							
		甲	乙	丙	丁	戊	己	庚	辛	甲	乙	丙	丁	戊	己	辛	辛
		ㅘ	ㆇ	ㅝ	ㆊ	ㅙ	ㆈ	ㅞ	ㆋ	ㅗ	ㅛ	ㅜ	ㅠ	ㅚ	ㆉ	ㅟ	ㆌ
一清 (寅)	ㄱ	과	ᄀᆄ	궈	ᄀᆑ	괘	ᄀᆅ	궤	ᄀᆒ	고	교	구	규	괴	ᄀᆈ	귀	ᄀᆔ
二濁	ㄲ	꽈	ᄁᆄ	꿔	ᄁᆑ	꽤	ᄁᆅ	꿰	ᄁᆒ	꼬	꾜	꾸	뀨	꾀	ᄁᆈ	뀌	ᄁᆔ
三清	ㅋ	콰	ᄏᆄ	쿼	ᄏᆑ	쾌	ᄏᆅ	퀘	ᄏᆒ	코	쿄	쿠	큐	쾨	ᄏᆈ	퀴	ᄏᆔ
四濁	ㆁ	ᅌᅪ	ᅌᆄ	ᅌᅯ	ᅌᆑ	ᅌᅫ	ᅌᆅ	ᅌᅰ	ᅌᆒ	ᅌᅩ	ᅌᅭ	ᅌᅮ	ᅌᅲ	ᅌᅬ	ᅌᆈ	ᅌᅱ	ᅌᆔ
一清 (卯)	ㄷ	돠	ᄃᆄ	둬	ᄃᆑ	돼	ᄃᆅ	뒈	ᄃᆒ	도	요	우	유	외	ᄋᆈ	위	ᄋᆔ
二濁	ㄸ	똬	ᄄᆄ	뚸	ᄄᆑ	뙈	ᄄᆅ	뛔	ᄄᆒ	또	뚀	뚜	뜌	뙤	ᄄᆈ	뛰	ᄄᆔ
三清	ㅌ	톼	ᄐᆄ	퉈	ᄐᆑ	퇘	ᄐᆅ	퉤	ᄐᆒ	토	툐	투	튜	퇴	ᄐᆈ	튀	ᄐᆔ
四濁	ㄴ	놔	ᄂᆄ	눠	ᄂᆑ	놰	ᄂᆅ	눼	ᄂᆒ	노	뇨	누	뉴	뇌	ᄂᆈ	뉘	ᄂᆔ
一清 (辰)	ㅂ	봐	ᄇᆄ	붜	ᄇᆑ	봬	ᄇᆅ	붸	ᄇᆒ	보	뵤	부	뉴	뵈	ᄇᆈ	뷔	ᄇᆔ
二濁	ㅃ	뽜	ᄈᆄ	뿨	ᄈᆑ	뽸	ᄈᆅ	쀄	ᄈᆒ	뽀	뾰	뿌	쀼	뾔	ᄈᆈ	쀠	ᄈᆔ
三清	ㅍ	퐈	ᄑᆄ	풔	ᄑᆑ	퐤	ᄑᆅ	풰	ᄑᆒ	포	표	푸	퓨	푀	ᄑᆈ	퓌	ᄑᆔ
四濁	ㅁ	뫄	ᄆᆄ	뭐	ᄆᆑ	뫠	ᄆᆅ	뭬	ᄆᆒ	모	묘	무	뮤	뫼	ᄆᆈ	뮈	ᄆᆔ
一清 (巳)	ㅈ	좌	ᄆᆄ	줘	ᄌᆑ	좨	ᄌᆅ	줴	ᄌᆒ	조	죠	주	쥬	죄	ᄌᆈ	쥐	ᄌᆔ
二濁	ㅉ	쫘	ᄍᆄ	쭤	ᄍᆑ	쫴	ᄍᆅ	쮀	ᄍᆒ	쪼	쬬	쭈	쮸	쬐	ᄍᆈ	쮜	ᄍᆔ
三清	ㅊ	촤	ᄎᆄ	춰	ᄎᆑ	쵀	ᄎᆅ	췌	ᄎᆒ	초	쵸	추	츄	최	ᄎᆈ	취	ᄎᆔ
四濁	○	○	○	○	○	○	○	○	○	○	○	○	○	○	○	○	○
一清 (午)	ㅎ	화	ᄒᆄ	훠	ᄒᆑ	홰	ᄒᆅ	훼	ᄒᆒ	호	효	후	휴	회	ᄒᆈ	휘	ᄒᆔ
二濁	ㆅ	ᅘᅪ	ᅘᆄ	ᅘᅯ	ᅘᆑ	ᅘᅫ	ᅘᆅ	ᅘᅰ	ᅘᆒ	ᅘᅩ	ᅘᅭ	ᅘᅮ	ᅘᅲ	ᅘᅬ	ᅘᆈ	ᅘᅱ	ᅘᆔ
三清	ㆆ	ᅙᅪ	ᅙᆄ	ᅙᅯ	ᅙᆑ	ᅙᅫ	ᅙᆅ	ᅙᅰ	ᅙᆒ	ᅙᅩ	ᅙᅭ	ᅙᅮ	ᅙᅲ	ᅙᅬ	ᅙᆈ	ᅙᅱ	ᅙᆔ
四濁	ㅇ	와	ᄋᆄ	워	ᄋᆑ	왜	ᄋᆅ	웨	ᄋᆒ	오	요	우	유	외	ᄋᆈ	위	ᄋᆔ
一清 (未)	ㅅ	솨	ᄉᆄ	숴	ᄉᆑ	쇄	ᄉᆅ	쉐	ᄉᆒ	소	쇼	수	슈	쇠	ᄉᆈ	쉬	ᄉᆔ
二濁	ㅆ	쏴	ᄊᆄ	쒀	ᄊᆑ	쐐	ᄊᆅ	쒜	ᄊᆒ	쏘	쑈	쑤	쓔	쐬	ᄊᆈ	쒸	ᄊᆔ
三清	ㄹ	롸	ᄅᆄ	뤄	ᄅᆑ	뢔	ᄅᆅ	뤠	ᄅᆒ	로	료	루	류	뢰	ᄅᆈ	뤼	ᄅᆔ
四濁	ㅿ	ᅀᅪ	ᅀᆄ	ᅀᅯ	ᅀᆑ	ᅀᅫ	ᅀᆅ	ᅀᅰ	ᅀᆒ	ᅀᅩ	ᅀᅭ	ᅀᅮ	ᅀᅲ	ᅀᅬ	ᅀᆈ	ᅀᅱ	ᅀᆔ

가로는 일벽(一闢), 이흡(二翕), 삼벽(三闢), 사흡(四翕)에 각각 갑(甲), 을(乙), 병(丙), 정(丁) 8을 배치하여 32개의 중성을 세로는 일청(一淸), 이탁(二濁), 삼청(三淸), 사탁(四濁)의 초성을 배치하여 총 23개로 배합한 총괄 도식이다. 이 세상 만물의 성음을 가정하여 훈민정음으로 표기한 총 수를 나타내고 있다.

종성십육(終聲十六)

牙音	ㆁ凝	ㄱ億					
舌音	ㄴ隱	ㄹ乙	ㄷ得		舌牙	ㄺ	乙億
脣音	ㅁ音,	ㅂ邑		二合	舌脣	ㄻ	乙邑
齒音	ㅿ而	ㅅ思	ㅈ 叱		舌齒	ㄽ	乙(思)
喉音	ㅇ矣	ㆆ益			舌喉	ㄹㆆ	乙(益)

종성을 16자로 나타내고 이를 다시 단자 12자, 이합자 4자를 들고 있다. 이 16자의 종성은 한자음을 전제로 한 것인지 우리말을 전제로 한 것인지 불확실하나 한자음 표기를 전제로 한 것으로 보인다.

다만 치음과 후음의 종성은 우리말에서는 나타나지 않지만 한자음 표기와 우리말 표기를 위한 것임을 알 수 있다.

"살펴보건대, 무릇 글자에 초·중·종 3성이 있는 것은 삼재(三才)를 형상한 것이다. 초성은 24성이고 중성은 32음이며 종성이라는 것은 초성의 여러 글자이다. 차청(次淸)과 순탁(純濁)[39]의 글자를 제외하여 종성 12자를 얻고

39) 운도와 운서에서 청탁(淸濁)의 용어는 매우 다양하게 사용하고 있다. '순청'이라는 용어는 보이는데 '순탁'이라는 용어는 다른 운서에서는 보이지 않는다. '전탁'의 의미로 사용된 것으로 보인다.

또 두 자모를 합한 글자가 4개이니 모두 16자이다. 중성 32자와 초성 24자가 호응하며 서로 곱해져서 768자를 얻으니 벽(闢)·흡(翕)이 각각 384자요, 종성 16자를 곱하여 12,288자를 얻으니 만물의 수에 해당한다. 문자에 나타나는 것은 설음의 ㄷ[端]과 치음의 ㅈ[精] 및 두 글자가 합한 4자를 제외하고 다시 순경음 ㅱ[微]·ㅸ[非] 2자를 첨가하면 모두 12음이 된다. ○ 종성의 자표(字標)에서 득(得)·이(而)·사(思)·질(叱)·의(矣)·익(益) 6자는 초성으로 사용하여 종성을 표시하였으므로 그 글자에 동그라미를 쳐서 구별한다."[40]

최석정은 'ㄷ ㅈ'과 이합자를 제거하는 대신에 'ㅱ ㅸ' 두 자를 추가하였다. 곧 우리말에서 종성에 'ㅸ, ㆆ, ㅅ, ㅿ, ㅇ, ㆆ'이 나타나지 않고 한자음에서는 'ㄹ, ㅅ'이 나타나지 않는다. 그래서 한자음과 우리말 사이에 종성은 차이가 있음을 인식하고 있다.

우리말: ㆁ, ㄴ, ㅁ, ㅿ, ㅇ, ㄱ, ㄹ, ㅂ, ㅅ, ㆆ, ㄷ, ㅈ, ㄺ, ㄼ, ㄽ, ㅭ—16음

한자음: ㆁ, ㄴ, ㅁ, ㅿ, ㅇ, ㄱ, ㄹ, ㅂ, ㅅ, ㆆ, ㅱ, ㅸ—12음

훈민정음	全淸	次淸	全濁	不淸不濁
동국정운	全淸	次淸	全濁	不淸不濁
홍무정운역훈	全淸	次淸	全濁	不淸不濁
운경	淸	次淸	濁	次濁
고금운회거요	淸	次淸	全濁	半淸半濁
절운지남	純淸	次淸	全濁	不淸不濁
절운지장도	全淸	次淸	全濁	不淸不濁
황극경세서	淸	淸	濁	濁

40) "按, 凡字有初中終三聲, 以象三才. 初即二十四聲, 中即三十二音, 而所謂終者, 即初聲諸字是已. 除次淸及純濁之字, 得終聲十二, 又二合之字有四, 凡十有六. 中聲三十二, 初聲二十四, 唱和相乘, 得七百六十八, 闢翕各三百八十四, 以終聲十六乘之, 得一萬二千二百八十八, 當萬物之數. 其見於文字者, 去舌之端ㄷ齒之精ㅈ及二合四字, 更添唇輕音微ㅱ非ㅸ二字, 凡得十二音. ○終聲字標, 得而思叱矣益六字, 用其初聲以標終聲, 故圈其字以別之."

명곡 최석정은 종성을 16자인데 실제로 12자로 설정하고 있다. 그러나 실재 당시 한자음으로 사용된 종성은 ‘ㆁ, ㄴ, ㅁ, ㄱ, ㄹ, ㅂ, ㅱ, ㅸ’ 8자였다. 그러나 역학의 6효와 사상의 체계에 맞추어 사상의 배와 육효의 배(4×4, 6×2)에 맞추기 위해 무리한 설정이었다.

이 책의 곤권의 「군서절충조」 끝에 수록된 「논언문종성(論諺文終成)」에 『훈민정음(訓民正音)』에서 이르길, ‘종성은 초성을 다시 사용한다[終聲復用初聲].’라고 하고는 더 상세하게 논의하지 않았다. 지금 이 뜻을 가지고 세밀히 미루어 보면 초성 17자가 모두 종성이 될 수 있다. 특별히 아래에 나타내었다.

鮒부魚어	붕어	角각이	가기
極극히	그키	山산이	사니
筆붇이	부디	末긑히	그티
木남오	나모	食밥이	바비
葉닢히	니피	花곶이	고지
漆옻이	오치	衣옷이	오시
乙을이	으리	主人쥬신	주ᇫ인

살펴보건대, 종성의 여러 글자가 모두 가능하지만 유독 치음·후음만은 그 음이 있는데도 부르기가 어렵다. 단지 이 뜻을 곰곰이 유추해볼 뿐이다. 치음의 여러 글자는 『용비어천가』에 보이고, 후음 및 △[日母]는 『사성통해』에 보이니 보는 이들은 자세히 살펴야 할 것이다.

최석정은 훈민정음의 “終聲復用初聲”을 모든 초성이 종성으로 슬 수 있다는 것으로 해석하고 있다. 다만 치음은 『용비어천가』에서 나타나고 후음(喉音)과 일모(日母)는 『사성통해』에서만 보이는데 이는 실제 그 음을 발성하기 어려운 것임을 밝히고 있다. 따라서 16세기 이전 어말의

'ㄷ'과 'ㅅ'이 변별되었다는 종래의 견해와는 상치되고 있다.

여기서 종성에 대한 보충 설명을 하고 있는 「논초종성윤위(論初終聲閏位)」에 대해 살펴볼 필요가 있다.

"초성에서 두 자모를 합한 소리가 6자모인데 ㅲ·ㅂㅋ은 순아음(唇牙音)이고 ㅳ·ㅂㅌ은 순설음(唇舌音)이며, ㅶ·ㅄ은 순치음(唇齒音)이다. 종성에서 두 자모를 합한 음이 네 자리인데 ㄺ은 설아음(舌牙音)이고 ㄼ은 설순음(舌唇音)이며, ㄽ은 설치음(舌齒音)이고 ㅀ은 설후음(舌喉音)이다. 예를 들면 진임자(眞荏子)를 ᄎᆞᆷᄢᅢ, 의사(意思)를 ᄠᅳᆮ이라 이르고, 꿀을 물에 타는 것[以蜜和水]을 ᄠᆞ다라고 하며, 짠맛[鹹味]은 ᄧᆞ다, 백미(白米)는 ᄡᆞᆯ, 또 닭(雞)은 ᄃᆞᆰ, 8이라는 숫자는 여ᄃᆲ이라 이른다. ㄽ·ㅀ 두 글자는 『용비어천가(龍飛御天歌)』 및 불경의 언해본에 있다. 『동의보감(東醫寶鑑)』 『본초(本草)』에서 마(痲)를 가리켜 ᄎᆞᆷᄢᅢ라고 하는데, 순아음(唇牙音)의 사이에 다시 ㅿ[心母]을 첨가하였으므로 이는 세 자모를 합한 것이다. 이러한 자음(字音)은 단지 방언이나 속음에만 있으며 문자에 들어가지는 않는다. 범어 문자의 9자모는 후음(喉音)과 설음(舌音) 두 음을 융합하였고, 또 1자모는 아음(牙音)과 치음(齒音) 두 음을 합한 것이다. 걸쇄(乞洒)를 키새라고 읽으니 지방의 풍속이 너무나 달라서 서로 통하지 않는다. 내 생각으로 우리나라의 두 자모를 합친 음과 서로 비슷할 것이다."[41]

41) "初聲有二合之聲六母, ㅲ·ㅂㅋ 唇牙, ㅳ·ㅂㅌ 唇舌, ㅶ·ㅄ 唇齒. 終聲有二合之音四位, ㄺ 舌牙, ㄹㅂ 舌唇, ㄽ 舌齒, ㄹㅎ 舌喉. 如眞荏子云ᄎᆞᆷᄢᅢ, 意思云ᄠᅳᆮ, 以蜜和水謂之ᄠᆞ다, 鹹味云ᄧᆞ다, 白米云ᄡᆞᆯ. 又雞云ᄃᆞᆰ, 八數云여ᄃᆲ, 至於 ㄽ·ㅀ二字, 龍飛御天歌及佛經諺解有之. 東醫寶鑑本草, 脂痲ᄎᆞᆷᄢᅢ, 唇牙之間又添心母, 此則三合也. 此等字音, 只於方言俗音有之, 不入於文字. 梵字九母, 融喉舌二音, 又一母牙齒二合, 乞洒키새, 方俗絕殊, 不能相通, 意者與東方二合之音, 相類歟"(『경세훈민정음』 「論初終聲閏位」).

초성이나 종성에서 이합과 삼합의 글자를 다시 초성 이합자는 'ㅲ ㅂㅋ ㅳ ㅂㅌ ㅶ ㅂㅊ' 6자이고 삼합자는 'ㅴ'를 들고 있다. 여기서 'ㅂㅋ ㅂㅊ'의 예에서는 어떤 것이 있는지 의문이다. 아마 'ㅷ'와 같은 예를 가지고 추정한 것으로 보인다. 어떻든 소옹(邵雍)의 학설을 토대로 하여 우리말의 표기법까지 관찰한 것은 음운 연구의 폭을 확대시킨 결과라 할 수 있다.

범자 9모라고 한 것은 단자 종성 8자와 이합종성 1자를 말하는데 『진언집』「범례」에 "梵字八終聲法 與諺文八終聲法 大同"이라고 하여 'ㄱ ㄴ ㄷ ㄹ ㅁ ㅂ ㅅ ㅇ'을 들고 있다. 최석정도 『진언집』「범례」에 보이는 '걸쇄(乞洒)'를 "키새라고 읽으니 지방의 풍속이 너무나 달라서 서로 통하지 않는다. 내 생각으로 우리나라의 두 자모를 합친 음과 서로 비슷할 것이다."라고 설명하고 있다.

성분평·상·거·입도(聲分平上去入圖)와 음분개발수폐도(音分開發收閉圖)

송나라 소옹의 『황극경세서』에 실린 「황극경세성음창화도」 운도를 본떠 지은 것이다. 소옹이 만든 「황극경세성음창화도」는 34매로 된 것을 송나라 채원정이 간략화한 「경세성음도(經世聲音圖)」만 「성리대전」 권8, 「경세사상체용지수도」라는 항목 끝에 「정성정음표」로 실려 전해 온다. 소옹은 절운계 등운학에서 사용하는 용어를 사용하지 않고 「역학」 이론에 따라 운모(韻母)를 천성(天聲), 성모(聲母)를 지음(地音)이라 하고 등운을 평·상·거·입(平上去入), 개발수폐(開發收閉)로 구분하였다. 성은 양률창(陽律唱)과 음은 음려율(陰呂律)로 구분하고 양률은 '평·상·거·입－일(日)·월(月)·성(星)·신(辰)'으로 음려는 '개발수폐－수화토석'으로 구분하였다. 「경세성음수도」는 자모음을 창화(唱和)로 나누어 아래의 도식과 같은 방식으로 기술하고 있다.

양률 - 唱(운모)	平上去入	日月星辰	상단	모음
음률 - 和(성모)	開發收閉	수화토석	하단	자음

「경세성음수도」는 한자음의 표기를 위한 기본적인 운모와 성모의 분류 방식을 나타내었는데 소옹의 「황극경세서」를 그대로 본뜬 것이다. 「율려창화도」는 기본적인 성모와 운모를 제시하는 부분이다.

송나라 소옹의 『황극경세서』 2권에 실린 34매로 된 「황극경세성음창화도」 운도를 본떠 신경준이 새로 지은 것이다. 송나라 채원정이 소옹의 「황극경세성음창화도」를 간략화한 「경세성음도」가 「성리대전」 권8에 「정성정음표(正聲正音表)」로 실려 있다. 소옹은 「역학」 이론에 따라 운모를 천성(天聲), 성모(聲母)를 지음(地音)이라 하고 등운에서 1, 2, 3, 4등운을 운모에서는 평·상·거·입(平上去入), 성모에서는 개발수폐로 구분하였다. 한편 인체의 도와 연관시켜 체(體)와 용(用) 두 가지 개념을 4상을 수립했는데 귀(耳), 눈(眼), 코(鼻), 입(口)을 '용(用)'이라 하고 소리(聲), 빛(色), 냄새(氣), 맛(味)을 '체(體)'라 하였다. 신경준은 성모(초성)를 '音(자음)'으로 운모를 '聲(모음)'이라고 하여 그 이름은 반대로 사용하고 있다. 운도는 당나라 말엽부터 오대 송나라 시대에 걸쳐 만들어진 것으로 세로로 36자모를 가로로 1, 2, 3, 4등운으로 운모를 배열한 도식이다. 여암 신경준의 「경세성음수도」 양률창과 음려율로 구분하여 좌우로 대칭시키고 양률은 '평·상·거·입-일(日)·월(月)·성(星)·신(辰)'으로 음려는 '개·발·수·폐-수·화·토·석'으로 구분하였다. 이 구분은 신경준 자신의 「훈민정음도해」 중성해에서 밝힌 이론에 근거한 것이다. 또한 세로로 양률은 21성으로 음려는 21음으로 한자를 배열하였는데 그 한자 배열 방식은 "궁－각－치－상－우－반치－반상"의 순으로 배열하였으며 같은 음은 "전청－전탁－차청－불청불탁"의 순으로 배열하였다.

훈민정음의 가치에 대한 새로운 인식과 열숙상형설(列宿象形說)의 주창

명곡은 훈민정음 28자의 자형을 별자리를 상형하여 만들었다고 보고 초성 17자는 오행상형설 중성 11자는 음양설에 바탕을 둔 것으로 설명하고 있다.

> "신 최석정(崔錫鼎)이 삼가 살펴보건대, 임금이 지으신 언문 28자는 곧 별자리를 펼친 형상이다. 초성 17자인데 아음(牙音)은 각(角)으로 동방의 목(木)에 속하며 사물이 처음 생겨나는 것을 형상했기 때문에 으뜸으로 삼았고, 설음(舌音)은 치(徵)로 화(火)에 속하며, 순음(唇音)은 궁(宮)으로 토(土)에 속하고, 치음(齒音)은 상(商)으로 금(金)에 속하며, 후음(喉音)은 우(羽)로 수(水)에 속하니, 오행이 상생(相生)하는 순서로 배열한 것이다. 중성 11자는 태극과 음양과 팔괘의 형상이다."[42]

이것은 『훈민정음 해례』에서 "正音二十八字 各象其形而制之"라고 한 것과 다른 견해를 제시한 것이다. "각상기형이제지(各象其形而制之)"란 훈민정음의 글자 제작 원리를 분명히 밝힌 구절이다. 곧 '상형(象形)'을 훈민정음의 제자 원리로 삼고, 자음자는 조음기관 또는 자음을 조음할 때의 조음기관의 모양을 본떠서 만들고, 제자 순서는 먼저 아, 설, 순,

---

42) "臣錫鼎謹按, 御製諺文二十八字, 即列宿之象也. 初聲十七字, 牙音角屬東方木, 象物之始生故爲首, 舌音徵屬火, 脣音宮屬土, 齒音商屬金, 喉音羽屬水, 以五行相生之序爲次. 中聲十一字, 太極兩儀八卦之象也"(『경세훈민정음』 「훈민정음」).

치, 후음별로 기본 글자 ㄱㄴㅁㅅㅇ를 제자 한 다음 이를 바탕으로 해서 '인성가획(因聲加劃)'의 원리에 따라 발음이 센(厲)음의 순서대로 획을 더 하여 다른 자음 글꼴을 만들었다. 모음 역시 하늘(天), 땅(地), 사람(人)의 삼재를 상형한 • ㅡ ㅣ를 기본으로 하고 합성의 원리에 따라 글꼴을 만들었다는 견해와는 차이를 보여준다. 특히 숙종대에 훈민정음이 새롭게 조명되었음을 알 수 있는 것은 숙종이 「훈민정음 후서」를 발표했던 사실로도 미루어 짐작할 수 있다. 이러한 분위를 만든 주체가 바로 명곡 최석정이었으며 이러한 분위가 형성될 수 있었던 것도 명나라가 망한 이후 조선의 자주적 의식 곧 조선중화주의에 의한 자의식의 발로의 결과였다.

『명곡집』 권7에 「예부운략후서(禮部韻略後序)」가 실려 있는데 그 글에서도 "훈민정음 곧 언문은 성왕이 제작하신 것으로 실로 괘화와 서계와 더불어 그 공용이 같고 소옹의 황극경세성음도와 표리가 된다."[43]라고 하여 훈민정음 곧 언문은 한자의 기원이 된 괘화나 서계와 그 쓰임이 같고 소옹의 『황극경세성음도』와 당당하게 같다는 사실을 밝힘으로써 훈민정음에 대한 새로운 주체적 인식을 밝힌 내용이다. 곧 훈민정음은 문화대국의 조선의 존재를 자랑스럽게 인식하고 있음을 나타낸 것이다.

『경세훈민정음』의 곤책 「경세정음오찬(經世正音五贊)」의 계훈(稽訓, 문자의 뜻을 상고함)에

於惟我邦	아아! 우리 동방은
肇自檀君	단군으로부터 기원하여
大師受封	기자가 봉토를 받으면서

43) "臣又竊念世宗大王御製訓民正音, 卽所謂諺文也. 聖王製作之妙, 實與卦畫書契同其功用, 而世無刊本, 傳者絶少, 昭氏經世正音, 亦與訓民相表裏"(『明谷集』 卷7에 「禮部韻略後序」).

始闡斯文	비로소 유학이 열리었네.
地是偏荒	땅은 치우치고 거친데다
言語異俗	언어가 다르고 비속하여
民志不伸	백성들 뜻은 펴지지 않고
政教觕樸	정치와 교육이 거칠었네.
自羅而麗	신라로부터 고려를 지나
夐數千載	아득히 수천 년이 흘러
赫赫世宗	위대한 세종대왕께서는
道參天縡	하늘의 일에 참여하셨네.
禮樂文章	예와 악과 문장은
粲乎可述	찬란하여 전술할 만하고
先天不違	하늘에 어긋나지 않으며
知周萬物	지혜는 만물에 두루 미쳤네.
究觀方言	방언을 연구하고 관찰하여
遂創大訓	마침내 큰 훈계를 지어서
命曰正音	정음이라 이름을 붙이고
開愚迪蠢	몽매한 백성을 계도했네.
厥體伊何	그 바탕이 무엇인가
取象篆籒	전서·예서에서 형상을 취했고
厥數伊何	그 숫자는 무엇인가
並躔列宿	별자리와 배열이 같다네.
皦如彬如	분명하고 문채 나며
旣粹旣備	순수하고 완벽하게
聲音律呂	성률과 음려로
配合成字	배합하여 글자를 만들었네.

叶以終聲	종성을 붙여서
參伍錯綜	이리저리 조합하니
數衍于萬	숫자가 일만으로 확장되어
由體達用	본체부터 활용에 이르렀네.
鷄鳴狗吠	닭 울고 개 짖는 것까지
咸得形容	모두를 형용할 수 있으며
婦女輿臺	아녀자나 하인이 할지라도
旬日可通	열흘이면 문리가 통한다네.
功參畫卦	공로는 괘 그린 것과 같고
化符造律	교화는 음률 제작과 같으니
作者謂聖	문명을 일으킨 자 성인이라
于古有烈	고인보다 공로가 더 있도다.
媲彼皇墳	고대 황제 글과 나란하게[44]
永垂弘式	큰 법식이 길이 전해지리니
臣忝太史	신 최석정은 사관으로서
載事是職	일을 기록함이 직무인지라,
狀德天高	하늘처럼 높은 덕을 형용하고
摹光日曜	해와 같은 밝은 빛을 묘사하여
稽首作贊	머리를 조아려 찬을 지어
鏡玆東表	이 동방을 비추고자 한다네.

명곡 최석정이 구상하고 있는 동아시아 속의 조선의 역사관과 조선중

44) 황분(皇墳): 삼황(三皇)의 분서(墳書)라는 뜻으로, 즉 복희(伏羲)·신농(神農)·황제(黃帝)의 글을 가리킨다.

화의 당위성을 훈민정음으로 이루었음을 천명하고 있다. 단군에서 시작하여 기자에 이르러 그 문명을 밝혔듯이 동문동궤를 따라야 하지만 언어풍토의 차이 때문에 조복을 제외한 관이나 언어는 차이가 있을 수밖에 없는 정인지의 견해와 같다. 일찍 세종은 풍토의 차이를 반영하는 훈민정음을 통하여 백성의 민풍을 교화하고자 했듯이 평범한 사람이라도 열흘이면 깨우칠 수 있는 것임을 강조하였다. 따라서 세종은 복희, 신농, 황제에 버금가는 삼황(三皇)에 견줄 수 있는 문화적 자존을 나타내고 있다.

本數	**문자의 수를 궁구함**
物生有象	만물은 생겨나면 상이 생겼고
滋而有數	불어나서 숫자가 생겼다
有形斯聲	형상에 소리가 갖추어지니
其用甚溥	그 쓰임이 매우 광대하네.
闢翕律天	벽흡이 하늘의 소리에 따르고
淸濁呂地	청탁이 땅의 가락에 짝하므로
聲律音呂	성률(하늘의 소리)과 음려(땅의 가락)를
各以其類	각각 그 부류로 나누니,
平上去入	평·상·거·입
四聲是分	사성으로 구분되고
開發收閉	개·발·수·폐
四等斯陳	사등이 배열되었네.
經緯錯綜	종횡으로 종합하면
厥數可知	그 마땅한 숫자를 알 수 있고
衍而極之	그것이 퍼져서 극대화하면

三萬有奇	삼만 남짓이라네.
神化無方	신령스런 조화가 끝이 없으니
易道在是	주역의 도가 이 안에 있으니
孰闡斯妙	누가 이 신묘함을 밝혀냈는가
有宋邵氏	송나라 소옹[45]이 있었다네.
硏精覃思	정밀히 연구하고 깊이 생각하여
洞見根窟	근원과 깊은 뜻 밝게 살펴
書曰經世	『황극경세서』를 저술하고
篇曰觀物	『관물내외편』을 편찬하였네.
以聲起數	성음으로 숫자를 계산하는 것은
準彼卦畫	괘를 본떠 선천도[46]를 그리고
引伸觸長	유추하고 인용하며 확장하여
該括動植	동식물을 모두 포괄하였네.
弄丸餘暇	주역의 이치를 궁구하여[47]

45) 소옹(邵雍, 1011~1077): 자는 요부(堯夫), 시호는 강절(康節)이다. 주렴계(周濂溪), 장횡거(張橫渠)와 함께 송학(宋學)의 조(祖)라고 일컬어지며 도서(圖書), 선천(先天), 상수(象數)의 학(學)을 이지재(李之才)에게서 받아 일가를 이루었다. 저서인 『소자전서(邵子全書)』에 『황극경세서(皇極經世書)』가 수록되어 있다. 소옹의 역학은 또 선천역학이라고도 불린다. 선천이랑 복희가 획괘한 역이고, 후천이란 문왕이 부연한 역이다. 문왕의 역이 바로 오늘날의 『주역』으로서 공자가 『전』을 붙인 그 역이다. 소옹 역학의 관심은 선천역학, 이른바 복희씨가 획괘한 도식에 있으니만큼, 『주역』의 경문에 대해서는 그다지 해설하지 않았다. 대개 '선천'이란 말은 건괘 「문언」의 "천시가 아직 이르지 않았을 때에 천시에 앞서 행사하여 하늘에 어긋나지 않으며, 천시가 이르러 온 뒤에 천시에 따라서 행사하여 하늘에 어긋나지 않는다"란 말에서 나왔다. 하지만, 이른바 선천역학이란 것은 본래 있지 않았다. 그런데 신선가가 선천과 후천을 연단술에 갖다 붙이고 또 오행설을 섞어서 도식을 부연하며 『주역』을 빌려 연내단을 설명하자, 마침내 선천역학이란 명칭이 생기게 되었다. 소옹의 선천팔괘방위도는 곧 진단이 전한 「선천도」에 연원을 둔다.

46) 선천도(先天圖): 소옹(邵雍)이 진단(陳摶)의 학설을 받아들여 작성한 괘위도(卦位圖)인 선천팔괘도(先天八卦圖)의 줄임말이다.

47) 역리를 궁구하는: 弄丸. 태극(太極)과 같은 구슬을 가지고 논다는 말로, 역리(易理)를 탐구하는 것을 가리킨다.

能事乃畢	할 일을 이에 마치니
蔡則膏肓	채원정[48]은 고황에 들었고
祝惟廢疾	축필[49]도 (문헌을 남기느라) 폐질에 걸렸으니[50]
知易者希	주역을 아는 자도 드문데
況於斯義	하물며 이 심오한 뜻을 어이 알겠는가
云余狂簡	내가 뜻만 크고 성글다고 말하지만
夙嚌其胾	일찍이 그 참된 맛을 보았기에,
鑽討遺篇	남겨진 책들을 연구하여
僭有論著	참람하게도 이 논저를 남기니
後世子雲	후세의 양웅(揚雄)이 나와서
竊意殆庶	거의 도에 이르렀다고 말해주길 바라노라.

라고 하여 수는 이 세상의 만물을 수로 나타낸 것이다.

이를 섭, 등운, 합벽에 따른 중성을 정리하면 아래 도표와 같다(이 도표는 정경일(2002: 355)을 인용함).

	攝	內外	等韻	盒闢	中聲	終聲	入聲
1	過	외	1	一闢	ㅏ, ㅑ, ㅓ, ㅕ	ㅇ	借角
2				二翕	ㅘ, ㆇ, ㅝ, ㆊ		
3	豫	내	1	三闢	•, ·ㅣ, ㅡ, ᆜ	ㅇ	借角
4				四翕	ㅗ, ㅛ, ㅜ, ㅠ		

48) 채원정(蔡元定, 1135~1198): 자는 계통(季通), 호는 서산(西山)이다. 『찬도지요(纂圖指要)』와 『경세주해(經世註解)』를 지었다.

49) 축필(祝泌): 남송시대 인물로 자는 자경(子涇), 호는 관물노인(觀物老人)이다. 『황극경세서색은(皇極經世索隱)』·『황극경세서금(皇極經世書鈐』 등을 저술하였다.

50) 고황(膏肓)과 폐질(廢疾)은 후한 때 하휴(何休)가 『공양묵수(公羊墨守)』, 『좌씨고황(左氏膏肓)』, 『곡량폐질(穀梁廢疾)』을 저술한 것에 빗대어, 채원정과 축필이 저술한 책을 가리킨다.

	攝	內外	等韻	盒闢	中聲	終聲	入聲
5	壯	외	2	一闢	ㅏ, ㅑ, ㅓ, ㅕ	ㆁ	用ㄱ
6				二翕	ㅘ, ㆇ, ㅝ, ㆊ		
7	蒙	내	2	三闢	•, :ㅣ, ㅡ, ㅗ	ㆁ	用ㄱ
8				四翕	ㅗ, ㅛ, ㅜ, ㅠ		
9	泰	외	3	一闢	ㅐ, ㅒ, ㅔ, ㅖ	ㅿ	借徵
10				二翕	ㅙ, ㅛ, ㅞ, ㆋ		
11	履	내	3	三闢	·ㅣ, ·ㅣㅣ, ㅗ, ㅗㅣ	ㅿ	借徵
12				四翕	ㅚ, ㆉ, ㅟ, ㆌ		
13	觀	외	4	一闢	ㅏ, ㅑ, ㅓ, ㅕ	ㄴ	用ㄹ
14				二翕	ㅘ, ㆇ, ㅝ, ㆊ		
15	晋	내	4	三闢	•, ·ㅣ, ㅡ, ㅗ	ㄴ	用ㄹ
16				四翕	ㅗ, ㅛ, ㅜ, ㅠ		
17	解	외	5	一闢	ㅐ, ㅒ, ㅔ, ㅖ	ㅇ	借角
18				二翕	ㅙ, ㅛ, ㅞ, ㆋ		
19	頤	내	5	三闢	·ㅣ, ·ㅣㅣ, ㅗ, ㅗㅣ	ㅇ	借角
20				四翕	ㅚ, ㆉ, ㅟ, ㆌ		
21	井	외	6	一闢	ㅐ, ㅒ, ㅔ, ㅖ	ㆁ	用ㄱ
22				二翕	ㅙ, ㅛ, ㅞ, ㆋ		
23	恒	내	6	三闢	·ㅣ, ·ㅣㅣ, ㅗ, ㅗㅣ	ㆁ	用ㄱ
24				四翕	ㅚ, ㆉ, ㅟ, ㆌ		
25	剥	외	7	一闢	ㅏ, ㅑ, ㅓ, ㅕ	ㅱ	借角
26				二翕	ㅘ, ㆇ, ㅝ, ㆊ		
27	復	내	7	三闢	•, ·ㅣ, ㅡ, ㅗ	ㅱ	借角
28				四翕	ㅗ, ㅛ, ㅜ, ㅠ		
29	謙	외	8	一闢	ㅏ, ㅑ, ㅓ, ㅕ	ㅁ	用ㅂ
30				二翕	ㅘ, ㆇ, ㅝ, ㆊ		
31	臨	내	8	三闢	•, ·ㅣ, ㅡ, ㅗ	ㅁ	用ㅂ
32				四翕	ㅗ, ㅛ, ㅜ, ㅠ		

각 도식의 좌단에는 각 섭에 대응되는 운목이 표시되어 있다. 이 운목은 『광운』의 36운목이다. 명곡 최석정의 『경세정운』의 「성음률려창화전수도」에 실려 있는 도식의 섭과 운목의 관계를 정리하면 다음과 같다.

攝	韻目	16攝	韻腹(核母)	韻尾
1. 過	歌, 麻, 戈	果, 假	ɑ	zero
2. 豫	模, 魚, 虞	遇	ɔ, o	zero
3. 壯	唐, 陽	宕	ɑ	ng
4. 蒙	東, 冬, 鍾	通	u, o	ng
5. 泰	泰, 夬, 廢, 祭	蟹	ɐ, æ, ɛ	i
6. 履	哈, 脂, 灰, 微	蟹	ɒ, ə	i
7. 觀	寒, 桓, 刪, 元, 仙	山	ɑ, ɒ, æ	n
8. 晋	痕, 眞, 魂, 諄, 文	臻	ɘ, e	n
9. 解	佳, 支	蟹, 止	æ, ɛ	zero
10. 頤	哈, 之, 灰	蟹, 止	ɒ, æ, e	zero
11. 井	庚, 淸	梗	a, æ	ng
12. 恒	登, 蒸	曾	ɘ	ng
13. 剥	豪, 肴, 宵	效	ɑ, a, æ	u
14. 復	侯, 尤	流	ɘ	u
15. 謙	談, 銜, 鹽, 嚴	咸	ɑ, a,	m
16. 臨	覃, 侵	深, 咸	e, ɒ	m

이 도표는 정경일(2002: 357)을 인용함

이 도표에서 취한 섭이 통상적인 섭의 체계와 약간의 차이를 보인다. '過'가 '果'와 '過'의 두 섭과 대응을 보이고 있는데 이는 '過'섭의 모음이 'ㅏ(假)'와 'ㅘ(果)'를 동시에 포섭하고 있다. '解'와 '頤'가 '蟹'와 '止'섭과 대응되는 것도 마찬가지이다. 16섭의 대표자가 이처럼 차이를 보이는 것을 보더라도 소옹의 운도를 그대로 답습한 것이 아님을 알 수 있다.

『광운』의 운목과 전수도의 운목을 비교해 보면 전수도에서는 각 도면마다 4개의 모음이 배열되었고 각 모음마다 평·상·거·입 사성이 배열되어 있어 전체 32개의 운도에서 512개의 운목이 표시될 수 있다, 그러나 실재로는 78개 모음의 47운목에 불과하다. 이는 하나의 운목이 여러 개의 모음으로 사용된 것 때문이다.

이 전수도는 다음의 도표처럼 『광운』의 운목에 한글로 음을 표시한 운도이다.

	一闢	二翕	三闢	四翕
歌[ɑ]	ㅏ, ㅓ			
麻[a]	ㅑ, ㅕ	ᆄ, ᆑ		
戈[uɑ]		ㅘ, ㅝ		
模[uo]				
魚[ĭwo]				
虞[ĭu]				
唐[ɑ ŋ]	ㅏ	ㅘ		
陽[ĭɑ ŋ]	ㅓ	ㅝ		
東[u ŋ]				
冬[uo ŋ]				
鍾[ĭwo ŋ]				
泰[ɑ:i]	ㅐ	ㅙ		
夬[wai]	ㅒ	ᆅ		
廢[ĭwɐi]	ㅔ	ㅞ		
祭[ĭwei]	ㅖ	ᆒ		
咍[ɑi]			ㆎ	
脂[ji]			ㅢ	
灰[uɑi]				ㅚ
微[jĕi]				ㅟ
寒[ɑn]	ㅏ			
删[a:n]	ㅑ	ᆄ		
元[ĭɐi]	ㅜ	ㅝ		
仙[ĭɛn]	ㅕ	ᆑ		
桓[uɑn]		ㅘ		
痕[ən]			ㆍ	
真[ĭěn]			ㅡ	
魂[uən]				ㅗ
諄[ĭuěn]				ㅠ
文[ĭwən]				ㅜ
佳[ua:i]	ㅒ	ᆅ		
支[jiĕ]	ㅔ, ㅖ	ᆔ, ᆒ		
之[ji]			ㅢ, ㅟ	

	一闢	二翕	三闢	四翕
庚[ɐ ŋ]	ㅐ, ힳ			
淸[ĭɛ ŋ]	ㅔ, ㅖ	ᆏ, ᆒ		
登[ə ŋ]			ᆝ	ㅚ
蒸[ĭə ŋ]			ㅢ	ㅟ
豪[ɑu]	ㅏ			
肴[au]	ㅑ			
宵[ĭɛu]	ㅓ, ㅕ			
侯[əu]			ㆍ	
尤[ĭəu]			ㅡ	
谈[ɑːm]	ㅏ, ㅘ			
卫[aːm]	ㅑ, ᆄ			
监[ĭɛm]	ㅓ, ㅕ	ᆒ		
严[ĭɐm]		ᆏ		
覃[ɑm]				ㅗ
侵[ĭəm]			ㅡ	

이 전수도는 중성 32음을 벽흡에 맞추기 위해 만들었기 때문에 현실적 한자음과 상당히 차이를 보여준다.

군서절충(群書折衷)

최석정의 『경세훈민정음』은 소옹의 『황극경세서』의 조선식 변용의 결과라고 할 수 있다. 『경세훈민정음』에 인용된 각종 운서로는 『광운』, 심씨의 『사성운보』, 소씨의 『황극경세서』, 축씨의 『성음운보』, 『운회』, 『범자』, 유씨의 『절운지남』, 『예부운략』, 『삼운통고』, 『동국정운』 등이다. 이들 운서를 직간접적으로 활용한 만큼 당대의 운서를 망라할 정도로 폭넓은 지식을 지니고 있었다고 할 수 있다. 이 책의 곤에 실린 「군서절충」에는 1) 『광운』 삼십육자모, 2) 심씨 『사성운보』, 3) 소씨 『황극경세천지사상체용지수도』, 4) 축씨 『성음운도』, 5) 『운회』 이십오자모, 6) 『범자』 이십모, 7) 류씨 『절운지남』, 8) 『례부운』, 9) 『동국정운』, 10) 『자휘』를 싣고 있다.

『광운』 36자모도에서는 1) 설두음과 설상음이 차츰 변하여 설상음 4모가 정치음에 합류되어 설두으모가 설상음의 대립이 없어졌음을 밝히고 있다. 2) 순경음은 3등 합구음으로 비(非)모와 부(敷)모가 봉(滂)모에 합류되었고 훈민정음에는 'ㅱ', 'ㅸ'으로 표기하였다. 3) 치음에는 정(精)모와 종(從)모가 심(心)모와 사(邪)모 모두 각각 순청과 순탁인데 반설치음 심(心)모를 불청불탁으로 처리하여 순청 ㅅ, 순탁 ㅆ, 불청불탁 ㅿ으로 처리하도록 주장하고 있다.

심씨 『사성운보』는 최초의 운서인데 남조 양나라 사람인 심약(沈約)의 『사성보』를 말한다. 최석정은 이 책을 운서의 비조로 삼을 수 있으나 가로로 사성(四聲)이 있는 줄을 알았지만 횡으로 오음(치음)이 있는지를 몰랐다고 말하면서 이 오음이 운서에 반영된 것은 범어학의 영향으로 인식하고 있었다.[51] 단지 사성에 따라 평성 57운, 상성 55운, 거성 60운, 입성 34운으로 사성에 따른 운목의 수를 제시하였다.

소씨의 『황극경세천지사상체용지수도』의 정음(正音)은 48모인데 개폐 2등운에 ●을 기록하지 않은 자리가 있지만 매 1행 1모가 되므로 그 수는 48모이다. 정성(正聲)은 곧 중성의 수를 나타낸 것인데 훈민정음의 32음을 4종으로 구분하였다. 48모는 본래 24모에서 8성으로 구별된 것이므로 24×2에서 48모가 얻어진 것이다. 아음이 6모, 후음이 4모, 순음이 10모, 설음이 12모, 치음이 16모이다.

51) 이형상, 김언종 외 옮김, 『자학』, 푸른역사, 2008, 395쪽에 "오성 번절은 인도로부터 나왔다고 하는데, 서역의 승려인 료의가 처음으로 자모를 만들었지만 갖추어지지 않았고, 그 후에 신공과 진공 등이 그것을 계승하여 비로소 36자모를 갖추게 되었다."라고 하였다.

『동국정운』에서 말하는 청탁의 변으로 한음의 순탁자 평성이 차청에 혼합되었다. 차탁자는 범어에서는 모두 이모(二母)로 실현되는데 한어에서는 이들 평성은 긴(緊)하고 상성은 저(低)로 바뀌어 구분되었다. 또 순청, 순탁, 차탁은 각각 혼합되지 않는데 이는 천지본연의 원성(元聲)이기 때문이다.

축씨의 『성음운보(聲音韻譜)』는 『황극경세서』에 따라 편찬한 운서인데 정성 목록에서 개합에 혼동이 많이 있는 동시에 정운 목록에서도 자모를 서로 바꾸어 놓은 것이 너무나 많다는 점을 예를 들어 지적하였다.

『운회』 35자모를 『광운』과 비교하여 그 차이점을 밝히고 있다.

아음	치음	설음	후음	순음	초음	조음
迦 平清	左 平清	吒 平清	多 平清	波 平清	野 上	里 上
佉 平濁	差 平濁	侘 平濁	他 平濁	頗 平濁	囉 去	哩 去
誐 上	惹 上	拏 上	那 上	摩 上	擺 平	梨 上
伽 去	社 去	茶 去	馱 去	婆 去	嚩 上	蠍 去
仰 入	攘 入	晨 入	娜 入	莽 入	舍 去	

『범자』 50모는 왕세정의 「완위여편」에 의거하여 범자 중성 16, 초성 34자의 예를 들고 있다. 이점은 병와 이형상의 『자학』 「범자 오음 가령(梵字五音假令)」 항에서 범자를 "아음, 치음, 설음, 후음, 순음, 초음(화회성), 조음"으로 구분하여 자모를 소개하고 있다.

최석정은 이를 정음으로 다음과 같이 나타내고 있다.

순청	ㄱ迦	ㄷ多	ㅂ波	ㅈ左	ㆆ阿		
순탁	ㄲ竭	ㄸ馱	ㅃ婆	ㅉ昨	ㆆㆆ亞		
차청	ㅋ佉	ㅌ他	ㅍ頗	ㅊ差	ㅎ訶		
차탁	ㅋㅋ	ㅌㅌ陁	ㅍㅍ	ㅊㅊ	ㆅ		
반청	ㆁ	ㄴ	ㅁ	ㅅ	ㅇ	ㄹ	ㅿ
반탁	ㆁㆁ	ㄴㄴ	ㅁㅁ	ㅆ	ㅇㅇ	ㄹㄹ	ㅿㅿ

초성은 모두 34자인데 훈민정음의 배가 되며 유씨의 『절운지남』에서 내외전 16섭에 대해 신랄한 비판을 하고 있다. 곧 한도소의 『오음집운』(1208)에 근거하여 만든 유감의 『절운지남』(1336)에 대해 최석정은 『명곡집』 권7 「오음편운후서」에서 "한씨 부자의 여구는 지금까지 아쉬운 것이 없다"52) 고 하였으나 『경세훈민정음』의 「유씨절운지남」에 대해 음성운과 입성운의 배합, 운의 합병 등의 배분의 문제가 명확하지 않음을 비판하고 있다. 최석정은 『절운지남』의 운도에 『오음집운』의 체계가 제대로 반영되지 않았음을 인식하고 이를 비판한 것이다. 『예부운』의 운목은 평수 유씨의 『절운지남』과 같고 그 이전에 『운회』에서 나온 것으로 파악하고 있다. 최석정의 『명곡집』 권7에 「예부운략후서」가 실려 있다. 『삼운통고』의 운모은 『예부운』과 같다고 하였다. 『삼운통고』는 숙종조 조선 후기 과시용으로 널리 사용되었는데 김제겸과 성효기가 『증보삼운통고』(1720년경)과 있으며 이형상의 『삼운통고』 후서가 있다. 『동국정운』 『자휘』에서는 가로는 운을 세로로는 36모를 배열하고 내부 글자는 옥편의 예에 따라 배열하였다. 그런데 그 내용은 운이 혼잡하게 섞인 것이 많다고 하였다.

최석정은 『절운』계의 운서를 중심으로 하고 소옹의 『황극경세서』

52) "韓氏歷世硏摩之意, 至此方無遺恨矣".

「성음창화도」의 운도에 맞추어 세상의 모든 성음을 훈민정음으로 담아낼 수 있는 운서로서 『경세훈민정음』을 지은 것이다.

최석정은 훈민정음을 높이 평가하면서 세 종류의 운도를 지었다. 먼저 「소씨황극경세천지사상체용지수도」에서는 소옹의 상수론을 비판적으로 수용하였고 이를 바탕으로 하여 「훈민정음준황극경세사사체용지수도」를 만들어 세상의 모든 성음을 담아낸 「성음률려창화전수도」를 지은 것이다.

「소씨황극경세천지사상체용지수도(昭氏皇極經世天地四象體用之數圖)」

『경세훈민정음』(곤)에 수록되어 있는 「소씨황극경세천지사상체용지수도」는 최석정이 소옹의 『황극경세』 「성음창화도」의 내용을 비판적으로 수용한 내용으로 한자음을 훈민정음으로 표음한 것이다.

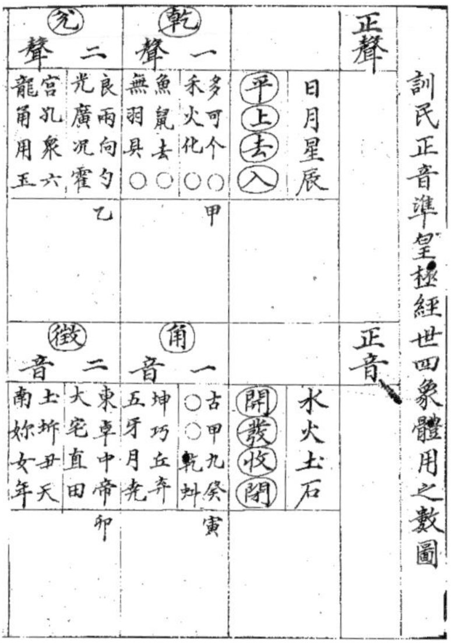

「소씨황극경세천지사상체용지수도」는 성모·운모·운미로 각각 구분해 보면 다음과 같다.

성모체계: ㄱ, ㅋ, ㆁ, ㄷ, ㅌ, ㄴ, ㄹ, ㅂ, ㅍ, ㅁ, ㅸ, ㅱ, ㅈ, ㅊ, ㅅ, ㅿ, ㅎ, ㅇ[18자]

운모체계: ㅏ, ㅑ, ㅐ, ㅘ, ㅕ, ㅖ, ㅜ, ㅟ, ㅠ, ᆑ, ᆔ, ㅡ, ㅢ, ㅣ[14자』

운미체계: ㆁ, ㄴ, ㅁ, ㅱ[4자]

『훈민정음 해례』와 달리 성모체계에서 전탁자 'ㄲ, ㄸ, ㅃ, ㅉ, ㅆ'는 모두 청화(淸化)되어 나타나지 않는다. 의(疑)모 'ㆁ'는 소실되지 않았고 영(影)모 'ㆆ'와 유(喩)모 'ㅇ'는 합류되었다. 또 『홍무정운역훈』이나 『사성통해』와 달리 치두음(ᅎᅔᅏᄼᄽ)과 정치음(ᅐᅕᅑᄾᄿ)을 구분하지 않았다.

운모체계의 경우 '환환(桓歡)운'과 '한산(寒山)운'이 통합되어 'ᅥᆫ'은 모두 'ᅣᆫ'으로 통합되어 표기되었다.

운미체계의 경우 입성운미 -ㅂ, -ㄷ, -ㄱ은 표기에 반영되지 않았고 폐구운 '-ㅁ'은 '-ㄴ'으로 교체되지 않고 그대로 표기에 반영되어 있다. 아마 최석정도 『사성통해』, 「범례」에 따랐던 것으로 보인다.[53]

---

53) 여러 운에서 종성인 ㄱ, ㆁ, ㅁ의 발음이 애당초 섞이지 않아서 곧 침(侵), 담(覃), 염(塩)의 종성은 합구(合口)인데, 중국 속음에서 모두 ㄴ으로 발음하고 있으므로 진眞ㄴ과 침侵ㅁ, 산刪ㄴ과 담覃ㅁ, 선先ㄴ과 염塩ㅁ의 종성이 많이 뒤섞이고 있다. 동(東)운과 경(庚)운에 이르러서는 또 중성 ㅜ ㅠ의 발음이 뒤섞인 것이 역시 많다. 그래서 『고금운회거요』의 경(庚)운 안에서, '맹(盲)'음이 '몽(蒙)'음과 같고, '굉(宏)'음이 '홍(洪)'음과 같으니, 이것은 중성이 비슷해서 서로 섞이게 된 것이다(諸韻終聲ㄱㆁㅁ之呼, 初不相混. 而直以侵覃塩, 合口終聲, 漢俗皆呼爲ㄴ 故眞與侵, 刪與覃, 先與塩之音, 多相混矣. 至於東與庚, 則又以中聲ㅜㅠ之呼而相混者, 亦多矣. 故韻會庚韻內, 盲音與蒙同, 宏音與洪同, 此因中聲相似, 以致其相混也). (『사성통해』「범례」)

최석정은 「소씨황극경세천지사상체용지수도」와 「훈민정음준황극경세사상체용지수도」에 훈민정음으로 한자음을 표기하였는데 단순히 소옹의 한어 속음에 따른다고 했지만 구체적으로 어떤 한자음을 근거로 하였는지에 대해서는 밝히지 않았다. 심소희(2013: 337)에 따르면 「소씨황극경세천지사상체용지수도」에 나타나는 한자음은 『사성통해』의 정음과 약 64% 유사한 경향을 보여주고 있으며 일치하지 않는 36%는 조선에 동화된 조선한자음이거나 17세기 중국의 현실 한자음을 보여주기도 한다고 밝히고 있다.

최석정은 『경세훈민정음』(곤) 「군서절충」 「소씨황극경세천지사상체용지수도」에

"살펴보건대, 정성(正聲) 28운은 112를 4로 묶은 수이다. 정음(正音) 48자모는 개음(開音)·폐음(閉音)의 두 등운에 비록 검은 네모로 쓰지 않는 자리가 있지만, 한 행을 하나의 자모라고 본다면 48자모가 되는 것은 예전과 같은 것이다. 정성(正聲)은 실제로 중성(中聲)의 숫자로 『훈민정음(訓民正音)』의 32음을 기준으로 네 자리(位)가 적다. 생각해보건대, ㅣ[이아伊兒』, ᆜ[이응伊應』, ㅣㅣ[이아이伊兒伊], ᆚ[이응이伊應伊] 네 자리가 ㅏ아(阿), ㅑ야(也), ㅓ어(於), ㅕ여(與)의 네 자리를 꾸미기 때문인 듯하다. 그 분음(分韻) 또한 태(泰)·쾌(夬)·폐(廢)·제(祭)·회(灰)·지(脂)·미(微)를 □·해(咍)·지(支)·지(之)의 등운에 합하였기 때문에 16섭(攝)에서 2섭(攝)이 적어진 것이다. 입성(入聲)의 여러 운(韻) 가운데 옥(屋)·옥(沃)은 동(東)·종(鍾)에 속하지 않고 우(尤)·후(侯)에 속하며, 갈(曷)·설(屑)은 한(寒), 선(先)에 속하지 않고 가(歌), 마(麻)에 속하는데, 아마도 입성의 글자가 옛날에는 종성(終聲)이 있었다가 지금은 종성이 없어졌기 때문일 것이다.

정음(正音)의 48자모는 본래 24자모에서 나온 것인데 한 배를 더하여 그

> 수가 되었다. 다만 아음(牙音) 6자모와 후음(喉音) 4자모, 순음(唇音) 10자모와 설음(舌音) 12자모, 그리고 치음(齒音) 16자모 5음은 오음의 청탁이 매우 고르지 않기 때문에 한음(漢音)에서 순탁(純濁)의 글자는 평성(平聲)이 차청(次淸)에 혼입되고 상성(上聲), 거성(去聲)이 순청(純淸)에 혼입되어서 근래의 규(揆)를 고음의 갑(甲)의 탁(濁)음으로 여기고, 건(乾), 규(虯)를 고음의 곤(坤), 교(巧)의 탁(濁)으로 여기게 된 것이다. 차탁(次濁)의 글자는 범음(梵音)이 모두 두 개의 성모가 있는데, 다만 한음(漢音)에서는 상성(上聲)을 낮게 부르고 평성(平聲)을 높게 부르기 때문에 오(五)·무(武)는 청(淸)이 되고 오(吾)·문(文)은 탁(濁)이 된 것이다. 다른 음도 모두 이와 같다. 그러나 본연의 원래 소리와 합치되지 않는데다가 단(端), 정(精)에 폐음(閉音)이 없고 비(非), 미(微)에 수음(收音)이 없으니 아마도 모두 고증이 정밀하지 못한 듯하다.
>
> 내가 이 때문에 도설을 바로잡고 개정하여 위와 같이 나타내었으니[54] 보는 이들이 자세히 살펴야 할 것이다. 이 도설의 여러 글자는 모두 언문으로 가지고 한어(漢語)에 주석을 달아서 소옹(邵雍)의 뜻을 드러내고자 한 것이다.[55]

라고 하였다.

---

54) 최석정은 소옹의 『황극경세서』 「성음창화도」에 표기된 음이 속음이라고 비판하면서 고음(古音)을 기준으로 하여 「훈민정음준황극경세사상체용지수도」의 운도를 작성했음을 밝히고 있다.

55) "按, 正聲二十八韻, 即一百十二四約之數也. 正音四十八母, 開閉二等, 雖有黑圈, 不用之位, 每一行爲一母, 則其爲四十八猶自如也. 正聲實爲中聲之數, 而準諸訓民三十二音, 少四位焉. 意者 ㅣ(伊兒), ㅢ(伊應), ㅣㅣ(伊兒伊), ㅢ(伊應伊) 四位, 莊于阿也於與四位而然歟. 其分韻亦以泰夬廢祭灰脂微, 合于□哈支之等韻, 故十六攝少二攝焉. 入聲諸韻, 屋沃不屬東鍾而屬於尤侯, 曷屑不屬寒先而屬於歌麻, 蓋入聲之字, 古有終聲, 而今無終聲故歟. 正音四十八母, 本出於二十四母, 加一倍而得數. 但牙音六, 喉音四, 唇音十, 舌音十二, 齒音十六, 五音淸濁甚不勻整, 漢音純濁之字, 平混於次淸, 上去混於純淸, 故近揆爲古甲之濁, 乾虯爲坤巧之濁. 次濁之字, 梵音皆□二母 而漢音上聲低呼, 平聲緊呼, 故以五武爲淸, 吾文爲濁. 他皆放此. 然不合於本然之元聲, 且端精之無閉音, 非微之無收音, 恐皆考之未精也. 余故櫽栝更定圖說見上, 覽者詳之. 此圖諸字, 皆以諺字注漢語, 以見邵子之意云"(『경세훈민정음』(곤) 「군서절충」 「소씨황극경세천지사상체용지수도」).

최석정이 소옹의 「소씨황극경세천지사상체용지수도」에 비판적 관점에서 「훈민정음준황극경세사상체용지수도(訓民正音準皇極經世四象體用之數圖)」를 쓰게 된 것으로 보인다.

이 도표는 소옹의 『황극경세서』 본례(本例)에서 어느 정도 수정을 한 것이다. 대개 소옹은 단지 현재의 속음만을 근거로 삼았지만, 여기서는 고음(古音)에 의거하여 위와 같이 가감, 수정하였다. 성(聲)의 임, 계(壬癸)와 음(音)의 해(亥), 자(子), 축(丑)은 물(物)을 낳을 수 없는데 이것은 아래의 글에 상세히 기술되어 있다.[56]

최석정은 소옹의 「소씨황극경세천지사상체용지수도」에 표기된 한자음이 속음이라고 비판하면서 고음을 기준하여 이 「훈민정음준황극경세사상체용지수도」를 만들었음을 밝히고 있다. 최석정 자신이 직접 밝힌 바와 같이 「소씨황극경세천지사상체용지수도」와 최석정의 「훈민정음준황극경세사상체용지수도」의 체제와 내용이 상당한 차이를 보여주고 있다.

	「소씨황극경세천지사상체용지수도」		「훈민정음준황극경세사상체용지수도」	
정성	유자+○+●	160	유자+○+●	160
	유자+○	112	유자+○	120
	유자	83	유자	98
정음	유자+□+■	192	유자+○+●	192
	유자+□	120	유자+○	144
	유자	132	유자	83

이처럼 상수의 차이도 보이지만 정성과 정음의 음이 없는 글자의 표

56) "此圖因邵氏經世書本例, 頗加檃栝. 盖邵氏只据見在俗音, 今依古音增損更定如右. 聲之壬癸音之亥子丑, 不能生物, 詳著于下文"(『경세훈민정음』(곤) 「군서절충」 「소씨황극경세천지사상체용지수도」).

기 방식도 차이를 보인다.

「성음률려창화전수도(聲音律呂唱和全數圖)」

최석정은 이상의 논의를 토대로 하여 「성음률려창화전수도」를 제작하였다. 「성음률려창화전수도」는 『경세훈민정음』의 약 70% 분량을 차지하고 있다. 이 「성음률려창화전수도」가 이 책의 핵심을 이루고 있는 만큼 그 앞에 서술된 「훈민정음」, 「십칠성분배초성도」, 「십일음취상팔괘도」, 「성분청탁도」, 「음분벽흡도」, 「율려상승배합도」, 「종성십육」, 「성분평·상·거·입도」, 「음분개발수폐도」 「훈민저음준황극경세사상체용지수도」 등의 내용은 바로 이 「성음률려창화전수도」를 서술하기 위한 내용이었다.

이 「성음률려창화전수도」의 구성에 대해 운도는 모두 32도이며, 각 도마다 384음이 갖추어져 있다. 외 8섭은 일과(一過), 이장(二壯), 삼태(三泰), 사관(四觀), 오해(五解), 육정(六井), 칠박(七剝), 팔겸(八謙)이고 내 8섭은 일예(一豫), 이몽(二蒙), 삼리(三履), 사음(四音), 오이(五頤), 육항(六恒), 칠복(七復), 팔임(八臨)이다. 운(韻)마다 1벽(一闢)의 글자는 개구음[57]으로

57) 한자음은 성모와 운모로 구성된다. I-MVF 두 요소로 구성되는데 I는 성모(聲母)이고 MVF는 운모(韻母)인데 이는 다시 세 요소로 구성되어 있다. M은 개모(介母, 운두), V는 핵모(核母, 운복), F는 운미(韻尾)이다. 개모의 유무에 따라 개구와 합구로 구분되고 다시 등호에 따라 개구호, 재치호, 합구호, 촬구호로 나누어 운모 구성을 설명한다. 곧 IMVE/T(I=Initial, 어두자음, M=Medial Vowel 介音, V=Vowel 모음, E=Ending 음절말음, T=Tone 성조)로 도식화할 수 있다. 중국 남북조 시대 이전에 이처럼 한자의 음을 2구분하는 전통이 있었다. 초·중·종 3성으로 구분하는 것은 훨씬 후대의 일이다. 운서를 편찬할 목적으로 한자음의 성이나 운을 체계적으로 분류하는 시초는 양나라 심약이 『사성보』를 지어 처음으로 사성에 따라 한자의 분류 체계를 세웠다. 원래 중국에서는, 육조(남북조)시대 이전부터 한 글자음을 2분하는 법이 생겨서 어떤 한 글자음의 앞의 부분을 성모(聲母), 그 나머지 부분을 운모(韻母)라고 하였으나 3분법은 훨씬 후대의 일이었다. 어떻든 이와 같이 한 자음을 2분할 수 있다는 생각이 역으로 성모(聲母)+운모(韻母)=자음(字音)이 될 수 있다는 생각을

입술을 밖으로 굴리고(外轉), 2흡(二翕)의 글자는 합구음으로 입술을 밖으로 굴리며, 3벽(三闢)의 글자는 개구음으로 입술을 안으로 굴리고(內轉), 4흡(四翕)의 글자는 합구음으로 입술을 안으로 굴린다. 그러므로 1벽(一闢)과 2흡(二翕)을 외(外)라고 하고, 3벽(三闢)과 4흡(四翕)을 내(內)라고 하였으니 보는 이들은 자세히 살펴야 할 것이다.[58]

송나라 시대 이후 발달한 한자음을 종과 횡으로 바둑판처럼 배열하여 한자음의 변별적 자질을 나타낸 도표를 등운도라고 한다. 『운경』(1161~1203), 『칠음략』(1104~1162)이 가장 오래된 등운도이다. 이 등운도에는 도표마다 차례로 '제일내전개합(第一內轉開合)'는 용어가 붙어 있다. '제일(第一)'은 도식 번호이며 『운경』은 43도로 이루어져 있다. 그 다음 '내전(內轉)'은 전차(轉次)를 나타낸다. 전차에는 외전(外轉)·내전(內轉) 두 가지가 있다. 이 전차의 내용은

> 내전: 통(通)·지(止)·우(遇)·과(果)·탕(宕)·증(曾)·유(流)·심(深)攝
> 외전: 강(江)·진(臻)·해(蟹)·산(山)·효(效)·가(假)·경(梗)·함(咸)攝

와 같다. 내전은 2등운을 가지지 않은 것이고 외전은 2등운을 가진 것으로 분류하기도 하나 이 구분 방식이 정확히 무엇인지는 명확하지 않다.

그 다음 '개합(開合)'은 운부모음의 분류 방식으로 '개(開)'는 개구호(開口呼), '합(合)'은 합구호(合口呼)를 말한다. 합구호는 원순적 개모 -u-를

갖게 하여, 반절법(反切法)이 생기고, 나중에 운도가 발달될 수 있었던 것이다.

58) 圖凡三十二, 每圖各具三百八十四音
外八攝 一過 二壯 三泰 四觀 五解 六井 七剝 八謙
內八攝 一豫 二蒙 三履 四音 五頤 六恒 七復 八臨
按, 每韻一闢之字開口外轉, 二翕之字合口外轉, 三闢之字開口內轉, 四翕之字合口內轉. 故一闢二翕謂之外, 三闢四翕謂之內, 覽者詳之.

가진 음이며 개구호(開口呼)는 비원순음 곧 개모 -u-를 가지지 않은 것을 말한다.

전수도는 모두 32매로 되어 있다. 이는 소옹의 「경세사상체용지수도」의 숫자와 같다. 이 전수도는 성모가 「성분청탁도」에 따라 24행으로 배열되어 있고 「음분흡벽도」에 따라 내부를 넷으로 나누고 사성을 구별하였다. 그리고 각 운도의 왼편에 중성모음을 가지는 『광운』의 운목이 표기되어 있다.

모든 운을 16섭과 6궁으로 구분하였고 섭은 운모와 결합된 음절을 배열하였으며 궁은 운모의 변화로 발생한 음을 모아 두었다. 16섭은 내외 8섭으로 구분하였는 바

외팔섭: 일과(一過), 이장(二壯), 삼태(三泰), 사관(四觀), 오해(五解), 육정(六井), 칠박(七剝), 팔겸(八謙)

내팔섭: 일예(一豫), 이몽(二蒙), 삼리(三履), 사음(四音), 오이(五頤), 육항(六恒), 칠복(七復), 팔임(八臨)

와 같다. 내외 16섭으로 구분하면 다음처럼 구분된다.

내전(內轉)		외전(外轉)	
1	통(通)(1~2圖)	1	강(江)(3도)
2	지(止)(4~10圖)	2	해(蟹)(13~16도)
3	우(遇)(11~12圖)	3	진(臻)(17~24도)
4	과(果)(27~28圖)	4	산(山)(25~26도)
5	탕(宕)(31~32圖)	5	효(效)(25~26도)
6	유(流)(37圖)	6	가(假)(29~30도)
7	심(深)(38圖)	7	경(梗)(33~36도)
8	증(曾)(42~43圖)	8	함(咸)(39~41도)

위의 16도를 다시 흡벽으로 나누어 하나의 운도로 만든 결과 32도가 된다. 정경일(2002: 354)은 명곡 최석정의 『경세정운』을 단순히 소옹의 「황극경세서」만 본뜬 것이 아니라는 글에서 "『운경』에 나타나는 내전 8섭, 외전 8섭이라는 분류는 이후 숫자상의 분류일 뿐만 아니라 섭의 소속까지도 『칠음략』, 『사성등자』, 『절운지장도』, 『절운지남』 등에 일관되게 작용되고 있는 운도의 기본 체계이다. (…중략…) 섭이라는 용어가 처음 등장하는 것은 『사성등자』에 이르러이다. 그 이후 섭과 내외전은 운도의 가장 중요한 개념으로 자리 잡았다."고 하여 최석정이 이를 수용한 결과 평가하고 있다.

명곡 최석정의 「성음률려창화전수도」 32도의 전체를 요약하면 다음과 같다. 위와 같이 내전 8섭, 외전 8섭을 합한 16섭을 벽흡(闢翕)으로 나누어 32도의 전수도를 각각 나타내었다.

성모의 경우 각(角), 치(徵), 궁(宮), 상(商), 우(羽), 반(半)에 각각 네 음으로 나누어 모두 24자모를 설정하였고 청(淸), 탁(濁), 청(淸), 탁(濁)의 순서로 배열하여 훈민정음으로 음을 달았다.

角				徵				宮			
1	2	3	4	1	2	3	4	1	2	3	4
청	탁	청	탁	청	탁	청	탁	청	탁	청	탁
ㄱ	ㄲ	ㅋ	ㆁ	ㄷ	ㄸ	ㅌ	ㄴ	ㅂ	ㅃ	ㅍ	ㅁ

商				羽				半			
1	2	3	4	1	2	3	4	1	2	3	4
청	탁	청	탁	청	탁	청	탁	청	탁	청	탁
ㅈ	ㅉ	ㅊ		ㅎ	ㆅ	ㆆ	ㅇ	ㅅ	ㅆ	ㄹ	ㅿ

훈민정음 성모 17자와 각자병서 6자를 합친 24자와 동일한 24자로 설정하였다. 운모의 경우 32도로 구성하여 16섭을 사용하고 있다. 소옹은 각 섭마다 내전과 외전으로 나누어 일벽(一闢)과 이흡(二翕)은 외전(外轉)에 삼벽(三闢)과 사흡(四翕)은 내전(內轉)에 배열하였는데[59] 최석정은 각 섭에 팔괘(八卦)와 팔음(八音)을 연결하여 다음과 같이 나타내었다.

<table>
<tr><td colspan="2">解攝</td><td colspan="2">頤攝</td><td colspan="2">井攝</td><td colspan="2">恒攝</td><td colspan="2">剝攝</td><td colspan="2">復攝</td><td colspan="2">謙攝</td><td colspan="2">臨攝</td></tr>
<tr><td colspan="2">外오</td><td colspan="2">內오</td><td colspan="2">外육</td><td colspan="2">內육</td><td colspan="2">外칠</td><td colspan="2">內칠</td><td colspan="2">外팔</td><td colspan="2">內팔</td></tr>
<tr><td>一闢</td><td>二翕</td><td>三闢</td><td>四翕</td><td>一闢</td><td>二翕</td><td>三闢</td><td>四翕</td><td>一闢</td><td>二翕</td><td>三闢</td><td>四翕</td><td>一闢</td><td>二翕</td><td>三闢</td><td>四翕</td></tr>
<tr><td colspan="4">巽</td><td colspan="4">坎</td><td colspan="4">艮</td><td colspan="4">坤</td></tr>
<tr><td colspan="4">匏</td><td colspan="4">土</td><td colspan="4">革</td><td colspan="4">木</td></tr>
</table>

<table>
<tr><td colspan="2">過攝</td><td colspan="2">豫攝</td><td colspan="2">壯攝</td><td colspan="2">蒙攝</td><td colspan="2">泰攝</td><td colspan="2">履攝</td><td colspan="2">觀攝</td><td colspan="2">晉攝</td></tr>
<tr><td colspan="2">外一</td><td colspan="2">內一</td><td colspan="2">外二</td><td colspan="2">內二</td><td colspan="2">外三</td><td colspan="2">內三</td><td colspan="2">外四</td><td colspan="2">內四</td></tr>
<tr><td>一闢</td><td>二翕</td><td>三闢</td><td>四翕</td><td>一闢</td><td>二翕</td><td>三闢</td><td>四翕</td><td>一闢</td><td>二翕</td><td>三闢</td><td>四翕</td><td>一闢</td><td>二翕</td><td>三闢</td><td>四翕</td></tr>
<tr><td colspan="4">乾</td><td colspan="4">兌</td><td colspan="4">離</td><td colspan="4">震</td></tr>
<tr><td colspan="4">金</td><td colspan="4">石</td><td colspan="4">絲</td><td colspan="4">竹</td></tr>
</table>

최석정은 각 섭에 팔괘인 건(乾), 태(兌), 이(離), 진(震), 손(巽), 감(坎), 간(艮), 곤(坤)과 팔음인 금(金), 석(石), 사(絲), 죽(竹), 포(匏), 토(土), 혁(革), 목(木)을 배치시켰다. 최석정은 소옹의 상수학을 연결시켜 이처럼 음운체계 내에 상수로 풀어내려고 하였다.

59) 16섭의 모음은 벽흡으로 나눈 벽흡도를 다시 갑을병정, 무기경신 4등으로 나누어 배당하였다.
갑을병정: 과(過), 예(豫), 장(壯), 몽(蒙), 관(觀), 진(晋), 박(剝), 부(復), 겸(謙), 임 (臨).
무기경신: 태(泰), 이(履), 해(解), 이(頤), 정(井), 항(恒)

제4장 여암 신경준의 연구

1. 원필사본『저정서(邸井書)』해제

여기서는 여암 신경준(申景濬, 1712~1781)이 영조 26(1750)년에 쓴 것으로 추정되는 친필 필사본「저정서(邸井書)」,「개합사장(開合四章)」(연습본, 정서본),「삼운보궐자휘요찬(三韻補闕字彙要纂)」세 종의 책 복사본의 내용을 정밀하게 분석하였다.[1] 지금까지 학계에서는『훈민정음도해』,『훈민정음운해』,『운해훈민정음』혹은『운해』등의 다양한 이름으로 알려졌던 이 책의 원본 필사본은 바로「경세성음수도」를 비롯한 훈민정음을 해설한「운서」와 여암이 독창적으로 구성한 운도인「개합사장」이라는

1) 이 책은 대구에 거주하는 조 모씨의 소장본으로 연구 자료로 활용할 수 있도록 소장자로부터 허락을 받았다. 이 자료를 안동대 천명희 박사가 자료 사용의 허락과 소개를 해 준 점에 대해 이 자리를 빌려 감사한 마음을 전하다.

두 필사본을 합본한 『저정서』라는 책을 확인함으로써 앞으로 『훈민정음운해』 혹은 『운해훈민정음』 『운해』 등으로 불러온 이 책의 명칭 수정은 불가피하게 되었다. 또한 훈민정음을 이용하여 18세기 당대 조선의 이상적 한자음 규범화를 위해 『광운』의 36자모와 『사성통해』의 18섭의 운모를 4등으로 구분하여 운도를 제작한 여암 신경준의 운학 이론은 세종의 훈민정음 창제 이후 숙종대 명곡 최석정의 『경세훈민정음』의 뒤를 이은 매우 뛰어난 성과이다. 특히 18세기 실학적 성운학자의 한 사람인 여암 신경준의 학문적 사승 관계에 대한 새로운 이해와 함께 여암 신경준이 쓴 필사본 「운해」, 「개합사장」을 중심으로 그 서지 특징을 살펴볼 것이다.

여암 신경준이 33세 되던 해부터 고향인 순창에 우거하면서 저술에 힘썼다. 그 후 그이 나이 39세 때인 영조 26(1750)년에 『저정서』를 지었다. 그런데 이 필사 이본의 하나인 김완근 씨 소장 필사본의 행방이 한동안 묘연하였다. 그러나 최태영(1987)과 김슬옹 박사가 숭실대학교 부설 한국기독교박물관 소장인 『운해훈민정음(韻解訓民正音)』을 검토하

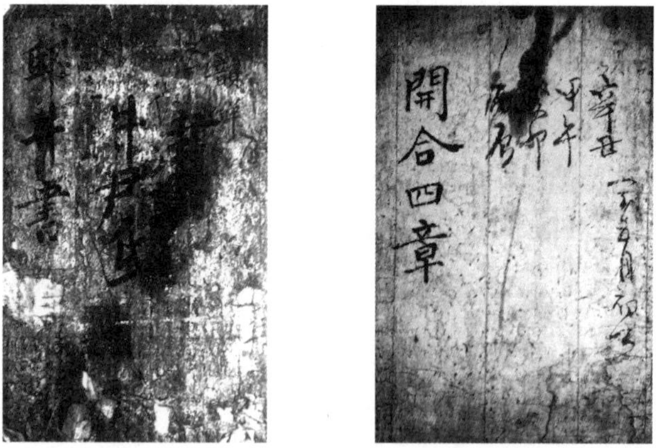

『저정서(邸井書)』와 그 일부인 「개합사장(開合四章)」

면서[2] 이 책이 바로 학계에서는 행방이 묘연하다고 알고 있는 김완근 씨가 소장하고 있던 필사본임을 확인하였다.[3]

이 책 내용이 시작되는 면의 공란에 낙관이 여러 개 찍혀 있는 것을 볼 수 있는데 그 중에 김완근 씨의 낙관을 근거로 하였다. 1937년 조선어학회에서 활자화하는데 저본으로 쓰인 그 책임이 분명하며 김완근 씨 소장본이었던 여암의 『운해훈민정음』은 현재 숭실대학교에 보관되고 있음을 확인되었다. 이 숭실대학교 소장본을 『숭실대학교본』이라고 부르면서 이를 중심으로 『운해훈민정음』의 책명에 대하여 좀 더 언급하겠다. 이 『숭실대학교본』은 그 표지에 '韻解訓民正音'이라 되어 있는 것이 사실이다.

이 책은 필사본으로 전해져 내려오다가 조선어학회에서 간행된 『한글』 제5권 3호(1937년 3월)부터 제5권 11호(1937년 12월)에 걸쳐, 정인보(鄭寅普) 선생의 해제와 함께 『훈민정음운해(訓民正音韻解)』란 제목으로 연재하였다. 1938년에 동 학회에서 그동안 연재했던 것을 모아서 단행본 활자본으로 간행하였다. 1939년에 『여암전서』(정인보, 김동춘 공교, 신조선사, 신재휴(申宰休, 여암의 5세손))가 간행되었을 때에도 이를 그대로 수록하였다. 김완근 씨 소장 필사본은 1987년에 숭실대학교 국어국문학과 편, 기독교박물관자료총서 제1집으로 태학사에서 영인되었다.

이 외에도 한국학중앙연구원 소장 필사본도 있다. 이 한국학중앙연구원 소장본의 서명은 『훈민정음도해(訓民正音圖解)』(C12-1)이다. 이 책에 대해서는 간단한 서지 정보와 해제가 앞에서 소개되었으므로 여기에서는 생략한다. 기타 서울대 규장각(가람411.1.18, Si62h), 연세대 도서관 등

2) 김슬옹, 「『운해훈민정음[저정서]』의 정음문자관」, 『한말연구학회』 39, 2016.

3) 최태영, 「『운해훈민정음』 해제」, 숭실대학교 국어국문학과 편, 『기독교박물관자료총서』 제1집, 태학사, 1987.

에도 후사본이 있다.

이 『저정서』는 중국의 성모와 운모를 배합한 체계인 운도를 훈민정음으로 우리나라의 한자음 성모와 운모를 표음한 책이다. 『훈민정음 해례』 이후 명곡 최석정의 『경세훈민정음』에 이은 가장 심도 깊이 연구한 운서 가운데 하나이다. 지금까지 이 책에 대한 다양한 평가가 있다.

1938년 3월 조선어학회에서 이 필사본을 활자본으로 간행할 당시에 그 권두에 실린 정인보 선생의 해제에

> "『훈민정음운해』 일책은 신 여암 경준(숙종 임진~정조 신축, 1721~1781)의 저이니 (순민은 그의 자) 훈민정음 연구로서 가장 기오할 뿐 아니라, 유서파보다는 물론 먼저요, 정현동에게도 여암이 삼십이년이나 장한즉, 사학에 있어 중흥조로 추상하여도 과할 것이 없다. 이신제 영익의 정음학이 비록 저서는 전하지 아니하나, 서파의 인용함을 보아 그 심오를 짐작할 수 있는데, 신제도 여암의 후진이다."

라고 하여 여암의 『저정서』를 『훈민정음운해』로 규정하면서 신 여암의 저술임을 천명하였다. 그리고 이 책의 가치를 "훈민정음 연구로서 가장 기이하고 심오하다"라고 평가하고 있다.

방종현(1946)은 "영조 때의 신경준(1712~1781)이란 이가 있어서 『훈민정음운해』(1750)을 지은 것이 그 처음이고…"라고 하여 훈민정음 연구사에서 『훈민정음 해례』 이후 첫 연구물이라고 평가하고 있다.

최태영(1987: 4)은 "여암이 39세에 지은 『운해훈민정음』은 훈민정음이 창제된 이후 가장 깊이 이 훈민정음이라고 하는 표음문자를 문자의 본질면에서 고찰한 저술이다."라고 평가하고 있어서 종래 한자 음운도 작성을 위한 것으로 평가해온 강신항(1967), 유창균(1988) 이외의 연구는

주로 중간의 「훈민정음도해」 부분에만 주목하여 이 책을 일종의 정음학서 즉 훈민정음 연구서로 간주해 왔으나 훈민정음 발달사적인 측면에서는 여암 신경준에 앞선 명곡 최석정이 있기 때문에 최초의 연구라는 평가는 합당치 않다.

지금까지 학계에서는 『훈민정음도해』, 『훈민정음운해』, 『운해훈민정음』 혹은 『운해』 등의 다양한 이름으로 알려졌던 이 책은 바로 「운해(韻解)」와 「개합사장」이라는 두 필사본을 합본한 『저정서』라는 책이라는 사실을 확인할 수 있었다.

기본 서지 정보가 바뀜에 따라 내용 구조도 바뀔 수밖에 없다. 기존의 필사본 자체가 정식 출판된 책이 아니라서 구조가 모호한 부분이 있었고 학자들마다 내용 구조도를 조금씩 달리 제시하곤 했다.

이 책의 구성을 크게 나누면 「경세정음도」, 「훈민정음도해」 그리고 「개합사장」이라는 운도, 3개 부문으로 구성되어 있다.[4] 강신항(1967), 유창균(1988) 이외의 연구는 주로 중간의 「훈민정음도해」 부분에만 주목하였고 이 책을 일종의 정음학서, 즉 훈민정음 연구서로 간주해 왔으나 강신항(1967), 유창균(1988)에서 지적되었듯이, 여암의 궁극적인 목적이 운도 작성과 그 해설에 있었다.

이렇게 보면 책 제목 외 기본 구조도가 차이가 나는 것은 아니다. 신경준이 새롭게 제시하고자 하는 한자음 관련 부분의 제목이 「개합사장」으로 설정되는 차이가 있다.[5]

---

4) 「경세정음도(經世正音圖)」와 「훈민정음도해(訓民正音圖解)」을 합쳐서 1부 그리고 「개합사장(開合四章)」을 2부 3부 부록으로 3구분할 수도 있으나 「경세정음도」는 비록 분량은 적지만 매우 중요한 부분이기 때문에 이를 한 부분으로 처리하는 것을 옳은 방법이라고 판단하고 있다.

5) 김슬옹, 「신경준, 『운해훈민정음[저정서]』의 정음 문자관」, 『한말연구학회』 39, 2016, 40~41쪽.

지금까지 여암 신경준의 『저정서』가 훈민정음의 운도를 밝힌 데 치중한 것으로 간주하고 대부분이 『훈민정음운해』 혹은 『운해훈민정음』 등의 이름으로 불렸으나 이는 전혀 잘못이다. 신경준의 『저정서』는 모든 언어의 바른 소리를 적을 수 있는 문자인 훈민정음을 활용하여 한자의 음 분류를 체계화한 한자 운도로 저술된 책이다. 다시 말하자면 한자의 이상적인 음을 나타내기 위해 작성한 운도라고 할 수 있다. 또한 이 운도를 활용하여 궁극적으로는 『삼운성휘(三韻聲彙)』[6]에 누락된 글자를 『사성통해』를 통해 보완하는 일련의 자전을 완성하는 데 있었다. 이번에 필사본으로 새로 발굴된 『삼운보궐자휘요찬(三韻補闕字彙要纂)』는 바로 『삼운성휘』에서 누락된 글자를 수합한 여암 신경준의 저술이다. 그 증거로 필사본 『저정서』의 54면에 『삼운성휘』의 일부를 필사로 남겨 놓은 흔적이 있는 것을 들 수가 있다.

---

6) 1751(영조 27)년 홍계희(洪啓禧)가 『삼운통고(三韻通考)』·『사성통해(四聲通解)』·『홍무정운(洪武正韻)』 등의 운서를 참고로 하여 지은 운서이다. 상·하 2권, 부(附) 옥편(玉篇) 1권으로 되어 있다. 처음에는 김재로(金在魯)가 계획하고 있었으나 홍계희가 편찬하고 정충언(鄭忠彦)도 그 완성에 참여하였다. 체재는 『삼운통고』와 마찬가지로 평·상·거성 소속 한자를 한꺼번에 배열하는 3단체재를 취하였으나, 자순(字順)은 현실 우리나라 한자음(漢字音)에 입각하여 한글 자모순으로 배열하였다. 한자의 주해는 대개 『증보삼운통고』와 같으나 간혹 상세하게 주해를 단 것이 있으며, 한자음표기는 한글로 하되, 우리나라 한자음을 먼저 기록하고 중국 본토자음을 그 밑에 기록하였다. 우리 나라 한자음이 혼란상태에 빠져 있다는 생각에서 현실음도 일부는 개정한 규범음으로 표시하려고 노력하였으며, 중국 본토자음은 대개 『사성통해음』을 따랐다. 보편(補篇)인 『옥편』은 자획순으로만 되어 있고, 한글로 표음되지는 않았다.『삼운성휘』의 범례에는 언자초중종성지도(諺字初中終聲之圖)가 실려 있어서, 18세기에 쓰이고 있던 한글의 자모수(字母數) 등을 보여주고 있으며, 한글자모 하나하나를 『훈민정음』 예의편에 있는 한자들을 그대로 이용하여 초성·중성을 설명하였으며, 8종성을 최세진(崔世珍)의 『훈몽자회』 범례에 실려 있는 초성종성통용팔자(初聲終聲通用八字)에 이용된 한자로써 설명하였다. 이 표에서는 한글자모의 배열 순서를 현행과 거의 같이 "ㄱ, ㄴ, ㄷ, ㄹ, ㅁ, ㅂ, ㅅ, ㅇ, ㅈ, ㅊ, ㅋ, ㅌ, ㅍ, ㅎ, ㅏ, ㅑ, ㅓ, ㅕ, ㅗ, ㅛ, ㅜ, ㅠ, ㅡ, ㅣ, •"로 하였으며, 다른 모음들의 뒤에 결합되어 중모음을 형성하는 'ㅣ' 모음을 중중성(重中聲)이라고 한 것이 특색이다. 또, 한글 자모의 수를 25자로 하고, 주(註)에서 훈민정음의 ㅇ, ㆆ는 속(俗)에서 ㆁ과 합해지고, ㅿ은 ㅅ, ㅇ의 간음(間音)이라고 하였다. 『한국민족문화대백과사전』 참조.

곧 이 책은 지금까지 알려진 바와 같이 훈민정음의 운도를 밝힌 것만이 아니라 훈민정음을 성리학적 토대 위에서 정밀하게 분석한 동시에 18세기 바른 한자음을 훈민정음으로 그 음을 표기한 한자의 운도를 기술한 책이다.

『저정서』의 구성은 「경세성음수도」에서 「종성도」까지는 「운해(韻解)」라는 편명으로 구성되어 있고 그 이후 한자 음운도는 「개합사장(開合四章)」이라는 별도의 편명[7]으로 구성되어 있어 이를 합하여 『저정서』라고 할 수 있다. 곧 『저정서』는 편명이 「운해」인 전편은 「경세성음수도」와 『훈민정음도해』로 구성되어 있고, 편명이 「개합사장」인 후편은 한자 음운도로 구성되어 있다. 결국 「운해」는 뒤편에 나오는 「개합사장」을 위한 기본 이론인 동시에 훈민정음에 대한 여암의 독창적인 해설을 한 것이며, 한자 음운도인 「개합사장」은 『사성통해』의 성모와 운모체계에 맞추고 소옹의 「경세사상체용지수도」의 체계를 응용하여 만든 것이다.

지금까지 『운해훈민정음』, 『훈민정음운해』, 『훈민정음도해』[8] 등으로 그 서명이 잘못 알려져 이 책은 이번에 새로 발견된 여암의 친필 필사본을 통해 그 서명이 『저정서』임을 확인할 수 있다. 이 책의 서지적 검토와 아울러 이 내용 분석을 통한 18세기의 운학 연구의 특징과 함께 여암 신경준의 『저정서』에 나타난 훈민정음에 대한 연구 성과와 운도의 특징을 살펴볼 것이다.

---

7) 편명인 동시에 이번에 새로운 단권 형식의 책이 발견되었으니 "운해(韻解)"와 이 "개합사장(開合四章)"을 합본하여 『저정서』라는 단권의 책으로 만들어진 것이다.

8) 각종 사전이나 포털사이트에 "조선 영조 26(1750)년에 신경준(申景濬)이 훈민정음(訓民正音)의 음운(音韻) 원리를 역학적(力學的)으로 그림을 그려 풀이한 책."라는 식으로 잘못된 소개를 하고 있다.

2. 여암 신경준의 『저정서』의 서지와 편찬 동기

『저정서』의 서명

신경준이 쓴 필사본 『저정서』의 서명을 『운해』[9]라는 이름으로 혹은 『운해훈민정음』[10]과 『훈민정음도해』[11] 등으로 알려져 있다. 『운해훈민정음』[12]으로 알려져 있는 필사본 등을 포함하여 현재 규장각과 연세대 도서관 소장본 등 포함하면 5종이 남아 있는데, 이 가운데 신경준의 친필체 『저정서』라는 책의 특징을 간략하게 몇 가지 지적하면 다음과 같다.

첫째, 『저정서』는 지금까지 알려진 『훈민정음운해』라는 책과 동일한 것으로 오침 선장본으로 29×18.2cm 크기로 무광 무선 무괘로 된 필사본이다. 책의 표지는 좌측 상단에 큰 글씨로 '邸井書'로 서명이 기록되어 있으며 표지 우측 상단에 적은 글씨로 '韻書'라는 편명이 기록되어 있다. 내지 1장 1면에 '韻書'라는 편명 제목에 이어 「경세성음수도(經世聲音數圖)」 도식이 나온다. 이 책의 서명을 규정하는데 결정적인 역할을 한 원본 필사자료라는 면에서 매우 중요하다.

---

9) 정인보(1938)와 방종현(1946), 홍기문(1946)은 『훈민정음운해』로 최현배(1940)는 『고친한글갈』에서는 『훈민정음도해』, 김윤경(1938: 125)은 『조선문자급어학사』에서 『훈민정음운해』, 강신항(1978)은 『훈민정음운해』, 박태권(2008)은 『운해훈민정음』, 유창균(1969: 131)과 배윤덕(2005: 11)은 『운해』 등으로 명명하고 있다.

10) 그의 행장에는 「오성운해(五聲韻解)」로 되어 있다.

11) 강신항(1967: 19) 선생은 이 책명이 『韻解』인 근거를 1) 김양선 씨가 소장하고 있는 년대 미상인 사본에도 그 표제에 "운해 훈민정음"이라고 씌여 있고, 2) 여암 자신도 그의 문집에 '韻解序'라 하였고, 3) 역시 그의 문집에 『平仄韻互擧要紋』에서 "余旣作韻解 又選一字互入而切於用者 別爲一編 以便考"라는 기록을 근거로 하였다.

12) 강신항(1967: 19) 선생은 김양선 씨가 소장하고 있던 필사본의 표지에 "韻解 訓民正音"으로 쓰여 있는 것으로 말하고 있다.

둘째, 「개합사장」이라는 책은 역시 필사본으로 28.7×18.3cm 크기로 『저정서』와 동일하다. 역시 무광 무선 무괘로 필사본으로 『저정서』와 동일한 필체로 표지의 우측 상단에 '開合四章'으로 되어 있다. 이것은 두 가지 이본을 합철한 것인데 연습용으로 도식을 그려 작성한 것과 정서한 필사본을 합친 것이다.

「개구정운」 제1장 8면, 「개구부운」 제2장 8면, 「합구정운」 제3장 8면, 「합구부운」 제4장 8면인데 모두 32면으로 구성되어 있다. 다만 「합구부운」 제4장 8면은 상단도표로 반단으로 되어 있다.

여암의 『삼운보궐자휘요찬』 초고

셋째, 『삼운보궐자휘요찬』은 필사본으로 18.5×21.5cm 크기로 표지에는 우측 상단에 '三韻補闕字彙要纂'으로 되어 있으며 이 책은 『삼운성운』에서 누락된 글자를 섭(攝)으로 분류하고 7음에 따라 한자를 배열한 내용으로 전자의 2권의 책과 동일한 필체로 되어 있다. 아마도 『사성통해』 등의 운서와 『삼운성휘』와 비교하여 누락된 글자를 보유한 책이다.

넷째, 필사본의 연대를 추정할 만한 확실한 기록이 어디에도 없다.

무광 무선 무괘 필사본으로 『저정서』와 동일한 필체로 표지의 좌측 상단에 '開合四章'으로 되어 있다. 우측 상단에는 '韻解'라는 편명과 함께 그 아래에는 "辛丑, 甲午, 癸卯, 丙辰"과 "□五月初一日"라는 기록이 있다. 표지 이면에는 "丁酉 正月 十八日"이라는 기록과 함께 한시 한편이 실려 있다. 이어서 그 다음 면에는 31운모를 나열한 다음 '개합정운제일장(開合正韻第一章)'이라는 도표가 나온다. 이 기록을 근거로 하면 정유(丁酉)는 1777년 여암 신경준이 66세 되는 해이다. 지금까지 이 『저정서』가 영조 26(1750)년에 쓴 것으로 추정하고 있으니 표지 내면의 기록은 세월이 지난 뒤에 추록한 기록으로 볼 수 있을 것이다.

『저정서』에는 저자를 확인할 수 있는 서, 발 등이 수록되어 있지 않고 저자와 관련된 정보를 제고하는 직접적인 자료도 없다. 그래서 지금까지 이 책의 서명에 대해 다양한 견해가 있었다. 먼저 조선어학회에서 김양선 소장 필사본을 대본으로 하여 만든 활자본을 간행하면서 그 서명을 '훈민정음운해(訓民正音韻解)'로 불리게 되었다. 최현배의 『고친 한글갈』에서는 '훈민정음도해(訓民正音圖解)'라고 하면서 그 이유를 훈민정음 학설의 중심을 이루는 대목의 제목인 '훈민정음도해'를 따서 그렇게 불렀다. 아마도 현재 한국학중앙연구원 소장 필사본의 서명이 『訓民正音圖解』로 되어 있는 것과 관계가 있을 것으로 추정된다. 강신항(1978: 9)은 "운해 훈민정음(속칭 훈민정음 운해)의 첫머리에는 다만 '운해'라고만 책이름이 쓰여 있고, 이어서 '경세성음수도'라고 적혀 있으며"라고 하면서 이 책의 전체 서명을 '운해훈민정음(韻解訓民正音)'라고 부르고 있다.[13]

최태영(1978: 5~6)은 이 책 명칭의 타당성에 대해 다음과 같이 기술하

13) 김윤경(1954: 261~278), 최현배(1961: 289~301), 김민수(1964: 71~74).

고 있다.

“신경준은 그의 문집에서 『운해서(韻解序)』라는 표현을 했고 역시 그의 문집 속에 수록되어 있는 「평측운호거요서(平仄韻互擧要敍)」에서도 「여기작운해(余旣作韻解)」라고 했음을 본다. 또한 지금 널리 알려져 있는 1937년도 『한글』 권5의 부록으로 실린 이 책의 내용 서두에도 ‘운해(韻解)’라고 되어 있다. 그러므로 이 책은 차라리 ‘운해(韻解)’로 그 책명을 이해해야만 했다. 그런데 숭실대학교 부성 한국기독교박물관이 소장하고 있는 필사본 표제에는 ‘韻解訓民正音’으로 적혀 있다. 내용 서두에는 역시 ‘운해(韻解)’라 쓰여 있고 그 다음부터 본문이 시작되고 있다. 앞에서도 언급한 바 있지만 1973년 당시 조선어학회지 『한글』 제5권에 김완근 씨가 소장하고 있는 필사본을 활자화해서 부록으로 실었으며, 이를 다음해인 1938년에 『운해훈민정음(韻解訓民正音)』라는 이름을 붙여 단행본으로 간행했다.”14)

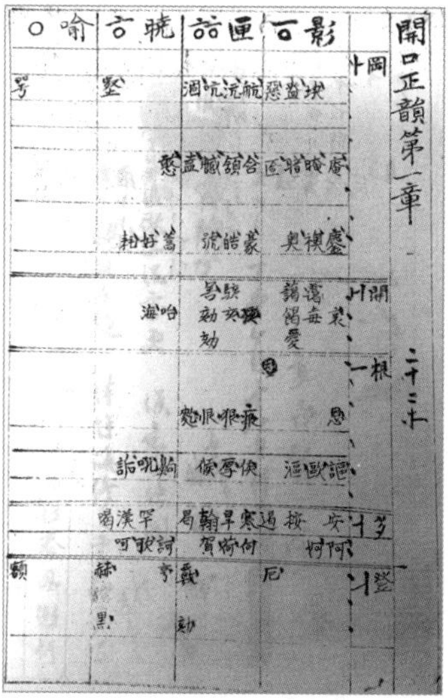

여암의 「개합사장」 연습 필사 초고

라고 하면서 『운해훈민정음』보다 『운해』라는 서명이 더 적절한 서명임을 밝혔다.

이처럼 이 책의 서명이 고정되지 않은 것은 이 책의 필사본 원본이

14) 최태영, 「『운해훈민정음』 해제」, 숭실대학교 국어국문학과 편, 『기독교박물관자료총서』 제1집, 태학사, 1987.

확인되지 않았기 때문이다. 그러나 다행스럽게도 대구에 고서 수집가인 조 모씨가 소장하고 있는 『저정서』의 필사본을 확인해본 결과 이 책의 표지에는 분명하게 '邸井書'라고 표기되어 있다. 곧 필사본 『저정서』는 2부로 되어 있다. 곧 1부인 「운해」와 2부인 한자 음운도인 「개합사장」으로 구성되어 있다. 책 표지에는 좌측에 '邸井書'라고 분명히 표기되어 있기 때문에 전체 서명은 '邸井書'라고 할 수 있다.

본문의 서두에 '운해'라고만 쓰여 있고, 이어서 '경세성음수도'라고 적혀 있다. 따라서 이 책 이름을 '운해' 혹은 '훈민정음운해', '운해훈민정음'이라고 추정한 지금까지의 논의들은 잘못된 것임을 알 수 있다.

이를 증명할 수 있는 또 하나의 근거는 현동 정동유(정동유, 1744~1808)가 쓴 『주영편(晝永編)』에 여암 신경준의 저작인 『여지고(輿地考)』[15]를 논하다가 그 부족하고 모자라는 점을 지적한 대목에 분명하게 '邸井書'라는 기록이 보인다.

> "일찍 그가 편찬한 저정서(邸井書)를 보니 훈민정음 자형을 논함에 순음의 자모가 아닌 것은 'ㅂ'이라고 하였다. 이런 등의 모든 것이 다 근거가 없는 말이다(嘗見其所撰邸井書, 論訓民正音字形, 而以脣音非母爲ㅂ, 此等處, 皆全無依據之辭也)."[16]

라는 기록을 논거로 하더라도 이 책의 서명은 '邸井書'임이 분명하다.

---

15) 『여지고(輿地考)』: 신경준이 정리한 역사지리학의 연구 성과를 결집시킨 책으로 역대국계, 군현 연혁, 산천, 도리, 관방, 간도 경계, 궁실 등 7개 항목으로 구성되어 있음.

16) 정동유, 남만성 역, 『주영집』(하), 1969, 180~181쪽. 신경준의 『훈민정음운해』의 필사본 1책(조 모씨 소장)의 제검에 『저정서(邸井書)』로 되어 있는 것으로 보아 이 책의 초기 원서명은 '邸井書'였던 것으로 보인다. 지금까지 이 책의 이름을 내제명 『운해(韻解)』를 참고하여 『훈민정음운해』 혹은 『운해훈민정음』이라고 가칭해 오고 있는 것은 앞으로 수정되어야 할 것이다. 해석 부분은 번역의 오류가 있어서 필자가 수정하였다.

그뿐만 아니라 책 표지 상단 좌편에 뚜렷하게 '邸井書'라는 서명의 기록을 확인할 수 있다. 지금까지 이 『저정서』의 명칭이 '운해', '운해훈민정음', '훈민정음운해', '훈민정음도해' 등 다양하게 불러왔으나 필자가 여암이 직접 쓴 원필사본을 발견함으로써 서명이 『저정서』임을 새롭게 규명하였다.17)

따라서 앞으로 이 책의 이름은 『저정서』로 불러야 할 것이며 혹은 편명으로 사용하는 경우에만 「운해」 혹은 「개합사장」으로 고쳐 불러야 할 것이다.

『저정서』의 편찬 동기

지금까지 『저정서』라는 책이 「운회」라는 이름으로 알려지면서 전편인 「훈민정음도해」 부문만 주로 연구되어 왔다. 『저정서』의 전체에 대한 완전한 이해 없이 전편의 「운해」 부분을 특히 강조하여 '훈민정음의 연구의 연장이었다'라는 입장에서 평가한 정인보(1938), 방종현(1946)에서 비롯되었다. 정인보는 당시 조선어학회에서 이 책을 활자본으로 간행하면서 권두에 해제에 여암 신경준을 훈민정음 연구의 중흥조로 보고 그 학문적 계보가 유희(柳僖)나 정동유(鄭東愈), 이영익(李令翊)으로 이어진 것으로 보았다. 방종현(1946)은

"신경준이 지은 영조 26(1750)년의 『훈민정음운해』와 유희가 지은 순조 24(1824)년의 『언문지』의 출현이다. 과연 훈민정음이 창제된 이후 이 후기까지에는 이 훈민정음만을 가지고 순전히 논한 책으로 단행본으로 된 것으로

---

17) 이상규, 「여암 신경준의 『저정서(邸井書)』 분석」, 『어문론총』 62, 한국문학언어학회, 2014.

단지 이 두 책이 있을 뿐이 아닌가 한다."[18]

라고 하여 이 『저정서』를 『훈민정음운해』로 그 명칭을 고정시키고 이 책이 지어진 목적이 훈민정음 연구의 연장이라고 규정함으로써 상당한 시기 동안 이 책의 저술 목적이 잘못 알려지게 된 것이다.

이 책을 저술한 의도를 훈민정음 연구의 연장이라는 관점에서 바라보는 견해는 최현배(1940)까지 이어진다. 최현배(1940: 290)는

"훈민정음에 대하여 음운학적 내지 역학적 설명을 시험한 것이 훈민정음 도해이다. (…중략…) 한글갈의 중흥자이라 할 만하다."

라고 하여 신경준을 음운학과 중국 역학에 정통한 이로 "훈민정음에 대하여 음운학적 내지 역학적 설명을 시험한 것"이라고 하고 그의 학문에로 향한 학적 노작은 확실히 한글갈(正音學)의 중흥자라 할 만하다고 극찬하고 있다. 이러한 견해는 그 후 김병제(1984), 김형주(1992)에게까지 이어지고 있다.

이와는 달리 정경일(2002: 361)은 "한자음의 운을 확인하여 운도를 만드는 데 목적이 있었던 책이며, 훈민정음에 관한 논설은 이를 위한 부차적인 것이었다."라고 하여 여암이 이 책을 저술한 목적이 운도 작성에 있음을 강조하고 있다. 그러나 여암이 의도했든 하지 않았든 간에 훈민정음에 대한 그의 독창적인 견해를 결코 낮추어서 평가할 문제가 아니라고 본다.

『저정서』에는 서나 범례 등 기록이 실려 있지 않아서 편찬자의 편찬

18) 방종현, 이상규 역주, 『훈민정음통사』, 올재, 2013, 183쪽 참조.

목적이나 의도를 알 수 없다. 따라서 이 책의 저술 목적을 이해하기 위해서는 이 책의 내용을 정밀하게 검토해야 할 수밖에 없다. 『훈민정음 운해』라는 서명으로 이 책의 내용 전부를 주해하고 해설한 강신항(1967)은 예전의 평가들이 이 책의 내용을 완전히 파악하여 이해하지 못하고 '운해'의 앞부분에 실린 '훈민정음도해' 부분만을 중시한 잘못이 있었음을 지적하였다. "여암(旅菴)의 이 책의 저술 목적은 운도를 작성하여 자기가 바로잡았다고 생각하는 한자음을 표시하는 데 있었다"[19]고 규정하고 훈민정음은 한낱 "한자음을 위한 발음기호의 존재에 지나지 않았다고 할 수도 있다"고 함으로써 이전의 견해를 일부 수정안을 제안했다. 따라서 종래 이 책의 저술 목적에 대한 편견이 새롭게 수정된 셈이다.

유창균(1969: 132)은 "이 책의 내용은 훈민정음의 원리에 관한 연구와 한자 음운도 작도의 두 가지로 크게 나누어 볼 수 있다."고 하여 이 책의 편찬 목적을 두 가지임을 분명히 밝히면서 "훈민정음의 연구 그 자체도 한자 음운도를 작성하기 위한 하나의 서설적 구실을 하는 것이라고 하겠다"고 하여 종래의 견해를 수정안을 제시하였다. 그러나 김석득(1975)은 이 책의 편찬한 의도를 "한문의 세계에서 벗어나서, 조선 지식을 추구하여 우리 삶의 근본이 되며, 우리 사람됨의 근본 뜻이 있는 우리말의 음운과 문자를 고구"하기 위한 것으로 파악하고, 이를 "국어학면에서 실학의 자각적 개념과 실용적 개념에 우선 접근하였다"고 대단히 추상적으로 기술하면서 안타깝게도 강신항(1967)과 유창균(1969)와 같은 『저정서』의 편찬 의도를 정확히 파악하지 못한 것이다. 김민수(1980)는 신경준이 기존의 논의에서 훈민정음 부분이 잘못 중시되어 국어연구의 중흥조로 과찬되고 있다고 비판하는 오류도 범하였다.

---

19) 강신항, 『운해 훈민정음 연구』, 한국연구원, 1967, 19~21쪽 참조.

결과적으로 신경준이 『저정서』를 편찬한 의도는 훈민정음의 연구에만 그치지 않는다고 본다. 책의 편차로 볼 때 서두에 「경세성음수도」와 「율려창화도」를 배치하여 소옹의 운도를 본받아 자신이 고안한 운도를 보여주고 있고, 훈민정음 설명 부분에서도 초성과 중성 글자를 「경세수도」에 배치하고 있다. 정경일(2002: 364)은 이 책의 마지막 부분에 4장으로 된 한자운도를 그려 보임으로써 그의 의도가 무엇인지를 분명히 드러내고 있다고 하면서 신경준이 이 책을 편찬한 의도는 "훈민정음을 이용하여 그가 고안한 이상적인 한국 한자음의 운도를 그려보고자 했던 것이다."라고 밝히고 있다.

배윤덕(2005: 11)은 "신경준의 『운해』 저술 목적이 운도인데, 이는 '한자 음운도'이고 「경세성음수도」에서 「종성도」까지는 뒷부분 '한자 음운도'의 이론이다."라고 하여 전적으로 앞부분이 훈민정음에 대한 여암의 연구 성과를 지나치게 폄하하고 단지 '운도' 작성을 위한 노력인 것으로 평가하고 있다.

여암은 초성을 36자, 중성 3자로 설정하여 우리나라 현실에 존재하지 않는 설상음과 설두음과 같은 초성 글자를 설정하거나 중성 글자에서도 ••를 설정하여 •에 대립시킨 이유는 철저하게 계열적 통합적으로 오행에 맞춘 상형 체계를 기술하기 위한 저술 의도를 잘 보여주고 있다. 조선 후기 조선이야말로 중화에 대응하는 유일한 문명국임을 자부하는 지식인들의 의식을 읽을 수 있다. 그런 면에서 여암 신경준은 대단한 이상적인 『광운』의 운서체계에 접근하는 중고음의 유지와 전승이라는 저술 의도를 가지고 있었으며 그러한 과정에서 '훈민정음'에 대해 집현전 학사들에 뒤지지 않는 탁월한 훈민정음에 대한 독창적인 해석, 곧 오행에 맞춘 상형과 가획설을 밝혀낸 것이다.

이러한 논의가 결코 빗나간 결론은 아니지만 그 이후 『삼운보궐자휘요찬』이라는 책까지 저술한 것으로 보아 『광운』을 활용한 한자의 운도 작성과 함께 『사성통해』에 따른 『삼운성휘』 등 누락 글자를 보완하여 자신의 운도 「개합사장」에 맞는 자전을 보유하는 데까지 이르게 되었음을 알 수 있다.

다시 한번 부연해서 말하자면 여암이 이 『저정서』를 저술한 의도는 한자음 운도 작성에 근본적인 목적이 있었지만 그 과정에서 '훈민정음'에 대한 독창적인 평가와 해설을 시도한 점은 훈민정음 연구사적인 측면에서도 높이 평가될 만하다. 다만 궁극적으로 "훈민정음을 이용하여 그가 고안한 한국 한자음의 운도를 그려보고자 했던 것이다."(정경일, 2002: 364)에 국한된 것만이 아니다.

이 책의 또 다른 편찬 의도는 훈민정음을 이용하여 중국의 한자음에 의한 규범화와 『삼운성휘』 등에 누락된 글자를 보완하여 운도에 맞는 자전을 만드는 데 있었다고 할 수 있다. 다만 그가 의도한 『삼운보궐자휘요찬』을 완전하게 묶어 간행하는 일까지 전진하지 못했다.

신경준의 『저정서』의 저술 목적은 세 가지로 구분할 수 있는데 첫째는 세종대왕이 창제한 '훈민정음'에 대한 연구, 둘째는 훈민정음을 활용한 '운도'인 「개합사장」이라는 한자 음운도이다. 이 두 가지의 경중을 구별할 필요가 없을 만큼 모두 가치 있는 연구 성과라 할 수 있다.

특히 「경세성음수도」에서 「종성도」까지는 훈민정음에 대한 성찰인 동시에 뒷부분 「개합사장」의 이론으로 볼 수 있으며 이러한 기술의 방식은 명곡 최석정의 『경세훈민정음』과 매우 흡사하다. 그리고 박성원의 영향도 직접적으로 많이 받았던 것으로 확인된다. 다만 훈민정음에 대한 연구 관점은 명곡과 차이를 보여주고 있다는 측면에서 신경준의 독자적 연구사적 가치를 지니고 있다.

3. 여암 신경준의 『저정서』의 구성과 내용

『저정서』의 구성

여암 신경준은 조선조 이수광(李睟光)과 명곡 최석정의 실학적 학풍의 직접적인 영향에 힘입은 최정석과 같은 실학 계보에 속하는 조선 후기 운학자이다. 또한 『저정서』는 훈민정음으로 한자음을 표기하기 위한 이상적 한자음의 운도를 체계화한 성운학적 연구서이며 동 시대에 홍계희(洪啓禧)가 만든 『삼운성휘』에 누락된 한자를 보유하는 데까지 진행된 연구 성과이다. 그러는 과정에 훈민정음에 대한 상형설에 대한 논의는 기존의 집현전 학사들의 논의를 뛰어넘은 현대 언어학적인 자질문자(Feature letters) 이론에 맥이 닿는 독창성을 가지고 있다.

먼저 이 책의 서명에 대해서는 앞에서 밝힌 바와 같이 『저정서』임은 분명하다. 그런데 이 『저정서』라는 책이 원래 2부로 구성된 것을 하나로 합친 것으로 판단된다. 곧 『저정서』의 「운해」는 전편이었고 또 한자음 관련 자료로 구성되어 있는 후편인 「개합사장」이라는 두 종류의 필사본 책을 하나로 묶은 것이다. 강신항(1978: 138)은 이 전체를 『운해』로 파악하고 있으나 이는 잘못이다. 그 근거로는 우선 「운해」와 「개합사장」 모두 포함된 『저정서』라는 책과 「개합사장」이라는 필사본이 따로 있는 것으로써 하나의 근거로 삼을 수 있다.

유창균(1969: 132)은 첫째, 「경세성음창화도」와 둘째, 「훈민정음도해」, 셋째, 「개합사장」으로 구성된 것으로 부록 부분을 「개합사장」에 포함시켰다. 결국 「운해」에 해당되는 「경세성음창화도」와 「훈민정음도해」를 따로 구성하였고 「개합사장」의 명칭을 바로 파악하지 못하여 '한자 음 운도'라 명명하였다. 전체적인 면에서 내용적 구성의 흐름은 올바르게 파악하고 있었다.

강신항(1978: 138)은 이 책 전체를 『운해』로 파악하고 하나의 구조로 파악하고 있으나 필사본 자료를 근거로 해 보면 이 책은 두 편을 합친 것으로 보아야 한다. 곧 『저정서』의 '운해' 부분은 '훈민정음도해' 부분까지이고 그 뒷부분은 '개합사장'이라는 이름으로 된 것을 합쳐서 훈민정음에 대한 도해와 한자음에 대한 도해를 합친 구성임을 알 수 있다.

정경일(2002: 365)은 『저정서』를 서명을 『운해』로 규정하고 이 책의 구성과 체계에 대해 아래의 도표로 나타내었다.

經世聲音唱和圖	經世聲音數圖
	律呂唱和圖
訓民正音圖解	序
	初聲圖
	初聲配經世數圖
	中聲圖
	中聲配經世數圖
	終聲圖
漢字音	總說
	漢字音韻圖
	中聲今俗之變
附錄	我國韻三聲總圖
	日本韻三聲總圖

내용 구성도(정경일, 2002: 365)

문제는 「개합사장」의 부분을 '한자 음운도'로 처리하고 '한자 음운도'라는 내용으로 이해하고 있다. 정경일은 위의 도표와 같이 이 책의 내용이 크게 셋으로 나뉘는 것으로 보고 있다.

배윤덕(2005: 24)은 첫째, 「경세성음수도」와 둘째, 「훈민정음도해」, 셋째, 「운도」라고 하여 부록을 포함한 구성체계로 파악하고 있다.

필사본 『저정서』는 「운해」편과 「개합사장」을 합친 것으로 그 구성도는 아래와 같다.

운해(韻解)	경세성음창화도(經世聲音唱和圖)	경세성음수도(經世聲音數圖)
		율려창화도(律呂唱和圖)
	훈민정음도해(訓民正音圖解)	서(序)
		초성도(初聲圖)
		초성배경세수도(初聲配經世數圖)
		중성도(中聲圖)
		중성배경세수도(中聲配經世數圖)
		종성도(終聲圖)
개합사장(開合四章)	개합사장(開合四章)	총설(總說)
		개구정운(開口正韻)
		개구부운(開口副韻)
		합구정운(合口正韻)
		합구부운(合口副韻)
		중성금속지변(中聲今俗之變)
부록(附錄)		아국운삼성총도(我國韻三聲總圖)
		일본운삼성총도(日本韻三聲總圖)

『저정서(邸井書)』의 내용 구성도

『저정서』의 책 구성은 같이 부록을 제외하고 크게 3부분으로 구분되는 것으로 파악할 수 있다. 첫째, 송나라 소옹(邵雍)의 『황극경세성음창화도』를 전범으로 하여 구성한 「경세성음창화도」와 「훈민정음도해」로 구성된 '운해'편과 둘째, 운모를 개합(開合)에 따라 분류한 '개합사장'편, 셋째, '부록'으로 구성되어 있다. 결국 여암 신경준이 세심하게 고려한 것은 규범적인 한자음의 파악과 이를 운도에 반영하는 일이었다. 필자의 이러한 시각은 강신항(1967)과 거의 일치한다.

<table>
<tr><td>갈래</td><td>기존: 정경일(2002: 365) 외</td><td>수정안: 이상규(2014ㄴ: 167)</td></tr>
<tr><td>책 제목</td><td>訓民正音韻解 또는 韻解訓民正音</td><td>邸井書</td></tr>
<tr><td>구성</td><td>
<table>
<tr><td rowspan="2">經世聲音唱和圖</td><td>經世聲音數圖</td></tr>
<tr><td>律呂唱和圖</td></tr>
<tr><td rowspan="6">訓民正音圖解</td><td>序</td></tr>
<tr><td>初聲圖</td></tr>
<tr><td>初聲配經世數圖</td></tr>
<tr><td>中聲圖</td></tr>
<tr><td>中聲配經世數圖</td></tr>
<tr><td>終聲圖</td></tr>
<tr><td rowspan="3">漢字音</td><td>總說</td></tr>
<tr><td>漢字音韻圖</td></tr>
<tr><td>中聲今俗之變</td></tr>
<tr><td rowspan="2">附錄</td><td>我國韻三聲總圖</td></tr>
<tr><td>日本韻三聲總圖</td></tr>
</table>
</td><td>
<table>
<tr><td rowspan="8">韻解</td><td rowspan="2">經世聲音唱和圖</td><td>經世聲音數圖</td></tr>
<tr><td>律呂唱和圖</td></tr>
<tr><td rowspan="6">訓民正音圖解</td><td>序</td></tr>
<tr><td>初聲圖</td></tr>
<tr><td>初聲配經世數圖</td></tr>
<tr><td>中聲圖</td></tr>
<tr><td>中聲配經世數圖</td></tr>
<tr><td>終聲圖</td></tr>
<tr><td rowspan="6">開合四章</td><td rowspan="6">開合四章</td><td>總說</td></tr>
<tr><td>開口正韻</td></tr>
<tr><td>開口副韻</td></tr>
<tr><td>合口正韻</td></tr>
<tr><td>合口副韻</td></tr>
<tr><td>中聲今俗之變</td></tr>
<tr><td rowspan="2">附錄</td><td rowspan="2"></td><td>我國韻三聲總圖</td></tr>
<tr><td>日本韻三聲總圖</td></tr>
</table>
</td></tr>
</table>

신경준의 『저정서』 내용 구성 비교

여암이 운도를 작성한 기본 이론적 바탕은 소옹의 『황극경세성음도』이나 한자의 배열 방법이나 순서는 따르지 않고 여암이 작위적으로 선택한 것이다. 권두에 실린 「경세성음수도」는 소옹의 『황극경세성음도』를 본보기로 하여 작성한 것이다. 이어 「율려창화도」는 「경세성음수도」에서 제시한 하단의 성모(초성)와 상단의 운모(중성+종성)가 결합하는 실재의 한자음을 나타내는 예를 보이고 있다.

「훈민정음도해」에서는 훈민정음을 초·중·종성으로 구분하고 이를 활용하여 한자의 음을 표기하는 문자임을 밝히고 있다. 특히 「훈민정음도해」의 배경 이론은 훈민정음 창제의 기본적인 이론이었던 역학의 오방상형설을 활용하였으며, 조음 상형으로는 순설상형설(脣舌象形說)을 주장하였다. 곧 여암이 이 도해를 만들어 세종대왕이 창제한 훈민정음의 활용 방안을 더욱 확장하여 제시한 것이다. 특히 훈민정음 창제 이후 최초의 해설서인 『훈민정음 해례』와 그 다음 명곡 최석정의 『경세훈민정음』에 이은 여암의 『저정서』에는 훈민정음에 대한 독창적인 연구 성과가 담겨 있다. 훈민정음에 대해서는 명곡 최석정의 시각과 매우 비슷하지만 결코 내용은 동일하지 않다. 초·중·종성에 대한 글자 기원에 대한 여암의 해석은 매우 독창적이다.

특히 여암이 훈민정음의 자모의 글자가 조음기관의 순설상형설에 기원을 두고 있으면 역학의 원리에 따라 계열적, 통합적으로 구성되어 있다는 설명을 통해 훈민정음이 독특한 자질문자(Feature letters)임을 밝혔다. 36자모체계에 맞추기 위해 초성에 ㄴ, ㅌ, ㅂ를 설정하거나 18자 중성에 •에 대응되는 ••를 설정함으로써 도리어 복잡하게 만든 것도 사실이다. 훈민정음의 발달사의 측면에서 보면 여암의 초·중·종성에 대한 설명은 매우 개성적인 학설이었다고 평가할 수 있다.

이러한 우수한 훈민정음 글자를 가지고 「개합사장」에서 총설에 이어 자신이 바로잡았다고 생각하는 이상적이면서 규범적인 한자음을 표시하기 위해 운도를 완성한 결과이다. 그러나 이 운도도 『광운』과 같은 의고적인 운도에 자신의 이상을 맞춘 것으로 보인다. 그리고 장황한 운도가 아닌 사성에 따른 32장으로 만든 「개합사장」의 운도를 제시하였다.

『저정서』의 내용

『저정서』의 구성은 크게 3부분으로 되어 있다.

첫째, 「경세성음창화도」에는 「경세성음수도」와 「율려창화도」가 함께 실려 있다. 「경세성음수도」는 자모음을 창화(唱和)로 나누어 아래의 도식과 같은 방식으로 기술하고 있다.

양률－唱(운모)	평·상·거·입	일·월·성·신	상단	모음
음률－和(성모)	개·발·수·폐	수·화·토·석	하단	자음

「경세성음수도」는 한자음의 표기를 위한 기본적인 운모와 성모의 분류 방식을 나타내었는데 소옹의 『황극경세서』를 그 형식을 본뜬 것이다. 「율려창화도」는 기본적인 성모와 운모를 제시하는 종합도식이다. 다만 소옹의 기술 방법과 달리 운모를 천성, 성모를 지음이라고 규정하여 '양률창도'와 '음률화도'로 나누어 '양률창도'에는 평·상·거·입과 일·월·성·신에 따라 8(×4)성으로 '음률화도'는 개·발·수·폐와 수·화·토·석에 따라 12(×4)음으로 조직한 도식이다.

운도는 당나라 말부터 오대 송시대로 걸쳐 발달하였는데 가로로 성모를 36자모로 세로로 운모를 1, 2, 3, 4단으로 구분하여 반절 형식으로 조합하여 한자음을 파악할 수 있도록 만든 것이다. 이러한 운도 가운데 소옹이 만든 「성음창화도」 34매가 있었는데 전하지 않고 송나라 채원정이 이를 간략하게 요약한 「경세성음도」가 『성리대전』 권8의 『황극경세서』에 전하는데 이것을 근거하여 여암이 독창적으로 개선하여 만든 것이 「경세성음수도」이다. 여암의 「경세성음수도」는 궁극적으로 『광운』에 근접한 이상적인 규범한자음을 나타낸 「개합사장」의 작성을 위한 음의 수를 나타낸 종합도표라고 할 수 있으며, 그 구성의 체계는 『사성통해』와 유사하다.

「경세성음수도」는 소옹의 「경세사상체용지수도」의 정성·정음의 체계를 변용하여 '양률창도'와 '음려화도'로 상하 2단으로 재구성한 것이다. '양률창도'는 모두 10성도로 구분하였는데 각 성은 일·월·성·신과 평·상·거·입과 일벽(개구)·이흡(합구)·삼벽(제치)·사흡(촬구)으로 구분하였다. 다만 유음무자는 ○로 무음무자는 ●로 나타낸 것이다. '양률창도'에 실재적으로 성이 배당되어 있는 것은 1성부터 6성까지만, 평성을 기준으로 하여 보면 모두 18성이다. 이것은 운모의 중성이 32모음체계임을 말해주며 이를 사등으로 나누어 18섭에 근거하여 만든 것임을 알 수가 있다.

'음률화도'는 모두 12음도로 나누어지는데 이것은 '양률창도'와 마찬가지로 개·발·수·폐와 수·화·토·석을 기준으로 36성모로 배열되어 있다. 이는 초성에 해당되는 성모로 『광운』이나 『사성통해』의 36자모를 기준으로 한 것이다. '음률화도'의 배열은 '후(궁)－아(각)－설(치)－치(상)－순(우)－반치반상'의 순서로 배열되어 있다.

「율려창화도」는 양률과 음려, 즉 성(운모)과 음(성모)이 어울려 소리를 이루는 모습을 나타내는 도표이다. 이는 곧 자모 반절도라고 할 수 있다. 「경세성음수도」에서 설정한 10성과 12음 가운데 1성과 1음이 각각 어떻게 배합하여 글자음이 드러나는지 나타내 보이고 있다. 해당 한자음의 반절 방식을 예로 제시하여 성조와 한자음을 파악할 수 있도록 만들었다. 예를 들면 「경세성음수도」의 '양률창도'의 첫 성이 강(岡)이며 '음려화도'의 첫 음은 안(安)이다. 이를 반절로 배합하면 '안강절(安江切)'을 얻을 수 있다. 「율려창화도」일성의 일도에 첫 4자는 이렇게 만들어지며 일음의 첫 넉 자는 '앙(鴦, 개구), 앙(坱, 제치), 왕(汪, 합구), ○'을 얻게 된다. 이처럼 「율려창화도」는 성과 음의 결합 방식을 정확하게 설명하기 위한 조치로 맨 머리에 내놓은 것이다.

둘째, 「훈민정음도해서」의 『구국소서팔자(九國所書八字)』항에는 '明王愼德四夷咸賓'의 여덟 글자를 아홉 나라의 문자로 쓴 자료이다. 이 내용은 『시경』의 『여오(旅獒)』에 나오는 문구이다. “ᄀᆞᆯ오ᄃᆡ 오호ㅣ라, 밝으신 님금이 덕을 삼가시거든 ᄉᆞ이 다 빈ᄒᆞ야(曰嗚呼 明王愼德 四夷咸賓 無有遠邇 畢獻方物 唯服食器用)”[20]는 구절 가운데 “明王愼德 四夷咸賓)”이라는 여덟 문자를 중국의 주변 9개 국가의 문자로 대역한 자료가 중국과 우리나라에 전하고 있다.

‘구국소서팔자’의 기록이 중국에서는 명대 가경대에 왕세정(王世貞)의 『엄주산인사부고』에 처음 나타나고 이어 방우로가 편찬한 『방씨묵보』에는 판화에 여진문자만 새긴 자료가 있다. 한국의 자료에서는 이형상의 ‘구국소서팔자’는 배열 방식이나 아홉 나라의 문자가 왕세정의 『엄주산인사부고』의 자료와 일치하며 다만 신경준과 황윤석의 ‘제국자서’에는 아홉 나라의 문자에 부록으로 한글과 일본 문자가 덧붙어 있다. 한문과 한글 및 일본을 포함하면 9국이 아니라 12개국이 되는 셈이다. 중국의 자료와 한국에 남아 있는 3인의 기록에서 9국에 대한 국명의 표기와 순서까지도 일치한다는 사실은 우연한 일이 아닐 것이다. 이기문(1986)은 신경준과 황윤석의 기록은 직접적인 관계가 있는 것으로 추정하고 있는데 당시 18세기 3분의 학자들이 중국의 기록을 베낀 결과로 추정할 수 있는 것은 “九國所書八字”란 제목과 구국의 배열 순서가 일치하는 점을 들 수 있다.[21]

「훈민정음도해」 부분은 훈민정음에 관한 문자론으로서 우리 문자를 초성·중성·종성으로 나누고 이에 대하여 자세히 설명을 하였다. 훈민정음의 체계에 맞춰 「초성도」, 「중성도」, 「종성도」를 배열하고 이들을 운도체계로 재정리한 「초성배경세수도」, 「중성배경세수도」를 작성하여

20) 시경은 ‘대학, 중용, 논어, 맹자, 시전, 서전, 주역’ 곧 7서 가운데 하나로 만력 18(1590)년 7월 내사 도산서원본 칠서언해를 비롯하여 다양한 판본과 구활자본이 전한다.

21) 이상규, 「“명왕신덕사이함빈”의 대역 여진어 분석」, 『언어과학연구』 63, 2012.

운도의 표기 수단인 훈민정음을 성명하고 있다.

「초성배경세수도」는 『광운』의 36자모도에 대비하여 설상음 "ㄴ, ㄸ, ㅌ, ㄷ" 4자와 치두음 "ㅅ, ㅈ, ㅆ, ㅉ" 4자와 정치음, "ㅅ, ㅈ, ㅆ, ㅉ" 4자를 둔 것은 중국 운서에 충실한 성모 글자로 설정한 결과이다. 당시에 중국음에서도 이미 설상음으로 지(知)·철(徹)·징(證)모는 정치음에 통합되었는데도 이를 분리하여 그대로 설상음 "ㄸ, ㅌ, ㄷ"로 설정하고 있다. 이렇게 새로운 문자를 고안해낸 이유는 글자꼴의 계열적 체계를 고려했던 때문이다.

또한 성모 배열은 역학 이론에 따라, 5음의 배열 방식도 "궁(후) → 각(아) → 치(설) → 우(치) → 상(순)"으로 곧 후음(ㆆ, ㆅ, ㅎ, ㅇ), 아음(ㄱ, ㄲ, ㅋ, ㆁ), 설두음(ㄷ, ㄸ, ㅌ, ㄴ)·설상음(ㄴ, ㄷ, ㄸ, ㅌ), 치두음(ㅈ, ㅉ, ㅊ, ㅅ, ㅆ)·정치음(ㅈ, ㅉ, ㅊ, ㅅ, ㅆ), 순중음(ㅂ, ㅃ, ㅍ, ㅁ)·순경음(ㅸ, ㅹ, ㆄ, ㅱ), 반설음(ㄹ), 반치음(ㅿ)으로 배열하여 훈민정음의 배열 체계와는 다른 방식임을 알 수 있다. 또한 같은 음계에 속한 음은 "전청(수) → 전탁(화) → 차청(토) → 불청불탁(석)"의 순으로 배열하였다. 이 배열 방식도 훈민정음과 차이가 나지만 『운경』, 『칠음략』, 『사등등자』, 『절운지장도』, 『경사정음절운지남』의 배열 방식과도 차이를 보여주고 있다.

「중성배경세수도」는 각각 상하 2단으로 구성되었는데 상단은 운모를 표시하는 부분으로 10도로 나누었고, 하단은 성모를 표시하는 부분으로 12도로 나누었다. 운모의 배열은 일·월·성·신으로 나뉘고 이들은 각각 개구음과 합구음의 순서로 되어 있다. 그리고 각각의 운모에 평·상·거·입에 따른 구분을 하였다. 여암은 「경세성음수도」에서 1성(ㅏ, ㅘ, ㅐ, ㅙ), 2성(ㅑ, ㆇ, ㅒ, ㆈ), 3성(ㅓ, ㅝ, ㅔ, ㅞ), 4성(ㅕ, ㆊ, ㅖ, ㆋ), 5성(ㅡ, ㅜ, ㅢ, ㅟ), 6성(ㅣ, ㅠ, ㅣㅣ, ㆌ), 7성(ㆍ, ㅗ, ㆎ, ㅚ), 8성(ᆢ, ㅛ, ᆢㅣ, ㆉ) 총 32글자를 제사하였는데 「중성도」에서는 개구·제치·합구·촬구 4등으로 구분하여 18자를 구분하여 각각 배치하였다.

「율려창화도」에서는 「경세성음수도」에서 배열한 성모와 운모가 어떻게 결합하여 음절을 형성하는지를 그 일부만 예시로 보이고 있다.

「중성도」에는 개구·제치·합구·활구로 구분하여 32개의 중성을 설정하였다. 1, 3, 5, 7, 8는 개구음이나 합구음을, 2, 4, 6, 8, 10은 제치나 활구음으로 구분하였다. 그러나 실질적으로 운모 32자 가운데 18자만 활용하였다. 운모는 중성자로 '•'와 '••'를 성정하였다. "盖ㅇ如木之仁•如自其仁而一芽生, ••如自一芽兩葉生"이라고 하여 '•'에 대응하는 '••' 모음을 이상적으로 설치한 것이 특징이라고 할 수 있다.

「종성도」에서 한자음의 종성으로는 양운미 'ㅁ, ㄴ, ㆁ'계와 '오, 우'계 음운미, zero운미계 7종류를 『고금운회거요』의 운을 사용하여 7섭(攝)으로 나타내었다. 이 7종성의 섭은 『사성통해』의 운미와도 일치한다.[22] 종성해 이하는 종성에 대한 설명인데, 신경준이 말하는 종성이란, 모음으로 zero운미를 포함하고 있다. 그가 분류한 7섭의 종성과 해당되는 운목은 다음과 같다.

1) 응(凝)섭	ㆁ	東, 冬, 江, 陽, 庚, 靑, 蒸
2) 지(支)섭(상)	ㅡ ㅣ ㅜ ㅠ	支, 微, 魚, 虞, 齊, 佳, 灰, 隊
3) 은(隱)섭	ㄴ	眞, 文, 元, 寒, 刪, 先
4) 지(支)섭(하)	ㅓ ㅕ ㅏ ㅑ ㅘ ㅝ ㆊ	歌, 麻
5) 소(蕭)섭	ㅗ	蕭, 肴, 豪
6) 우(尤)섭	ㅜ	尤
7) 음(音)섭	ㅁ	侵, 覃, 監, 咸

22) 배윤덕, 『우리말 운서의 연구』, 성신여자대학교 출판부, 2005, 12쪽. "『각성중성서소예종성지수(各聲中聲書所隷終聲之數)』에서 1성에서 6성까지 섭을 분류하였는데 여기서 종성 섭의 분류에 대한 기준을 설명하였다."

'지(支)·미(微)·어(魚)·우(虞)·제(齊)·가(佳)·회(灰)·대(隊)·가(歌)·마(麻)' 등 10운은 모두 중성이 종성을 겸한다고 하여 무운미음임을 밝혔다. 따라서 'ㅓ, ㅕ' 등 모음만을 표시한 것이다.[23] 반면에 '소(蕭)·효(肴)·호(豪)'와 '우(尤)'운은 '오/우'가 독립된 단위로 운미로 존재한다. 그런데 종성도에서는 이들 '오/우'를 하나의 도안에 넣어놓고 있다.[24] 이는 이들이 음성적으로는 구별이 되나 음소적으로는 하나로 통합될 수 있음을 보이는 것이다. 따라서 종성은 결국 다음의 다섯으로 재분류할 수 있다.

---

23) 한자음에서 지(支)섭(상)(하)에 속하는 음은 "凡字必合而聲音"의 규정에 따라 종성 자리에 'ㅇ'를 표시하였다. 『훈민정음 해례』, 『석보상절』, 『월인석보』 등 훈정 초기 문헌에서는 이 규정이 지켜졌으나 『월인천강지곡』에서는 일탈을 보이다가 『월인석보』 복각본에서는 혼기를 보여주다가 완전히 타락되었다.

24) 소(蕭)섭과 우(尤)섭의 경우 동국정운식 한자음에서는 'ㅱ'을 표기하였다. 동국정운식 한자음 표기에서 종성이 없는 'ㅱ'는 운미음 w을 표기한 것이다. 훈민정음 창제 이후 한자음의 표기는 『동국정운』이 제정되기 이전과 그 이후 기간 동안 차이를 보인다. 특히 -p, -t, -k 입성운미의 표기가 『훈민정음』 해례본에서는 '-t'운미인 '彆'을 '볃'으로 표기하였고 '-w' 운미 글자인 '虯'도 '뀨'로 '-j' 운미인 '快'도 '쾌'로 표기하여 'ㅇ'을 표기하지 않았다. 그러나 『훈민정음』 언해본에서는 해례본과 달리 지(止)섭, 우(遇)섭, 과섭(果)섭, 가(假)섭과 해(蟹)섭의 '-j' 운미에 'ㅇ'을 표기하고 효(效)섭, 유(流)섭의 'ㅱ'표기로 진(臻)섭과 산(山)섭의 '-t'운미인 경우 '-ㄹㆆ'을 표기하여 입성운미를 3성 체계에 따라 표기하였다. 이러한 표기법은 바로 『동국정운』식 표기라고 할 수 있다. 『월인천강지곡』에서는 'ㅇ' 표기는 반영하지 않고 'ㅱ'과 'ㅭ'표기만 반영하였으며 『육조법보단경언해』에서는 'ㅇ'과 'ㅱ' 표기를 폐기하였을 뿐만 아니라 이영보래 표기인 '-ㄹㆆ'도 '-ㄹ'로 현실 동음으로 정착되었다. 중국 한자음 표기에만 확인되는 탕(宕)섭의 입성 가운데 약(藥)운 표기와 지(止)섭의 속음 가운데 치음(齒音) 성모를 가진 글자의 운미 표기에 대해 살펴보면 『홍무정운역훈』의 경우 '-∅'운미 표기에 'ㅇ'을 반영하지 않았지만 지(止)섭의 속음의 경우 치두음과 정치음의 종성자리에 'ㅿ'을 표기하였고 '-j'운미인 경우 'ㅇ'을 반영하지 않았다. 다만 'ㅱ'은 반영하였다. 탕(宕)섭의 약(藥)운의 경우 'ㅸ'으로 표기하였다. 『석보상절』 다라니에 나타는 한자음 표기는 '-j'운미인 경우 'ㅇ'을 그리고 '-w'운미에 'ㅱ'를 표기하였고 진(臻)섭과 산(山)섭의 입성 '-t'는 'ㄷ'으로 표기하였다. 『월인석보』 다라니경에서는 '-j'운미인 경우 'ㅇ'을 표기하지 않았고 '-w'운미에는 'ㅱ'를 표기하였다. 그리고 진(臻)섭과 산(山)섭의 입성 '-t'는 'ㄹㆆ'으로 표기하였다. 『번역박통사』에서는 정음과 속음에 한자음 표기의 차이를 보여주는데 '-j'운미인 경우 'ㅇ'을 표기하지 않았고 '-w'운미에서 정음에는 'ㅱ'를 표기하였으나 속음에서는 표기하지 않았다. 진(臻)섭과 산(山)섭의 입성 '-t'는 정음에서는 '-k', '-t', '-p'는 'ㆆ'을 표기하였으나 속음에는 표기를 하지 않았다. 훈민정음 창제 이후 초성, 중성, 종성을 갖추어야 한다는 음절 표기 의식에 대한 변개가 있었음을 확인할 수 있다.

- ŋ[-ㆁ]: 응(應)섭

- n[-ㄴ]: 은(隱)섭

- m[-ㅁ]: 음(音)섭

- u[-ㅸ]: 소(蕭)섭·우(尤)섭

- ø[-ㅇ]: 지(支)섭 (상)(하)

이 종성체계에는 입성(-p, -t, -k)의 종성이 나타나지 않는다. 대체로 『고금운회거요』 이래 중국 근대음의 운미체계와 매우 유사하다. 『고금운회거요』의 운미는 양운미(/-ŋ, -n, -m/)와 음운미(/-i, -u, -ø/)의 2종류 6종인데(조희무, 1998) 양운미의 순음운미 /-m/은 중원음운 시기부터 -m」-n으로 음가가 동요하기 시작한다. 즉 이 시기에 들어 순음 성모를 지닌 몇 개의 단어들, 예를 들어 '범(範)·범(泛)·범(范)·범(犯)·범(凡)·범(帆)' 등에서는 초성과 운미의 음운적 유사에 의한 이화(dissimilation)로 인해 운미가 /-n/으로 변화하기 시작한다(方孝岳, 1979: 134). 『홍무정운』, 『광운』의 반절이 필금절(筆錦切), 비음절(丕飮切)로 침(寢)운에 속하는 품(品)·품(稟)을 진(軫)운에 소속시키고 있다. /-m/ 〉 /-n/현상은 명말·청초 시기에 활발히 진행된다. 1442년에 편찬된 『운략회통』에 이르러 개구음은 /-m/운미로, 합구음은 /-n/으로 나뉘더니, 17세기에 들어서는 완전히 /-n/으로 고정된다. 음운미의 무운미 /-ø/도 더 이상 운미로 기능하지 못하게 되어 현대 중국 표준어의 운미는 /-i, -u, -n, -ŋ/의 네 가지로 축소된다(왕력, 1972).

신경준의 위와 같은 종성 분류는 운회와 비교하면 음운미 /-i/가 제외되어 있고, 현대 중국어와 비교하면 양운미 /-m/이 더 있다. 따라서 신경준의 종성은 『고금운회거요』로부터 현대 중국어에 이르는 과도기적인 체계인 것으로 보인다. 그런데 여암은 한자음의 종성에 대해서는 이 책의 부록격인 『아국운삼운총도』에서 ‘ㅇ, ㄴ, ㅁ, ㄱ, ㄹ, ㅂ’이 있다고 했고, 동음에는 ‘ㄷ, ㅅ’ 종성이 있어도 한자음에는 이들 종성이 없다고 하였다. 여기에서 우리말에 ‘ㄷ, ㅅ’ 종성이 있다고 한 부분은 중기국어의 8종성체계가 완전히 7종성체계로 변화하지 않고 있음을 보여주는 것이라고 하겠다.

「개합사장」은 이 책의 핵심 부분 곧 본론에 해당하는 부분이다. 한자음운도에 앞서 총설에서는 초성을 ‘음(音)’이라 하고, 중성은 ‘성(聲)’, 종성은 ‘운(韻)’이라 부르며 이들이 각각 청탁(淸濁), 개합(開闔), 운(韻)과 관련됨을 밝혔다. 그리고 『절운』과 역대운서를 간략히 소개하고, 『광운』과 『운회』, 『홍무정운』의 자모도를 제시하고 이를 바탕으로 『운해』에서 채택하고 있는 36자모도를 제시하고 있다. 그리고 이에 의거하여 모두 정운(개구)·부운(제치)·정운(합구)·부운(촬구)로 구분한 4장의 음운도를 제시하고 있다.

「개합사장」 운도는 정운(개구)·부운(제치)·정운(합구)·부운(촬구) 사장으로 운목을 분류하였다. 종래 섭(攝)을 이처럼 간략하게 하위 분류를 함으로써 운도 활용이 훨씬 간편하게 된 것이다. 운모는 사장을 기준으로 하였고 성모는 36자를 아래와 같은 순서로 배치하였다.

① 후음(影(ㆆ ○), 匣(ㆅ ●), 曉(ㅎ ◉), 喩(ㅇ ◒), ② 설두음(端(ㄷ ○), 定(ㄸ ●), 透(ㅌ ◉), 泥(ㄴ ◒), ③ 설상음(知(ㄷ ○), 澄(ㅌ ●), 徹(ㄸ◉), 孃(ㄴ ◒), ④ 치두음(精 (ᅎ ○), 從(ᅏ ●), 淸(ᅔ ◉), 心(ᄼ ◒), 邪(ᄽ ●), ⑤ 정치음(照(ᅐ ○), 牀(ᅑ ●), 穿(ᅕ ◉), 審(ᄾ ◒), 禪(ᄿ ●), ⑥ 순중음(幫(ㅂ ○), 竝(ㅃ ●), 滂(ㅍ ◉), 明(ㅁ ◒)·순경음(非(ㅸ ○), 奉(ㅹ ●), 敷(ㆄ ◉), 微 (ㅱ ◒), ⑦ 반설음(來(ㄹ ◒), 반치음(孃(ㅿ ◒))으로 전부 36자이다.

운모는 ① 개합정운 제1장(ㅏ(岡), ㅐ(開), ㅡ(根), ㅓ(多), ㅢ(登)) 5자, ② 개구부운 제2장(ㅑ(良), ㅒ(佳), ㅣ(靈), ㅕ(千), ㅖ(离)) 5자, ③ 합구정운 제3

장(ᅪ(光), ᅫ(媧), ᅮ(公), ᅯ(禾), ᅱ(肱)), ④ 합구부운 제4장(ᅲ(重), ᆏ(靴), ᆔ(兄)) 18자이다. 여암이 만든 「경세성음수도」에서 제시한 운모는 36자였는데 실제 운도상에는 18자만 사용하였다.

『저정서』의 「경세성음수도」

신경준의 「경세성음수도」는 소옹의 「경세성음도」의 정성 10성과 정음 12음도의 체제를 본떠서 만든 보편적인 한자 성음 체계도이다.

송나라 소옹의 『황극경세서』 2권에 실린 34매로 된 「황극경세성음창화도(皇極經世聲音唱和圖)」 운도를 본떠서 신경준이 새로 지은 것이다. 송나라 채원정이 소옹의 「황극경세성음창화도」를 간략화한 「경세성음도(經世聲音圖)」가 「성리대전」 권8에 「정성정음표(正聲正音表)」로 실려 있다. 소옹은 「역학」 이론에 따라 운모(韻母)를 천성(天聲), 성모(聲母)를 지음(地音)이라 하고 등운에서 1, 2, 3, 4등운을 운모에서는 평·상·거·입, 성모에서는 개·발·수·폐로 구분하였다. 한편 인체의 도와 연관시켜 체(體)와 용(用) 두 가지 개념으로 4상을 수립했는데 귀(耳)·눈(眼)·코(鼻)·입(口)을 '용(用)'이라 하고 "소리(聲)·빛(色)·냄새(氣)·맛(味)"를 '체(體)'라 하였다.

소옹은 자연 현상을 그의 상수 이론으로 설명하였는데 우주의 모든 소리를 천성 160개와 지음 192개로 구분하고 이를 조합한 30,720개의 자연음이 이 천지에 존재하는 정음(正音)의 총수로 파악하였다. 『황극경세서』 「성음창화도」에서 정성·정음총도를 고안해 내었다. 이처럼 신경준은 소옹과는 달리 변수(變數)와 통수(通數)를 가정하고 성음(聲音)의 통수, 곧 천지만물의 수인 소리의 무한성을 내세웠다.

운도는 당나라 말엽부터 오대 송나라 시대에 걸쳐 만들어진 것으로 세로로 36자모를 가로로 1, 2, 3, 4등운으로 운모를 배열한 도식이다. 신경준은 성모(초성)를 '音(자음)'으로 운모를 '聲(모음)'이라고 하여 그 명칭은 반대로 사용하고 있다. 여암 신경준의 「경세성음수도」를 양률창과 음려율로 구분하여 좌우로 대칭시키고 양률은 운모를 '평·상·거·입'과 '일·월·성·신'으로 음려는 성모를 '개·발·수·폐'와 '수·화·토·석'으로 구분하였다. 이 구분은 신경준의 「훈민정음도해」 초성해와 중성해에서 밝힌 이론에 근거한 것이다. 또한 세로로 양률은 사등에 따라 구분하였다. 음려는 12음으로 한자를 배열하였는데 그 한자 배열 방식은 "궁-각-치-상-우-반치-반상"의 순으로 배열하였으며 같은 음은 "일청(전청)-이탁(전탁)-삼청(차청)-사탁(불청불탁)"의 순으로 배열하였다.

신경준은 소옹의 운도와 달리 운모를 천성, 성모를 지음으로 대응시키고 성모를 음, 운모를 성이라 불렀다. 먼저 양률창은 소옹이 말하는 정성(正聲)인데 신경준은 이를 운모의 체계를 10성으로 평·상·거·입과 일·월·성·신으로 구분하였다. 신경준의 양률창은 중성과 종성이 결합한 운모(韻母)를 말하는데 실제 운미를 중심으로 보면 7성밖에 존재하지 않는다.

陽律唱			平	上	去	入
			日	月	星	辰
一聲	日	一闢[25)	岡	但·感	禡·報	合·霍
	月	二翕	光	綰	化	刮
	星	三闢	開	愷	慨	○
	辰	四翕	媧	枴	卦	○
二聲	日	一闢	良	眼·黯	駕·孝	呷·岳
	月	二翕	○	○	○	○
	星	三闢	佳	解	戒	○
	辰	四翕	●	●	●	●

陽律唱			平	上	去	入
			日	月	星	辰
三聲	日	一闢	多	可	箇	○
	月	二翕	禾	火	貫	奪
	星	三闢	○	○	○	○
	辰	四翕	○	○	○	○
四聲	日	一闢	千	檢·宴	早	哲
	月	二翕	靴	犬	願	雪
	星	三闢	离	豈	計	○
	辰	四翕	○	○	○	○
五聲	日	一闢	根	子·參	戊	澀
	月	二翕	公	吻	助	骨
	星	三闢	登	梗	彼	德
	辰	四翕	肱	水	會	國
六聲	日	一闢	靈	泯·審	異·秀	十
	月	二翕	重	惲	去	玉
	星	三闢	○	○	○	○
	辰	四翕	兄	永	鍌	闃
七聲	日	一闢	兄	耳	毋	○
	月	二翕	頻	我	貞	○
	星	三闢	○	○	○	○
	辰	四翕	○	○	○	○
八聲	日	一闢	●	●	●	●
	月	二翕	○	○	○	藥
	星	三闢	●	●	●	●
	辰	四翕	●	●	●	●
九聲	日	一闢	●	●	●	●
	月	二翕	●	●	●	●
	星	三闢	●	●	●	●
	辰	四翕	●	●	●	●
十聲	日	一闢	●	●	●	●
	月	二翕	●	●	●	●
	星	三闢	●	●	●	●
	辰	四翕	●	●	●	●

25) 흡(翕)·벽(闢): 소강절의 『황극경세성음창화도』에 성(聲)은 청(淸)·탁(濁)으로 구분하고 운

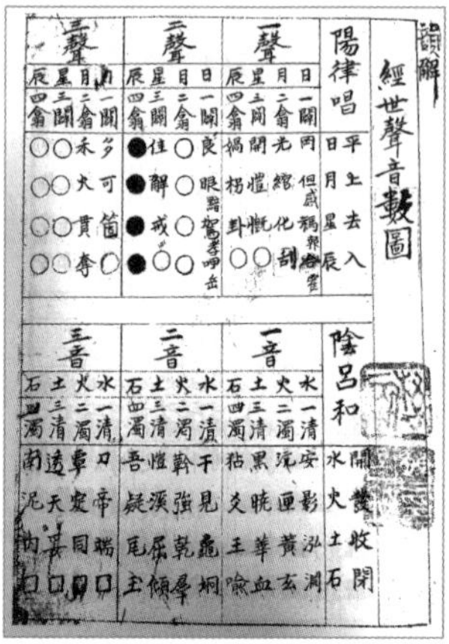

곧 소옹의 「경세성음도」의 정성에 맞춘 것이지만 한자 「경세성음수도」는 「개합사장」의 운도 작성에 필요한 성과 음의 수를 보여주는 총괄 도표이다. 신경준이 인식하고 있던 한자음의 음운체계에 대한 분석 결과를 종합적으로 제시하여 주는 부분이라고 할 수 있다.

이 「경세성음수도」는 『성리대전』 권8, 소옹의 『황극경세서』의 「경세사상체용지수도(經世四象體用之數圖)」의 끝에 있는 「경세성음도」의 '정성(正聲)'과 '정

(韻)은 흡(翕)·벽(闢)으로 구분하였다. 다시 말하자면 자음은 청탁으로 구분하고 모음은 흡벽으로 구분한다는 말이다. 이 분류 방식은 재래의 등운도에서 합구(合口)와 개구(開口)로 구분하던 것인바, 이것은 성모와 운부 사이에 개재하는 개모(介母)에 따른 분류 방식이다. 송대에 들어서서는 '성+운'으로 구성된 것으로 분석하였다. 성은 자음에서 초성으로 오는 자음을 뜻하며, 운은 개모+핵모+운미를 합친 것을 말한다. 따라서 흡(翕), 벽(闢)은 곧 개구(開口)와 합구(合口)의 개념으로 개모 [w]의 유무에 따라 1등, 2등, 3등, 4등으로 구분하는데 소강절은 이를 日, 月, 星, 辰으로 구분하였다. 훈민정음 제자해의 창제 원리에 이론적 근거를 만드는데 가장 큰 영향을 끼쳤다고 할 수 있다.

	개수(開口)	합구(合口)
1등운=일(日)	zero	w
2등운=월(月)	r[i]	rw
3등운=성(星)	j[i]	jw
4등운=신(辰)	I[j]	iw

벽(闢)=개구(開口) 평순모음, 흡(翕)=합구(合口) 원순모음를 말한 것으로 병와 이형상의 『악학편고』(1707~1725) 권1, 『성기원류』항에 "하늘에는 음양(陰陽)이 있고 땅에는 강유(剛柔)가 있으니 음양은 기(氣)이다. 기로서(성음을) 생성하니 벽흡(闢翕, 열리고 닫침) 있다. 강유는 질(質)이니 질로서 성음을 이루는 그러므로 창화가 있다. 성은 하늘의 변율(變律)을 좇고, 음은 땅의 변화를 좇으니 음은 땅을 좇아서 변화한다. 율려(呂律)는 성이 교체됨으로써 평, 상, 거, 입이 생겨나며, 여는 개발수폐로 음과 함께 하니 이 네 가지 성은 심약이 창작한 것이다(天有陰陽, 地有剛柔, 陰陽氣也. 氣以生成, 故有闢翕, 剛柔質也. 質以聲音, 故有唱和, 聲隨天而變律, 音隨地而變, 呂律交聲而, 平上去入生焉. 呂互音而開發收閉焉. 此四聲槩, 自沈約而刱焉)."라고 하여 성운학을 율려와 관계를 설명하고 있다. 명곡 최석정과 교분을 나누었던 병와는 숙종 당시 다시 불이 붙은 성운학을 예악의 조화라는 관점에서 『자학』, 『악학편고』 등의 저술을 남겼다.

음(正音)'의 체재 그대로 본떠 만든 운도이다.

이 운도는 상하 2단으로 구성되어 있다. 상단은 '양률창도(陽律唱圖)'인데 이는 성(聲)을 표시하고 하단은 '음려화도(陰呂和圖)'로 음(音)을 표시한다. 그런데 소옹은 종래의 성운학자들이 사용하던 용어를 버리고 운모를 천성(天聲), 성모를 지음(地音)이라 하여 나름대로의 독특한 용어를 사용하였는데, 신경준도 이를 따르고 있다.

'양률창도'는 모두 십성도(十聲圖)로 나뉜다. 각 성은 다시 일·월·성·신으로 구분되는데 이는 벽흡(闢翕)의 순서, 즉 개구(開口)와 합구(合口)의 순서가 번갈아 적용된 것이다. 결국 일·월·성·신은 등운도의 개구(開口)·합구(合口)·제치(齊齒)·촬구(撮口)의 사호에 해당한다. 그리고 일·월·성·신의 아래에 종으로 평·상·거·입의 한자가 배당되어 있다. 유음무자(有音無字)는 ○로, 무음무자(無音無字)는 ●로 표시하였다. 제일성을 예로 들면 다음과 같은 관계가 성립된다.

상단의 '양률창도'는 모두 10성도로 구분되어 있으나 실제로 성이 배당되어 있는 것은 1성부터 6성까지이다. 그리고 이 가운데에도 대당자음이 없는 경우가 있어 '양률창도'에 나타나는 양률은 평성을 기준으로 할 경우 모두 18성이다.

一聲	일(日)	일벽(一闢)	개구(開口)	岡 但 禡 合	ㅏ
	월(月)	이흡(二翕)	합구(合口)	光 綰 化 刮	ㅘ
	성(星)	삼벽(三闢)	제치(齊齒)	開 愷 慨 ○	ㅐ
	신(辰)	사흡(四翕)	촬구(撮口)	媧 柺 卦 ○	ㅙ

즉 『저정서』의 운모 중성이 18운모체계라는 의미가 된다. 이 도식을 한자의 운미를 중심으로 구분하면 아래와 같다.

일성 일월 -ㅇ, -i

이성 일월성신 -ㅇ

삼성 일월성신 -n

사성 일월성신 -w

오성 일월성신 -ㅇ

육성 일월성신 -ㅇ

칠성 일월성신 -m

하단의 '음려화도'는 모두 12음도로 나뉜다. '양률창도'와 마찬가지로 각각의 음은 수·화·토·석의 넷으로 구분되어 각각 청탁의 순서가 번갈아 적용된다. 즉 전청, 전탁, 차청, 차탁의 순서이다. 그리고 수·화·토·석의 각각의 아래에 종(縱)으로 개·발·수·폐, 즉 개구·합구·제치·촬구의 한자가 배당되어 있다. 유음무자(有音無字)는 □로, 무음무자(無音無字)는 ■로 표시하였다. 제일음을 예로 들어 보이면 다음과 같다.

一音	수(水)	일청(一靑)	전청(全淸)	安 影 鴻 淵
	화(火)	이탁(二濁)	전탁(全濁)	沆 匣 黃 玄
	토(土)	삼청(三靑)	차청(次淸)	黑 曉 華 血
	석(石)	사탁(四濁)	차탁(次濁)	占 爻 王 喩

'음려화도'는 모두 12음도인데 각 음도에 모두 한자가 배당되어 있다. 그러나 전체 숫자는 36성모이다. 이는 신경준이 당시 한자음의 성모체계를 36자모체계로 인식하고 있었음을 보여주는 것이다.

신경준이 『저정서』의 첫머리에 「경세성음수도」를 작성한 것은 결코 김석득(1983)이 주장하듯 부록일 수 없다. 오히려 『운해』 전체 내용의 도론적 구실을 하고 있으며, 한자 음운도의 이론의 바탕이 된다(배윤덕:

1991). 신경준이 인식한 한자음의 음운체계는 36성모, 32운모체계였다. 신경준은 스스로 이 「경세성음수도」를 만든 이유는 소옹과 다르다는 사실을 아래와 같이 밝히고 있다.

> "소자의 성음도는 자서를 위해 만들어진 것이 아니고 글자를 빌어 수만을 밝혀 글자에는 정밀히 밝히지 않아서 옮기고 바꾸고 버리고 보탠 것이 많지만 다 소옹의 본뜻을 말하는 것에 지나지 않는다."[26]

신경준은 스스로 이 「경세성음수도」를 만든 이유는 소옹과 달리 자서를 만들거나 보유하기 위한 것이라는 점을 시사하고 있다. 그래서 여암은 '삼운통고보유'를 만든 것이다.

조선 후기에 소옹의 성음도를 본받아 우리나라에 운도를 소개한 것으로는 명곡 최석정, 황윤석, 박성원에 이어 여암 신경준의 운도가 있는데 이들은 각각 조금씩 차이를 보여주고 있다.

<table>
<tr><th colspan="3">正聲</th><th colspan="3">正音</th></tr>
<tr><td></td><td colspan="2">日 月 星 辰</td><td></td><td colspan="2">水 火 土 石</td></tr>
<tr><td></td><td colspan="2">平 上 去 入</td><td></td><td colspan="2">開 發 收 閉</td></tr>
<tr><td rowspan="4">乾 一聲</td><td rowspan="2">多 可 个 舌
禾 火 化 八</td><td rowspan="4">甲</td><td rowspan="4">角 一音</td><td>古 甲 九 癸</td><td rowspan="4">寅</td></tr>
<tr><td>○ ○ 近 揆</td></tr>
<tr><td rowspan="2">開 宰 愛 ○
回 每 退 ○</td><td>坤 巧 丘 棄</td></tr>
<tr><td>○ ○ 近 揆</td></tr>
<tr><td rowspan="2">兌 二聲</td><td>良 雨 向 ○
光 廣 況 ○</td><td rowspan="2">乙</td><td rowspan="2">徵 二音</td><td>黑 花 香 血
黃 華 雄 賢</td><td rowspan="2">卯</td></tr>
<tr><td>丁 井 亘 ○
兄 永 螢 ○</td><td>五 瓦 仰 ○
吾 牙 月 堯</td></tr>
</table>

채원정의 『황극경세서』 「황극경세성음해」의 일부

26) "邵子聲音之圖 初非爲字書而作也 物有色聲氣味 惟聲爲成且可以書別 故特假之字以明其數也 字未嘗究精焉 後之治者頗爲釐正 而猶有所未盡者 今復參以愚見 基所移易刪補字多 而是不過 邵子之本皆云爾"("經世聲音數圖", 여암 신경준의 『저정서』 「경세성음수도」).

陽律唱			平	上	去	入	陰呂和			開	發	收	閉
			日	月	星	辰				水	火	土	石
一聲	日	一闢	岡	但感	禡報	合霍	一音	水	一清[27]	安	影	泓	淵
	月	二翕	光	綰	化	刮		火	二濁	沆	匣	黃	玄
	星	三闢	開	愷	慨	○		土	三淸	黑	曉	華	血
	辰	四翕	媧	枴	卦	○		石	四濁	拈	爻	王	喩
二聲	日	一闢	良	眼黯	駕孝	呷岳	二音	水	一淸	干	見	龜	坰
	月	二翕	○	○	○	○		火	二濁	靲	强	乾	羣
	星	三闢	佳	解	戒	○		土	三淸	愷	溪	屈	傾
	辰	四翕	●	●	●	●		石	四濁	吾	疑	瓦	玉

여암 신경준의 「경세성음수도(經世聲音數圖)」

소옹의 『황극경세성음도』의 '정성도'와 여암의 「경세성음수도」의 '양률창도'를 대조하면 용어의 차이뿐만 아니라 운도의 위치도 옮기거나 바꾸었으며 활용한 한자 자표도 버리고 보탠 차이가 나타난다. 결국 여암은 소옹의 도식 체재만을 본떠 「개합사장」에서는 18중성 체계에 맞추어 만들었다. 여암은 「중성배경세수도」에서는 32중성을 설정했지만 중국 한자음을 표기하기 위해 『사성통해』와 같은 18중성 곧 18섭의 체계로 설정하였다. 여암은 「경세성음수도」의 평성에서 1성부터 6성까지를 「개합사장」에 18성으로 다음과 같이 나타난다.

여암은 정성과 정음 곧 양률과 음려가 배합한 도식인 「율려창화도」에서는 1음의 예만 들었으며 「초성배경세수도」에서는 「경세성음수도」에 따라 12음으로 나누고 배열된 한자들은 「경세성음수도」의 36자모처럼 중국 자모표의 36자모와 같으며 이는 「개합사장」의 자모와도 일치한다. 1성(ㅏ, ㅘ, ㅐ, ㅙ), 2성(ㅑ, ㆇ, ㅒ, ㆈ), 3성(ㅓ, ㅝ, ㅔ), 4성(ㅕ, ㆊ, ㅖ, ㆋ),

27) 일청(一淸)·이탁(二濁)·삼청(三淸)·사탁(四濁)은 순청(純淸)·전탁(全濁)·차청(次淸)·반청반탁(半淸半濁)이며, 개(開)·발(發)·수(收)·폐(閉)는 개구자(開口字)·제치자(齊齒字)·합구자(合口字)·촬구자(撮口字)이다.

오성(ㅡ, ㅜ, ㅢ, ㅟ), 6성(ㅣ, ㅠ, ‖, ㆌ), 7성(ㆍ, ㅗ, ㆎ, ㅚ), 8성(ᆢ, ㅛ, ᆢㅣ, ㆉ)로 총 32자를 제시하였는데 「중성도」에서는 개구·제치·합구·촬구의 4등으로 구분하였다. 그러나 「개합사장」에서는 18성에 따라 배열하였으니 아래와 같다.

一聲

日 一 闢 ㅏ 罔 開口正韻

月 二 翕 ㅘ 光 合口正韻

星 三 闢 ㅐ 開 開口正韻

辰 四 翕 ㅙ 媧 合口正韻

二聲

日 一 闢 ㅑ 良 開口副韻

月 二 翕 ○

星 三 闢 ㅒ 佳 開口副韻

辰 四 翕 ●

三聲

日 一 闢 ㅓ 多 開口正韻

月 二 翕 ㅝ 禾 合口正韻

星 三 闢 ○

辰 四 翕 ○

四聲

日 一 闢 ㅕ 千 開口副韻

月 二 翕 ㆊ 靴 合口副韻

星 三 闢 ㅖ 离 開口副韻

辰 四 翕 ○

五聲

日 一 闢 ㅡ根 開口正韻

月 二 翕 ㅜ公 合口正韻

星 三 闢 ㅢ登 開口正韻

辰 四 翕 ㅟ肱 合口正韻

六聲

日 一 闢 ㅣ 靈 開口副韻

月 二 翕 ㅠ 重 合口副韻

星 三 闢 ○

辰 四 翕 ㆌ 兄 合口副韻

여암 신경준의 「경세성음수도」의 '음려화도'는 위에 보인 소옹의 '정음도'에 해당된다. 이 음려화도는 「개합사장」에서 설정한 36자모에 맞추어 수정했는데 중성은 개구자 → 제치자 → 합구자 → 촬구자 순으로 배열하여 4등에 따라 ① 개합정운 제1장(ㅏ(岡), ㅐ(開), ㅡ(根), ㅓ(多), ㅢ(登)) 5자, ② 개구부운 제2장(ㅑ(良), ㅒ(佳), ㅣ(靈), ㅕ(千), ㅖ(离)) 5자, ③ 합구정운 제3장(ㅘ(光), ㅙ(媧), ㅜ(公), ㅝ(禾), ㅟ(肱)), ④ 합구부운 제4장(ㅠ(重), ㆊ(靴), ㆌ(兄)) 18자이다. 여암이 만든 「경세성음수도」에서 제시한 운모는 36자였는데 실제 운도상에는 18자만 사용하였다. 훈민정음의 초성체계를 이용하였다. 1음에서 12음까지 『황극경세서』의 12음 체재를 따라 12음으로 분류했는데 □(유성무자)와 ■(무성무자)를 제하면 36음이 된다.

「경세성음수도」, 「초성배경세수도」, 「개합사장」에서 보여주는 36자모와 배열한 순서는 일치한다. 먼저 「경세성음수도」에서 설정한 36자모의 내용을 보면 다음과 같다.

一音(宮, 喉音)

水 一淸 影 火發 ㆆ

火 二濁 匣 火發 ㆅ

土 三淸 曉 火發 ㅎ

石 四濁 喩 石開 ㅇ

二音(角, 牙音)

水 一淸 見 火發 ㄱ

火 二濁 羣 石開 ㄲ

土 三淸 溪 火發 ㅋ

石 四濁 疑 火發 ㆁ

三音(徵, 舌頭音)

水 一淸 端 土收 ㄷ

火 二濁 定 火發 ㄸ

土 三淸 透 水開 ㅌ

石 四濁 泥 火發 ㄴ

四音(徵, 舌上音)

水 一淸 知 火發 ᄃᆞ

火 二濁 登 火發 ㄸ

土 三淸 徵 火發 ㅌ

石 四濁 孃 火發 ㄴ

五音(商, 舌上音)

水 一淸 精 火發 ᅎ

火 二濁 從 火發 ᅏ

土 三淸 淸 火發 ᅔ

石 四濁 心 火發 ᄼ

六音(商, 齒頭音)

火 二濁 邪 水開 ᄽ

七音(商, 正齒音)

水 一淸 照 火發 ᅐ

火 二濁 牀 土收 ᅑ

土 三淸 穿 石開 ᅕ

石 四濁 審 火發 ᄾ

八音(商, 正齒音)

火 二濁 禪 火發 ᄿ

九音(羽, 重脣音)

水 一淸 幫 水開 ㅂ

火 二濁 並 火發 ㅃ

土 三淸 滂 水開 ㅍ

石 四濁 明 火發 ㅁ

十音(羽, 輕脣音)

水 一清 非 土收 ㅸ

火 二濁 奉 石開 ㅹ

土 三清 敷 土收 ㆄ

石 四濁 微 土收 ㅱ

十一音(半齒, 半舌音)

石 四濁 來 水開 ㄹ

十二音(半商, 半齒音)

石 四濁 日 火發 ㅿ

위에서 살펴본 대로 36자모의 순서를 궁음(후) → 각음(아) → 치음(치두·치상) → 상음(설상·설두) → 우음(아) 순으로 배열하여 ① 후음(影(ㆆ ○), 匣(ㆅ ●), 曉(ㅎ ◉), 喩(ㅇ ◒)), ② 설두음(端(ㄷ ○), 定(ㄸ ●), 透(ㅌ ◉), 泥(ㄴ ◒)), ③ 설상음(知(ㄷ ○), 澄(ㅌ ●), 徹(ㄸ◉), 孃(ㄴ ◒)), ④ 치두음(精 (ᅎ ○), 從(ᅏ ●), 淸(ᅔ ◉), 心(ᄾ ◒), 邪(ᄿ ●)), ⑤ 정치음(照(ᅐ ○), 牀(ᅑ ●), 穿(ᅕ ◉), 審(ᅀ ◒), 禪(ᅁ ●)), ⑥ 순중음(幫(ㅂ ○), 竝(ㅃ ●), 滂(ㅍ ◉), 明(ㅁ ◒)·순경음(非(ㅸ ○), 奉(ㅹ ●), 敷(ㆄ ◉), 微(ㅱ ◒)), ⑦ 반설음(來(ㄹ ◒), 반치음(孃(ㅿ ◒))으로 전부 36자이다. 이들 음은 1청(순청) → 2탁(전탁) → 3청(차청) → 4탁(반청반탁)으로 배열하였다.

여암 신경준은 소옹의 『황극경세서』의 「황극경세성음해」의 정성(10성)·정음(12음)의 체재를 변형시켜 양률화도, 음려화도로 한자의 운도를 만들 것이다. 아마도 이 운도를 만들면서 여암은 『사성통해』를 매우 정밀하게 분석한 기반 위에서 당시의 이상적인 한자음을 나타내려고 한 결과이다. 다만 『사성통해』에서 반영된 설상음을 나타내기 위해 새로운 문자를 만들어내기도 하였다.

여암 신경준은 명곡 최석정이나 황윤석과 달리 「경세성음수도」에서는 훈민정음을 표기하지 않았다. 이는 그의 치밀한 논리적 사고를 엿보게 하는 부분이다. 그는 훈민정음을 한자음을 표기하는 수단으로 인식하였다. 따라서 그는 『운해』의 첫머리에 자신이 인식하고 있던 한자음의 음운체계를 제시하고 그 다음에 이를 표시하기 위한 문자체계로서 훈민정음을 설명하고 있다. 그리고 이에 대한 설명이 끝난 뒤에 경세성음도의 음운 조직을 이용하여 운도를 작성하였던 것이다. 따라서 아직 훈민정음에 대한 설명이 이루어지지 않았기 때문에 「경세성음수도」에는 훈민정음을 이용하여 표기되지 않은 것이다.

이어서 「원음성수지수」에서는 음양의 역할과 원리에 따라 10성과 12음을 천수와 지수로 나누고 다시 체용의 구분에 따라 「경세성음수도」에 담아낼 수 있는 성음의 총수를 289,816,576까지임을 밝혔다. 이 숫자는 자연의 성음 총수인 것이다. 여암은 성은 율, 음은 려가 되고 율은 창하고 여는 화한다는 이원적 원리로 창화와 율려를 배합하여 만물이 생성소멸하듯 성음을 이루어낸다고 판단한 것이다.

「각성중 운서소예 종성지수」에서는 운모는 개모와 핵모(운복) 그리고 운미의 결합인 바 훈민정음의 체계로는 중성과 종성의 결합한 것이다. 따라서 여암은 모든 중성에 종성이 결합될 수 있는 것을 중심으로 6성을 밝혀내었다. 여암은 양운미(m, n, ŋ)와 음운미(ㅸ, ㅇ)만 인정하고 입성운미(-k, -t, -p)은 인정하지 않았다. 6성을 일·월·성·신으로 나누어 각 섭을 제시하였다.

음운미는 지(支)섭(상)(하)와 소(蕭)섭·우(尤)섭 세 가지로 나누어 지(支)섭(상)(하)는 'ㅇ'를 소(蕭)섭·우(尤)섭에는 'ㅱ'을 종성으로 설정하였으니 '凡字必合而成音'이라는 『훈민정음 예의』의 규정을 충족시키려고 고민했던 것이다.

「율려창화도」

「율려창화도」는 양률과 음려, 즉 성과 음이 어울려 소리를 이루는 모습을 나타내 보여주는 도표이다. 「경세성음수도」에서 성정한 10성과 12음 가운데 「율려창화도」에서는 1성과 1음에서 각기 어떻게 배합하여 글자가 나타나는지에 대해 실례를 들었다. 그리고 그 음을 구체적으로 표시하기 위하여 해당되는 글자의 아래에 반절로 음을 표시하고 성조도 아울러 나타내었다.

예를 들어 「경세성음수도」의 '양률창도'의 첫 성은 '강(岡)'이고 '음려화도'의 첫 음은 '안(安)'이다. 그렇다면 이를 반절 상하자로 사용하면 '안강절(安岡切, 앙)'을 얻을 수 있는데 '안강절(安岡切)'의 자음을 가진 한자들이 바로 '앙(鴦, 평성)', '앙(坱, 상성)', '앙(盎, 거성)' 그리고 입성은 '안곽절(安霍切)'로 악(惡)을 얻는다. 「율려창화도」 일성의 일(日)도 첫 4자는 이렇게 만들어진다. 그리고 일음의 첫 4자는 앙(鴦, 개구), 앙(坱, 제치), 왕(汪, 합구), ○을 얻게 된다. 운도의 형식을 취하면서 해당 자리 밑에 반절로 음을 보여주고 있는 것이 매우 특이하다. 이는 성과 음의 결합 방식을 정확히 설명하기 위한 배려로 이해된다.

「율려창화도」는 「경세성음수도」의 양률창과 음려화가 어떻게 배합하여 하나의 한자음을 나타낼 수 있는가를 1성 1음에만 예를 들었는데, 예를 든 한자들은 『사성통해』의 한자들이다. 이들을 일·월·성·신과 수·

화·토·석 일성과 일음에 나타난 한자들을 보면 다음과 같다.

律呂唱和圖												
	一聲											
			日					月			星	辰
	日	平	鴦 安岡	安 安但	庵 安感	○ 安禡	鏖 安報	汪 安光	관 安綰	鏖 安報	哀 安開	○ 安媧
	月	上	坱 安岡	侒 安但	唵 安感	○ 安禡	襖 安報	광 安光	綰 安綰	襖 安報	欸 安愷	○ 安枴
	星	去	盎 安岡	按 安但	暗 安感	○ 安禡	奧 安報	汪 安光	綄 安綰	奧 安報	愛 安慨	○ 安卦
	辰	入	惡 安靃	謁 安但	姶 安合	○	○	○	空 安綰	○	○	
	一音											
			水	火	土	石						
	水	一清	鴦 安岡	航 黑岡	沆 黑江	○ 점岡						
	火	二濁	央 影良	○ 匣良	香 曉良	陽 爻良						
	土	三清	汪 洪光	黃 黃光	荒 華江	王 王光						
	石	四濁	○ ○淵	○ ○玄	○ ○血	○ ○喩						

먼저 일성(一聲)의 일일성(日日聲)에서 罔(ㅏ) : 罔(ㅏ)에서 세로에는 안강(安罔)의 반절음으로 평성 앙(鴦)·상성 앙(坱)·거성 앙(盎)·입성은 안곽(安靃)의 반절음 악(惡)이 된다는 것을 보여주고 있다. 이에 대해 여암은 "우일일성인 '강(岡)'자가 아래와 창화(唱和)한다"라고 하여 음화(音和)와 양률(陽律)이 반절의 음을 보여주고 있다.

또 일음(一音)에서 "수수음(水水音)의 안(安)자가 위와 창화하여 안강(安岡)절이 되어서 앙(鴦)을 얻는다"라고 설명하고 있다. 이와 같이 하여 앙(央)은 영(影)·량(良)절로 앙(央)자를 얻는 것과 같다.

일일성(日日聲)에서 가로로 배열된 한자음 '앙(鴦)·안(安)·암(庵)·○·오

(鏖)'은 아무렇게나 정해진 것이 아니라 여암 자신이 만든 「종성도(終聲圖)」의 7섭(攝)에 따라 일성섭(一聲攝)에 따라 배열했는데 다음과 같다.

一聲

日 凝 隱 音 蕭 支　五攝 [ㆁ, ㄴ, ㅁ, ㅱ, ㅇ]

月 凝 隱 支 三攝 [ㆁ, ㄴ, ㅇ]

星 支　一攝 [ㅇ]

辰 支　一攝 [ㅇ]

위 일성의 일(日)에 응(凝)·은(隱)·음(音)·소(蕭)·지(支) 다섯 섭에 따른 한자들이다. 이러한 섭의 순서는 「개합사장」에 성 'ㅏ罔'의 순서와 완전히 일치한다.

「율려창화도」의 일성일(一聲日)이 「개합사장」에도 다음과 같이 나타낸다. 이들 한자들은 『사성통해』의 한자들인데 괄호 안에 있는 한자들은 나타나지 않는다.

韻 陽 義 漾 藥, 鴦 坱 盎 惡　(平上去入)

刪寒 產早 諫翰 轄曷, 安(按)按 曷 (平(上)去入)

覃 感 勘 合, 庵 晻 暗(始)　(平上去(入))

爻 巧 效, 鏖 襖 奥　(平上去) (「律呂唱和圖」에서 지(支)섭 란에 배열하였다.)

「율려창화도」의 일성(一聲) 월(月)의 광(光 ㅘ)에서 평성은 안광(安光)의 반절로 왕(汪), 상성 왕(汪), 거성은 왕(汪), 입성 확(臒)이 된다. 일성 일월의 한자음 가운데 가로로 배열된 왕(汪)·만(彎)·와(蛙)는 응(凝, -ŋ), 은(隱,

-n), 지(支-i) 삼섭에 따라 배열하였다.

「율려창화도」의 일음(一音)에서도 「경세성음수도」의 1음에 따라 가로는 水(一淸), 火(二濁), 土(三淸), 石(四濁)으로 후음 ㆆ, ㆅ, ㅎ, ㅇ 세로는 양문에 평성 水(開口字), 火(齊口字), 土(合口字), 石(攝口字)으로 ㅏ(罔) ㅑ(良) ㅘ(光)가 된다. 「경세성음수도」에서는 2성의 月로 ㅘ는 설정되지 않았다. 이들이 「개합사장」에는 다음과 같다.

ㅏ 罔 韻 陽 養 漾 藥, 鴦航(炕) (平上去)

ㅑ 良 韻 陽 養 漾 藥, 央香陽 (平(上)去入)

ㅘ 光 韻 陽 養 漾 藥, 汪黃荒王 (平上去入)

촬구(攝口)에 'ㆇ'가 없음은 『사성통해』 「운도」에 'ㆇ'운이 없으므로 이에 따라 ○으로 표시하였는데 신경준은 『사성통해』의 18성을 기준으로 하여 「경세성음수도」에 이성월(二聲月) 이흡(二翕)에는 ○으로 처리하고 'ㆇ'에는 한자를 배열하지 않았다.

위에서 살펴본 바와 같이 신경준은 「경세성음수도」에서 10성과 12음 가운데 「율려창화도」에서 1성과 1음에서 성과 음이 어떻게 배합하여 글자가 나타나는가의 실례를 들었는데, 이들 한자들은 『사성통해』의 한자들이며, 이는 또한 「개합사장」에 해당되는 성(聲)과 운(韻)을 나타낸다.

「율려창화도」에 나타난 1성이 배합해서 된 한자를 보인 것이다. 이는 「경세성음수도」의 다음과 같은 1성의 예에 의한 것이다. 이를 다시 정리하면 다음과 같다.

一聲					
日	一闢	ㅏ	罔 但感 禡報 合霍	a, ə	[open]
月	二翕	ㅘ	光 綰 火 刮	u-	[u-close]
星	三闢	ㅐ	開 愷 慨	ai-	[ai-open]
辰	四翕	ㅙ	媧 枴 卦	uai-	[uai-close]

「성음률려창화전수도」에 실려 있는 도식의 섭과 운목의 관계를 정리하면 다음과 같다.

攝	韻目	16攝	韻腹(核母)	韻尾
過	歌, 麻, 戈	果, 假	ɑ	zero
豫	模, 魚, 虞	遇	ɔ, o	zero
壯	唐, 陽	宕	ɑ	ŋ
蒙	東, 冬, 鍾	通	u, o	ŋ
泰	泰, 夬, 廢, 祭	蟹	ɐ, æ, ɛ	i
履	咍, 脂, 灰, 微	蟹	ɒ, ə	i
觀	寒, 桓, 刪, 元, 仙	山	ɑ, ɒ, æ	n
晋	痕, 眞, 魂, 諄, 文	臻	ɘ, e	n
解	佳, 支	蟹, 止	æ, ɛ	zero
頤	咍, 之, 灰	蟹, 止	ɒ, æ, e	zero
井	庚, 淸	梗	a, æ	ŋ
恒	登, 蒸	曾	ɘ	ŋ
剥	豪, 肴, 宵	效	ɑ, a, æ	u
復	侯, 尤	流	ɘ	u
謙	談, 銜, 鹽, 嚴	咸	ɑ, a,	m
臨	覃, 侵	深, 咸	e, ɒ	m

「훈민정음 도해서」

「훈민정음 도해서」에서는 몇 가지 중요한 논의를 하였다. 우리나라 고대 속용문자설을 주장하였다. 그러나 속용문자를 입증할 만한 뚜렷한 근거가 희박하다.

정통 병인년(1446) 훈민정음 창제설이 훈민정음 창제시기를 설명하는데 혼란을 야기하는 단초가 되었다. 문자 훈민정음은 세종 25(1443)년에 완성되었고 이를 해설한 『훈민정음 해례』의 책이 완성된 시기가 정통 병인(1446)년이다. 훈민정음의 성음은 반절식과 주역의 교역에 의한 글자의 점획이 가감된 것이며 초성은 청탁, 중성은 벽흡에 의한 상형설을 주장하였다. 훈민정음은 초·중·종성 삼성체계로 글자를 이룬다. 훈민정음은 쓰기가 매우 편하고 배우기 쉬우며 천만 가지 말들을 자세히 형할 수 있는 음성문자이다. 주변의 나라에 외오아나 여오문자가 있지만 매우 불편하다. 훈민정음은 천하의 성음대전으로 다양한 소리를 표기할 수 있는 음성문자이다. 『저정서』를 만든 이유는 성음의 원리를 도해하여 한자의 음을 표준화한 것이다.

여암 신경준은 「훈민정음도해서」에서 우리나라의 문자 변천에 대해 다음과 같이 이해하고 있었다. 먼저 우리나라에 예부터 속용문자(俗用文字)가 있었는데, 그 수는 갖추어져 있지 않았으며 그 자료가 부족하여 규칙을 충분히 형성하거나 일방적인 용법을 충분히 갖추지 못하였다. 이두는 당시에도 널리 쓰여진 문자이다. 신경준은 이두로 우리말을 고찰하였는데, 주석으로 이두에 대해 설명하고 "等以(들로), 爲白去乎(거온)" 등의 실례를 보였다. 훈민정음은 정통 병인(1447)년에 세종이 지었다고 말하고 자획이 아주 간단하고 글자가 적으며 배우기 쉽고 모든 말을 자세하게 적을 수 있다 하고는 '천하 성음의 대전'이라고 크게 칭찬하였다.

「초성배경세수도」

신경준은 「경세성음수도」에서 한자음의 성모체계를 36자모로 설정하였다. 또한 「한자 음운도」 부분에서 「운해 35자모」를 수록하여 36자모체계를 분명히 하고 있다. 이 36자모는 전통적인 36자모와 비교할 때 청탁의 구별을 전청(全淸)·차청(次淸)·전탁(全濁)·불청불탁(不淸不濁)의 청탁 순서에서 전청·전탁·차청·불청불탁의 순서로 바꾸었고, 오음도, 궁·각·치·상·우의 순서로 조음 위치에 따라 목구멍 속에서 나는 소리부터 배열하여, 나름대로 고심한 흔적을 찾을 수 있다.

오방을 중심으로 한 「초성도」를 도표 형식으로 펼친 것이 「초성경세수도」이다. 초성 곧 성모를 1성에서 11성으로 구분하고 수·화·토·석과 일청·이탁·삼청·사탁에 따라 한자 자표와 음가를 훈민정음으로 표기하였다. 그는 이 도표의 아래에 율려도에 의하여 가로로 세로로의 줄 사이에 자모를 벌려 메웠기 때문에 그 차례가 예전의 운서류와는 같지 않다고 설명하였다. 그러나 종래 운서류의 자모 체계와 결코 크게 어긋나는 것은 아니다.

신경준은 『운해』에 「광운삼십육자모도」와 「운회삼십오자모도」, 「홍무운삼십일자모도」를 수록하고 있다. 이들은 모두 최세진이 『사성통해』에 수록한 것을 전재한 것이다. 그런데 「운해 36자모도」만은 그가 재정리한 것이다.

「초성배경세수도」는 1~12음으로 「경세성음수도」의 음려율의 내용과 완전하게 부합된다. 이 도식에서 1음에서 12음까지 수→화→토→석의 배열로 되어 있는데 이는 오방의 대응과 일치하지 않는다. 다만 「초성배경세수도」에서는 '후음→아음→설음(설두−설치)→치음(치두−정치)→순음(순중−순경)→반설→반치'의 순서로 36성모로 배열되어 있으며, '수→화→토→석'은 다시 '일청(전청)→이탁(전탁)→삼청(차청)→사탁(불청불탁)'의 배열 방식으로 되어 있다. 이 「초성배경세수도」의 성뉴(聲紐) 자표는 「경세성음수도」에서 대응을 보이고 있다. 이러한 점에서 보면 여암 신경준의 성운학적 분석이 얼마나 정밀하고 정확했는지 가늠할 수가 있다.

후음에 "잉(影)－ᅘᅣᆼ(匣)－햫(曉)－유(喩)", 아음에 "견(見)－꾼(羣)－켸(溪)－이(疑)", 설두음에 "된(端)－뗭(定)－틓(透)－니(泥)"가 설상음에 "디(知)－ᄄᆼ(澄)－텨(徹)－냥(孃)", 치두음에 "징(精)－쭝(從)－칭(淸)－심(心)"이 정치음에 "잔(照)－짱(牀)－쳔(穿)－심(審)－쎤(禪)"이 순중음 "방(幫)－뺑(並)－팡(滂)－밍(明)", 순경음에 "ᄫᅵ(非)－뽕(奉)－풍(敷)－ᄝᅵ(微)", 반설음에 "래(來)"가 반치음에 "실(日)"이 완전하게 일치하고 있다.

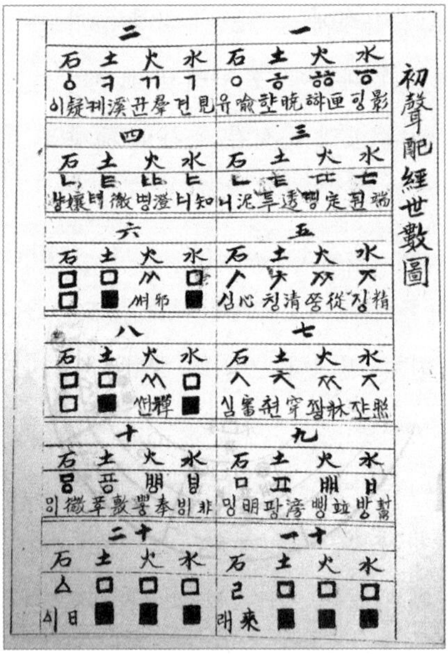

여암의 「초성배경세수도」

이는 『광운』의 성모 36자 그대로 반영되어 있으며 자표는 『사성통해』에 따랐으며, 그 표음을 훈민정음으로 하였다. 신경준의 36자모는 그가 새로 만든 것이 아니고 송대 운서에서 설음의 설두음·설상음, 순음의 중순음·경순음, 치음의 치두음·정치음을 그대로 다 반영하여 설정한 것이다. 신경준은 36자모의 설정 이유를 다음과 같이 말하였다.

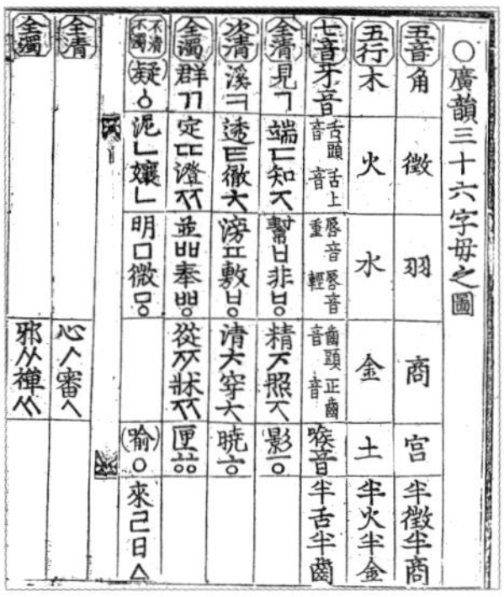

> "『홍무정운』에서는 지(知)·징(澄)·철(徹)·냥(孃)·부(敷)를 조(照)·천(穿)·상(牀)·니(泥)·비(非)와 합하여 31자모를 했는데 비록 그 음이 비슷해도 설음을 치음에 합하여 차청을 전청에 합하는 것은 부당하고 또한 지금은 있지 않더라도 옛말에 있었고 중국에서는 사용되지 않더라도 다른 나라에서 사용하고 있으며 지(知)·징(澄)·철(徹)·냥(孃)은 우리나라 서북 사람이 많이 사용하고 서울 안에 반촌인이 이를 혹 사용하므로 구법에 따라 36자모를 갖추었다고 하였다."28)

신경준이 설정한 36자모는 이미 중국어 자체에서도 송대부터 설상음이 정치음화하는 변화가 진행되었기 때문에 남송 시대의 자모표에도 이미 이러한 구별이 없어졌다.

신경준이 설정한 설상음과 경순음 '부(敷)'가 『사성통해』의 정치음과 설두음, 경순음 '非'이며 그의 36자모는 중국 운서에는 따른 것이지만 실제로는 『사성통해』 31자모를 바탕으로 36자모도를 만들었다. 이는

28) 신경준의 『저정서』「초성해」.

순수하게 체계적인 균형을 유지하기 위한 이상적인 체계였다고 본다.

한편 신경준은 음기와 양기에 따라 청탁을 순청·차청·전청·반청반탁으로도 분류하였는데, 이와 같은 분류 방법은 유감(劉鑑)의 『절운지남』의 분류 방법을 따른 것으로 보이며, 이와 같은 청탁의 분류는 「개합사장」에서도 그대로 따랐다. 그는 『절운지남』이나 『절음요법』에 따라 ○純青 ⊙次淸 ●全濁 ◒半淸半濁의 부호로 사용하였다. 그러나 그 부호사용 방식은 일치하지 않는다.

신경준은 36자모의 청탁의 분류를 다음과 같이 하였다.

일청－순청(純情): 見·端·知·幫·非·經·照·影

삼탁－차청(次淸): 溪·透·徹·滂·敷·淸·穿·曉

이청－전탁(全濁): 群·定·登·竝·奉·從·牀·邪·禪·匣

사탁－불청불탁(不淸不濁): 疑·泥·孃·明·微·審·心·喩·來·日

신경준은 반청반탁에 심(心)·심(審)모를 분류한 데 대해서 심(心)·심(審) 2모가 정운에서는 전탁에 속하나 마땅히 반청반탁이 되어야 하고 『절음요법』도 심(心)모를 ◐로 표시하고 심(審)모는 ◒로서 나타내었으며, 『절운지남』에서는 심(心)·심(審) 모두 ◒로 나타내고 응(疑)·니(泥)·명(明)·유(喩) 등의 다음 위치에 놓고 자휘에도 순청으로 삼지 않고 차청으로 명명한 것은 이와 같은 이유에서라 하였다.[29)]

이와 같은 청탁의 분류는 「개합사장」에서도 동일하게 적용되는데, 아마 『절운지남』보다 『절음요법』에 따라 ○純青 ⊙次淸 ●全濁 ◒半淸

29) "心審二母 正韻屬之全淸 而細思之 當爲不淸不濁 以諸字書淸濁圓圈勸之 切音要法則心以◐審以◒ 切韻指南則心審皆以◒ 而置之疑泥明喩之爲位次 字彙 赤不以爲純淸 而日次淸者 是也" (신경준의 『저정서』「청탁」조).

半濁의 부호로 사용한 것으로 보인다.

「자모분속」에서 신경준은 36개 자모를 설정한 근거와 이유를 밝히고 있다. 중국에서도 이미 일부 음소가 사라져 32자모 혹은 31자모 체계인데 왜 신경준은 『광운』계의 음계를 고집하였는가? 『홍무정운』에서 31개 『훈민정음』에서 23자모를 설정한 것은 잘못된 것이라 비판하고 있다. 설상음이 서북 사람들에게 그대로 잔존해 있다는 사실과 서울 반촌 사람들이 사용하고 있다는 점을 근거로 하여 변통이 무궁하도록 하기 위해서는 36자모를 설치해야 한다는 주장이다. 아울러 36자모를 오방을 기준으로 발음기관과 연계하여 설명을 하고 있다. 이러한 기술 태도는 철저한 체계주의적 관점을 시종일관 유지해 온 여암의 시각이다.

「칠음해」는 박성원의 『화동정음통석운고』의 「칠음출성원음통석」에 실린 내용과 흡사하다. 7음의 조음 방식과 조음 위치, 조음의 진행 과정을 기술한 내용이다. 이러한 내용을 근거로 하여 여암의 성운학의 학통을 박성원과 결코 분리할 수 없다고 판단된다. 재경(再卿) 금영택(琴榮澤, 1739~1820)의 『만우재집(晩寓齊集)』에도 「언문자음취예」에서도 칠음에 대한 해석을 하였다.

「오음소속」은 초성의 오음(궁·각·치·상·우)을 역학에 바탕을 두고 역수, 방위, 절기, 소리 특징 등에 맞추어 분석한 내용이다. 『훈미정음 해례』에서도 이와 유사한 기술이 있으나 그보다 훨씬 자세하게 기술하였다. 여암은 오음－괘－역수=방위－절기－바람－성음－기에 맞춘 역학적인 기술이다.

「상형」에서는 초성을 오음(궁·각·치·상·우)의 배열 순서에 따라 기본 글자를 ㅇ, ㅅ, ㄱ, ㄴ, ㅁ으로 설정하고 입술과 혀를 중심으로 형상을 상형한 것이라는 매우 독특한 주장을 하였다. 모든 초성은 'ㅇ'을 중심으로 하나로 펼치면 'ㅡ'이 되고 이것을 굽히고 꺾고 덧댄 상형의 원리와 함께 초성을 가획의 원리로 이루어졌다는 주장이다.

「상순설(象脣說)」은 상형 가운데 입술(脣)과 혀(舌)를 주요한 조음체로 인정하고 이들이 초성 조음에 제일 중요한 것으로 판단하였다. 『훈민정음 해례』에서도 언급하지 않는 여암의 독창적인 주장이라고 평가할 수 있다. 여암의 「상순설」은 초성 기본자 5자 ㅇ, ㆁ, ㄴ, ㅅ, ㅁ의 명칭과 발음 상태를 설명하면서 기본 자음의 글꼴은 발음 모양을 본뜬 것이라고 설명하고 있다. 그 기준을 입술을 중심으로 하고 있는 것이 특징이다. 곧 상순설로 여암의 독특한 주장이기도 하다. 곧 ㅇ은 목구멍의 둥글고 입술로 통하는 모습을 본뜬 것이다. ㆁ은 어금니의 곧고 뾰족함을 본뜬 것이다. ㄴ은 혀를 말고 펴는 모양을 본뜬 것이다. ㅅ은 이의 짝을 짓고 연이음을 본뜬 것이다. ㅁ은 입술이 모가 나고 합하는 모양을 본뜬 것이다. 그리고 ㅁ은 입술을 합한 형상이며 ㅂ은 입술을 열어 둥글리고 담음을 형상한 것이며 ㅍ은 입술을 연 모양을 본뜬 것으로 설명하고 있다.

특히 'ㅂ', 'ㅍ'의 글꼴이 오늘날과 달리 'ㅍ'을 90도 회전한 모양으로 'ㅂ'을 나타내고 있다. "ㅁ은 미음(彌音)이라고 부르는데 ⊓음은 미(彌)가 되고 ⊔음은 음(音)이 된다."라고 하여 'ㅁ'이 '⊓(彌)'와 '⊔(音)'이 결합되는 등의 글꼴에 대해서도 매우 미세한 관찰을 하고 있다.

「사음개자궁생(四音盖自宮生)」에서는 네 개의 기본 글자 'ㆁ, ㄴ, ㅅ, ㅁ'이 모두 'ㅇ'에서 출발하여 곧고, 굽고, 모나고, 꺾이고, 합침에 따라 초성이 이루어졌다는 기술이다.

「오음변성」에서는 신경준의 상형설을 가획 혹은 획의 분리를 통해 계열적으로나 통합적으로 계기적 관계를 맺고 있다는 매우 독특한 설명을 가한 부분이다.

궁음(후음) ㅇ → ㆆ → ㅎ → ㆅ

각음(아음) ㆁ → ㄱ → ㅋ → ㄲ

치음(설두) ㄴ → ㄷ → ㅌ → ㄸ

치음(설상) ㄴ → ᄃ → ᄐ → ᄄ

상음(치두) ᄼ → ᅎ → ᅔ → ᄿ/ᅏ

상음(정치) ᄾ → ᅐ → ᅕ → ᅀ/ᅑ

우음(순중) ㅁ → ㅂ → ㅍ → ㅃ

우음(순경) ㅱ → ㅸ → ㆄ → ㅹ

변치(반설) ㄹ

변상(반치) ㅿ

여기서 가획은 평음 → 유기음 → 경음의 대립을 그리고 궁 → 각 → 치 → 상 → 우의 통합적 관계와 이들의 계열적 관계가 가획이나 병서에 의한 변별적 기능이 문자에 반영된 곧 변별적 자질 문자임(Distiŋtive feature letters)을 여암은 일찍 주장한 것이다.

「변사」에서는 설두음과 설상음 그리고 치두음과 정치음, 순중음과 순경음은 변별하기 매우 어렵다. 곧 지(知, 곧 디의 ᄃ)와 조(照, ᅐ), 비(非, ㅸ)와 부(敷, ㆄ)는 서로(彼此) 같고, 니(泥, ㄴ)와 냥(孃 곧 니의 ㄴ), 천(穿, 곧 ᅕ)과 철(徹 곧 ᄐ)은 역시 서로 통한다. 징(澄, 곧 ᄄ)과 상(床, 곧 ᅑ), 의(疑, 곧 ㆁ)와 유음(喩音 ㅇ)의 12음은 몹시 비슷하기 때문에 잘 살펴야 한다. 특히 우리나라는 설음과 치음이 제치(齊齒)·촬구(撮口)의 중성들과 결합된 것들 중에 분별할 수 없는 것이 많으나, 관서와 영남 사람은 설음을 많이 쓰고, 호남·호서 사람들은 치음을 많이 쓴다고 하여 매우 귀중한 증언을 남겨 주었다.

그리고 『훈민정음 해례』에서 언급한 疑(ㆁ)와 喩(ㅇ)의 혼동에 대해서도 "의(疑, ㆁ)자의 음은 코를 움직여(動) 소리를 내고, 유(喩 ㅇ)자의 음은 목구멍 속을 가볍게 비워 소리를 내는 것"이라고 하였다. "한음의 의(疑 ㆁ)음 초성은 혹은 니(泥 ㄴ)음으로 되기도 하고, 혹은 의(疑 ㆁ), 유(喩 ㅇ)모들이 구별 없이 섞이기도 한다."고 하였다.

「초성도의 층위」는 먼저 궁-각-치-상-우의 오음이 오방위에 층위별로 어떻게 배속되는지 보여주고 있다.

[제1층]

궁(宮)음 토(土) 중앙(中央) ㅇ ㆆ ㅎ ㆅ

[제2층]

각(角)음 목(木) 동방(東方) ㆁ ㄱ ㅋ ㄲ

치음(徵音) 화(火) 남방(南方) ㄴ ㄷ ㅌ ㄸ

ㄴ, ㄷ, ㅌ, ㄸ

상(商)음 금(金) 서방(西方) ᄼ ᅐ ᅔ ᄽ ᅑ

ᄾ ᅎ ᅕ ᄿ ᅏ

우(羽)음 수(水) 북방(北方) ㅁ ㅂ ㅍ ㅃ

[제3층]

궁(宮) 토(土) 미방(未方)-생(生) 술방(戌方)-장(長) 축방(丑方) 성(盛) 신방(辰方)-노쇠(老衰)

ㅇ 미방(未方), ㆆ 술방(戌方), ㅎ 축방(丑方), ㆅ 신방(辰方)

각(角) ㆁ ㄱ ㅋ ㄲ

치(徵) ㄴ ㄷ ㅌ ㄸ

상(商) ᄼ ᅐ ᅔ ᄽ ᅑ

우(羽) ㅁ ㅂ ㅍ ㅃ

[제4층]

치(徵)　　　　ㄴ, ㄷ, ㅌ, ㄸ

상(商)　　　　ㅅ, ㅈ, ㅊ, ㅆ, ㅉ,

우(羽)　　　　ㅁ, ㅂ, ㅍ, ㅃ

[제5층]

반치음(半徵音) ㄹ

반상음(半商音) ㅿ

그리고 또 자음이 발음되는 곳을 순서대로 말한다면 궁 → 각 → 치 → 상 → 우 혹은 후(목구멍) → 아(어금니) → 설(혀) → 치(이) → 순(입술)로 배열되는 이유를 오음의 순서로 "궁(宮)은 먼저 놓고 다름에 각(角)을 그 다음에 치(徵), 그 다음에 상(商), 그 다음에 우(羽)를 놓게 되는 것"이라고 설명하고 있다. 미(未)·생(生)－술(戌)·장(長)－축(丑)·성(盛)－신(辰)·노쇠(老衰)라는 12지의 시간 순서에 따라 소리의 발음순서도 꼭 같이 배열한 결과이다.

또 궁(宮)의 소리는 주로 합하고 각(角)의 소리는 주로 용(湧, 샘 솟듯)하며 치(徽)의 소리는 주로 나뉘고 상(商)의 소리는 주로 펼쳐 당기며 우(羽)의 소리는 주로 토(吐)하는 것이니, 그 글자의 모양을 순설(脣舌, 입술과 혀)에서 본뜬 것이라는 뜻을 이해한다면 가히 그 신묘함을 알 것이라고 하여 오음의 음색을 밝히고 있는데 병와 이형상이 제시한 「팔음도설」과 매우 닮아 있다. 이 「오음도설」을 「팔음도설」과 대비하여 요약하면 아래와 같다.

오음	음상	음형	소리의 형상	조음의 형상	
宮	合	둥금	소가 굴 속에서 우는 소리	입 다물고 내는 소리	合口而通之
角	湧	솟음	닭이 나무에서 우는 소리	성하게 일어남	張齒湧吻
徵	分	나뉨	돼지 우는 소리	나뉘어 분산	齒合吻開
商	張	펼침	양이 양떼에서 떨어져 우는 소리	입을 벌려 펼침	開口而吐之
羽	吐	토함	말이 우는 소리	토해 내는 소리	齒開吻聚

「청탁」조에는 36자모의 오음을 총괄하여 청탁에 따라 배분하면 아래와 같다.

			음양	경세수
순청(純淸)	평음	見ㄱ 端ㄷ 知ㄷ 幫ㅂ 非ㅸ 精ㅈ 照ㅈ 影ㆆ	양—경	1, 3
차청(次淸)	유기음	溪ㅋ 透ㅌ 徹ㅌ 滂ㅍ 敷ㆄ 淸ㅊ 穿ㅊ 曉ㅎ	양—경	1, 3
전탁(全濁)	경음	郡ㄲ 定ㄸ 澄ㄸ 竝ㅃ 奉ㅹ 從ㅉ 牀ㅉ 邪ㅆ 匣ㆅ	음—중	2, 4
반청반탁(半淸半濁)	유성음	疑ㆁ 泥ㄴ 孃ㄴ 明ㅁ 微ㅱ 心ㅅ 審ㅅ 喩ㅇ 來ㄹ 日ㅿ	음—중	2, 4

자서(字書)에서도 청탁을 표시한 도권(圖圈)으로 사용하고 있는 예들이 많이 있다. 청탁 관계를 본다면, 『절운요법』에서는 심(心)모를 ◐로써 표시하고, 심(審)모를 ◒로써 나타내었으며, 『절음지남(切音指南)』에서는 심(心)·심(審) 양모(兩母)를 모두 ◒로써 나타내고, 의(疑 ㆁ)·니(尼명 ㄴ)·명(明 ㅁ)·유(兪 ㅇ)의 다음 위치에 놓았으며, 『자휘(字彙)』에서도 역시 순청(純淸)으로 삼지 않고, 차청(次淸)이라고 하여 그 용어도 조금씩 차이를 보여주고 있다. 『화동정음통석운고』에서는 전청을 ○, 차청을 반달, 불청불탁을 ◑, 전탁을 ●로 나타내고 있다.

「중성도」

「중성도」는 「중성해」에서 여러 가지로 설명한 모든 이론의 뒷받침이 되는 그림이다. 「초성도」와 마찬가지로 중앙의 ㅇ(여기서는 태극(太極)을 나타낸 것)으로부터 여러 모음자가 생성 발달한 예를 보였다. 그런데 이 「중성도」에는 모든 모음자를 다 배열한 것이 아니고, 16모음자만 다루었는데, 이 중에서 [••]모음만 제외한 15자는 유희(柳僖)가 교정한 중성정례(中聲定例)와 완전히 일치된다.

① 「중성배경세수도」

「중성배경세수도」에서는 이 책의 첫머리에 실려 있는 「경세성음수도」의 상단 10성에 있는 한자들의 모음을 표시한 모음 글자들을 배열하였다. 모음 글자의 배열법을 보면, 1, 3, 5, 9의 도에는 개구음과 합구음을, 2, 4, 6, 8, 10의 도에는 제치음과 촬구음을 배열하였다.

신경준은 성운학의 이론과 훈민정음의 체계에 다 같이 정통하였다. 그는 「경세성음수도」에서는 자음을 성과 음으로 나누고 있다. 이러한 이원 분류는 중국 음운학에서 채택하고 있는 음절 분석 방식이다. 그런데 훈민정음은 이를 초성, 중성, 종성으로 3분하고 있다. 신경준은 이러한 괴리를 슬기롭게 풀어가고 있다. 그는 이 두 가지 용어들을 혼용하면서 이를 정리한다. 「총설」조에서 다음과 같이 정리하였다.

초성: 음

중성: 성

종성: 운

곧 중국 음운학에서는 성으로 통합되어 있는 것에서 종성을 분리해 내고 이를 운이라고 부르고 있다.

이렇게 성에서 중성과 종성을 분리한 뒤 그는 「경세성음수도」에 따라 「중성배경세수도」를 만들었다. 모두 10도로 나누고 각도는 다시 일월성진으로 나눈 뒤 해당하는 훈민정음을 표기하고 아래에 예자와 그 음을 기록하였다. 따라서 전체 운도 안에는 모두 40음이 표시된다. 그러나 실제로 음이 표시된 도는 8도까지로 32음이다. 나머지 9, 10도 소옹의 체계에는 있으나 신경준은 무음무자로 파악하였다.

32중성 가운데에도 당시 화음을 표기하는 데에는 18자만이 사용되었고, 우리나라 한자에 사용되는 중성은 23자인데 각각 다음과 같다.

(1) 화음 표기 중성 18자

ㅏ ㅘ ㅐ ㅙ ㅑ ㅒ ㅓ ㅝ ㅕ ᆑ ㅖ ㅡ ㅜ ㅢ ㅟ ㅣ ㅠ ᆔ

(2) 동음 표기 중성 23자

ㅏ ㅘ ㅐ ㅙ ㅑ ㅓ ㅝ ㅕ ㅖ ㅡ ㅜ ㅢ ㅟ ㅣ ㅠ ㆍ ㅗ ㅛ ㅔ ㅞ ᆐ ㆎ ㅚ

신경준이 화음의 운도를 만들기 위한 이론적 설명에서 초성에서는 36자모로 화음의 체계만을 설정하였는데 중성에서는 화음과 동음을 구별한 이유는 무엇인가? 이에 대해 그는 화음과 동음의 차이가 초성에서는 드러나지 않으나 중성에서는 드러나기 때문이라고 밝히고 있다. 그리고 이 점이 마땅히 깊이 밝혀야 할 점이라고 하였다.

화음과 동음의 차이에 대한 이러한 인식은 당시 운학자들에게는 일반적인 인식이었다. 박성원도 『화동정음통석운고』에서 이와 같은 인식을 보여주고 있다. 「중성배경세수도」도 「경세성음수도」와 수미 상관적으로 10성으로 분류하였고 그 운모 사등에 따른 16섭으로 나타난다.

중성배경세수도

일성				이성			
일	월	성	신	일	월	성	신
일벽	이흡	삼벽	사흡	일벽	이흡	삼벽	사흡
ㅏ 강岡	ㅘ 광光	ㅐ 캐開	ㅙ 媧괘	ㅑ 량良	ㆇ ○○	ㅒ 개佳	ㆈ ●
삼성				사성			
ㅓ 더多	ㅝ 훠禾	ㅔ ●○	ㅞ ○○	ㅕ 천千	ㆊ 훠靴	ㅖ 례离	ㆋ ○○
오성				육성			
ㅡ 근根	ㅜ 궁公	ㅢ 등登	ㅟ 굉肱	ㅣ 링靈	ㅠ 뜡重	ㆍㅣ ○○	ㆌ 훵兄
칠성				팔성			
⊙ 슬○	㉦ 오我	ㆎ ○	ㅚ ○	ᆢ ●	ㅛ 요藥	ᆝ ○	ㆉ ○
구성				10성			
● ●	● ●	● ●	● ●	● ●	● ●	● ●	● ●

「중성경세수도」의 10성 가운데 벽흡에 따라 36자가 사용되었는데 이것은 중국에서 없는 중성이나 우리나라에서 없는 소리가지를 포함해서 나타낸 도식이기 때문에다.

1성부터 10까지의 ○有聲無字와 ●無聲無字를 제외한 나머지는 18성이 되는데, 이를 신경준은 정중성(定中聲, 중성+종성)으로 분류하였고 이는 「개합사장」에서 사용한 18성과 동일하며 또한 『사성통해』 18운과 일치한다.

一聲	ㅏ罔강, ㅘ光광, ㅐ開개, ㅙ媧괘
二聲	ㅑ良량, ㅒ佳걔
三聲	ㅓ多더, ㅝ禾
四聲	ㅕ千쳔, ㆊ靴, ㅖ离례
五聲	ㅡ根근, ㅜ公궁, ㅢ登등, ㅟ肱궁
六聲	ㅣ靈링, ㅠ重쭝 ㆌ兄휭
七聲	ㆍ皃ㅗ(와전되거나 다른 소리로 바뀐 예)
八聲	俄ㅛ藥(와전되거나 다른 소리로 바뀐 예)

소리가 없거나 다른 소리로 바뀐 7성과 8성을 제외하면 중성은 모두 18성인데 이는 18섭에 대응된다. 중성은 32이나 중국 한자 모음은 18중성이며, 「개합사장」의 18성과 일치한다. 신경준은 32중성을 사등호로 분류한 것이 「개합사장」에 있는 18중성이다. 이 가운데 「개합사장」에 18중성으로 다음과 같이 나타난다. 중성자는 32운이나 사용되는 것은 18운이라 했다. 이는 「개합사장」에 18성으로 아래와 같이 나타난다.

개구정운(開口正韻)	ㅏ罔	ㅐ開	ㅡ根	ㅓ多	ㅢ登	개구(開口)
개구부운(開口副韻)	ㅑ良	ㅒ佳	ㅣ靈	ㅕ千	ㅖ离	제치(齊齒)

합구정운(合口正韻)	ㅘ光禍	ㅙ媧	ㅜ公	ㅝ禾	ㅟ肱	합구(合口)
합구부운(合口部韻)	ㅠ重	ㆊ靴	ㆌ兄			촬구(撮口)

이러한 한자음의 18운을 신경준은 정중성(定中聲)이라 하였는데, 이는 『사성통해』운 18중성과 완전히 일치한다. 『사성통해』의 운목은 중성에 따라 반복 실현된 중성을 분류하면 아래와 같이 18중성이 된다.

『사성통해』의 운은 다음과 같다.

一	ㅜㅠ	東董送屋
二	ㅡㅣ	支紙真
三	ㅖ	齊薺霽
四	ㅠ	魚語御
五	ㅜ	模姥暮
六	ㅐ ㅒ ㅙ	開解泰
七	ㅟ	灰賄隊
八	ㅣ	真軫震質
九	ㅡㅜㅠ	文吻問勿
十	ㅓ ㅝ	寒旱翰曷
十一	ㅏ ㅑㅘ	刪産諫轄
十二	ㅕ ㆊ	先銑霰屑
十三	ㅕ	蕭篠嘯
十四	ㅏ ㅑ	爻巧效
十五	ㅓ ㅝ	歌哿筱
十六	ㅏ ㅑㅘ	馬麻禡
十七	ㅕ ㆊ	遮者蔗
十八	ㅏ ㅑㅘ	陽養漾藥
十九	ㅣ ㅓㅟㆌ	庚梗敬陌
二十	ㅡㅣ	尤有宥
二十一	ㅡㅣ	侵寢沁緝
二十二	ㅏ ㅑ	覃感勘合
二十三	ㅕ	鹽琰艶葉

이상의 중성을 평성을 기준으로 한 섭을 중심으로 종성과 더불어 다시 정리하면 아래와 같다.

一	東	ㅜㅠ	ㆁ
二	支	ㅡㅣ	ㅇ
三	齊	ㅖ	ㅇ
四	魚	ㅠ	ㅱ
五	模	ㅜ	ㅱ
六	皆	ㅐ ㅒ ㅙ	ㅇ

七	灰	ㅟ	ㅇ
八	真	ㅣ	ㄴ
九	文	ㅡㅜㅠ	ㄴ
十	寒	ㅓㅝ	ㄴ
十一	刪	ㅏㅑㅘ	ㄴ
十二	先	ㅕㆊ	ㄴ
十三	蕭	ㅕ	ㅱ
十四	爻	ㅏㅑ	ㅱ
十五	歌	ㅓㅝ	ㅇ
十六	麻	ㅏ ㅑ ㅘ	ㅇ
十七	遮	ㅕㆊ	ㅇ
十八	陽	ㅏㅑㅘ	ㆁ
十九	庚	ㅣㅢㅟㆌ	ㆁ
二十	尤	ㅡㅣ	ㅱ
二十一	侵	ㅡㅣ	ㅁ
二十二	覃	ㅏㅑ	ㅁ
二十三	鹽	ㅕ	ㅁ

위의 운은 종성에 따라 중성이 중복 실현된 것을 반영하였다. 그러므로 반복된 유형을 중성별로 분류하면 아래와 같다.

운모번호	중성	자수
1+2+5+7+8+9+19+21	ㅡ, ㅣ, ㅜ, ㅠ, ㅢ, ㅟ, ㆌ	7자
3	ㅖ	1자
6	ㅔ, ㅐ, ㅙ	3자
10+15	ㅓ, ㅝ	2자
11+14+16+18+22	ㅏ, ㅑ, ㅘ	3자
12+13+17+23	ㅕ, ㆊ	2자

결국 종성에 따라 반복되는 중성은 ㅡ, ㅣ, ㅜ, ㅠ, ㅢ, ㆌ, ㅔ, ㅖ, ㅐ, ㅙ, ㅓ, ㅝ, ㅏ, ㅑ, ㅘ, ㅕ, ㆊ가 되어 18중성이 된다. 신경준의 정중성

18자와 『사성통해』의 18중성이 완전히 일치한다. 신경준은 중국 한자를 표기하기 위해 『사성통해』를 이용하여 18중성 체계를 『저정서』에 도입한 결과이다. 또한 이러한 18중성은 그가 「개합사장」에도 그대로 반영되어 있음을 알 수 있다. 다만 음이 와전되거나 변한 兒, 俄, 藥의 세 글자는 동그라미를 쳐서 다른 글자와 구별하였음을 밝히고 있다.

> "오늘날 세습에서는 와전되거나 변하여 다른 소리로 된 자가 셋인데 5성, 6성의 日은 지금은 7성의 月로써 발음하고 3성의 日은 지금 7성의 月로써 발음하고 2성의 日은 지금 8성의 月로써 발음하는 것이 많아서 兒, 俄, 藥 석자로 표준을 하고 도중에서 동그라미를 그려 다른 것들과 구별한다고 하였다."30)

신경준은 32중성을 중국 한자 모음에 사용되는 18중성과 우리나라 한자에 사용되는 32중성으로 구별하였다. 우리나라 한자에 사용되는 23운으로 "ㅏ, ㅘ, ㅐ, ㅙ, ㅑ, ㅓ, ㅝ, ㅕ, ㅖ, ㅡ, ㅜ, ㅢ, ㅟ, ㅣ, ㅠ, ㆍ, ㅗ, ㅛ, ㅔ, ㅞ, ᆒ, ㆎ, ㅚ"이고 중국 한자에 사용되는 18중성으로 "ㅏ, ㅘ, ㅐ, ㅙ, ㅑ, ㅒ, ㅓ, ㅝ, ㅕ, ㆋ, ㅖ, ㅡ, ㅜ, ㅟ, ㅣ, ㅠ, ㆌ"이다.

「초성합종성위자 예」에서는 초성을 기준으로 모음이 우측과 그 아래에 결합되는 부류로 나누어 기술하고 있다. 「훈민정음 차서」에서는 자모의 순서를 "가갸거겨고교구규그기ᄀᆞ"로 제시하고 있는데 이것은 『훈몽자회』의 자모 순서와 동일하다. 아마 『훈민정음 해례』를 참고하지 못한 탓으로 생긴 오류이다. 「종성합중성위자지례」에서는 한자음의 양

30) "今俗之或譌或變 而爲他聲者 凡五聲六聲之日 今五以七聲之日三聲之日 今呼以八聲之月者多以兒俄藥三字爲標圖中作圖以別之"(『저정서』, 「정중성표」).

성운미인 'ㅇ', 'ㄴ', 'ㅁ'의 예만을 제시하고 있다.

② 중성해(中聲解)

「중성도」에서는 「원도」, 「방도」, 「벽흡」, 「정중성표」에 대해 기술하고 있다. 먼저 「원도」에서 신경준은 중성과 초성을 동일한 상형설에 기반을 두고 설명하고 있다. 중성 32자의 글꼴의 생성을 오방음양으로 설명하고 있다.

특히 •와 ••를 서로 대립된 것으로 인식하며 이를 태극도설에 맞추어 설명하고 있으며, 『훈민정음 해례』의 모음의 삼재 기원설과 달리 신경준은 •와 ••를 기초로 하여 ㅡ와 ㅣ의 생성을 역시 역학 이론에 맞추어 기술하고 있다.

여암의 「중성도」의 설명에서

하늘(天) 형상—북(北)—감괘(坎卦) 중효(中爻)—태극—정(靜)—음(陰)
중앙ㅇ—태극(太極)—동(動)—양(陽)—'•'—'••'
땅(地) 둘임 형상—남(南)—이괘(离離) 중효(中爻)

이라고 하여 '•'와 '••'의 생성 이유를 상형과 방위 그리고 역학의 원리에 다라 설명하고 있다. 특히 '•'와 '••'의 생성은 다시 자음의 'ㅇ'(궁음, 중앙)에서 기원을 하였다고 하였다. 기본 글자인 '•', '••', 'ㅣ', 'ㅡ'를 제외한 16중성자(中聲字)의 오른편에 모두 한 획을 세로로 그어 'ㅣ'를 더 하면, 또 16성(聲)이 될 수 있으니 이것은 중성이 다시 변화한(再變者) 글자이다.

여암은 모음을 12간지에 맞추어 ㅗ, ㅜ, ㅛ, ㅠ는 그 모양이 바르고 그 소리가 곧아서, 사정방(四正方)에 위치하고 있고, ㅏ, ㅓ, ㅑ, ㅕ는 그 모양이 치우이고, 그 소리가 기울어져서 사간방(四間方)에 위치한다고 설명하고 있다. 지나치게 체계적이고 기계적인 기술어여서 마치 꿰어맞춘 듯한 설명이다.

끝으로 초성과 중성의 자형의 글꼴을 "이런 까닭으로 중성문자는 그 획이 곧을 뿐이고, 그 모양이 네모날 다름인데 초성문자는 굽고, 곧고, 모나고, 둥글고, 길고, 짧고, 나누이고, 합하고, 숙이고, 우러러보고, 옆으로 삐치고, 구부러진 것 등 변화가 무궁하다."라고 설명하고 있다. 매우 흥미로운 관찰이라 할 수 있다.

여암이 제시한 중성 문자는 모두 32자이나 실제 쓸모가 있는 것은 겨우 18자라고 하고 있다. 그 이유는 등운학에서 중성은 모두 4성에 따라 구분하기 때문에 자연 중성의 수는 적을 수밖에 없다.

「방도(方圖)」는 모음의 개구호, 합구호 등을 정하고 등운을 나누는 설명이다. 신경준이 설정한 방도는 여러 모음들을 중국 운학의 이론으로 분류 설명한 것이다. 여암이 이 「방도」 항목에서 설명한 바를 일목요연하게 표로 그려보겠다. 또 여기에서 말한 방도란 중성도 밑에 있는 4각형의 모음표를 지칭하는 것이다.

<table>
<tr><td rowspan="4">운복</td><td rowspan="2">개구</td><td rowspan="2">양</td><td>정운</td><td>개구</td><td>양</td></tr>
<tr><td>부운</td><td>제치</td><td>음</td></tr>
<tr><td rowspan="2">합구</td><td rowspan="2">음</td><td>정운</td><td>합구</td><td>양</td></tr>
<tr><td>부운</td><td>촬구</td><td>음</td></tr>
</table>

중형의 「상형」에서 중성의 글꼴은 초성과 같이 상순설을 주장하였으니 곧 입술과 혀를 본떠서 글자를 만들었다. 예를 들면 •음은 혀를 조금 움직이고, 입술을 조금 열어 발음 소리가 대단히 가볍고, 그 호기(呼氣)가

매우 짧다고 하였고 ••음은 •를 나란히 놓은 것이어서, 그 소리는 •음에 비하여 약간 무겁고, 그 호기는 •음에 비하여 약간 길다라는 방식으로 기술하고 있다.

「벽흡(闢翕)」은 벽(闢)은 개(開, 열림)이고 흡(翕)은 합(合, 닫힘)인데, 운두(韻頭)나 운복(韻腹)의 모음을 분류할 때 개구(開口), 합구(合口)로 대분하는 까닭으로, 이러한 벽흡 등 술어로 사용한 것이다. 즉 벽(闢)은 개구의 뜻으로, 흡(翕)은 합구의 뜻으로 사용하고 있다. 그러나 여암은 이 벽흡에서 벽흡과 개·발·수·폐를 결합시키는 바람에 혼란스럽게 만들었다. '벽흡분이위개발수폐'라고 하였는데, 이것이 소위 운도의 1, 2, 3, 4 등을 설명하려고 한 의도인 듯하나, 소옹은 독특한 용어를 사용하여, 1, 2, 3, 4 등을 '개·발·수·폐'라고 하였으되, 벽흡과 '개·발·수·폐'를 결부시키지는 않았다. '개·발·수·폐'는 초성(즉 소옹의 音)에 관계되는 용어이고, '闢翕'운(韻, 즉 소옹의 聲)에 관계되는 용어이다. 권두에 실린 「경세성음수도」에서도 그렇고, 소옹의 「경세성음수도」에 주를 단 여러 학자들 가운데 종과(種過)라는 이만 불분명하게 사용하였을 뿐, 나머지 학자는 전부 위에 설명한 대로 분명히 사용했다.

「정중성표」는 여암의 독특한 학설 가운데 하나이다. 운미를 1) 음운미, 2) 양운미, 3) 입성운미로 나누어 음운미는 다시 지(支)섭계와 소(蕭), 우(尤)섭 계열로 나누어 우리말에 대응되는 한자음에 종성이 마치 있는 글자처럼 간주한 것이다. 양운미 가운데 '-ㅁ」-ㄴ'의 변화를 고려하여 음운미 계열을 중성과 운미가 결합된 정중성으로 간주한 것이다.

여암은 훈민정음 예의에서 처음 언급한 "凡字必合而聲音"이라는 음절구성법[31]을 한자음 표기에서와 고유어 표기에서 훈정 초기 당시부터

31) 종래에 이를 성음법(聲音法)으로 규정한 것은 잘못으로 보인다.

서로 달랐다. 그러다가 『월인석보』 중간본에서부터 음운미 지(支)섭계와 소(蕭), 우(尤)섭 계열의 종성 표기가 서서히 사라져 가는 모습을 보여준다.

이에 대해 여암 역시 "무릇 글자(漢字)는 초·중·종 3성이 합하여야 하나의 소리(즉 음절)를 이루는데, 분명치 않은 바가 있으면 글자를 올바르게 발음하지 못하는 것이 있을 것이다."라고 하여 성음 방식뿐만 아니라 음절 구성 방식으로 이해하고 있다.

초성은 진(晋)나라 이래 106자를 그 준거하는 표준이 되었으며 『광운』에 이르기까지 견(見)·계(溪)·군(羣)·응(凝) 등 36자는 그 준거하는 표준이 되었다. 그런데 중성은 비록 등운이라는 것이 있기는 하되, 그 준거할 글자를 세우지 않은 까닭으로 마침내 분명치 않고, 또 일정치 않아서, 자학가들의 여러 가지 의견은 많아도 결정된 바가 통일되지 않았다.

여암은 중성 32성(聲)으로 표준으로 삼았는데, 그 가운데 글자가 있는 것은 18자로 정하였다. 오늘날 와전되거나 변하여 소리가 바뀐 글자가 모두 셋인데 오성 일(日) ㅡ와 육성 일(日)ㅣ은 지금 칠성의 일(日) ㆍ로써 발음하고, 삼성의 일(日)ㅓ는 지금 칠성의 월(月) ㅗ로서 발음하며 이성의 일(日)ㅑ는 지금 팔성의 월(月) ㅛ로써 발음하는 것이 많아서, ᄉᆞ(兒ㆍ), ㆍ오(我 ㅗ), ㆍ요(藥 ㅛ) 등 석 자로써 표준을 삼고, 도표 중에서는 동그라미를 그려서 다른 것들과 구별하였다.

우리나라 한자음 중성에 대해서는 글자가 있는 강(岡 ㅏ)·광(光 ㅘ)·개(開 ㅐ)·왜(媧 ㅙ)·량(良 ㅑ)·다(多 ㅓ)·훠(禾 ㅝ)·텬(千 ㅕ)·례(离 ㅖ)·근(根 ㅡ)·궁(公 ㅜ)·딍(登 ㅢ)·귕(肱 ㅟ)·링(靈 ㅣ)·듕(重 ㅠ)·ᄉᆞ(兒ㆍ)·오(我 ㅗ)·욕(藥 ㅛ) 등과 삼성의 셍(星 ㅔ)·쉔(辰 ㅞ), 사성의 줸(辰 ㅞ), 칠성의 ᄉᆡᆼ(星 ㆎ)과 ᄌᆌᆫ(辰 ㅞ)까지 23자인데, 중화음에 없는 것은 우리나라 음(東音)으로써 표준을 세워서 사용하도록 하였다. 게(洎 ㅔ), 궤(跪 ㅞ), ᄎᆒ(萃 ᆒ), 게(皆

ㅔ), 회(灰 ㅚ) 등 다섯 자가 곧 이것이다.

종성도(終聲圖)

신경준은 앞에서 언급한 "各聲中韻書所隷終聲之數"에서 1성부터 6성까지의(七聲之月 八聲之月 非正聲不論) 섭을 분류만 했을 뿐인데, 「종성도」에서 섭의 분류 기준이 구체적으로 나타나 있다. 신경준은 「종성도」에 7섭으로 나누었는데 복잡한 운을 섭으로 간략하게 하였다고 하였다.[32]

중성에서 18중성으로 구분하였던 것을 입성을 중심으로 양성운 -m, -n, -ŋ과 음성운 -ø, 입성운 -p(b), -t(d), -k(g)를 고려하면 중국의 한자음과 우리의 종성은 상당한 차이를 보여준다. 특히 초·중·종 삼성의 구성을 설명하려고 하다가 보니까 음성운(-ø)과 입성운 -p(b), -t(d), -k(g)의 처리가 『훈민정음 해례』나 『홍무정운역해』 『사성통해』에서 조금씩 차이를 보여준다. 이러한 점들을 고려한 신경준은 「종성도」에서

응(凝)섭	양성운 -ŋ
지(支)섭상	음성운 -ø, -i(ㅇ)
은(隱)섭	양성운 -n
지(支)섭하	음성운 -ø, -y(ㅇ)
우(尤)섭	음성운 -ø, -wu(우)(ㅸ)
소(蕭)섭	음성운 -ø, -wo(오)(ㅱ)
음(音)섭	양성운 -m

32) "未字之博而約之以韻 韻猶博也 又約之以攝 猶兵之有將也 分攝數多者 猶將之有前茅後殿也 古有以迦結爲首而分攝十二者 以通江爲首 而分攝二十四者 而今爲七攝"(『저정서』「분섭」).

와 같이 7가지로 구분하고 있다. 상고 중국어에서 비음운미인 양성입성의 존재에 대해 어떤 논란도 없다. 단지 침(針)과 진(眞)이 혼란을 일으키는 -m이 -n의 병합되는 과정을 원나라 시대의 『중원음운』에서 관찰할 수 있다. 그런데 우리나라 한자음에서는 비음운미는 상고음이 그대로 유지되고 있어서 큰 문제가 없었다. 다만 개미운(開尾韻)이라고 할 수 있는 음성운미의 처리를 『훈민정음 해례』의 규정에서는 'ㅇ'를 넣어서 초·중·종 삼성의 체계를 유지하려고 하였다. 그러나 이러한 규정이 『육조법보단경언해』 이후 소멸되고 'ㅇ'을 개미운에서 종성으로 사용하지 않는 쪽으로 발전되었다. 신경준도 이를 받아들이고 있다.

입성운미 가운데 '-t'의 표기는 『훈민정음 해례』에서는 '-ø'로 『홍무정운역훈』, 『사성통해』에서와 마찬가지로 입성운미를 제외하고 양운미와 음운미를 정리하여 신경준은 그의 「종성도」에서 7섭으로 나누었는데, 이는 『고금운회거요』와 『사성통해』의 운미와 완전히 일치한다.

	평 성	상 성	거 성	입 성
1	東	董	送	屋
2	冬	腫	宋	沃
3	江	講	絳	覺
4	支	紙	寘	○
5	微	尾	未	○
6	魚	語	御	○
7	虞	麌	遇	○
8	齊	薺	霽	○
9	佳	蟹	泰	○
10	灰	賄	卦	○
11	○	○	隊	○
12	真	軫	震	質
13	文	吻	問	勿
14	元	阮	願	月
15	寒	旱	翰	曷
16	刪	潸	諫	點
17	先	銑	霰	屑
18	蕭	篠	嘯	○
19	肴	巧	效	○

	평 성	상 성	거 성	입 성
20	豪	晧	號	○
21	歌	哿	箇	○
22	痲	馬	禡	○
23	陽	養	瀁	藥
24	庚	耿	敬	陌
25	青	迥	徑	錫
26	蒸	拯	○	職
27	尤	有	宥	○
28	侵	寑	沁	緝
29	覃	感	勘	含
30	鹽	琰	豔	集
31	咸	豏	陷	洽

『고금운회거요』의 운목은 모두 31운으로 평·상·거·입의 순으로 배열되어 있다. 이 운미의 형태로 분류하면 다음과 같다(아라비아 숫자는 운목의 순서를 말한다).

1東·2多·3江	[-ŋ][ㆁ]
4支·5微·6魚·7虞·8齊·9佳·10灰·11隊	[-ø][ㅇ]
12真·13文·14元·15寒·16刪·17先	[-n][ㄴ]
18蕭·19肴·20豪	[-w][ㅸ]
21歌·22痲	[-ø][ㅇ]
23陽·24庚·25青·26蒸	[-ŋ][ㆁ]
27尤	[-w][ㅸ]
28侵·29覃·30鹽·31咸	[-m][ㅁ]

이 운미가 8종이 되지만 동일한 것을 간추려 보면 신경준이 분류한 7섭과 일치한다. 이와 같이 『고금운회거요』, 『사성통해』, 『저정서』「종성도」에서의 운미를 대조하면, 다음과 같다.

고금운회거요	사성통해	여암의 종성도
東冬江	東	凝攝: 東冬江陽庚青蒸
支微魚虞齊佳灰	支齊魚模皆灰	之攝上: 支微齊佳灰隊魚虞
真文元寒刪先	真文寒刪先	隱攝: 真文元寒刪先
蕭肴豪	蕭爻	之攝下: 歌麻
歌麻	歌麻遮	蕭攝: 蕭肴豪
陽庚青蒸	陽庚	
尤	尤	尤攝: 尤
侵覃鹽咸	侵覃鹽	音攝: 侵覃鹽咸

위의 표를 보면, 『고금운회거요』, 『사성통해』 「종성도」의 섭의 자표(字標)의 배치 순서가 다를 뿐이지 운미의 유형은 같다고 할 수 있다. 신경준은 글자는 초·중·종 삼성이 합하여야만 하나의 소리가 된다고 하여 놓고 종성이 분명하지 않으면 글자를 바르게 발음하지 못한다고 하여 딴이(ㅐ, ㅙ, ㅒ, ㅢ의 ㅣ)를 종성으로 보았으며, 딴이가 없는 종성(ㅏ, ㅕ, ㅑ 등)은 중성과 종성을 겸하였다고 하였다(「상수」). 이것은 『홍무정운역훈』에서 말하는 글자는 초·중·종 삼성이 합하여야만 하나의 소리가 된다는 『홍무정운역훈』에서 말하는 통용 규정에도 맞지 않는다. 바로 그러한 모순을 극복하기 위해 신경준은 모음으로만 끝나는 음절 곧 개미운을 두 가지로 구분하여 종성의 글자가 없는 개미운인 y-계 이중모음을 종성이 있는 중성 곧 중종성으로 처리한 것이다.

「상수」조에서 여암은 천하의 형상과 수를 다음과 같이 분류하고 있다.

① 형상(象): 모나고(方)—둥글고(圓)—굽고(曲)—곧은 것(直)

② 수(數): 종(縱)—횡(橫)—기(奇 홀수)—우(耦 짝수)

형상과 수라는 기준에 따라 초·중·종성의 자형의 형상 원리에 따라 아래와 같이 기술하고 있다.

1) 초성: 방(方)—원(圓)—곡(曲)—직(直)
2) 중성: 종(縱)—횡(橫)—기(奇)—우(耦)
3) 종성: 방(方)—원(圓)—종(縱)—횡(橫) 합하여 응용

초성의 글꼴의 기원은 '원(圓) ㆁ'이고 천(天)에 대응(應)한 것이며, 방(方)은 ㄴ이고, 모나고 닫힌 것은 ㅁ인데 지(地)에 응한 것이다.

ㆁ 원(圓)—천(天)—하나—양(陽)
ㄴ 방(方)—ㅁ—지(地)—둘—음(陰)

여암은 초성과 중성을 동일한 원리로 상형된 것으로 기술하고 있는 점은 매우 독특한 설명 방식이라고 할 수 있다. 곧 '종성합방원종횡이용지(終聲合方圓縱橫而用之)'라는 말은 곧 종성에는 초성(=方, 圓)과 중성(=縱, 橫)을 모두 응용한다는 것을 설명한 말이다. ㅡ, ㅣ, ㅗ, ㅛ, ㅜ, ㅠ, ㅓ, ㅕ, ㅏ, ㅑ, ㅘ, ㆇ, ㅝ, ㆊ 등은 중성과 종성을 겸한 글자로 음운미를 겸하고 있다고 설명한 것이다. 따라서 얼핏보기로 세간에서는 이들 14자는 종성이 없는 글자라 말하나, 한자음에서는 반드시 초·중·종 3성이 합하여 이루어지는 것이니, 만일에 종성이 없으면 글자음을 이루지 못하는 것이다. 그러므로 중성이 종성을 겸하였다고 말하는 것이 옳고, 종성이 없다고 말하는 것은 옳지 않은 것이라는 주장이다.

「등위」에서는 신경준은 섭의 등위를 역학 이론을 적용하여 기술하고 있다. 곧 'ㆁ'은 하늘을 본뜬 것이기에 제일 위에 놓이고 ㅁ은 땅을 본뜬 것이기에 가장 아래에 놓이고, 중성 겸 종성은 가운데 놓이는데, 중성

16을 반으로 나누어 ㆍㅡㅣㅗㅛㅜㅠ의 여덟은 위에 놓으니, 그 남이 먼저이고 소리가 가볍기 때문이다. (종성도에서는 ••가 빠지고 ㅐㅙㅒㅖㅢㅟ가 있다.) ㅓㅕㅏㅑㅘㅙㅒㅝ의 여덟은 아래에 놓으니 그 남이 뒤이고 소리가 무겁기 때문이다(종성도에는 ㆇ가 없음). ㄴ과 ㅁ은 모가 난 것이라 마땅히 함께 아래에 있어야 하지만, ㄴ은 소리가 가벼워 기(氣)가 올라가기 때문에 상·중지(支)섭 사이에 있는 것이다("ㆁ天象也 居最上 口地象也 居最下 中聲兼終聲者 居乎中 而中聲十六分其半ㆍㅡㅣㅗㅛㅜㅠㅣㅗㅛㅜㅠ以居上 以其生之先而聲之輕也 以ㅓㅕㅏㅑㅘㆇㅒㅝ八者居下 以其生之後 而聲之重也 ㄴ與ㅁ同是方也 則宜同居乎也 而ㄴ其聲輕其氣昇 故居於上下之攝之問", 「等位」).

이는 신경준의 종성도의 7섭이 되어 다음과 같다.

응(凝)섭	東 冬 江 陽 庚 青 蒸	ㆁ
지(支)섭(상)	支 微 齊 佳 灰 隊	ㅇ
은(隱)섭	真 文 元 寒 刪 先	ㄴ
지(支)섭(하)	歌 麻	ㅇ
소(蕭)섭	蕭 肴 豪	ㅱ
우(尤)섭	尤	ㅱ
음(音)섭	侵 覃 鹽 咸	ㅁ

이는 『고금운회거요』의 운미와 「종성도」에서 섭(攝)이 순서의 차이가 있을 뿐 운미의 유형은 같다. 신경준은 이미 보아온 바와 같이 『고금운회거요』의 운을 섭에서 사용했는데, 이와 같은 섭의 종성은 『사성통해』의 운미의 형태와 일치한다.

『사성통해』의 운미 형태를 보이면 아래와 같다.

東	ㆁ
支 齊 魚 模 皆 灰	ㅇ
眞 文 寒 刪 先	ㄴ
蕭 爻	ㅱ
歌 麻 遮	ㅱ
尤	ㅱ
陽 庚	ㆁ
侵覃鹽	ㅁ

위와 같이 되어 『사성통해』 운미들이 『고금운회거요』 운미들과 일치한다. 지금까지 기술한 『고금운회거요』, 『사성통해』 운미와 「종성도」의 섭(攝)을 비교하면 아래와 같다. 이 「종성도」에서 7섭은 「개합사장」에서 그대로 반영되어 있다. 다만, "各聲中韻書所隷終聲之數"에 분류한 대로 양운들을 앞으로 배치하여, 「개합사장」에서는 순서에서 차이가 날 뿐이다. 이처럼 「종성도」에서 『고금운회거요』의 운들을 사용하였음에도 『사성통해』의 운들과 「종성도」의 섭을 비교하여 신경준이 『사성통해』의 운을 이용하였다고 주장하는 것은 「개합사장」을 분석해 보면, 그가 비록 『고금운회거요』의 운목을 인용하였으나 실제로는 『사성통해』의 운을 인용하였음을 알 수 있다. 신경준은 「개합사장」에서 『고금운회거요』의 운과 『사성통해』, 『광운』의 운을 사용하였으나, 실제로는 「개합사장」에 있는 한자들이 『사성통해』 한자들이다. 「개합사장」에 신경준이 「종성도」의 운과 『고금운회거요』의 운을 사용하였으나, 실제로는 『사성통해』의 운에 의해 한자들이 배열되었다.

「분섭」에서는 이미 앞의 「종성도」에서 7섭으로 구분한 방식을 도해로 나타내 보였다. 이를 다시 정리하면 아래와 같다.

① 응(凝)섭으로서 응(凝)종성 ㆁ이 있는 동(東)·동(冬)·강(江)·양(陽)·경(庚)·

청(靑)·증(蒸) 등 무릇 7운(韻)이다.

② 지(支)섭 (상)으로서 ㅗ, ㅛ, ㅜ, ㅠ의 종성이 있는 지(支)·미(微)·려(麗)·가(佳)·회(灰)·대(隊)·어(魚)·우(虞) 등 무릇 8운이다.

③ 은(隱)섭은 은(隱)종성 ㄴ이 있는 진(眞)·문(文)·원(元)·한(寒)·산(刪)·선(先) 등 무릇 6운이다.

④ 지(支)섭 (하)로서 ㅓ, ㅕ, ㅏ, ㅑ, ㅘ, ㅝ, ㆊ의 종성이 있는 가(歌)·마(痲) 등 무릇 2운이다. 지(支)·미(微)·어(魚)·우(虞)·재(齋)·가(佳)·회(灰)·대(隊)·가(歌)·마(痲) 등 10운은 모두 중성과 종성을 겸한 것이므로 첫머리에 있는 지(支)로써 섭을 삼았다.

⑤ 소(蕭)섭이니, 종성(오)가 있는 소(蕭)·효(肴)·호(豪) 등 무릇 3운이다.

⑥ 우(尤)섭이니 우(尤)운 우 하나이고

⑦ 음(音)섭이니, 음종성(ㅁ)이 있는 침(侵)·담(覃)·염(鹽)·함(咸) 등 무릇 4운이다.

훈민정음에서와 같이 여암도 무릇 글자는 초·중·종 3성이 합하여야 하나의 소리(音)를 이루며 분명하지 아니하면 글자를 바르게 발음하지 못한다고 하였다("凡字初中終三聲 合而成一 有所不明 則字呼不得其正矣", 「정중성」). 그리고 「경세성음수도」에서도 초·중·종 3성을 주장하여, 글자는 초·중·종 3성이 있어 음려는 초성뿐이나, 양률은 중성과 종성을 겸한 것이고 중성은 같아도 종성은 같지 않은 것이 많다고 하였다("凡一字有初中終三聲 陰呂只初聲 陽律兼中終聲 中聲雖同 而終聲不同字多矣", 「경세성음수도」).

이와 같은 초·중·종 3성을 『훈민정음』에서는 다음과 같이 적고 있다.

而初中終合成三聲之字言之 赤有動靜互根陽之變之義焉 動者 天地 靜者 地也

兼乎動靜者 人也盖五行在天則神之運也 在地則人禮仁義智神之運也 肝心脾肺質之成也 初聲有發動之義天之事也 終聲有止定之義 地之事也 中聲承初之生 接終之聲人之事也(「제자해」)

신경준이 한자운의 ㅏ, ㅑ, ㅓ, ㅕ와 같은 중성을 중성 겸 종성이라 한 것은 이치에는 맞지 않으나 그의 독특한 견해라 할 수 있다. 지(支)섭(상)(하)에는 'ㅇ' 종성을, 소(蕭)섭·우(尤)섭은 순경음 ㅱ 종성을 붙여서 초·중·종 삼성을 유지하려고 하였으며 이들은 중종성(重終聲)이 된다고 하였다. 이 중종성 처리에 대한 한자음 표기법이 훈민정음 창제 이후 속한 자음 표기로 되돌아간 『육조법보단경언해』까지 가장 번잡할 수밖에 없었던 것이다.

「음섭종성」은 양운미 가운데 '-ㅁ'이 '-ㄴ'으로 변화한 한자음 표기를 고려한 대목이다. 양운미 가운데 음(音)섭 종성인 ㅁ음은 중화음(華音)에서 엄(俺)·심(甚)·즘(怎) 제3자만 남아 있고 나머지는 -m」-n의 변화의 결과 모두 음(音)섭 종성의 ㄴ음으로 실현된다. 예를 들어 '남경(南京)'이 중화음으로는 '난징'인 것처럼 -m」-n의 변화 시기는 『절운(切韻)』에서까지 서로 통하고 있다. 우리나라에서는 ㅁ음으로 발음하고 있는데 대개 ㄴ으로써 발음하면 미치지 못하고, ㅁ으로써 발음하면 지나친 것이라 하여 규범의 기준을 중화음에 맞추어야 한다고 기술하고 있다.

대개 은(隱)섭은 발음이 끝날 때 입술을 열고, 음(音)섭은 ㄴ으로써 이를 발음하되 발음이 끝났을 때에 입술을 다문다. 중국의 금(金)자를 ㄴ으로써 발음하는 것은 자서(字書)를 모르는 이의 하는 짓이요, 자서에 밝은 이는 결코 그렇지가 않다. 우리나라에서 전(全)자를 ㅁ으로 발음하는 것은 ㄴ으로 내는 소리라는 것을 알지 못하는 결과이다.

그러한즉 마땅히 ㄴ과 ㅁ의 사이 소리 글자를 다시 설정하여서 음(音)

섭 종성을 삼아야 하나 ㅁ의 하체는 벌써 ㄴ의 모습을 가지고 있는 것이며, 또 위에 ㄱ이 이것과 합한 것은 입을 다문 것을 본뜬 것임을 독자들은 가히 저절로 알아낼 수 있으므로 다시 다른 자를 설정하지 않았다.

그러나 음(音)섭은 종성으로써 말한다면 비록 입은 다문 것이지만, 중성에서 개구(開口)와 합구(合口)이니 다른 자서에서도 모두 이것을 개구호에 예속시키고 있는데 다만 『자휘(字彙)』에서만 이것을 폐구호로 지정한 것은 혼란된 예다.

「입성」조에서 여암은 종성을 8종성으로 ㄱ, ㄴ, ㄷ, ㄹ, ㅁ, ㅂ, ㅅ, ㆁ을 훈민정음의 23초성 가운데, 이 8자만을 취하였다. 그 초성의 명칭을 ㄱ은 其役=기역이라 부르고 ㄹ은 梨乙=리을, ㅂ은 非邑=비읍, ㄷ은 池㊍=디귿이라고 부른다. ㊍자는 우리나라의 훈(訓 귿)으로 읽기 때문에 동그라미를 한다고 하였다. 최세진의 『훈몽자회』의 명명 방식과 동일하다.

이 8자 종성 가운데 중국 한자음과 우리나라 동음에서 ㆁ, ㄴ, ㅁ, ㅅ 등은 동일하다. 그런데 입성종성 ㄱ, ㄹ, ㅂ, ㄷ, ㅅ을 ㄱ은 응(凝)섭 입성의 종성(각음)으로 삼고, ㄹ은 은(隱)섭 입성의 종성(치음)으로 삼으며, ㅂ은 음(音)섭 입성의 종성(우음)으로 삼는다고 하여 ㄱ은 아음에 대응되는 응(凝)섭에, ㄹ은 설음의 은(隱)섭에 ㅂ은 순음의 음(音)섭의 양운미에 대응시키고 있다.

우리나라에서는 중국의 상고 입성자음이 그대로 존속되어 있어서 입성자음이 없는 중화음과는 차이를 보여준다. 여암은 중화음을 기준으로 하여 "말하기를 무릇 소리가 짧고 급하여 급히 거두어들인 즉 호기(呼氣)가 저절로 들이 쉬어지고, 소리도 자연 들어가는 것이지, 어찌 반드시 ㄱ, ㄹ, ㅂ을 사용한 다음에야 입성이 되겠는가?"라고 하여 앞에서 제시한 「종성도」와 마찬가지로 입성을 인정하지 않고 있다.

「어사종성」에서 여암은 우리나라 이두가 발달된 이유를 "그 말이 끊기는 곳에 조사(助辭)가 매우 많아, 많은 것은 5~6자에 이르니"라고 하여 중국어와 달리 우리나라 말이 첨가어임을 인식하고 있다. 이두의 발달과 관공서 문서에서 사용되는 이두의 특징을 설명하고 있다. 그리고 한자어에서 음운미인 종성에서는 지(支)섭을 많이 사용하는데, 그 중에서는 가(歌)운이나 마(麻)운의 성이 가장 많다. 우리나라 말의 끝에는 가(加)·다(多)·라(羅) 등 3성이 가장 많고, 중국 문자의 끝에는 야(也)자가 가장 많으며, 서역 나라, 서양에서 가(歌)·마(麻)성을 사용하는 것이 여러 나라에 비교하여 가장 많다고 하여 모음 가운데 사용빈도가 가(歌)·마(麻)운 이 제일 많다는 사실은 다른 나라 말에서도 동일하다고 보고 있다.

「총설」에서는 여암은 초·중·종성을 총괄적으로 "초성은 음(音)이니, 이로써 청탁을 정하고, 중성은 성(聲)이니, 이로써 개합을 정하며, 종성은 운(韻)이니, 동(東)·동(冬)·강(江)·지(支) 등을 정한다."라고 요약하였다. 아울러 청탁과 개합에 따라 다시 사등과 평상거입에 모든 소리를 구분하였다.

다만 "동(東)과 동(冬)에서처럼 다같이 응(凝) 종성이고, 다 똑같이 평성이라도 분수(分數, 여기서의 경우는 분간(分揀)한다는 뜻)의 같지 않음이 있으면, 이를 나누어 위(上)와 아래(下)로 하니, 강(江)과 양(陽) 등이 이것이다. 한 가지로 상평(上平)이라도 분수의 차이가 있으면, 또 이를 나눈다."라고 하여 청탁과 개합뿐만 아니라 경중에 따라서도 "대개 가볍고, 맑은 것은 위에 있고, 무겁고 탁한 것은 아래에 있는데"라고 하여 소리를 상하로도 구분할 수 있음을 밝히고 있다.

「어사종성」에 이어 「역대운서」조에는 『절운』을 포함한 『광운』 36자모, 『운회』 35자모, 『홍무정운』 31자모, 『운해』 35자모도와 함께 역대운서를 간략히 소개하고 있다. 이 가운데 특히 『광운』에서 채택하고 있는 36자모도를 제시하고 있다.

「개합사장(開合四章)」

이번에 필사본 『저정서』가 발굴되기 이전까지는 이 책의 구성에 대한 이해가 부족하여 「개합사장」 부분을 대부분의 연구자들이 "한자음운도(漢字音韻圖)"라 일컬었다. "한자음운도(漢字音韻圖)"라는 용어도 가히 틀린 술어는 아니지만 새로 발굴된 책에는 분명히 「개합사장」이라고 명기되어 있기 때문에 앞으로는 이 부분의 용어도 통일할 필요가 있다.

「개합사장」은 『운해』와 함께 『저정서』를 구성하는 핵심 본론이라고 할 수 있다. 이 장의 앞부분에는 『광운』 36자모와 『운회』 35자모 및 『사성통해』에 실려 있는 운도를 전제하고 최세진의 주를 그대로 인용하여 싣고 있다. 그리고 「개합사장」의 본론인 「개구정운개구정운(開口正韻開口正韻)」, 「개구부운개구부운(開口副韻開口副韻)」, 「합구정운합구정운(合口正韻合口正韻)」, 「합구부운합구부운(合口副韻合口副韻)」은 『사성통해』에서 표시한 한자음을 그대로 사용하여 운도를 만들었다. 다만 『홍무정운』의 운도에 나타난 설상음을 나름대로 새로 만든 글자를 사용한 것 이외에는 성모 31자모체계로 『사성통해』의 운모 배열 방식에 따른 한자음을 나타내었다.

운도는 가로에는 「초성배경세수도」의 36자모를 조음 위치에 따라 '후음－아음－설음－치음－순음－반설음－반치음'의 순서로 배열하고 같은 음계 내부에는 '전청－전탁－차청－반청반탁'으로 배열하였다. 세로로 18성을 4개의 도에 나누어 배열하고, 하나의 도 안에서 각각의 중성을 이를 핵모음으로 가지는 운들을 가로로 평·상·거·입으로 나누어 배열하였다. 그리고 동일 핵모음을 가지는 음들의 종성에 따라 나누어 종으로 배열하였다.

「개합사장」은 18중성 곧 18섭으로 분류되었는데 여암의 용어대로 표현하면 정중성이 18개이며 이것은 다사 ① 개구정운 제1장, ② 개구부운 제2장, ③ 합구정운 제3장, ④ 합구부운 제4장으로 구분되어 있다.

① 개구정운(開口正韻): ㅏ岡 ㅐ開 ㅡ根 ㅓ多 ㅢ登 개구(開口) 5자

② 개구정운(開口副韻): ㅑ良 ㅒ佳 ㅣ靈 ㅕ千 ㅖ离 제치(齊齒) 5자

③ 합구정운(合口正韻): ㅘ光 ㅙ媧 ㅜ公 ㅝ和 ㅟ肱 합구(合口) 5자

④ 합구부운(合口副韻): ㅠ重 ㆇ靴 ㆈ兄 촬구(撮口) 3자

이 18자는 운도의 중성 및 종성 곧 중종성의 18자로 18섭과 유사하며 이것은 4등으로 나누면 개구·제치·합구·촬구로 『사성통해』의 「운모정국(韻母定局)」 18자와 동일하며 여암이 제시한 「경세성음수도」의 1성, 2성, 3성, 4성, 5성, 6성의 18운을 말한다.

「개합사장」은 중성의 성질에 따라 4개의 운도로 나뉜다. 『중성배경세수도』에서는 「경세성음수도」에 따라 10성으로 분류하고 32중성을 설정했으나 정음 곧 중국한자음 표기를 위해서는 중성 18성을 정중성(正中聲)[33]으로 설정했다. 즉 18중성을 개구와 합구로 나누고 각각을 다시 정운(正韻)과 부운(副韻)으로 나누어 이에 해당하는 운도를 만든 것이다. 다음에 4도의 개구와 정운과 부운 관계, 그리고 해당되는 중성을 정리하여 제시한다.

開合	正副	章	所屬 中聲	四呼
開口	正韻	第一章	ㅏ(岡) ㅐ(開) ㅡ(根) ㅓ(多) ㅢ(登)	開口呼
開口	副韻	第二章	ㅑ(良) ㅒ(佳) ㅣ(靈) ㅕ(千) ㅖ(离)	齊齒呼
合口	正韻	第三章	ㅘ(光) ㅙ(媧) ㅜ(公) ㅝ(和) ㅟ(肱)	合口呼

33) 이는 『사성통해』의 18운과 일치한다.

開合	正副	章	所屬 中聲	四呼
合口	副韻	第四章	ㅠ(重) ㆌ(鞾) ㆌ(兄)	撮口呼

「경세성음수도」의 1성~6성의 18운을 개구와 합구 그리고 정운과 부분에 따라 곧 개구호, 제치호, 합구호, 촬구호 4가지로 구분하였다. 개구와 합구는 개모 /w/의 유무에 따른 구별을 말하는 것이고, 정운과 부운이란 개모 /j/의 유무에 따른 구별이다. 곧 개합과 정부의 자질을 합성하면 개구, 제치, 합구, 촬구의 사호가 생성되는 것이다.

신경준은 「개합사장」을 위의 4호(四呼)에 따라 4가지 도해로 한자의 운도를 압축한 것이다. 중국의 운도는 도의 숫자가 매우 많다. 먼저 주요한 운도의 숫자를 살펴보면 다음과 같다.

1) 『칠음략』 → 43도

2) 『운경』 → 43도

3) 『사성등자』 → 20도

4) 『절운지남』 → 24도

5) 『절운지장도』 → 20도

등으로 『운해』에 비하면 그 수가 매우 많아서 차이가 남을 알 수 있다. 『광운』 등의 운서들이 취했던 206운의 부운 방식을 13 내지 16섭으로 개괄했다는 점이 가장 큰 발전이다. 이에 따라 운도의 숫자가 대폭 줄어들게 된 것이다.

그리고 조선에서 만들어진 또 하나의 운도인 『경세성운』도 32도로 구성되어 있다. 그런데 신경준은 등운학의 가장 기본적인 음운 변별 방식에 의거하여 매우 간략하게 조선식의 한자음 운도를 편찬한 것이다.

4. 여암 신경준의 학문적 연원

마지막으로 여암 신경준에 학문적 연원이 어떻게 되는지 살펴보자. 유창균(1981)은 여암 신경준의 『운해』 연구는 '서경덕 → 최석정 → 황윤석 → 신경준'과 같은 학문 연구의 흐름이 있다고 제시하였으나 구체적인 학문적 인과 관계에 대한 논의는 제시되지 않았다. 박태권(1970) 연시 여암의 『운해』 연구는 중국 운서의 영향과 함께 "최석정과 신경준은 음양오행설에 중독"되었다고 평가하면서 최석정과의 긴밀한 관계가 있다고 판단하고 있다. 이숭녕(1981)은 "명곡과 같이 『황극경세서』의 이론과 방법론을 채택한 사람으로서 명곡의 영향을 받았다."고 구체적으로 지적하고 있다.

신경준의 실학적 학문 연구에 영향 관계에 대해서는 권재선(1990: 131)은 "그의 성운학 연구는 지리학자이며 성운학자인 현로(玄老) 정항령(鄭恒齡, 1700~?)의 영향을 입은 것 같다"고 추정하면서 『저정서』에 정항령의 학설을 인용하고 있다고 했지만 구체적으로 주고받은 학문적 영향 관계를 입증할 만한 근거를 찾지 못하였다. 그리고 이어서 "신경준의 이론은 『황극경세서』의 이론을 응용하여 훈민정음 체계를 기저 체계로 하는 보편성운 체계를 세우고 운도를 작성하는 경세성음학의 일종으로 최석정의 경세성음학을 계승한 것"으로 파악하고 있다.[34] 명곡과의 연계성도 중요하지만 여암의 학맥은 겸제 박성원과 이재 황윤석에 매우

34) 권재선, 『간추린 국어학발달사』, 오골탑, 1998, 131쪽. "신경준은 최석정의 경세성음 이론을 계승하여 그 보편성운 이론을 정밀전사체계(System of narrow transc ription)와 도해 이론으로 발전시켜 독자적인 이론을 개척했다. 그는 최석정을 계승하여 언어이론의 수립을 위하여 역학 이론을 끌어들이는 데 그치지 않고 서학적 지리학, 의학 등의 이론도 받아들여 풍성한 언어이론의 터전을 마련하였다."라고 기술하고 있으나 대단히 모호한 기술 탓으로 실증적 근거를 찾아내기가 힘이 든다.

긴밀하게 이어져 있었다. 신경준에게 성음학뿐만 아니라 지리학 연구에 영향을 준 사람이 정항령으로 자는 현로(玄老)이며, 영조조 실학자로 특히 지리학을 깊이 연구하여 백리척 지도인 『동국대지도(東國大地圖)』를 제작하였다고 지적하였다. 그러나 학문적 상호 관련성을 상고할 근거를 아직 찾지 못하였다. 권재선(1990: 131)은 『저정서』에 정항령의 학설을 인용하고 있다고 했지만 필자는 구체적인 관련성을 확인하지 못하였다.

그러나 여암의 『저정서』를 조금 더 깊이 살펴보면 훈민정음에 대한 전면적인 새로운 해석을 가하고 있다는 측면에서 명곡을 훨씬 뛰어넘은 독창적이고 개성적인 해설을 가한 한편 한자운도인 「개합사장」도 명곡이나 황윤석을 뛰어넘어 『사성통해』의 운도를 대폭 축약하여 18섭에서 중종성 7성을 설정하여 그 체계를 전면적으로 새롭게 해설하고 있다.

특히 지금까지 전혀 논의되지 않은 여암의 학설 가운데 음절구성이 초·중·종 삼성체계라는 점,[35] 36자모를 바탕으로 한 상형설과 새로운 문자 설두음 3자와 모음 가운데 '‥'를 성정한 점은 박성원의 『화동정음통석(華東正音通釋)』(1747)의 영향을 직접 받고 있음을 확인할 수 있다. 이번에 발견된 『저정서』의 마지막 표지 앞 두 면에 걸쳐 보필한 내용이 박성원의 『화동정음통석』(1747)의 「범례」의 일부가 전사되어 있다.

『저정서』「55 ㄱ」

五音初聲 五音合二 變異七音

角 牙音 ㄱ ㅋ ㆁ

徵 舌音 ㄷ ㅌ ㄴ 變徵 半舌 ㄹ 洪武聲作 半徵半商

商 齒音 ㅈ ㅊ ㅅ

35) "무릇 한 글자에는 초성, 중성, 종성이 있다(凡一字 有初中終三聲)"(『저정서』 '漢字韻').

羽 脣音 ㅂ ㅍ ㅁ ◇

宮 喉音 ㅇ ㅎ 變宮 半齒 ㅿ 洪武聲作 半齒半徵

ㆁ ㅇ ◇ 此三聲 出聲相近 不必異制 角羽宮三音 並有此初聲 故隨其音而小變字様 以別所屬

華音之ᅀᅮ ᄾᅮ우之間 ᄫᅮ 부우之間

박성원의 '오음의 초성'을 그대로 옮겨 놓았는데 '變徵 半舌 ㄹ'과 '變宮 半齒 ㅿ'의 용어의 차이나 순음의 ◇[w]의 설치 등의 학문적 영향을 여암이 알고 있었음을 확인할 수 있는 자료이다. 'ㅿ'와 'ㅸ'의 음가를 '수우'와 '부우'의 사잇음임을 밝혀 놓은 박성원의 학설을 그대로 수용하고 있다.

결정적으로 여암이 박성원의 학설을 이어받은 것으로 확신할 수 있는 내용은 바로 「칠음해」 부분이다.

"徵聲出至舌, 齒合脣啓, 回繞舒遲, 迭振而起, 自邪降出"(여암 「칠음해」)

"徵爲舌音, 聲出至舌 齒合脣啓, 回繞舒遲, 迭振而起, 自邪降出"(박성원 『화동정음통석』 「범례」)

"聲出至舌 而迭振回繞者, 火音屬於齒"(박성원 『만우재문집』)

"商聲出至齒, 口開齶張, 騰上歸中, 明達堅剛, 雖出若留"(여암 「칠음해」)

"商爲齒音, 聲出至齒, 口開齶張, 騰上歸中, 明達堅剛, 雖出若留"(박성원 『화동정음통석』 「범례」)

"聲出至齒, 而明達堅剛者, 屬於商"(박성원 『만우재문집』)

"羽聲出至脣, 齒開脗聚, 淸微逈亮飄振以擧, 若留而去"(여암 「칠음해」)

"羽爲脣音, 聲出至脣, 齒開脗聚, 淸微逈亮飄振, 以擧若留而去"(박성원 『화동정음통석』 「범례」)

"聲出至脣, 而淸微逈亮飄氣者, 水音屬於羽"(박성원 『만우재문집』)

여암과 만우재의 견해들이 상당한 부분이 거의 일치하고 있다. 이러한 측면에서 보면 여암은 결정적으로 만우재의 영향을 받았다는 증거가 될 수 있다. 결론적으로 여암의 학술은 중국의 운도학과 운학의 전통적 기반 위에 명곡 최석정과 황윤석을 비롯한 박성원의 영향을 깊게 받았으며 악학의 입장은 병와 이형상의 영향권 안에 있었던 성운학자라고 평가될 수 있다.

신경준이 지향했던 당시의 한자음은 현실음계가 아닌 이상적이며 인위적인 음운체계로 우리말의 소리에 근거해서 훈민정음체계로서 보편적인 성운체계를 세우려고 한 것이다. 먼저 소옹의 『황극경세서』 「경세사상체용지수도」 끝에 있는 「경세성음도」의 정성(10성)과 정음(12음)의 체계를 본떠서 양률창과 음려창으로 대응시켜 만든 것이다. 곧 신경준은 운모를 천성이라고 하고 성모를 지음이라 하고 1, 2, 3, 4 등운을 개(開)·발(發)·수(收)·폐(閉)로 성모를 음, 운모를 성이라고 하였다.

참고문헌

강규선·황경수, 『훈민정음 연구』, 청운, 2006.

강신항, 「『훈민정음운해』 해제」, 『훈민정음운해』, 대제각, 1974.

강신항, 「신경준 훈민정음운해」, 신동아 편집실, 『한국을 움직인 고전백선』, 동아일보사, 1978.

강신항, 「신경준: 국학정신의 온상」, 『한국의 인간상』 4권, 신구문화사, 1965.

강신항, 「신경준의 기본적 국어학 연구 태도」, 『국어국문학』 20, 국어국문학회. 1959.

강신항, 「신경준의 학문과 생애」, 『성대문학』 11, 성균관대학교 성균어문학회, 1965.

강신항, 「신숙주와 운서」, 국립국어원 『새국어생활』 2-2(3), 2000.

강신항, 「실학 시대 학자들의 업적에 대하여」, 『교육논총』 1, 성균관대학교 교육대학원, 1985.

강신항, 「여암 신경준: 지리학」, 문자음운학자, 『실학논총』(이을호 박사 정년기념논총), 전남대학교, 1975.

강신항, 『국어학사』(증보개정판), 보성문화사, 1986/1994.

강신항, 『사성통해 연구』, 신아사, 1973.

강신항, 『운해 훈민정음 연구』, 한국연구원, 1967.

강신항, 『운해 훈민정음』, 형설출판사, 1978.

강신항, 『한어음운사 연구』, 태학사, 2003.

강신항, 『훈민정음 창제와 연구사』, 경진출판, 2009.

강신항, 『훈민정음연구』, 성균관대학교 출판부, 2003.

강주진, 『보한재 신숙주 평전』, 세광출판사, 1988.

고길섭, 『스물한 통의 역사 진정서』, 앨피, 2005.

고동환, 「려암 신경준의 학문과 사상」, 역사문화학회, 『지방사와 지방문화』 62, 2003, 179~216쪽.

공병우, 『나는 내 식대로 살아왔다』, 대원사, 1989.

곽경 외, 『한글세계화와 한글확장: 한글확장자판 표준화위원회의 2011년 연구성과 총람』, 미래형 한글문자판 표준포럼 한글확장자판 표준화위원회, 2011.

곽정식, 『신숙주부인전』의 역사 수용 양상과 소설사적 의의」, 한국국어교육학회, 『새국어교육』 83, 2009.

구결학회, 『한문독법과 동아시아의 문자』, 태학사, 2006.

구범진 역주, 『이문 역주』(상)(중)(하), 세창출판사, 2012.

국립국어원, 『훈민정음』(영어판, 중국어판, 베트남판, 몽골판, 러시아판), 2008.

국립부여박물관, 『고대의 목간 그리고 산성』, 국립부여박물관, 2009.

국립중앙박물관, 『한국금속활자』(국립박물관 소장 역사자료 총서 Ⅳ), 2006.

국립한글박물관, 『세종대왕, 한글 문화 시대를 열다』, 2014.

국립한글박물관, 『한글 편지 시대를 읽다』, 2015.

국립한글박물관, 『한글이 걸어온 길』, 2014

국어학회, 『국어학자료선집 Ⅱ』, 일조각, 1971.

국어학회, 『국어학자료선집 Ⅳ』, 일조각, 1973.

권덕규, 『조선어문경위』, 광문사, 1923.

권오성·김세종, 『역주 난계선생 유고』, 국립국악원, 1993.

권오휘, 『훈민정음 제자 원리와 역리의 상관성』, 박이정, 2018.

권인한 외, 『동아시아 자료학의 가능성』, 성균관대학교 출판부, 2009.

권인한, 『조선관역어의 음운론적 연구』, 태학사, 1998.

권재선, 『간추린 국어학 발전사』, 우골탑, 1989.

권재선, 『국어학 발전사』, 우골탑, 1988.

권재선, 『한글 국제음성기호 연구』, 우골탑, 1999.
권재선, 『훈민정음 이해』, 우골탑, 1988.
권재선, 『훈민정음 해석 연구』, 우골탑, 1992.
권종성, 『조선어정보론』, 사회과학출판사, 2005.
권택룡, 「『훈민정음운해』 진臻섭·산山섭지연구」, 『동일문화논총』 10, 동일문화장학재단, 2002, 1~14쪽.
김일, 「신경준의 『훈민정음운해』와 그의 역학적 언어관」, 『중국조선어문 루계』 113, 길림성민족사무위원회, 2001, 23~26쪽.
김갑동, 『옛사람 72인에게 지혜를 구하다』, 푸른역사, 2003.
김경숙, 『한국 방언의 지리적 분포와 변화』, 역락, 2016.
김광해, 「훈민정음과 108」, 『주시경학보』 4, 1989.
김광해, 「훈민정음의 우연들」, 서울대학교 대학신문, 1982.11.19.
김구진, 「여말 선초 두만강 유역의 여진 분포」, 『백산학보』 15, 1973.
김근수, 『훈몽자회 연구』, 청록출판사, 1998.
김기종, 『불교와 한글』, 동국대학교 출판부, 2015.
김남이, 『집현전 학사의 삶과 문학 세계』, 태학사, 2004.
김동소, 『동문유해 만주 문어 어휘』, 효성여자대학교 출판부, 1982.
김동소, 『중세 한국어 개설』, 한국문화사, 2003.
김동준, 「소론계 학자들의 자국어문 연구활동과 양상」, 『민족문학사연구』 35, 민족문학사연구소, 2007.
김만태, 「훈민정음의 제자원리와 역학사상: 음양오행론과 삼재론을 중심으로」, 『철학사상』 45, 서울대학교 철학사상연구소, 2012.
김무림, 『홍무정운역훈 연구』, 월인, 1999.
김무봉, 「훈민정음 원본의 출판 문화재적 가치 연구」, 『한국사상과 문화』 34, 2006
김무봉, 『훈민정음, 그리고 불경 언해』, 역락, 2015.
김무식, 「훈민정음 음운체계 연구」, 경북대학교 박사논문, 1993.

김미경, 『대한민국 대표 브랜드 한글』, 자유출판사, 2006.
김민수, 『주해 훈민정음』, 통문관, 1957.
김병제, 「조선의 고유 문자 훈민정음」, 『조선어학』 1, 사회과학출판사.
김병제, 『조선어학사』, 과학·백과사전출판사, 1984.
김상태, 「훈민정음 제자 원리와 한자 육서의 자소론적 연구」, 『국어학』 63, 국어학회, 2012.
김석득, 「『경세훈민정음도설』의 역리적 구조」, 『동방학지』 13, 연세대학교 동방학연구소, 1972.
김석득, 「실학과 국어학의 전개: 최석정과 신경준과의 학문적 거리」, 『동방학지』 16, 연세대학교 국학연구원, 1975.
김석득, 「이재 황윤석의 「화음방언자의해」」, 『동방학지』 40, 연세대학교 국학연구원, 1983.
김석득, 『우리말 연구사』, 태학사, 2009.
김성헌, 『최소주의 문법의 배경』, 단국대학교 출판부, 2004.
김수경, 『고구려·백제·신라 언어연구』, 한국문화사, 1989.
김수경, 『세 나라 시기 언어력사에 관한 남조선학계의 견해에 대한 비판적 고찰』, 평양출판사, 1989.
김슬옹 엮음, 『훈민정음 논저 자료 문헌 목록』, 역락, 2015.
김슬옹, 「세종과 소쉬르의 통합언어학적 비교 연구」, 『사회언어학』 161, 한국사회언어학회, 2008, 1~23쪽.
김슬옹, 「세종의 '정음 문자관'의 맥락 연구」, 『한말연구』 35, 한말연구학회, 2014, 5~45쪽.
김슬옹, 「세종학의 필요성과 주요 특성」, 『한민족문화연구』 42, 한민족문화학회, 2013, 7~42쪽.
김슬옹, 「조선시대 '언간'에 나타난 우리말과 글의 아름다움과 가치」, 『나라사랑』 122, 외솔회, 2013.
김슬옹, 「한글의 힘, 한글의 미래」, 『쉼표, 마침표』(온라인 웹진), 국립국어원,

2013.

김슬옹, 『맥락으로 통합되는 국어교육의 길 찾기』, 동국대학교 출판부, 2012.

김슬옹, 『세종대왕과 훈민정음학』(개정판), 지식산업사, 2011.

김슬옹, 『한글 우수성과 한글 세계화』, Hangeulpark, 2013.

김슬옹, 『한글혁명』, 살림터, 2017.

김슬옹, 『훈민정음 논저·자료 문헌 목록』, 역락, 2015.

김슬옹·남영신, 『누구나 알아야 한글 이야기 3+5』, 문화체육관광부, 2014.

김언종, 『이형상의 『자학』 역주』, 푸른역사, 2008.

김영기, 「한글타이포그라피의 좌표」, 『꾸밈』 6, 토탈디자인사, 1978.

김영배, 「연구자료의 영인, 훈민정음의 경우」, 『새국어생활』 10(3), 국립국어연구원, 1994.

김영배, 『국어사 자료 연구』, 월인, 2000.

김영주, 「소론계 학인의 언어의식 연구 1: 「정음」 연구를 중심으로」, 『동방한문학』 27, 동방한문학회, 2004, 291~320쪽.

김영황, 『고구려의 언어 유산』, 역락, 2010.

김영황, 『조선민족어발전력사연구』, 과학백과사전출판사, 1978.

김영황, 『조선어 방언학』, 역락, 2013.

김완진, 『음운과 문자』, 신구문화사, 1996.

김원중, 『한문해석사전』, 글항아리, 2013.

김윤경, 『조선어문자급어학사』, 조선기념도서출판사, 1938.

김정대, 「외국 학자들의 한글에 대한 평가 연구」, 『국어학』 43, 2004.

김정수, 「한글 풀어쓰기 운동」, 『국어생활』 18(가을호), 국어연구소, 1989, 30~50쪽.

김정수, 『한글의 역사와 미래』, 열화당, 1990.

김주원, 『조선왕조실록의 여진 족명과 인명』, 서울대학교 출판부, 2007.

김주필, 『갑자상소문」과 『훈민정음』의 두 「서문」」, 『반교어문학회』 44, 2016, 113~151쪽.

김지용, 『경세훈민정음도설』(영인본), 연세대학교 『인문과학총서』 3, 연세대학교, 1968.
김진희, 「한글 창제 원리'의 교육 내용에 대한 비판적 고찰」, 『우리말교육현장연구』 11, 우리말현장학회, 2012.
김창호, 『고신라 금석문과 목간』, 주류성, 2017.
김태경, 『상고중국어 음운체계와 한국어 어휘의 어원』, 학고방, 2016.
김태완, 『책문: 조선 과거시험의 마지막 관문』, 소나무, 2004.
김현옥, 「성삼문과 신숙주의 책문에 나타난 현실인식 비교」, 『한문학논총』 33, 2011.
남성우, 「중국문학과 성리학이 훈민정음 창제에 미친 영향」, 『중국연구』 4, 한국외국어대학교, 1979.
남풍현, 「언어의 변화와 외부 충격」, 『어문생활』 188, 2013.
남풍현, 「훈민정음과 차자표기법과의 관계」, 『국어학논집』 9, 단국대학교, 1978.
남풍현, 『고대한국어연구』, 시간의물레, 2009.
남풍현, 『국어사연구』, 태학사, 2014.
남풍현, 『유가사지론 석독구결의 연구』, 태학사, 1999.
남풍현, 『이두연구』, 태학사, 2000.
노명호 외, 『한국 고대 중세 고문서 연구』, 서울대학교 출판문화원, 2000.
노중국 외, 『금석문으로 백제를 읽다』, 학연문화사, 2015.
도수희, 『백제어 어휘 연구』, 제이앤씨, 2009.
도수희, 『백제어연구』, 아시아문화사, 1977.
도수희, 『삼한어연구』, 제이앤씨, 2008.
동북아역사재단, 『고대 동아시아의 문자 교류와 소통』, 2011.
동악어문학회, 『훈민정음』, 이우출판사, 1980.
렴종률, 『조선어문법사』, 김일성종합대학출판사, 1980.
로버트 레인 그린, 김한영 옮김, 『모든 언어를 꽃피게 하라』, 모멘토, 2013.
루시싱, 전향란 옮김, 『한자 전파의 역사』, 민속원, 2017.

류렬, 『원본 훈민정음 풀이』, 보신각, 1947.
류렬, 『세나라시기의 리두에 대한연구』, 과학백과사전출판사, 1983.
류렬, 『조선말역사』, 사회과학원, 1992.
류현국, 『한글 활자의 탄생』, 홍시, 2015.
리득춘 외, 『조선어발달사』, 역락, 2006.
문화재청, 『훈민정음언해본: 이본 조사 및 정본 제작 연구』, 2007.
문화재청, 문화재청 홈페이지, 『문화유산정보』, '세계의 기록유산'.
민현구, 「신숙주와 집현전 학자들」, 『새국어생활』 2-2(3), 국립국어원, 2000.
박경남, 『신숙주 지식인을 말하다: 새 세상을 꿈꾼 조선의 혼 7』, 도서출판 포럼, 2009.
박기현, 『조선의 킹메이커: 8인8색 참모들의 리더십』, 위즈덤하우스, 2008.
박덕규, 『신숙주 평전: 사람의 길, 큰 사람의 길』, 둥지간, 1995.
박병채, 『고대국어의 연구』, 고려대학교 출판부, 1971.
박병채, 『국어발달사』, 세영사, 1989.
박병채, 『역해 훈민정음』(문고본), 박영사, 1976.
박병채, 『홍무정운역훈의 신연구』, 고려대학교 민족문화연구소, 1983.
박병천, 『한글 판본체 연구』, 일지사, 2000.
박승빈, 「훈민정음 원서의 고구」, 훈민정음 영인부록, 1943.
박영규, 『한권으로 읽는 조선왕조실록』, 들녘, 1998.
박영애·모정열, 「한국사회에 유입된 한자 음역어의 시기별 유입과정 분석」, 『국제언어문학』 34, 2016.
박재민, 『신라 향가 변증』, 태학사, 2013.
박종국, 「세종대왕과 훈민정음」, 세종대왕기념사업회, 1984.
박종국, 『국어학사』, 문지사, 1994.
박종국, 『우리 국어학사』, 세종학연구원, 2012.
박종국, 『훈민정음 종합 연구』, 세종기념사업회, 2006.
박종국, 『훈민정음』(문고본), 정음사, 1976.

박종국, 『『훈민정음』 해례』, 세종대왕기념사업회, 1984.
박지홍, 「원본 훈민정음의 월점에 대한 연구」, 『부산한글』 18, 1999.
박태권, 『국어학사 논고』, 샘문화사, 1976.
박태권, 『국어학사 연구』, 세종출판사, 2002.
박해진, 『훈민정음의 길』, 나녹, 2014.
박현모, 『세종, 실록 밖으로 행차하다: 조선의 정치가 9인이 본 세종』, 푸른역사, 2007.
반재원·허정윤, 『한글 창제 원리와 옛글자 살려 쓰기: 한글 세계 공용화를 위한 선결 과제』, 역락, 2007.
반재원·허정윤, 『한글 창제 원리와 옛글자 살려 쓰기』, 역락, 2018.
방종현 지음, 이상규 주해, 『훈민정음』, 올재, 2014.
방종현, 「훈민정음 해례 소개」, 조선일보, 1934.7.30~8.4.
방종현, 『훈민정음통사』, 일성당, 1948.
배우성, 『조선과 중화』, 돌베개, 2014.
배윤덕, 「신경준의 운해 연구: 『사성통해』와 관련하여」, 연세대학교 박사논문, 1988.
배윤덕, 「우리말 운서의 연구」, 성진여자대학교 출판부, 2005.
서병국, 「훈민정음 해례 이후의 이조 국어학사 시비」, 『논문집』 9, 경북대학교, 1965, 21~37쪽.
서병국, 『신강 훈민정음』, 경북대학교, 1975.
서재극, 「훈민정음의 한자 사성 권표, 우리말의 연구」, 『우골탑』, 1994.
서재극, 『신라 향가의 어휘 연구』, 형설출판사, 1995.
서종학, 『이두의 역사적 연구』, 영남대학교 출판부, 1995.
세종대왕기념사업회, 『훈민정음, 누가 어떻게 만들었는나?』(세종대왕 즉위 600돌 기념 학술 강연회), 한글학회, 한글문화연대, 2018.
세종대왕기념사업회, 『훈민정음』(한글문헌자료 2), 세종대왕기념사업회, 2003.
소강절, 노영균 옮김, 『황극경세서』, 대원출판사, 2002.

손보기, 『세종대왕과 집현전』, 세종대왕기념사업회, 1984.
손승철, 「『해동제국기』의 사료적 가치」, 한일관계사학회, 『한일관계사연구』 27, 2007.
송현, 『한글 기계화 개론』, 청산, 1984.
송현, 『한글자형학』, 디자인하우스, 1985.
슌버취, 이상규 외 옮김, 『금나라시대의 여진어』, 태학사, 2015.
신봉승, 『국보가 된 조선 막사발』, 삶과꿈, 2000.
심보경, 「『해동제국기』 지명에 반영된 한일 중세어 표기법」, 한일관계사학회, 『한일관계사연구』 27, 2007.
심소희, 「조선 후기 문인들의 서신을 통한 성운 인식 고찰: 최석정과 정제두의 서신을 중심으로」, 『중국언어연구』 38, 한국중국언어학회, 2012.
심소희, 「최석정의 『경세훈민정음도설』 연구」, 『중국어문학논집』 73, 중국어문학연구회, 2012.
심소희, 「황윤석의 정음관 연구 1: 「이수신편」 권12의 경세사상체용지수도를 중심으로」, 『중국어문학논집』 62, 중국어문학연구회, 2010.
심소희, 「『성음해』를 통해 본 서경덕의 정음관 연구」, 『중국어문학논집』 58, 중국어문학연구회, 2009, 67~96쪽.
심소희, 『한자 정음관의 통시적 연구』, 이화여자대학교 출판부, 2013.
아이신교로(愛新覺羅 烏拉熙春), 이상규·다키구치 게이코 역주, 『명나라 시대 여진인』, 경진출판, 2014.
안경상, 『조선어학설사』, 사회과학출판사, 2005.
안대회, 「이수광의 「지봉유설」과 조선 후기 명물고증학의 전통」, 『진단학보』 98, 진단학회, 2004.
안병호, 『조선어발달사』, 료녕인민출판사, 1983.
안병희, 「숙종의 「훈민정음후서」」, 『훈민정음연구』, 서울대학교 출판부, 2007.
안병희, 「신숙주의 생애와 학문」, 『새국어생활』 2-2(3), 국립국어원, 2000.
안병희, 「중세국어 한글 자료에 대한 종합적 고찰」, 『규장각』 3, 1979.

안병희, 「훈민정음 이본」, 『진단학보』 42, 1976.
안병희, 「훈민정음 해례 복원에 대하여」, 『국어학신연구』, 탑출판사, 1986.
안병희, 「훈민정음 해례와 그 복제에 대하여」, 『진단학보』 84, 1997.
안병희, 『국어사 연구』, 문학과지성사, 1992.
안병희, 『국어사 자료 연구』, 문학과지성사, 1992.
안병희, 『훈민정음 연구』, 서울대학교 출판부, 2007.
안상수, 「한글꼴의 디자인 과제」, 『예술과비평』 창간호. 1984.
안상수, 「현대의 한글 글자꼴」, 『새국어생활』 6(2), 1996.
안춘근, 「훈민정음 해례의 서지학적 고찰」, 『한국어 계통론, 훈민정음연구』, 집문당, 1983.
양오진, 『한학서 연구』, 박문사, 2010.
양해승, 『훈민정음』의 상형설과 육서의 관련에 대한 연구」, 『관악어문연구』 37, 서울대학교 국어국문학과, 2012.
양희철, 『향찰 연구 12제』, 보고사, 2008.
엄찬호, 「『해동제국기』의 역사지리적 고찰」, 『한일관계사연구』 27, 한일관계사학회, 2007.
에밀 루더, 안상수 옮김, 『타이포그래피』, 안그라픽스, 2001.
염종률·김영황, 『훈민정음에 대하여』, 김일성대학출판사, 1982.
오쿠라 심페이, 『조선어학사』, 도강서원, 1940.
왕옌, 「조선시대 중국어 학습서에 대한 연구」, 경북대학교 석사논문, 2014.
왕하·류재원·최재영 역주, 『역주 박통사언해』, 학고방, 2012.
유지원, 『글자풍경』, 을유문화사, 2019.
유창균, 「'상형이자방고전'에 대하여」, 『진단학보』 29~30, 1996.
유창균, 「경세정운고」, 『논문집』 5, 청구대학, 1984.
유창균, 「소강절의 「경세사상체용지수도」에 대하여」, 『우해 이병선 박사 화갑기념 논총』, 1987.
유창균, 『신고 국어학사』, 형설출판사, 1969.

유창균, 『국어학논고』, 계명대학교 출판부, 1962.
유창균, 『국어학사』, 형설출판사, 1988.
유창균, 『한국고대한자음연구』(1), 계명대학교 출판부, 1980.
유창균, 『한국고대한자음연구』(2), 계명대학교 출판부, 1983.
유창균, 『향가비해』, 형설출판사, 1994.
유창균, 『훈민정음』(문고본), 형설출판사, 1977.
유창균·강신항, 『국어국문학강좌』, 민중서관, 1961.
이청, 『합부 훈민정음』(석판본), 창란각, 1946.
이가원, 「훈민정음에 대하여」, 『열상고완전구』 7, 1994.
이광호, 「훈민정음 해례에서의 '본문예의'과 '해례'의 내용관계 검토」, 『국어학논총』(이병근선생퇴임기념논문집), 태학사, 2006.
이근수, 『훈민정음 신연구』, 보고사, 1995.
이기동 외, 『신라 최고의 금석문 포항 중성리비와 냉수비』, 주류성출판사, 2012.
이기문, 「'九國所書八字'에 대하여」, 『진단학보』 62, 진단학회, 1986.
이기문, 「19세기 서구학자들의 한글 연구」, 『학술원논문집: 인문·사회』 39, 2000.
이기문, 「한국어형성사」, 고려대학교 민족문화연구소, 『한국문화사대계』, 1967.
이기문, 「훈민정음 창제에 관련된 몇 문제」, 『국어학』 2, 1974, 1~15쪽.
이기문, 『국어사개설』, 태학사, 1972.
이기문, 『훈몽자회 연구』, 서울대학교 출판부, 1971.
이덕일, 『사화로 보는 조선 역사』, 석필, 1998.
이돈주, 「신숙주와 훈민정음」, 『새국어생활』 2-2(3), 국립국어원, 2000.
이돈주, 『훈몽자회 한자음에 대한 연구』, 홍문각, 1990.
이동림, 「훈민정음 창제 경위에 대하여: 언문 자모 27자는 최초의 원안이다」, 『국어국문학과 논문집』, 동국대학교, 1974.
이동림, 「훈민정음 창제 경위에 대하여: 언문자모 27자는 최초의 원안이다」,

『동국대 국어국문학과 논문집』 7(22), 1974.
이동석, 「훈민정음의 음운론적 연구 성과와 전망: 자음을 중심으로」, 『훈민정음 연구의 성과와 전망 1』, 국립한글박물관, 2018.
이득춘 편, 「고려어의 형성과 그 기초방언문제」, 『조선어력사언어연구』, 역락, 2001.
이상규, 「『세종실록』분석을 통한 한글 창제 과정의 재검토」, 『한민족어문학회』 65, 2013.
이상규, 「『훈민정음』 영인 이본의 권점 분석」, 『어문학』 100, 한국어문학회, 2009.
이상규, 「『훈민정음』 예의본의 이본과 그 계보」, 『한글』 299, 한글학회, 2013.
이상규, 「Hangeul, The Greatest Letters」, 『Koreana』 21(3), 2007.
이상규, 「디지털 시대의 한글의 미래」, 『우리말연구』 25, 우리말연구학회, 2009.
이상규, 「보한재 신숙주의 생애와 업적」, 『보한재 신숙주 선생을 다시 보다』, 보한재 신숙주 나신 600돌 기념학술대회, 2017.
이상규, 「상주본 『훈민정음』 해례와 그 출처」, 『훈민정음 해례와 학가산 광흥사』 주제 발표문, 2014.
이상규, 「여암 신경준의 『저정서』 분석」, 『어문론총』 62, 한국문학언어학회, 2014.
이상규, 「잔엽 상주본 『훈민정음」, 『기록인』 23, 국가기록원, 2013.
이상규, 「한국어 형성과 신라방언」, 『경주말의 보존과 활용』, 경주문화원 부설 향토문화연구소, 2017.
이상규, 「훈민정음, 그 오해의 깊은 뜻」, 『the T』 제10호 혁신 2호, 2017년 봄.
이상규, 『명곡 최석정의 『경세훈민정음』』, 역락, 2018.
이상규, 『여암 신경준의 저정서 연구』, 역락, 2018.
이상규, 『증보정음발달사』, 역락, 2016.
이상규, 『직서기언』, 경진출판, 2018.
이상규, 『한글공동체』, 박문사, 2014.

이상규, 『한글공동체』, 박문사, 2015.
이상규, 『훈민정음」에 대한 인문지리학적 접근」, 『한민족어문학회 학술대회 자료집』, 한민족어문학회, 2014.
이상백, 『한글의 기원: 훈민정음 해설』, 통문관, 1957.
이상혁, 『조선후기 훈민정음 연구의 역사적 변천』, 역락, 2004.
이성구, 『훈민정음 연구』, 동문사, 1985.
이성규, 『몽학삼서의 몽고어 연구』, 단국대학교 출판부, 2002
이숭녕, 「세종의 언어정책에 관한 연구」, 『아세아연구』 1~2, 1958.
이숭녕, 『개혁국어학사』, 박영사, 1976.
이숭녕, 『세종대왕의 학문과 사상』, 아세아문화사, 1981.
이승재 외, 『각필구별의 해독과 번역』, 태학사, 2009
이승재, 『고려시대 이두 연구』, 태학사, 1992.
이승재, 『백제어 자음체계』, 태학사, 2013.
이승재, 『한자음으로 본 고구려어 음운체계』, 일조각, 2016.
이승재, 『한자음으로 본 백제어 자음체계』, 태학사, 2013.
이영월, 「훈민정음에 대한 중국운서의 영향: 삼대어문사업을 중심으로」, 『중국학연구』 50, 중국학연구회, 2009.
이영호, 『신라 중대의 정치와 권력구조』, 지식산업사, 2014.
이용현, 『한국 목간 기초 연구』, 신서원, 2006
이윤석, 『조선시대 상업출판』, 민속원, 2016.
이이화, 「신숙주의 문학과 사상」, 『새국어생활』 2-2(3), 국립국어원, 2000.
이정호, 『해설 역주 훈민정음』, 보진재, 1972.
이진호, 「훈민정음의 음운론적 연구 성과와 전망: 모음을 중심으로」, 『훈민정음 연구의 성과와 전망 1』, 국립한글박물관, 2018.
이현복, 『국제음성문자와 한글음성문자: 원리와 표기법』, 과학사, 1981.
이현희 외, 『훈민정음 연구의 성과와 전망』 1·2, 국립박물관, 2018.
이현희, 「훈민정음」, 『새국어생활』 7(4), 국립국어원, 1997.

이형상, 『악학편고』, 형설출판사, 1976.
이형상·김언종 역, 『역주 자학』, 푸른역사, 2008.
임용기, 「훈민정음의 한자음 표기와 관련한 몇 가지 문제」, 『인문과학』 96, 연세대학교 인문학연구원, 2012.
임채명, 「시문을 통해 본 신숙주 가계의 일본에 대한 관심」, 『한문학논총』 33, 2011.
임홍빈, 「한글은 누가 만들었나」, 『국어학논총』(이병근선생퇴임기념논문집), 태학사, 2006.
전몽수·홍기문, 『훈민정음 역해』, 조선어문연구회, 1949.
정광, 『역주 번역노걸대와 노걸대언해』, 신구문화사, 2006.
정광, 『역학서 연구』, 제이앤씨, 2002.
정광, 『한글발명』, 시공사, 2015.
정광, 『훈민정음과 파스파 문자』, 역락, 2012.
정광, 『훈민정음의 사람들』, 제이앤씨, 2006.
정광·양오진, 『노박집람 역주』, 태학사, 2011.
정광·윤세영, 『사역원 역학서 책판 연구』, 고려대학교 출판부, 1988.
정광·정승혜·양오진, 『이학지남』, 태학사, 2002.
정경일, 『한국운서의 이해』, 아카넷, 2002.
정관 효담, 『복천사지(福泉寺誌)』, 속리산 복천암, 2011.
정두희, 『조선초기 정치지배세력 연구』, 일조각, 1983.
정병석 역주, 『주역』, 을유문화사, 2010.
정연종, 『한글은 단군이 만들었다』, 죠이정 인터내셔날, 1996.
정연찬, 「세종대의 한자 사성 표기법」, 『국어국문학』 49~50호, 국어국문학회, 1970.
정연찬, 「해제 『월인석보』 제1, 2」, 『월인석보』(영인본), 서강대학교 인문과학연구소, 1972.
정연찬, 『홍무정운역훈의 연구』, 일조각, 1977.

정우영, 「『월인천강지곡』의 국어사적 가치와 문헌 성격에 대한 재조명」, 『장서각』, 2014.

정우영, 「『훈민정음』 언해의 이본과 원본 재구에 관한 연구」, 『불교어문론집』 5, 2000.

정우영, 「『훈민정음』 한문본의 낙장 복원에 대한 재론」, 『국어국문학』 129, 국어국문학회, 2001.

정우영, 「훈민정음 해례본과 언해본의 판본·서지, 복원 연구의 회고와 전망」, 『훈민정음 연구의 성과와 전망 1』, 국립한글박물관, 2018.

정윤재·박현모·김영수, 『세종의 리더십 이야기』, 한국학중앙연구원 출판부, 2010.

정인보·정양완 옮김, 『담원문록』(상)(중)(하), 태학사, 2006.

정인승, 「고본 훈민정음 연구」, 『한글』 82, 1940.

정재호·장정수, 『송강가사』, 신구문화사, 2005.

조규태, 『용비어천가』, 한국문화사, 2007.

조규태, 『훈민정음』, 형설출판사, 2008.

조규태·정우영 외, 「훈민정음 인해본 이본 조사 및 정본 제작 연구」, 문화재청, 2007.

조선어학회, 『훈민정음』(영인본), 보진제, 1946.

존맨, 남경태 옮김, 『세상을 바꾼 문자, 알파벳』, 예지, 2003.

지두환, 『조선과거실록』, 동연간, 1997.

진치총 외, 이상규 외 옮김, 『여진어와 문자』, 경진출판, 2014.

채원정·이후영 역, 『율려신서』, 문진, 2011.

천명희, 「광흥사 복장 유물의 현황과 월인석보의 성격」, 『훈민정음 해례와 학가산 광홍사』, 광흥사 학술발표대회, 2015.

청량산박물관 엮음, 『괴담 배상열의 천문과 선기옥형』(청량산박물관연구총서 9), 청량산박물관, 2007.

최범영, 『말의 무늬』, 종려나무, 2010.

최병수, 『조선어글자공학』, 사회과학출판사, 2005.

최세화, 「『훈민정음』 낙장의 복원에 대하여」, 『국어학』 29, 국어학회, 1997.

최세화, 「세종어제훈민정음 서문에 대하여」, 『어문연구』 17(4), 한국어문연구회, 1989.

최세화, 「15세기 국어의 중모음 연구」, 동국대학교 박사논문, 1975.

최승희, 「집현전 연구」, 『역사학보』 32, 1966.

최종민, 『훈민정음과 세종악보』, 역락, 2013.

최현배, 『한글갈』, 정음사, 1942.

한글학회, 『훈민정음 옮김과 해설』, 한글학회, 1998.

홍기문, 『조선어력사문법』, 사회과학출판사, 1966.

홍기문, 『훈민정음발달사』, 서울신문사출판국, 1946.

홍양호, 『이계 홍양호 전서』(상·하), 민족문화사, 1982.

홍윤표, 「훈민정음의 '상형이자방고전'에 대하여」, 『국어학』 46, 2005.

홍윤표, 『국어사 문헌자료 연구』, 태학사, 1993.

홍윤표, 『한글이야기』 1~2, 택학사, 2013.

홍종선, 『국어문법사』, 아카넷, 2017.

휴현국, 『한글 활자의 탄생』, 홍시, 2015

이토 히데토(伊藤英人), 「여암의 한자음: 그 한국적 특징과 보편성」, 『여암 신경준 선생 탄신 300주년 기념 국제학술대회 논문집』, 전남순창군, 2012, 65~90쪽.

照那斯圖, 「訓民正音字母與八思巴字的關係」, 『훈민정음과 파스파 문자 국제학술 workshop 논문집』, 2008.

王雲五, 『朝鮮紀事, 楢軒紀事, 朝鮮志』, 朝鮮紀事及其他二種, 商務印書館, 中華 26년.

Albertine Gaur, 강동일 옮김, 『A history of writing』, 새날, 1995.

Allan Haley, *Typographic Milestones*, NewYork, Van Nostrand Reinhold.

J. P. A Rėmusat, 「타르타르 언어에 관한 연구(Reacherches sur les language

tartaes」, 1820.
Atsuji Tetsuji, 김언종·박재양 옮김(1999), 『한자의 역사』, 학민사, 1989.
Bob Gordon, *Making Digital Type Look Good*, Thames & Hudson, 2001.
Christopher I. Beckwith, *Koguryo:The Language of Japanes Continental Relatives*, Leiden Boston: Brill, 2004.
Design in Everyday Life, 세미콜론, 2002.
Umeda Hiroyuki, A Former professor, Tokyo University of Foreign studies, Japan.
Klaproth H. J., 『고대세계의 문자의 기원에 대한 고찰(*Aperçu de l'origine des diverses écritures de l'ancien monde*)』, 1832.
Frits, Vos, the Netherlands, In the paper 'Korean Writing: Idu and Hangeul' Vos observed, "They invented the World's best alphabet", 1964.
G. K. Ledyard, 「The Problem of the lmitiatio of Old seal」, 『훈민정음과 파스파 문자 국제학술 workshop 논문집』, 2008.
G. K. Ledyard, *The Korean Language Reform*, Univ. Microfilms lnternational, 1966.
G. Sampson, *Writting Systems: A Linguistic introduction*, London, Hatchinson Publishing Group.
Gui Bonsiepe, 박해천 옮김, 『Interface』, 시공사(시공아트), 2003.
H. B. Hulbert, "The Korean Alphabert", *Korean Repository* 1, 1892.
Han, Jae-joon, Changing Forms of Hangul Typeface: Past, Han, Jae-joon, 'The Current State of Hangul Font Design', IDEA.
I. Taylor, *The Alphabert*, 1883.
Interface Humanities Research Activities 2002*2003. 2004.
J. S. Gale, "Trans of the Korean Branch of the Royal Asiatic Society", 1912.
John Bowers, 박효신 옮김, 『커뮤니케이션 디자인의 이해』, 2002.
John Heskett, 김현희 옮김, *TOOTHPICKS & LOGOS*, 2005.
L. Rosny, "Aperçu de Langue Coréene", 1864.

M. Kiaproth, "Apercu de l'origine dles diverse écritures de l'ancien monde", 1832.
Martina Fineder, Robin Kinross, Eva Kraus, Andreas Pawlik.
Osaka University The 21st Century Coe Program. Group6.
P. Andreas Eckardt, "Der Ursprung der Koreanischen Schrift", 1928.
E. O. Reischauer, Professor, Harvard University USA. an historian in East Asian Affairs, 1960.
Postscript-Zur Form von Schrift heute A/CH/D. Hatje Cantz. 2004.
Present and Future, Visual Humanities.
Ruari McLean, *Jan Tschichold: typographer*, Godine, 1975.
Simon Loxley, 송성재 옮김, Type: The Secret History of Letters, 2005.
Yi Ik Seup, "The Alphabet(Panchul)", ***Korean Repository*** 1, October. 1892.
Lee Sang Gyu & Han Song yi, 「Debunking Myths about the Creation Background of Hunminjeongeum」, 『국제언어문학』 40, 2018.

찾아보기

[인명]

[내용]

[서적 및 작품]

지은이 이상규
경북대학교 명예교수, 전 국립국어원 원장.
저서로 『경북방언사전』(2002년 대한민국학술원 우수도서), 『한국어방언학』, 『언어지도의 미래』(2006년 문화체육관광부 우수도서), 『훈민정음통사』(2014년 한국연구재단 우수도서), 『증보훈민정음발달사』, 『한글고문서연구』(2012년 대한민국학술원 우수도서), 『사라진 여진어와 문자』(2014년 문화체육관광부 우수도서), 『한글공동체』(2015년 세종도서 학술부분 우수도서), 『명곡 최석정의 『경세훈민정음』』(2017년 한국연구재단 우수저서 선정) 외 다수.

성운학적 관점에서의
훈민정음 연구사

1판 1쇄 발행_2022년 06월 20일
1판 1쇄 발행_2022년 06월 30일

지은이_이상규
펴낸이_양정섭

펴낸곳_경진출판
등록_제2010-000004호
이메일_mykyungjin@daum.net
사업장주소_서울특별시 금천구 시흥대로 57길(시흥동) 영광빌딩 203호
전화_070-7550-7776 **팩스**_02-806-7282

값 33,000원
ISBN 978-89-5996-852-7 93710